引用研究史論

文法論としての日本語引用
表現研究の展開をめぐって

藤田保幸 著

和泉書院

目次

凡例

1. 本書は、序と本編としての第1～6章、結語、及び初出一覧・参考文献・あとがき・索引からなる。「章」の下位区分として「節」、「節」の下位区分としては「項」を立て、標題を付す（第1・5章は、「節」の区分がなく、「章」の下位区分として「項」が出てくる）。また、「項」の内容の区切りを示すために、1―1、1―2、……のような形で、算用数字により適宜区分を示す。

2. 注・用例は、節ごとに（第1・5章は、この章のなかで）通し番号とし、図・表については全編で通し番号とする。

また、注は各節の分を節ごとに（第5章のみ、この章の分を）末尾にまとめて掲げる。

3. 参考文献は、本文で言及したものについては、全編の分を一括して整理し、最後（初出一覧の後）に掲げる。言及分の検索は、これに拠られたい。また、近年の文法論としての引用研究にかかわる研究文献の簡単な目録を掲げる。これは、前著『国語引用構文の研究』に収めた「引用関係研究文献目録」の補遺に当たる。

序

かつて、日本語の統語論的引用研究の体系化を意図して、拙著（二〇〇〇a）を公にした折に、研究史に関しては、あえてふれないままにした。きちんとした研究史の記述のためには、なお時間が必要と感じた故である。以来、引用研究史に関する論稿を折にふれて書き続けてきたが、時とともにそうした考察も積み重なって、ようやく二十世紀末までの、文法論としての引用研究をほぼ総覧することができたかと思う。二十一世紀に入って既に十年余りの年月が流れた。このあたりで二十世紀末まで（及びその後現在までにもふれて）の引用研究史の記述を、一貫した形にまとめて本書として世に問うことにしたい。

本書は、〝研究史〟と題するが、これまでの研究を歴史的事実として単に羅列するものではなく、筆者なりの立場から、それらの採るべき点と問題点を論究するものである。従って、研究の流れをたどるという形をとっていくが、個々の所説・研究をめぐって批判的な記述を記すことも少なくない、むしろ、そうした書き方が目立つかもしれない。けれども、これは、もとよりいたずらに他者への批判を事とするものではない。学問的に説明すべき事柄があり、それについて先人や他の研究者の研究があって、そうした研究が十分説得力があり妥当なものであるなら、それに拠って考えておけばよい。それは、言うまでもないことである。しかし、それで必ずしも十分でないなら、別の説明・研究が必要になる。そして、他者とは異なる見解を出す以上は、何故他者の所説に拠って十分ではないか、その点を明確に示す必要がある。引用の問題に関しても、その点は全く同じことである。筆者には筆者なりの引用に関する学説があるが、もし先人の研究が十分説得的であって、それに拠って事足りるものであったなら、新たに説を起こす必要はなかった。また、ほかにより説得的な見解が出されたなら、自説を否としてそれに拠るべきであろう。しかし、そのような方向をとらず、今日のような形で自説を主張しているのは、先人や他者の所説に拠って必ずしも十分ではないと考えるからであり、そのような見解に立つ以上、それらのどのような点に問題があり、何故それらに拠るべきではないのかという点を明確にすることが、学説をなす者の責任であろうと思う。本書の記述——とりわけ批判的記述はそのような意図によるものであり、本書は、筆者自身の学説が今日かくあることについてのいわば〝存在証明〟である。そして、必要なら、先人や他者の所説の問題点について自説ではそれを乗り越えるためにどのような方策をとっているのか、といった点についても、踏み込んで述べている。であるから、結局のところ、本書は、筆者自身の学説を論じ様《よう》を変えて——つまり、他者の説と対峙する形で、もしくは、他者の説を語ることを通して——語ったものと言うべきかもしれない。

初出一覧に示したとおり、本書の記述のもとになっているのは、この十数年の間に書き続けてきた十八編ほどの論文であるが、一書として集成するに当たって改めて推敲し、必要な修正を加えて整えた。ただ、個々の所説・研究をめぐって同じような事柄が問題となってくる場合、どうしても同趣の記述がくり返されることになるが、そのあたりは強いて整理せず、当該の部分での論述に必要なことは、重複をいとわずくり返すことにした。結果として、各章各節はそれぞれ一応独立しても読めるものとなっている。

最初にも述べたが、本書の記述の対象とする範囲は、主として二十世紀末までであり、併せて二〇一〇年に入る前までを目途として視野に入れ、二十世紀末の状況の一環として論じることにする。なお、第5章は「自己評価の意味で自らの学説を論じる。自分の所説についての評価を記すなどということは、不遜なことかもしれないが、客観的に考えて書名に〝引用研究史〟を謳う以上必要なことかと思ったので、敢えて一章を立てた。その記述の当否は大方の判断に委ねることとして、このような章立てをしたことについては諒とせられたい。

当初考えていたのとはいささか異なり、本書は思いの外の分量となってしまった。一つの所説、一つの研究を論ずることも、それにきちんと向き合うなら相応の紙数を費やして述べる必要があったからである。その意味で、批判的な言辞を呈したにせよ、筆者は筆者なりに先人・他者の引用研究に真摯に向き合ってきたつもりである。そして、結局それが筆者の基本姿勢でもある。言わずもがなのことかもしれないが、ある問題について殊更〝論文〟や〝著作〟をものするために、先人・他者の所説に批判のための批判のような否定的言辞を投げかけ、タテのものをヨコにしたような自説を開陳して〝論文〟と称するような例を目にすることが、残念ながらままあるが、そのような姿勢には全く同ずることが出来ないのである。

拙い思索・研究の所産ではあるが、本書が日本語の文法論としての引用研究の発展にいささかでも寄与するものであることを願ってやまない。

第1章　引用研究史展望

1―1　本書の記述の初めに、まず日本語における文法論としての引用研究の展開を素描して、各論への導入としたい。日本語に関して、文法論としての引用研究といえるような考察が見られるようになるのは、近世に入ってからである。

文法論としての引用研究がもっぱら対象とするのは、引用されたコトバが統語成分として文中に組み込まれた引用構文の表現であるが、引用構文として最も一般的なのは、「～ト言ウ」のような文中引用句「～ト」によるものである。しかし、「～ト言ウ」のようなごく当たり前の引用構文のパタンについて、これに焦点をあてて広く分析・記述がなされるようになるのは、ようやく本居宣長（一七三〇～一八〇一）の段階でのことである。また、宣長と同時代の富士谷成章（一七三八～一七七九）は、その著『あゆひ抄』において、「五つの『と』」として「～ト」による引用構文の基本パタンを「～ト言フ／思フ／見ル／聞ク／スル」に代表させるような独自の見解を示し、そうした「と」の働きについても踏み込んで論じている。本当の意味での引用研究史は、本居宣長・富士谷成章に始まると言ってもよいところであるが、残念ながら彼らの研究は近代以降にきちんと継承されることはなかった。

宣長・成章より前の段階は、いわば研究史以前の意識史の段階といえよう。例えば、引用の助詞「と」を手掛りとして、「〜ト…スル」のような引用構文やその表現性についての認識の深まりを、歌学やそこから生まれてくるいわゆる「テニハ論」の中に探ってみることはいくらかできるが、そこで論じられていることは、概して個別的で特殊な事柄である。およそ、言語の研究は、最初に特別なこと・気になることを個別に考えることから始まり、次いで当たり前に見えることをも一段深く一般化して考える方向に進むものと思われるが、引用研究の前史的段階としての引用に関する表現への認識の深まりが、次に宣長らの段階へと展開する流れは、そのようなステップを踏んだ進展の仕方であったということはできる。

以上の引用研究の前史的段階から宣長までの概観は、次の第2章第一節に示す。また、富士谷成章『あゆひ抄』の「五つの『と』」及び「と」の働きに関する所説については、第2章第二節で詳しく検討する。

1―2　明治に入って、近代の日本語研究の黎明期に活躍した二人の文法家、山田孝雄（一八七三〜一九五八）と松下大三郎（一八七八〜一九三五）は、ともにその著作（山田（一九〇八）他や松下（一九二八）など）において、引用に関する問題の記述に、少なからぬ紙数を費している。

ただ、山田孝雄の場合、その明晰な論理の一貫性がかえってマイナスに働いた面があるように思われる。例えば、山田は特段の検討なく「引用の語句」（引用されたコトバ）を体言相当のものとする。格助詞は定義上体言相当の語句に付されるものであり、引用の語句に添えられる助詞「と」は格助詞とされるから、山田において「引用の語句」が体言相当であることは、自明の帰結なのであろう。そして、その意味で山田の所説は確かに一貫性があり明晰である。しかし、そうしたもののとらえ方の前提となっている論の枠組みや事実認定――「と」は「が」「を」といった格助詞と同等の格助詞であるとの見方――に十分でない部分があるなら、強固な論理の一貫性は、かえって事柄の本筋から目をそらさせるものともなりかねない。残念ながら、山田の「引用の語句」についての所説には、そうしたマイナスの面があらわれているように思える。

一方、松下大三郎の所説については、その柔軟なもののとらえ方が、今日の日で見ても新鮮で、驚きを覚えるほどである。とりわけ、「模型」――実物の模型を作って、それを名詞や動詞として仮用するという見方を、次のような例などを示して論じている点が注目される。

（1）「あ」は母音なり。

（2）子供はいきなりかけよって「あら伯母さん」。

右の（1）（2）では、松下の言い方によれば、いずれも「声音」によって実際の母音や発言（行為）が模して作られ、それが名詞や動詞として用いられているわけである。これらは、文法論の問題となる引用表現の一種であるが、まず、松下らの時代にこのような例をも視野に入れて論じていることが斬新であるのみならず、この「模型」という見方は、引用表現の本質を的確に衡くとらえ方であったと評価できるように思う。けれども、このような新しさが十分に理解されなかった故か、松下のこうした所説も後世に継承されなかった。だからこそ今日、引用にかかわる問題にふれた松下の所説は再評価されるべきであろうと思う。

以上の山田・松下の所説に関しては、第3章第一節で詳しく論じる。

なお、山田や松下と並び称された文法学者橋本進吉・時枝誠記の所説には、文法論的引用研究に関し、特に見るべき独自のものはない。

また、早くに引用の問題をとり上げた論考としては、明治から大正初めにかけて活躍した国文学者武藤元信に「引用語の形式」（『東洋学芸雑誌』第三〇巻第三七六号、一九一三（大正二）年）と題する論文がある。もっとも、内容的には羅列的でまだ十分深い考察を示しているといえるようなものではなく、後の研究に影響を与えることもなかったようである。これについては、漢文などの例を多く挙げて必ずしも通読が容易ではないので、藤田（二〇〇三）で注釈を付してその全文を紹介している。

1—3　さて、時は移り、昭和の時代を迎えて戦後ともなると、日本語の研究も新たな展開を見せるようになるが、文法論の分野でも、それまでの品詞論的文法研究にとどまらず、シンタクス（統語論、もしくは構文論）に力が注がれるようになってくる。そのような時代の方向を先取りし、いち早く独自の統語論的文法研究を世に問うたのが、三上章（一九〇三〜一九七一）である。

三上も、その主要な著書の中で少なからぬ紙数をさいて、引用・話法を論じている。三上の新しさは、それまで日本語の文法研究で論じられることがなかった「話法」の問題をとり上げたことであろう。そして、著書によって微妙に異なりがあるが、その所論の一つのポイントは、直接話法と間接話法の間の境界はあいまいなものであり、日本語の話法は連続的にとらえられるべきものだということである。しかし、そのようなとらえ方をすべき根拠となると、実は必ずしも説得的なものではなく、むしろ論の構築の仕方の方向を見誤ったことで、文法の問題とすべき「話法」を的確にとらえそこなったものと思われる。また、引用句「〜ト」の統語的な関係構成に関して独自の見解を示している著書もあるが、概して十分つきつめられたものになっていない部分、区別すべきことが区別できないままになっている部分が目立つ。

こうした三上の所論の問題点に関しては、第3章第二・三節で検討する。

いずれにせよ、三上の引用・話法に関する所論は、内在的な限界のあるものであり、今日決してそのまま通用するものでもない。実際、三上の所論は、その後の引用研究において、便宜的に言及されることはあっても、本当の意味で継承され深化されるような展開は見られなかった。

1—4　ところで、三上の引用・話法に関する所論も含んだ主要な著書が刊行されていったのは、西暦でいえば一九五〇年代から一九七〇年に入る頃までであるが、この時期の研究として看過し難く思えるのは、川端善明（一九五八）である。上代語を対象として極めて晦渋な語り口ながら、引用の助詞「と」及びそれに連なる「と」の表現全般を視野に入れ、そうした「と」の本質を、「と」を介して結びつく二句の〝合一指定〟（同等・等価のものとしてとらえて結びつけるといったことと解せられる）という見方で統一的にとらえようとしたものである。川端は、引用されたコトバと地の文のレベル差といったことにはあまり重きを置かず、話法の問題についても関心は持たなかったようで、そういった方面に研究を展開させてはいない。しかし、「と」の機能の本質についての右のようなとらえ方は、引用構文のシンタクスを考える上で意義深いものであったかと思われる。筆者の引用研究における「と」のとらえ方は、この川端の所論に大きな影響を受けたものであり、川端の真意を誤ることなく解し得たか否かは措いて、その所論の筆者なりの継承である。

1—5　一九七〇年代に入ってくると、引用研究に新たな時代を画する重要な研究が公にされる。奥津敬一郎（一九七〇）がそれで、奥津は、変形生成文法の枠組みに拠りながら、日本語にも文法の問題として考えるべき「話法」の別が存在することを明示し、とりわけ、直接話法の間接化を考えた場合、間接話法の引用句「〜ト」にとり込めないのはどのような要素かを指摘することで、文法の問題としての話法の別がどのような要件によるものかを明らかにした。

すなわち、次のaのような直接話法の文に対して、bのような間接話法の文を考えることができるが、それにcのように終助詞や感動詞を残すことはできないと、奥津は指摘する。

（3）—a　あなた(i)は、私(j)に、ええ、私(i)はあなた(j)に電話したわ　と言った。
（3）—b　あなた(i)は、私(j)に、あなた(i)は私(j)に電話した　と言った。
（3）—c　*あなた(i)は、私(j)に、ええ、あなた(i)は私(j)に電話したわ　と言った。

とすれば、終助詞・感動詞に託されるような表出的意味を伴わないことが、引用されたコトバが間接話法であることを保証することになる。これに対して、その種の表出的意味を伴っていることが明らかなaでは、直接話法の

（地の文の「あなた」＝引用句の「私」、地の文の「私」＝引用句の「あなた」といった）読みは動かない。となると、直接話法か間接話法かの区別は、引用されたコトバがそうした表出的意味を伴うか伴わないかによって決まってくるということにもなるだろう。奥津の指摘することの含みとするところは重要である。奥津によって、日本語において「話法」の問題がはじめて文法の問題として確立されたといってよい。

もっとも、右のような事実についての奥津の解釈は、当時なお意識されていた時枝誠記の詞辞論に影響されたところもあって、未だ不十分な形にとどまった憾みがあるが、奥津のこの研究は、話法の問題にとどまらず、「〜ト」をとる基本的な引用動詞の意味素性の記述、引用されたコトバと地の文のレベル差の問題など、引用研究における基本的な論点を広くおさえたもので、その後の研究にくり返し参照され、大きな影響を与えた。

筆者自身の話法論も、述語との共起制約から、終助詞等が生起できないような引用句「〜ト」では間接話法の読みしかないことを指摘し、話法の別と表出的ムードの有無との連動を確認することから出発した（藤田（一九八五））。その意味では、奥津の研究を継承したものといえる。

奥津には、右以外にも引用について論じたものがあるが、それらをも含めた奥津の引用研究の意義と、そして問題点については、第4章第一節で立ち入って論じる。

1―6　奥津（一九七〇）のようなまとまった研究が出たことも一つの呼び水となったのか、次の一九八〇年代に入る前後から、もっぱら話法の問題を中心として、引用に関する研究がいくつか公にされた。そして、この時期の話法論では、二つの立場の対立が明確になってきた。

一つは、いわば「話法連続観」とでもいうべき立場であり、話法の別を直接話法と間接話法の二大別とせず、中間段階のある連続相としてとらえようとする考え方である。このような考え方に立つものとしては、遠藤裕子（一九八二）、鎌田修（一九八三）（一九八八）がある（ちなみに、話法を連続的ととらえ、直接話法・間接話法の中間的なものが考えられるとする論調は、先に述べたとおり既に三上章の段階で見られるが、それがこの時期の研究に直接継承されているわけではない）。こうした「話法連続観」に立つ話法論は、一見耳どおりよく柔軟性のあるもののような印象があるが、実際のところは、論理的に難があったり、そのような段階を考える文法的根拠が薄弱で規則性としてとらえ難かったり、あるいは次元の違うものが折衷されていたりして、厳密な検証に耐えないものと思われる。

例えば、鎌田は、直接話法と間接話法の中間段階として「準間接話法」というようなものを主張し、次例のようなものがそれだとする。

（4）三井氏は直子に、私（＝（4）文全文の話し手（仮に「藤田」としよう））は弘前に行きたがっていると言った。

すなわち、「〜（た）がる」のような感情動詞は、次のように言い切り述語として用いられると、bのように三人称主語とは結びつくがaのような一人称主語とは結びつくことができないといった共起制約が見られる。

（5）―a　?私は弘前に行きたがっている。

（5）―b　彼は弘前に行きたがっている。

しかし、（4）の引用句「〜ト」ではこうした共起制約は破られ、「〜（た）がる」は一人称主語をとっている。こうした場合、引用句内の代名詞は全文の話し手（引用者）の「視点」に即した形に改められているのに、述語の方は、一人称主語と共起できないはずのもので、全文の話し手の「視点」で統一されてはおらず、むしろもともとの発話「藤田は弘前に行きたがっている」といった文の述語部分がそのまま入ったもので、もとの発話者の「視点」による表現だと、鎌田は論じる。従って、（4）の引用句「〜ト」に引かれたコトバは、引用者の「視点」ともとの発話者の「視点」とが入り交じったもので、直接話法と間接話法の中間というべき「準間接話法」だというのである。

しかし、（5）－ａｂに見るような共起制約は、基本的に言い切り述語として用いられる場合のものである（言い切りでなければ、「私が弘前に行きたがっていることは、君も知ってのとおりだ」のように、「～（た）がる」が一人称主語と結びつく例はふつうに見られる）。こうした共起制約が引用句「～ト」内でも変わらず常に成り立つと考えるべき根拠はないのである。従って、引用句「～ト」内で（5）－ａｂのような共起制約に合わない状況が生じているからといって、それを根拠に「視点」の混交などと言うことは、議論の前提を見誤ったもので、論理的に難のある誤った主張である（（4）は、ふつうに間接話法と見ておけばよいだろう。間接話法では、既述のように引用されたコトバは、表出的意味を伴わなくなって、（5）－ａｂのような共起制約など特に働かない、言い切り文から遠い性格のものになっていると考えられる）。

右のような鎌田の所説については、藤田（一九九六ａ）で批判した。なお、こうした鎌田の主張は、後の鎌田（二〇〇〇ａ）でも批判に対して論旨をすりかえた形でくり返される（本書第４章第五節第５項（5－1・2）参照）――このような論じ様《よう》がなされることを、引用の研究に携わる者として筆者は誠に残念に思う――が、そのあたりのことは、藤田（二〇〇一ａ）（二〇〇二）で改めて批判した。本書第４章第五節には、藤田（二〇〇一ａ）の拙論をほぼそのまま採録する。また、遠藤の所説については、第4章第三節で検討する。

以上のような「話法連続観」に立つ所説に対し、今一つの立場は、話法をあくまで直接話法と間接話法の二大別として考えるものである。先の奥津敬一郎の所説もそうであったし、仁田義雄（一九七八）も、もっぱら奥津の所説に拠ったものだが、やはり二大別で考える。この立場を最もはっきり打ち出しているのは、藤田（一九八六）以下の筆者の所説であるが、これは筆者が話法を文法的カテゴリーと考え、文法的な規則性の形でとらえられるものとして記述しようとする立場の帰結である。

なお、仁田の所説には、自身の標榜する〝語彙論的統語論〟の立場から、引用句「〜ト」と述語動詞とのかかわりを論じて新見を出そうとした部分があるが、十分な成果はあげられていない。〝語彙論的統語論〟の立場からという色合いの強い引用研究としては、その後阿部忍（一九九九）が出るが、この所説も問題の多いもので、引用のシンタクスの問題が、〝語彙論的統語論〟のようなとらえ方では扱いにくい、一筋縄ではいかない厄介さを持っていることを感じさせる結果となっている。仁田・阿部の所説については、第4章第二節で論じる。

1—7　話法についての研究に進展が見られた一方、引用されたコトバ、引用句「〜ト」の統語的な振る舞いについては、一九八〇年代に入っても目立った考察の広がりは見られなかった。大勢としては、「〜ト」は引用動詞「言ウ」「思ウ」などの必須補語と位置づけて、それでよしとする程度の記述しかなされていなかった（仁田（一九八二）など）。しかし、次のような、およそ述語動詞の必須補語とは見られない「〜ト」の出てくる構造については、十分な分析はなされていなかった。当時（から今日に至るまで）有力であった〝語彙論的統語論〟の、述語用言の意味を根拠に文の組み立てを説明する方略では扱いにくいものであったからだろう。

（6）　誠は、おはようと入ってきた。

こうした構造については、柴谷方良（一九七八）や寺村秀夫（一九八一）に指摘があるが、ようやくこのような引用構文があることが、考察の視野に入ってきてはいたわけである。しかし、寺村の記述は問題指摘にとどまり、柴谷はこうした「おはようと」を、「誠はバタバタと入ってきた」の「バタバタと」のような状態（様態）副詞の「〜ト」と同等の成分と説明した。確かに品詞的性格という点では、引用の「〜ト」を「〜ト」型の副詞と相通じるものと見ることは妥当なのだが、しかし、意味・機能という点では、「バタバタと」が述語「入ってきた」のあり様《よう》を説明するものであるのに対し、「おはようと」は、決して同様の様態規定とは言えないのであり、このような説明では、まだまだ十分なものとはいえなかった。

（６）のような構造の引用構文について分析・考察を進めたのは、もっぱら筆者であり、藤田（一九八六）（一九八七ａ）（一九八九）などで、この問題を手掛りに引用研究を掘り下げて行ったが、一般にこうした問題の重要性に注意が払われることはほとんどなかった。

１―８　「～ト」や引用されたコトバの統語的振る舞いそのものの考察に、大勢としてさほど力が注がれなかったこの当時、引用に関するシンタクス研究・意味・統語的記述は、大略三つの方向へともっぱら展開した。

第一に、引用にかかわる形式の辞化の問題で、目立つところでは、砂川有里子（一九八七）が示した引用形式「～ト…スル」の辞化の段階の記述である。

（７）―ａ　（彼は）さっき小雨が降ったと言った。

（７）―ｂ　さっき小雨が降ったと思う。

（７）―ｃ　さっき小雨が降ったと見える。

砂川は、典型的な引用構文に見られる、引用されたコトバの部分と地の文とが異なる秩序となる事実を、「場の二重性」と呼び、右のａ→ｂ→ｃの順でそうした秩序が二重から一重になってくるとし、それに応じて「～ト…スル」形式の統語的性格も変わってくることをおさえて、ａ・ｂ・ｃに代表されるような表現を、引用構文（砂川の言い方では「引用文」）の〝３つの類型〟とした。

砂川のこの研究は、要するに、引用形式「～ト…スル」の辞化の階梯を記述したものといえる。すなわち、ａの述語「言った」は具体的な行為を意味するものだが、ｃの「見える」には具体的意味は乏しく、「と見える」でひとまとまりとなって、「らしい」等と置き換えられるような助動詞（辞）的意味を表わすものとなっている。ｂの「思う」も「と思う」のひとまとまりで「だろう」と近似の意味を表わすもののようにも感じられるが、一人称であれば「私は」のように主語をとれることからも知られるように、まだ具体的な意味を残しており、ｃほど辞化は進んでいない段階といえる。こうした、引用形式の辞化の段階をおさえ、それぞれの文法的性格に光をあてたことは、それまでに見られなかった新しい研究であり、その意味では優れたものと評価することができる。ただ、砂川は、これが引用の構造の――つまり、引用構文（引用文）といえるものの、一般的なタイプ分けのように見ているようだが、その点は事柄の位置づけを見誤ったもので、妥当ではない。また、こうした議論において、砂川は、引用表現の本質を「場の二重性」と規定して説明しようとするが、「場の二重性」というようなことは、引用表現の本質というより引用表現であることの結果として観察できることであって、これで引用表現のさまざまな文法的性格を十分説明できるようなことではない（実際、後述の砂川（二〇〇〇）（二〇〇四）での引用のとらえ方は、拙論のとらえ方に大きく依拠するものになっている）。こうした、砂川の〝引用（構）文の3つの類型〟といった所説の問題点については、第4章第四節で論じる。

二つ目に、引用句「～ト」の内容と述語動詞との共起関係との記述に力を注ぐ研究が見られる。この方向としては、藤田（一九八六）を総論として、それを承けた筆者の一連の各論研究がある（これらは、藤田（二〇〇〇a）第3章に収録）。「～ト」と結びつく発話・思考を表わす動詞の意味の内実を、「～ト」による引用構文を手掛りに考えていくという方向は、なお進められる余地があろうと思う。

三つ目としては、引用句「～ト」を、発話・思考を表わす動詞の補文節として、「～コト」などと比較する研究も行なわれた。例えば、「～ト」と「～コト」「～ノ」のいずれが補文節としてとられるかを、補文節の命題内容の認識のされ方の違いという点で説明しようとした山本英一（一九八七）、動詞によって「～ト」をとるか、「～コト」をとるか、その両方をとれるかといった点を論じた砂川（一九八八b）など、必ずしもその観察が妥当でない部分もあるが、相応の考察が積み重ねられた。また、やはり、一九九〇年代に入ってであるが、江口正（一九九二）の、引用句「～ト」と「～コト」節の次のような語順の制約の指摘は、「～ト」の統語的性格を考えるうえで重要であったことと思われる。

（8）―a　小田氏は、そうしましょうと引き受けることを約束した。

（8）―b　*小田氏は、引き受けることをそうしましょうと約束した。

この事実に関しては、藤田（一九九七）で次のようなことを論じた。「〜ト」も「〜コト（ヲ）」も述語「約束スル」の必須補語のように働き得るが、両方が共起した場合の語順を考えると、「〜コト（ヲ）」のような名詞節の方が述語に近く位置しなければならず、述語との緊密度、必須補語としての性格が強いと感じられる一方、「〜ト」は述語から相対的に遠く位置するもので、述語との緊密度は弱い。ということはまた、「〜ト」を本来的に必須補語として働くような成分と考えない方が筋が通ることを示唆するように思われる。こうした観察を手掛りとして、「〜ト」の統語的位置づけについての考察は、一段深まっていく。

1―9　ところで、引用表現の本質を「メタ言語」だとする考え方は以前から見られたが、その方向で引用を記述しようとする研究が一九八〇年代の末に出されている。宮本千鶴子（一九八九）がそれだが、その背景に水谷静夫（一九八〇）のような所説があるようである。

しかし、言語に言及する言語が「メタ言語」なのであるから、「メタ言語」というなら、引用されたコトバ――それが「メタ言語」だとしても――に限らず、さまざまのものがそうだということになる。引用の本質規定のためには、ただ「メタ言語」というだけでは足りず、むしろ的はずれなのである。こうした議論は、一度は必要なことであろうと思えるが、本書でも第4章第六節で論じることにする。

1―10　一九九〇年代に入ってくると、一九八〇年代に活気を見せるようになった引用研究は、更に考察を積み重ねられ、また、新たな広がりを見せつつ進展していくことになる。

新たな広がりという点では、まず、「って」「とは」「という」（〜というN）など、引用にかかわる助辞的形式の文法的機能について考察が深められていった。もちろん、「って」や「という」についての研究は、それまでにもあったのだが、一九八〇年代以降引用研究が進展を見せはじめたことが、引用とかかわるこうした諸形式への注目を促し、研究がいろいろなされる契機となったことは疑いない。「って」は、話し言葉では「と」よりもむしろ一般的であり、また、「と」より広く提題・伝聞等の機能を担うもので、引用にかかわる形式としてとり上げられても、その他の機能との関係に目を向けて論じられることが多い。この時期の研究では、丹羽哲也（一九九四）、三枝令子（一九九五）、山崎誠（一九九六）などが主なものである。また、「とは」については、藤田（一九九五ａ）がある。

「という」については、連体修飾の問題にかかわって既に以前から研究があるが、引用とのかかわりに焦点をあてたものでは、藤田（一九九一ａ）、丹羽（一九九三）などがこの時期に出ている。こうした引用にかかわる助辞的形式の研究は、今日に至るまで比較的活発に行なわれているが、これ以降の進展については省略する。

また、話法について、引用句「〜ト」の問題のみならず、述語動詞の選択等も含めた文全体の問題として論ずべきだとする中園篤典（一九九四）が出た。新しい見解ではあるが、実態は英文法の話法転換の要件を日本語に引き移したといった体《てい》のものであり、日本語の言語事実に即して考えた場合、根拠の乏しいものである。また、引用されるもとの発話の、〝発話の力〟の違いが間接化の可否に影響するなどという主張も見られるが、用例判定に難があって到底承認できるものではない。そうした問題点については、藤田（一九九九ａ）で明確に指摘し、批判した。本書第４章第七節には、その拙論をほぼそのまま採録する。なお、中園は、後にほとんど同趣の内容を、概説的記述などをつけ加えて、中園（二〇〇六）として公刊している。しかし、筆者の指摘への説得力ある反論もなく、ただ、自分は理想化された条件下で用例判定しているので、自分の判定でいいのだといった自己主張だけがうかがえるが、それが不当なものであることは、改めて藤田（二〇〇八）で明確にした。これも、本書第４章第八節として採録する。その他、引用表現において引用者が表現を〝作り出す〟という側面のあることに注目した坂井厚子（一九九三）のような所論が出されていることも注意される。同様の問題意識は、鎌田（一九九四）にも見られるが、そうした事柄の位置づけも含めた幅広い記述が、藤田（一九九五ｂ）にある。

1―11　さて、一九八〇年代から引用について研究を公にしていた研究者のうち、鎌田修及び筆者は、その研究を集約する形で、それぞれ鎌田（二〇〇〇ａ）及び藤田（二〇〇〇ａ）を公にした。一応、二十世紀の末年に、同世紀後半から進みはじめた日本語についての引用研究が、一定の成果を残し、一つの節目を迎えたといってもいいだろう。

しかし、鎌田の所説については、既に藤田（一九九六ａ）の批判があり、更に藤田（二〇〇〇ｂ）（二〇〇一ａ）（二〇〇二）によって、その折衷的な論調や論理的な欠点、事実認定の難などが総体的に批判された（本書第４章第五節参照）。これに対する有効な反論は、今日に至るまでなされていない。

なお、筆者自身の引用研究の展開については、既に本章でもふれてきたが、「自己評価」の意味で本書第５章において振り返ることにしたい。

1―12　日本語についての引用研究の流れを、ポイントをおさえてたどってみた。二〇〇〇年という二十世紀の最末年に、それまでの引用研究の節目となる集約的な論著が公にされたこと、そして、その一方に対して、間を置かず、その問題性についての徹底した批判がなされたことは、やはり引用研究に一つの時代が画されたことを示す象徴的な出来事であったと言えるだろう。

以上の概観の最後に、その後の二〇〇〇年代に入ってからの状況にふれておきたい。文化史などでも、世紀末年から翌世紀初の十年程は、「世紀末」に含めるというから、いわば引用研究の〝世紀末の状況〟である。

右の鎌田や筆者の著書の他で、二〇〇〇年代に入ってから公にされた引用研究として、まず目につく主な仕事は、砂川（二〇〇〇）（二〇〇四）や、松木正恵の一連の所論であるが、概して率直に言うなら、新たな事実の分析や考察は乏しく、それに先立ってまとめられた先行研究に依存しつつ、それを組み変えたり組み合わせたりするような形で自説として主張するものといえる。また、山口治彦も日本語の引用研究に関する一書をまとめているが、論の骨子となる言語事実の判定に難があるなど問題が多く、性急に〝自説〟をふりかざす以前に今少し考察を深める時間が必要なのではと思われる。思うに、近年の風潮として、自説が先行研究とどのように違うのかといった面ばかりが強調され、また、問われる嫌いがある。右のような〝世紀末の状況〟も、いわばそれまでの研究が集約されたことに対して、どう違いを主張するかに汲々としているかの如き印象さえある。けれども、学問が一つの文化として受け継がれるべきものである以上、まず集成されたそれまでの研究をきちんと受けとめ、十分消化することに意を用いるべきであろう。

　そして、研究の本当の深まりのためには、論の枠組みを組み変えるといった小手先の意匠変更などではなく、具体的な言語事実の各論的考究からはじめて、この問題を考える新たな知見を積み上げていくという方向が、今改めて重視されるべきであると思う。

　松木の所説については第6章第一節に、砂川の二〇〇〇年代の所論については第6章第二節に、そして山口の所説については第6章第三節において、それぞれ論ずることにする。その他、視点論の立場を表立てて日本語の統語的引用を論じている渡辺伸治（二〇〇三）（二〇〇五）も注目されるが、かなり難解な論じ様《よう》になっているので、一度きちんと検討しておく必要が感じられる。引用表現とも関連する「〜ヨウニ」節を論じた前田直子（二〇〇六）と併せ、第6章第四節で論じる。

1—13　以上、文法論としての日本語の引用研究の展開を簡単に概観した。次章以下では、右に述べたとおり個々の所説の主だったものについて更に立ち入って言及していく。

各論に先立って一言記しておくなら、「研究史」と称する記述も結局はその論者のものの見方であり、本書も研究の歴史についての筆者の認識・把握の一つの形に他ならない。しかし、それが言語研究、そして言語に関する知見として普遍性のある意義を持つよう、それぞれの所説・研究の評価に当たっては、それが言語事実を適切にとらえるものといえるか、その所論が論として矛盾なく整合的に構築されているか、といった点にもっぱら注意し、その検証に意を用いるつもりである。

第2章　近世以前の引用研究

第一節　引用研究前史

1　はじめに

本章では、引用研究史の記述の手始めとして、近世以前に目を向け、文法論としての引用研究につながる前史的な段階を俯瞰してみたい。

研究という営みの前提としては、何より研究すべき対象が意識され認識されなければならない。そして、文法論の問題として論じられるべき「引用」、すなわち引用されたコトバを引用されたものとして文の構成要素に組み込む表現は、次のように助詞「ト」による引用句「〜ト」の形を用いるのが最も一般的であるから、

（1）「をちかた人に物申す」とひとりごち給ふを、御随身つい居て、「かの白く咲けるをなん夕顔と申し侍る。花の名は人めきて、かうあやしき垣根になん咲き侍りける」と申す。（『源氏物語』夕顔）

（2）和博は、「ごめん下さい」と言った。

（3）智子は、「困ったな」と思った。

文法的な「引用」の表現は、助詞「ト」を手掛りに意識され、問題にされはじめることになる。しかし、それに先立って、まず引用の助詞「ト」そのものが認識され、その表現性に注意が払われていく段階がある。ここで試みよ

うとするのも、もっぱら、そうした引用研究の前史的段階としての、引用の助詞「ト」をめぐる昔の人たちの認識・考察の跡づけである。

従来、国語学史の方面で、このような引用研究に関する前史的な記述がなされたことは、全くない。そもそも文法論としての引用研究自体が著しく立ち遅れていたのだから、こうした事柄が問題にならなかったのも当然かもしれないが、それだけに、以下の記述は手さぐりの試論とならざるを得ない。けれども、手さぐりの試みであっても、ここで全体的な概観をいったんまとめてみることは、引用研究史の記述にとって意味のあることと考える。

この第一節で視野に入れる範囲は、上代から近世の本居宣長の所論までである。宣長と同時代の富士谷成章には、助詞「ト」について「五つの『と』」と称する注目すべき分類が見られ、考えるべきことも多いので、節を改め第二節において詳しく検討したい。なお、キリシタン宣教師など外国人の日本語研究における「ト」や引用に関する記述についても、いささか次元の異なるものと思えるので、ここではとり上げないことにする。

2　上代の「ト」の認識

2　日本人が漢字と出会い、全く異質な言語を書き表わすためのこの文字を用いて、日本語を書き表わす努力を重ねる中で、次第に自らの言語への観察を深め、品詞認識の萌芽にあたる意識が育ってきたということは、よく知られている。それを物語る端的な事実としてあげられるのが、いわゆる「宣命書き」である。

宣命とは、周知のように、六国史などの史書に見られる天皇の公的発言を記した一種の和文体の文章で、特に「続日本紀」所収の六十余の宣命がその代表的なものとして知られている。これらの宣命では、次のような、「宣命書き」と呼ばれる付属語や活用語尾の部分を万葉仮名で小さく書き添える独特の表記法が用いられる。

（4）　是乎以天汝等乎教導久。　（続紀宣命・第四六詔）

（5）　何乎怨志岐所止志弖加然将為。（同右・第一八詔）

これは、宣命が口頭で読み上げられるものであったため、正しく読まれるための一つの工夫なのだが、また、言葉の実質的な意味を担う部分を漢字で大書し、文法的な意味を表わす部分を万葉仮名で小書きして書き添えるという表記の仕方には、言葉を自立語（実質語）的なものと付属語（関係語）的なものとに区別してとらえる、日本における語の最も基本的な類別の意識（品詞認識）の萌芽を見てとることができるとされる。

本節で問題にしている引用の助詞「ト」についても、宣命では小書きで書き添えられるのがふつうである。もっとも、付属語や語尾の部分が明示的に表記されず読み添えに委ねられることもあり、「ト」も読み添えられるものとして表記されないこともある。ただ、注目すべきは、「『と』は上に動詞が来る場合にその動詞の活用語尾が万葉仮名で小書きされているときには、読添えにはなり得ず必ず表記される[1]」という事実である。すなわち、動詞の活用語尾は、もっぱら断続等の関係を示す点では付属語に近い関係表現的なものだが、その関係表現的な語尾の部分が万葉仮名小書きで明示される場合、「ト」も必ず明示的に書かれるということは、「ト」が活用語尾等と区別のない同質の関係表現的なものとしてはっきり意識されていたことを物語るものだといえるだろう。

助詞「ト」は、上代において、付属語（関係語）的なものの側に属するものとして明確に認識はされていたわけである。ただ、それ以上、「引用」ということについての何らか立ち入った理解があったかどうかについては、はっきりしたことは言えない。

3　歌学の世界において

3—1　次いで、中古以降に目を向けてみたい。和歌の表現に対する研鑽と考察の積み重ねの中から、日本語に対する語学的認識が芽生えてくるということは、よく知られているところである。とりわけ中古以降における歌合の場においてなされた詠歌に対する批判的な論議には、和歌の言語表現をめぐる多角的な観察・思索を見てとることができるし、そのような思索の中から、日本語に対する語学的な認識、殊に日本語の表現を支える付属語的な要素についての認識・理解も育ってくる。そして、そのような認識は、やがて歌学書における語学的言説へと集成もされることになる。

ただ、概して言えば、中古の歌合の場での論議や歌学書の記述を見る限り、引用の助詞「ト」や「ト」による引用表現についての言及自体が稀であり、見るべきものも乏しい。

試みに、『平安朝歌合大成』所収の歌合の判詞や方人の難陳をずっとたどって見ても、「ト」や「～ト」形式の部分への言及は極めて少なく、例えば、

（6）　五番　左勝　前大進

行く年にことづけやらむいつしかとまつ人ありと人に告げなむ

右　俊恵

ゆくとしにたちかはらむと春霞いづくに今夜まちあかすらむ

左歌、「との字おほかり」と申さるる人もありしかど、おほくは心をかしと侍りしは。まことに同じ文字おほかる歌みな勝ちたる例あれば、「人人の御心なり。」と申してき。就中、右歌はらむの字二あり。病なるべし。

（嘉応二年（一一七〇）五月二九日左衛門督実国歌合）

のような例が見いだされる程度であるが、右の場合、「との字おほかり」という難陳があった程度のことで、同字（同語句）の繰り返しが耳について宜しくないといった批判は何も「ト」に限ったことではなく、「ト」の性格についての特段の認識が見られるわけではない。

同様に、次例は少し下って鎌倉期の歌学書（一三世紀末頃成立）の記述で、「（……）だにとおもへども」という

引用形式の部分について言及があるが、

（7）　続古新撰者

うき世をゝばはなみてだにとおもへどもなほすぎがたく春風ぞふく

だにとおもへどもといへるかゝり不レ宣《（ママ）》　（源承「和歌口伝」）

「花見てだに」などという言いさしの形を引くことについての異和感の表明にとどまっていて、「ト」による形式そのものの表現性とのかかわりについてまで踏み込むものではない。

既に述べたように、和歌の表現研究の積み重ねの中からは、日本語の表現の微妙な陰翳を司る付属語的要素（あるいは、実質的意味の乏しい語句）の働きについての認識が、次第に明確な形をとるようになってくる。その結果、鎌倉初頭の順徳院「八雲御抄」では、その種の語句を「テニヲハ」と呼んで問題にする早い例が見られるし、前後して「やすめ字」「やすめ詞」「助字」といった用語も用いられるようになる。更に、下って鎌倉末から南北朝期にかけて成立したかと見られる基俊仮託の歌論書「悦目抄」には、この種の付属語的要素（あるいは語尾的要素）のいろいろについての言及が見られて興味深い。けれども、そういったところでも「ト」に関する言及はやはり特に見られないのである。もとよりまだ精査する余地はあろうが、少なくとも『日本歌学大系』所収の中古・中世の歌論書の記述をたどってみた限りでは、鎌倉末頃までの歌学の世界において、助詞「ト」や「ト」による引用表現は、和歌の表現を考える場で、とりたてて問題にされるものでなかったといえよう。

3—2　こうした状況は、しかし、鎌倉末から南北朝・室町期へと入ってくると、いささか変わってくる。

付属語的要素についての認識・観察を深めていった歌学の表現研究を母胎として、テニヲハ書（テニハ書）などと称される一種の文法研究書が生まれるようになるが、こうした著述の中では、助詞「ト」についての言及が見いだされるようになってくる。詳しくは、次の４でとり上げたい（**3—3**でも少しふれる）。

また、個別の歌についての注釈的記述の中にも、助詞「ト」についての認識とかかわって注意しておきたいものがある。

「古今集」の二〇四番歌として、次のような歌がある。(2)

（8）　日ぐらしのなきつるなへに日はくれぬと思ふは山のかげにぞありける

右の場合、第三句は「日はくれぬ」までで切るのが正しい読み方である。従って、第四句は「と思ふは山の」となって、助詞「ト」で句がはじまることになる。ところで、このように、「と思ふは……」のような形式が句頭にくる場合、その句自体が字余りになる場合が多い（右も第四句は8字）。それ故、一見すると「ト」をどちらの句につけて読むべきか、疑問に感じられたとしても無理のないところであろう。そもそもどちらにつけても字余りなのだから、前につけて読んでいいのではないかというわけである。それに、和歌において助詞的な語で句がはじまるのは、「ト」の場合だけだと言ってよい。そのような語学的な一般化はできないにせよ、テニヲハ的な「ト」で句がはじまるよりは「ト」を前の句の方につけて読むのが自然ではないかとの印象が持たれることがあっても、おかしくはなかっただろう。それだけに、時代が下ってくると、こうした「ト」が正しくは句頭に立つものとして読まれなければならないということは、説明しておく必要も出てきた。歌は、何といっても読み上げられ継承されるものであるから、正しい句読の知識は重要なのである。この「日ぐらしの」の歌についての室町期の注釈には、そのような句読の仕方が説かれたものが見られる。

（9）　日ぐらしのなきつるなへに

日晩は、蝉の一名也。体も少かはる也。声もかはれども蝉也。なゑにと読也。なへとは、なくからにと也。日はくれぬにてよみきりて、と思へば山のとよむ也。此類あり。

（「蓮心院殿説古今集注」・傍線藤田）

（10）　ひくらしのなきつるなへに日は暮ぬと思ふは山のかけにそありける

此哥日ハクレヌノカナニテヨミキリテトノ字ヲ下ノ句ニ付テヨム也　此哥ノ類何モ同　ナヘニト云ルハナキツル度ニナド同心ナリ　只ナキツルニト云心ニテ可レ足ヌ　ナヘニト云ニサノミ心ヲカクヘカラス　サテ日クラシト云ルニカ、リテ日ハクレケルカト思哥ノ姿也　哥ノ心アハレニサヒシ（「古今集延五記」・同）

「日ぐらしの」の歌は、このような句読が問題になるものとしてよく知られた歌であったようである。そしてまた、こうした歌の句読に関し問題となる部分として、「ト」もしくは「ト思フハ」といった形式に対して注意が向けられていったはずである。あるいは、ふつうのテニヲハの類と違って「ト」は、歌の句頭にも出てくる、ちょっと変わった語句だといった印象も持たれていたかもしれない。ともあれ、こうしたところにも、助詞「ト」や引用形式的なものに対する、一つの語学的考察の芽生えがあることを見ておいてよいように思う。

3—3　このような「ト」に関する句読の問題についての言及は、近世の文法研究にまで引き継がれていく。次例は、有賀長伯（一六六一〜一七三七）の「春樹顕秘増抄」の一節であるが、長伯は、江戸初期の歌人・和学者で、中世以来の伝統的な歌学を継承・集成した。「顕秘増抄」は、室町末頃成立かとされるテニヲハ書「春樹顕秘抄」を長伯が大幅に増補・整理したものである。ここでも、「と文字の事」という項目のもとに、「と思へど……」のような例について、字余りになる「ト」は次の句の句頭に置いて読むということが口伝だと説かれている。

(11)　　第三　　○ともしの事

一、字余りにそへたるともしは皆下へつけてよむこと口伝也。たとへは

いせ物語　我はかり物思ふ人は又もあらしとおもへは水の下にもありけり

又もあらしとよみ切て、と思へはと下へつけてよむ也。

続　古　旅ころもいかで立らんと思ふよりとまる袖こそ露けかりけれ

（「春樹顕秘増抄」）

「ト」というテニヲハに関して、こうした句読に関する特記すべき性質が大切な理解事項とされているのである。

更に、中世のテニヲハ研究の伝統のもとにある近世の文法研究は、本居宣長・富士谷成章の登場によって新時代を画することになるが、宣長には、こうした句読の問題について言及するところがあり、また、成章にも関連する発言のあることは、注目される。

宣長の場合、語法・表現を論じた『玉あられ』において、「もじあまりの句」としてさまざまな字余り句を論じた最後に、次のような形でこの問題をとり上げる。

(12)　又古今集に、〽日ぐらしの鳴きつるなへに日はくれぬ句と‖おもふは山の陰にぞ有ける、これらは、と‖もじ下なる句につく故に、四の句もじあまりにて、三の句は然らず、すべて〽云々と思ふ、とつゞく所には、此例多し、かやうなると‖もじは、次の句へつくこと也、大かたもじあまりは、右の如くあ‖い‖う‖お‖の四つの内のもじの、なからにある句にあらずは、よむまじき也、

（『玉あられ』の「もじあまりの句」より）

何より注目されるのは、こうした句読の問題に関する考察を一歩深めて、「と思ふは山の」のような字余り句の成立する条件を説いている点である。つまり「口伝」のような形で継承されてきた経験則的な事実認識を一歩深めて、そのような言語事実が成り立つ条件を形に即して客観的におさえられる一般則として提示しているのである。宣長によって、近世における言語研究が科学的・客観的なものとして面目を一新したとされることが、ここでも十分実感できる。

しかしながら、一方では、こうした句読の問題が「ト」という助詞（テニヲハ）の問題として論ぜられてきたという一面が宣長においては捨象されて、字余りが成り立つ形態的条件として、形態的な問題に一般化する方向でとらえ直されている点は注意すべきであろう。つまり、こうした句読の問題は、「ト」や引用形式についての認識・理解という形では、宣長において継承されなかったということである。この点、ここでは多くはふれないでおくが、富士谷成章が『あゆひ抄』の「と家」の項において、「『と』の字は、歌の勢によりて、あゆひ［注・‖＝付属語的な

語」なから、次の句のかしらにすゑてかすをさためたるもおほし(3)」と述べていることと対照的である。

宣長における革新は、旧来の言説とのいったんの断絶のうえに、飛躍的な水準の向上がもたらされているといった印象を受けることがあるが、この場合もそのような感が強い。

4　テニヲハ書における呼応の認識

4―1　先を急いだ形になったので、もう一度中世に立ち戻ることにしたい。

既述のように、中世も鎌倉末から南北朝・室町期へと時代が下ってくると、和歌の表現研究における観察の蓄積を母胎として、テニヲハ（もしくはテニハ）と一括される付属語的要素をとり上げて、その働きを論ずる書物が著わされるようになる。テニヲハ書などと呼ばれるこの種の書物は、もっぱら和歌の表現を念頭において記されているが、日本語における自覚的な文法研究の始まりと評価されてもいい。そして、その種の著述としてまず現われるのが「手爾波大概抄」であり、また、「姉小路式」の名で総称される一群の伝書である。

このうち、「手爾波大概抄」は、鎌倉末から室町初め頃成立かとされる。漢字で六百五十字足らずの小冊で、変体漢文的な文章で書かれ、自立語的な語を「詞」、付属語的な語を「テニハ」と呼んで、前者に対する後者の機能を比喩的な言い回しによって的確に説いていることは有名である。そして、個々の付属語的な語（テニハ）について、その用法を分類し、また、主として呼応などの面からそれらの用法を説明している。

その「大概抄」の短い記述の中に、「ト」についての次のような言及が出てくることは興味深い。

(13)　物《ヲ》遠《ト》者《イフハ》 残《ル》詞之手爾葉以二登《ト》之《ノ》字一《ヲ》押留《ル》也。

この場合の「詞」とは、自立語的な語をいうものではなく、一般に〝ことば〟という意味だろうと思えるので、大意は「『モノヲ』というのは〝残ることば〟のテニハであって、『ト』を先において、これと呼応させて文を終えるものである」といったことになるだろうが、記述が簡略にすぎて、これだけではよくわからない。

ただ、「大概抄」については、宗祇（一四二一～一五〇二）が注釈を加えた「手爾波大概抄之抄」という書物が残されており、その記述が理解の助けにはなる。それによると、宗祇は、この箇所について、例歌をあげて次のように注している。

(14)　古今　淀川のよとむと人は見るらめと流れてふかき心あるものを

同　住吉のきしの姫松人ならはいくよか経しととはまし物を

如此、物をと下にをけは残詞のてにはとていひつくさす。中にをく時はいひつくすなり。いひつくす時は詞までなり。筆したまふには不及。

古今　ちると見てあるへき物を梅の花うたてにほひの袖にやとれる

（「手爾波大概抄之抄」）

宗祇の注から考えると、〝残ることば〟のテニハとは、言い尽くさずに言いさして余情を残す言い方の助詞的表現ということだと解せられる。そして、「以登之字押留」についての直接の説明はないが、例歌からすると、「モノヲ」という文末の言いさし・余情の表現の余情が生まれる機縁となるものとして、逆接的に提示される事態や心の中の思いが「～ト」の形（「ト」も「ド」も清濁区別なく考えるようである）で「モノヲ」と呼応していると考えるのだろう。もちろん、このような理解だとすれば、これは文法的な事実理解として妥当ではない。一首の鑑賞の次元でならともかくも、文法的な一般則としてこのような「～ト（ド）」が文末の「モノヲ」と呼応関係をもつなどということは決して言えないのである。その意味で、「大概抄」のこうした「ト」についての言及は、宗祇の注を参照しても、なお不審の残るものと言わざるをえない（実際、こうしたよくわからない考え方は、後に継承されていかない。例えば「大概抄」は「姉小路式」にも影響を与えているが、「モノヲ」に関して「姉小路式」にはこうした呼応の記述はない）。

ただ、こうした文法的把握として十分な一般化に堪えない未成熟な記述が見られるところに、文学的表現の解釈・研究から文法的な認識・研究が育ってくる草創期の様相を見ることができるのかもしれないし、また、従来あまりとり上げられてこなかった「ト」についてともかくも言及がなされていることも、文法的研究が育っていく中で「ト」のような助詞も視野に入れられ問題にされはじめたのだという意味では、注目しておいてよいだろう。

4―2　次に「姉小路式」であるが、本書は室町初め成立かとされる。「歌道秘蔵録」「手爾尾葉抄」など多くの別名のある伝書が残されており、一般には「姉小路式」の名で総称される（ここでは、『国語学大系』所収の「姉小路家手似葉伝」のテキストによる）。多くの伝本があることでも知られるように、中世のテニヲハ書としては影響の大きいものであったし、後に著される「春樹顕秘抄」などのテニヲハ書の内容の基盤ともなり、その考え方の枠組みは近世にまで継承された。

引用の助詞「ト」や「ト」による引用形式の認識の問題に関して、「姉小路式」で注目されるのは、大事の口伝として書き添えられている次の歌である。

(15)　そるこそれ思ひきやとはりやらんこれそいつ、のとまりなりける

これだけでは何のことかわからないが、この後に添えられた例歌からも、これは、要するに「花ゾ咲キケル」「花コソ咲キケレ」「花ハ咲キケリ」「花ヤ咲クラン」のように、「ゾ」とくれば「ル」、「コソ」とくれば「レ」といった係り結び的な呼応のパタンを教えるものであることが知られている。テニヲハ研究史においては大変に有名な歌である。

そして、そのようなパタンの一つとして、「思ヒキヤ」とくれば「トハ」と結ぶ呼応がとり上げられている点が注目される。これは、もちろんいわゆる「係り結び」とは違うが、「思ヒキヤ」という誘導的な句に対して、予想外の事柄内容が導かれ、末尾に「トハ」と結ぶパタンは、和歌の表現においてはよく用いられるものであり、係り

結びなどと同様重要な呼応パタンとして注意されたものであろう。「ト」にかかわる呼応関係への注目といっても、「大概抄」の場合とは違い、「思ヒキヤ」とくれば「トハ」で結ぶという関係把握は文法的な一般則として提示できるものであり、その意味で「姉小路式」の事実認識は、少なくとも「ト」に関する部分では文法的理解として一段進んだものになってきているということができるだろう。

4―3　この「姉小路式」が後世のテニヲハ書の基盤ともなり、その考え方が継承されたので、近世に至っても引用の助詞「ト」に関しての文法的認識として語られる主要な事項は、この種の関係のことであった。（16）は、先にもとり上げた「顕秘増抄」から、「トハ」の言い切りに言及した記述である。

（16）　第四　〇とはと留る事

一、結句にとはと留るには必上へかへりて初五もし第三句に　思ひきや　思はすよ　しらさりき　なと置てかへる也。其中に思ひきやと置てとはと留ること今はきらふ也。以上不及證歌。又上に治定してとむる有。

たとへは

千　載　かねてより思ひし事そふし柴のこるはかりなるなけきせんとは

金　葉　君か代はあまつこやねのみことよりいはひ《（ママ）》そ初し久しかれとは

（有賀長伯「春樹顕秘増抄」）

「思ヒキヤ～トハ」は、倒置のパタンとも言えるから、その点が「上へかへ」るものという言い方で指摘されて、注意が払われるようになってきている。むしろ、倒置というとらえ方が中心となっていくようで、「トハ」ばかりでなく「ト」の形での言い切りについても、そうした観点からの言及が見られる。（17）は、「氏邇乎波義慣抄」の「止（と）」の項の記述だが、最初にその種の指摘がある。ちなみに、雀部信頬は伝不詳、この「義慣抄」は一八世紀半過ぎの成立、なお中世以降のテニヲハ研究の伝統のもとにある書である。

（17）**止**ととまるは上にかへる低邇乎波也。

春上　東三條左のおほいまうち君
　うくひすのかさにぬふてふ梅花をりてかさゝん老かくるやと
羈　在原業平朝臣
　名にしおはゝいさことゝはんみやこ鳥我おもふ人は有やなしやと（以下例歌略）
止に濁音のとまりあり。是は雖の字にて、いへともの意なり。五句わたりておなし。（例歌略）
やすめたる止あり。
仁
　木々のこのはのちりとまかふに
乃
　おもひきやなそとあしかきの
利
　秋風のふきとふきぬる

（雀部信頼「氏邇乎波義慣抄」）

以上のように、室町期から近世にかけての伝統的なテニヲハ研究の文脈において、引用の助詞「ト」に関連しては、「思ヒキヤ〜トハ」のようなパタンについて、呼応・倒置の関係に注意が払われたということである[4]。それは、一つの素朴な文法的認識ではあったかもしれないが、それだけでは結局限定された事柄に目を向けているにとどまることであり、引用の助詞「ト」や「ト」による引用形式の機能・表現性を広く深くとらえる方向性を持てなかったと言っていいだろう。実際、（17）にも見るように、伝統的なテニヲハ研究では、近世後期に至っても助詞「ト」についての記述はいろいろな用法例が雑然と並ぶ形のままであり、いろいろな用法がむしろ一まとめにとらえられている部分もあって、引用の用法の「ト」（そして引用表現）が必ずしも明確にとり出され認識されていない状況であったわけである。

5 「正徹物語」の一記述

5―1　再び中世に戻って、今一つ、室町期の一事例を付け加えておきたい。

中世、とりわけ室町期においては、仏典・漢籍（あるいは漢文体国書）について禅林の学僧や儒者・公家などの知識人が知見と研鑽を深め、彼らの学問は、講義の形で師匠から弟子へと継承された。周知のいわゆる「抄物」は、そのような講義にかかわる記録であるが、そのような学問世界においても、文学的表現の考究から言語そのものへの省察の眼が育っていったであろうことは想像に難くない。

今そうした言説を「抄物」の記述の中に博捜する用意はないが、そのような学問世界の口吻を感じさせる一資料がある。引用の助詞「ト」による表現の表現性を格助詞「ヲ」との比較において正面から論じたもので、本節の問題意識からしても、見落とすことのできない興味深い記述だといえる。

（18）　杜子美が詩に、「聞雨寒更尽、開門落葉深」と云ふ詩の有るを、我等が法眷の老僧の有りしが、点じ直したる也。昔から「雨と聞く」と点したるを見て、「此点悪し」とて「雨を聞く」と只一字始めて直したり。只一字の違ひにて、天地別也。「雨と」と読みては、始めから落葉と知りたるにて、その心狭し、「雨を」と読みつれば、夜はたゞまことの雨と聞きつれば五更既に尽きて朝に門を開きてみれば、雨にはあらず、落葉ふかく砌に散りたり。此時始めておどろきたるこそ面白けれ。されば歌もたゞ文字一にてあらぬものに聞ゆる也。（「正徹物語」）

「正徹物語」は、室町前期の歌人であり禅僧として京都・東福寺で書記も務めた正徹（一三八一～一四五九）の歌論書であるが、右の一節は、和歌においても微妙な表現の相違が大変に重要な意味を持つものだという議論の文脈で、そうした主張を補強する参考として、漢詩の訓読の仕方についての一事例をとり上げたものである。すなわち、「我等が法眷の老僧」、つまり自分達と同門のある老僧が、漢詩の訓法をたった一字改めたことで、その訓み方が詩の内容の核心をとらえたものとなったということが述べられている。漢籍の訓読にかかわって日本語の助詞の微妙な表現性が論じられている点は、当時の学問・講義の場を思わせるものがあり、また、こうした逸話を歌人でもある正徹がとり上げている点も興味深い。

ところで、右の「聞雨……」の詩句はこの文章では「杜子美が詩」つまり杜甫の詩の一節として示されているが、これは誤伝のようで、この詩句は唐代の無可という詩人の次の詩の一節である。

(19)—a　秋寄従兄賈島　　無可

瞑蟲喧暮色　黙思坐西林
聴雨寒更盡　開門落葉深
昔因京邑病　併起洞庭心
亦是吾兄事　遅迴共至今

この詩は、清の時代に唐代三百年の間のすべての詩を網羅すべく編まれた「全唐詩」に収められている。無可は、唐の時代の僧であり、詩人賈島の従弟にあたるという。題から、この五律も賈島に寄せて作られたものであることが知られる。念のため、書き下し文を示しておく(5)。

(19)—b　秋、従兄賈島に寄す　　無可

瞑蟲、暮色に喧《かまび》すしく、黙思して西林に坐す。
雨を聴きて寒更盡き、門を開けば落葉深し。

昔、京邑の病《うれへ》に因り、併《なら》びて洞庭の心起こる。

亦た是れ吾が兄の事、遅迴して共に今に至る。

5―2　さて、問題は結局右の詩の第二連の「聴（or聞）雨」の部分の訓法である（なお、「正徹物語」の記述の検討であるので、以下「聞雨」の形として考える）。正徹の説明によれば、これを「雨ト聞ク」と読めば、初めから（落葉の降る音を）落葉だと知っていることになって内容が乏しい（つまり感興が薄い）。それに対して、「雨ヲ聞ク」と読めば、夜のうちは（その音を）雨と思って聞いていたことになる。そして、夜が明けて門をあけた時、深く落葉が積もっているのを目にしてはじめて落葉だったかと気づき驚くところに興趣があるというわけである。けれども、

「雨ト聞ク」……落葉だと知って聞く（本当の雨と思っていない）
「雨ヲ聞ク」……本当の雨と思って聞く

というような意味の相違が本当に出てくるのか。また、どうしてそのような判断がなされるのだろうか。

この点について考えるためには、まず「聞ク」を述語とする「AヲBト聞ク」のような引用構文について検討してみることが必要だろう。「雨ト聞ク」も「ソノ音ヲ」のような目的語が伏せられた形であるから、この構文の表現なのである。なお、基本的な用法において同じと思えるので、現代語の例で考える。

「AヲBト聞ク」には、大別して二つの意味・用法がある。一つは、Aという音等をBという音として聴き取るといった意味で使う場合がある。
（20）　確かだとは言い切れませんが、私は、さっきの不審な声らしき音を「助ケテクレ」と聞きました。
もう一つは、次のようにAという物音等をBだと考えるという用法である。
（21）―ａ　智子は、その音を風と聞いた。

(21)―b　智子は、その音を風だと聞いた。

(21)―c　智子は、その音を美しいと聞いた。

(20)のような〝聴き取り〟などという用法は、特別な場面でなければ出てこないだろうから、この構文に関しては(21)のような用法がふつうといえる。「雨ト聞ク」もこの用法ということになる。

ところで、Aという物音等をBだと考えるという用法だとしたが、この「考える」ということには幅がある。つまり(21)―abのような対象同定的な言い方の場合、「その音」が本当に風であり、聞いてそうだとわかったといった意味で解することもできれば、「その音」が何だったかはわからないが、智子は聞いて風だと考えたともとれようし、更には、智子は「その音」が風でないとわかっているが、風のように思って聞いたという理解も可能だろう。つまり、風ならぬものを風に見たてて(?)聞くという意味にもなり得るのである。こうした点については、この構文自体からは一義的に決まらないことであって、結局その時々に事実に即して決まってくることだといえる。だから、「雨ト聞ク」という表現についても、雨でないものを雨でないと知りながら雨と聞きなすというような意味理解が出て来得るのである(ただ、そういう意味解釈にしかならないわけではないという点も一応おさえておきたい)。

これに対し、「雨ヲ聞ク」という表現は、どう考えても文字どおり雨なるものの音を聞くという理解にしかならない。従って、「聞雨……」の詩句について、まず「雨を聞きて寒更尽き」と読むと、ここは「雨音を聞いて一夜が明けた」といった主体(この詩の事実の体験者)の耳で聞いて体験した事実報告となり、主体は確かにこの時は本当に雨だと思っているのだということになる。そして、「門を開けば落葉深し」と次の時点での主体の目からの事実叙述が続く形になり、読み手は、主体の視点に立ってその意識の推移を追っていくことで、その感興が実感できるというわけである。

以上見てきたように、「雨ヲ聞ク」と読んだ場合は、確かに本当に雨だと思って聞いているのだという解釈にしかならない。一方、「雨ト聞ク」と読んだ場合、雨ならざるもの、すなわち落葉の降る音を、ちゃんと落葉だと知っていて、それを雨と聞きなしているといった解釈も出て来得る。そのようにしか解せないものではないのだが、絶対にそのような解釈が出て来ない「雨ヲ聞ク」に対して、そのような解釈も生じ得る「雨ト聞ク」を、そのような意味の言い方として相対的に割り切って考えるようである。そうした表現性の相違の押さえの上に立って、「雨ト聞ク」でなく「雨ヲ聞ク」と訓ずることをよしとする説明がなされている――「正徹物語」のこの一節はそのようなことであると理解できるだろう。

ここには、一部割り切ったところもあるが、引用の助詞「ト」による引用構文のある一つの表現の意味について、格助詞「ヲ」による類義表現と比較してかなり微妙なところにまで踏み込んだ洞察がなされていることが見てとれる。一つの個別的事実の解釈をめぐってのことではあるが、引用の助詞「ト」による表現の表現性について、このようにかなり深い考察がなされることもあったということは、ここで特に注目しておきたい。

6　栂井道敏『てには網引綱』の記述について

6―1　右のように、引用の助詞「ト」に関する興味深い言説も見いだせるにせよ、概して言えば、中世・室町期から近世に入っても、「ト」についての認識・理解は、まだまだ不十分なものであった。中世以来のテニヲハ研究において、テニヲハ書の「ト」にかかわる記述を見る限り、近世の半ばを過ぎても、引用の用法の「ト」そのものが必ずしも明確に認識されていないという状況であったことは、既に4で見たとおりである。しかし、近世後期には、文法研究に大きな変革期が訪れ、「ト」についての認識・理解もぐっと深まることになる。

そのような方向性を示す著作として、ここではまず近世後期のテニヲハ書である栂井道敏の『てには網引綱』

（一七七〇刊）を見てみたい。栂井道敏（一七二五〜一七八五）は、時代的には宣長・成章らと重なる頃の人物で、中世以来の伝統的な学問の流れの中にある人ではあったが、その中では革新的な立場をとり、中世以来の旧流のテニヲハ研究と宣長・成章らの新しい文法研究をつなぐ位置にあるとされている。(22)は、同書の「と」についての一節である。

(22)　○と

とは唯《たゞ》詞につきて〽けふのみと〽花みんとなとやうにいへるとの字は至て軽し又與の字の義に叶ふありたとへは〽君とわれ〽夏と秋となといへるは我與《ト》レ汝花與《ト》レ月といへるに同し　此との字は重きかたにて急成へし又との字にごるは、雖《いへども》の字義にてとのてにはの例《れい》にあらす〽春たてと〽見れとあかぬの類也（例歌略）

古今　春霞み色のちくさにみえつるは棚引山の花のかけかも

同　ちらねともかねてそおしきもみち葉は今は限の色とみつれは

右歌の〽色のちくさにを〽色のちくさとゝいひても大旨通せり〽色とみつれはを色にみつれはとかへても通すへししかれともにはさしつけていひとは少うたかふ心有たとへは〽野とならはうつらと成てなきおらむの歌にて知へしこれを野にならはうつらに成てといはゝ誠《まこと》に野に成うつらに成てなくになる也　野とならはうつらと成てといふにて譬喩《ひゆ》する心有へしかやうの類よく〳〵分別してよむへき事也。（以下略）

（栂井道敏『てには網引綱』）

右の記述では、従来のテニヲハ研究でとり上げられてきた倒置の「ト」「トハ」や句頭の「ト」といった特定の個別的な事柄はとり上げられず、むしろ、「ト」の主要な用法を意味・形に基づいておさえ整理する方向が見られる。この点は、文法的研究としては進歩だといえる。また、注目すべきは、「唯詞につきて〽けふのみと〽花みんとなとやうにいへると」というとらえ方である。「網引綱」では「詞」とは言語表現を一般的に言う用語であるが、

「唯詞につ」くというのは、（特定の類の単語などでなく）一般的な言語表現、つまりいろいろな文や語句につくというようなことを言おうとしたものと考えられ、このような規定の仕方で、他の用法と区別して引用の用法の「ト」にあたるものを特立しようとしたものと見られる。ようやくこの段階になって、引用の助詞「ト」が認識されはじめていると言ってよい。

もっとも、このように進んだ見方もうかがわれるが、全体にまだ大雑把で言語事実の整理が尽くされていないという印象は否めない。言語事実の徹底した整理は、次の宣長の研究に俟たなければならない。

6—2　今一点、関連して付け加えておきたい。（22）の記述の後段には、今日の理解からすると、いささか意外な指摘がある。すなわち、「ト」と「ニ」は通用されるとしたうえで、しかし「にはさしつけていひとは少うたかふ心有」と述べる点である。そして、「伊勢物語」第一二三段の有名な歌を引いて、「野にならばうづらになりて」と「ニ」を使うと、本当になってしまう意味になるが、「野とならばうづらとなりて」と「ト」を使うと、喩えであって本当になるわけではないと述べている点も興味深い[6]。

確かに、助詞「ト」と「ニ」の用法は今日でも相通うところが大きいが、類義的な表現において用いられて、微妙に違いが出てくることがある。例えば、

（23）—a　その子供は、授業となると騒ぎ出す。

（23）—b　その子供は、授業になると騒ぎ出す。

bの場合、「実際に授業が始まると騒ぐ」という意味になるが、aでは、「授業が実際はまだ始まっていなくても、今から授業だという事態に直面した時に騒ぐ」というように解することが十分可能だろう。「ニ」は「結果的」などと説明されるが、帰着点を表わす用法があることからも了解されるように、結果として行き着いた、つまり実現した段階を差し出すものととられる傾向がある。これに対して、「ト」は「過程的」などと言われるが、「〜ト」の

形で連用修飾句となって、動作・状態が今まさにどうなのかの様相をとり出す表現となる。そうした用法の延長上で、必ずしも実際にその段階に入り込んでいなくても今まさに直面しているものを差し出すという意味で用いられるのである。

こうした基本的な意味の違いに基づく表現性の相違は、現代語・古典語を通じて一貫しているものと思われる。そして、こうした「ト」と「ニ」の微妙なずれを一面から見ていると、確かに、「とは少うたかふ心有」とか「本当にそうなるわけではない」といった説明を与えたくなるように思えるのではなかろうか。もちろん、このような説明は一面的であるが、「ト」についての一つの理解のあり方ではあったと言えるだろう。

そして、敢えて言うなら、こうした「ト」は「うたかふ心有」とか「～トナル」が本当にそうなるのでないといった解釈は、先の5で見た「正徹物語」の、「雨ト聞ク」を本当に雨と思って聞くのではないとするとらえ方と通じ合うところがあるように、筆者には思える。中世から近世にかけて、「ト」の表現性に関して「本当ではないことを持ち出す」とでもいった理解が、あるいは一部に存在したのかもしれない。

7　「ト」についての本居宣長の記述

7―1　本節のおしまいに、近世の文法研究の一つの頂点をなす本居宣長（一七三〇～一八〇一）の「ト」についての記述を見てみることにしたい。

宣長の「ト」についての言及は、『詞の玉緒』（一七七九刊）巻五に「と」の項があり、十ヶ条にわたるその記述が最もまとまったものである。併せて、「とも」について二ヶ条の記述もある。また、『玉あられ』（一七九二刊）には、歌の部に「とと受る上の格」、文の部に「と」という項がある。このうち、『玉あられ』の「とと受る上の格」は「玉緒」の記述の一番のポイントを要約したといった内容であり、また、同じく『玉あられ』の「と」では

「イハク」のような言い方に対しては「ト」でなく「トイヘリ」のように繰り返す形で受けるのが本来であるということが説かれている。以下、「玉緒」の「と」の項について見てみることにしたい。

　宣長の語学研究の方法論的特色は、何より形としておさえられる言語事実をきちんとおさえ、徹底して整理・記述することを通して、明確な認識を導き出すという点にあると思えるが、この点は、「玉緒」の「と」の項の記述についても実感される。

　まず、冒頭には次のようにあるが、

(24)　○とはすべて切るゝ語をつゞくるてにをは也。さる故に。上のてにをはのとゝのひは。大かたとより下へは及ばざる也。猶それに種々の格あり。左にしるすが如し。　（『詞の玉緒』）

最初の「とはすべて切るゝ語をつゞくるてにをは」であるという指摘は、（文末の）言い切りの語を受けて続ける助詞であるという意であり、引用の用法の「ト」の例を念頭に置いた言い方である。実はこの項では、引用以外の用法の「ト」もとり上げられるのだが、宣長の関心は、もっぱら引用の「ト」の用法の例にあり、十ヶ条としてあげられるものの過半は、引用の「ト」にあたるものなのである。そもそも「玉緒」は、係り結び的関係（疑問語と文末の呼応なども含む）の形態的なパタンを一覧した『てにをは紐鏡』の解説書として書かれたものであり、地の文の部分と引用されたコトバの部分との間で、係り結び的な呼応関係がどうなるのか、いろいろ問題になってくるという点で、引用されたコトバを導く引用の用法の「ト」の例に注目が向けられるということは自然なことであったといえる。が、その結果、「玉緒」の記述では、引用の「ト」の表現がこれまでに例がなかったほどにクローズ・アップされることになる。

　更に続けて、「上のてにをはのとゝのひは。大かたとより下へは及ばざる也」として、引用句「〜ト」内の係り結び的な関係の力は「ト」を越えて下の地の文には及ばないという原則を述べるが、このことは、引用句内の引用されたコトバの部分と地の文の部分との文法的秩序が異なり次元が違うものであることを指摘することにつながる、本質的な観察だといえる。

そして、(24)に続けて、十ヶ条に及ぶ「ト」の表現の諸タイプの具体的な記述が、例歌をあげて行なわれる。その概要がわかるように、それぞれ簡略にまとめて示しておく（便宜上記載順に番号を付ける）。

①　(24)の原則に従った正格の例
②　「今やあけぬと」のような、引用句内の結びの部分が破格になる例
③　「世の中にあらましかばと」のような、省略の語句を受ける例
④　「いづこと」のような、疑問語を受ける例
⑤　引用句の中と地の文とが係り結び的に呼応する、原則にはずれた例
⑥　引用の「ト」（引用句「～ト」）が複数ある例

以上の六ヶ条は、引用の「ト」の例にあたるものである。次いで、⑦⑧は、逆接接続助詞的な用法の「ト」である。

⑦　「トテ」の意味になる「ト」の例
⑧　「トモ」の意味になる「ト」の例

もっとも、⑦の「トテ」に通じる例など、「トテ」自体が引用表現とも連続する形式であろうから、引用の用法とかかわりの深いものと言ってよい。

⑨　意味・機能の希薄な「ト」の例（もっとも、ここは、今一つとらえどころのない、いろいろな問題例を集めているようで、未整理という印象がある。）
⑩　「AトBト」のような並列の「ト」の例

⑩については「此とはつゞく格［注・＝連体形］の辞より受る定まりなり」と、接続の仕方の違いに注記がなされている点も周到である。この他、関連して「トモ」についての二ヶ条の記述もある。

以上のように、「玉緒」としての係り結び的な呼応関係への関心に導かれつつ、かなり徹底した例証がなされており、これまでのテニヲハ書などの「ト」についての記述と比べ、飛躍的に記述の水準と精度が上がっていると評していいだろう。

7―2　「ト」の用法の記述・整理という形でのこうした宣長の研究については、従来の引用研究の文脈ではほとんどとり上げられることがなかったと思われるが、今日の引用研究の目で見て先駆的ともいえる興味深い観察も指摘できる。例えば、⑤の引用句の中と地の文とが呼応を持つ例とは、次のようなものであるが、

(25)　たれ見よと花さけるらんしら雲のたつ野と早く成にし物を　（「古今集」巻十六）

このような、引用句内の疑問詞と地の文の文末が呼応する例は、現代語でも見られる。

(26)　何が起こったと思うか。

(27)　だが、明浩はあの時、何を告げようと電話をかけてきたのだろうか。

引用句内と地の文とは本来秩序を異にするものであるが、この種の表現は、それが一続きの文の中で関係あるものとして組み立て直されたものと言うことができよう（筆者は、こうした例を「統合的関係に基づく改編」と呼んでいる）。このような表現については、筆者以前にもいくらか問題にされてきた。けれども、この宣長の段階でこうした事柄が既におさえられていたことは特筆すべきであり、宣長の観察の幅広さ・適切さをうかがうに足るものと思えるのである。(7)

7―3　宣長の研究は、その達成度からして前史的段階に位置づけるべきものではないのかもしれない。しかし、確かに「ト」による引用形式と呼ぶべき事実を形の上からおさえて記述しているにせよ、問題としている言語事実

がどこかからコトバを引いてきてとり込んだと見なされる「引用」の表現なのだという認識は必ずしもまだ明確ではなく、あくまで「ト」の用法を記述する姿勢での研究であるので、前史の一環としてここでとり上げることにした。

ただ、率直に言って、それまでの「ト」にかかわる断片的な研究の流れと宣長の仕事を見比べてみると、あたかもそれまでの流れがいったん消去され、リセットされて新たなものが立ち上がったといった印象を受ける。中世以来の不十分である種不合理さも含んだ言説といったん断つことで、新たな高い水準に到達できたということかもしれない。一方また、係り結び的な呼応関係に注目し、そうした例を列記・整理していく宣長の「ト」についての研究が、形の面で係り結びとしての特別な呼応など見いだしにくい現代語をもっぱらとり上げるようになる後の引用研究で、ほとんど参照されなくなったこともやむを得ないことかもしれない。

8 まとめ

本節で見てきたことをまとめると、次のようなことである。

（1）引用の助詞「ト」は、上代において既に付属語的な要素としては認識されていた。しかし、中古以降鎌倉末頃まで、歌学の世界でも「ト」にはほとんど関心が払われなかった。

（2）鎌倉末頃から、歌学・テニヲハ研究の世界でも、引用的用法の「ト」への言及が見られるようになるが、「思ヒキヤ～トハ」のような呼応・倒置のパタンや「ト思フハ……」のように「ト」が歌の句頭にくる例など、限られた事柄がとり上げられるにとどまっていた。

（3）室町期には、引用の「ト」の表現性についてそれなりに深い洞察も見られるが、それは例外的で、ほぼ近世後半に至るまで「ト」について引用の用法を他の用法と特に区別して問題にすることもなかった。

（４）近世後期には、文法研究に大きな変革期が訪れ、本居宣長において、助詞「ト」の引用の用法が大きくクローズ・アップされて記述されることになる。しかし、宣長においても、引用表現を問題にしているという意識が必ずしもまだはっきりしているわけではない。

以上、事柄自体が断片的なものであり、それを寄せ集めてながめたといった体《てい》の記述となったが、文法論における「引用」の研究史を総覧する一齣としては、このような俯瞰を試みておくことも意義のないことではなかろう。

注

（１）池田幸恵（一九九七）四〇頁

（２）なお、こうした「ト思フハ……」のような表現は、和歌では、前の内容を承け、以下にそれと反する意外な事実があったことを述べる表現と了解されていたらしく、歌合の場でもこれに関する論議がある。この種の和歌の表現については、吉井健（一九九九）が詳しい。

（３）厳密に言うと、成章の場合、「と」を「次の句のかしらにすゑてかすをさためたる」とあり、「ト」を句頭にもってきて字数調整をした例のことを言っていると解される。つまり、次のような場合を言うのであって、字余りのものを問題にしているのではないと考えられる。

今はただ思ひたえなむとばかりを人づてならで言ふよしもがな　（「後拾遺集」巻十三）

成章は、字余りの問題ではなく、「ト」が助詞的要素ながら句頭に立つという文法的に特異な性格に注目している。その点、宣長と一層対照的である。

（４）ちなみに、宣長では、この種の表現は、「ト」に関するものとしてではなく、「とまりより上へかへるてにをは」（『詞の玉緒』巻二）として倒置一般の例の一つとしてとり上げられている。この点でもやはり継承の一面の断絶が見られる。

（５）一応の大意も示しておく。

夜鳴く虫が、夕暮れの景色のもと、盛んに声を立て、私は黙って物思いにふけりながら、西林寺（無可の寄寓した寺）に坐っていた。

（その夜は）雨音を聴いて寒い夜を明かし、（朝になって）門を開けると落ち葉が深く積もっていた。

昔、都が嫌になったこともあり、それとともに、地方に隠遁したいとの思いも起こった。

それはまた、わが賈島兄よ、あなたも同じことであって、（それで我々は）あちこちと歩き回って同じように今に至っているのだ。


原詩が紹介されることがないので、ここで特にとり上げた次第である。

（6）ちなみに、室町期の「伊勢物語」の注釈を見てみると、本当に鶉になるのではなく比喩であるという趣旨の注のあるものが、どちらかというと傍流の人の手に成った注釈書の中に見られる（一華堂切臨「伊勢物語集注」、「伊勢物語永閑聞書」、鉄心斎文庫蔵「伊勢物語聞書」）。

（7）また、宣長のあげた例からすると、一見こうした表現は、古典語の場合の方が現代語よりいろいろ自由に作れたのではないかとも感じられ、示唆的でもある。

付記　本節で引用した資料の主要なものについて、依拠した本文を、次に（　）を付して示しておく。

・「続日本紀（続紀宣命）」（『新日本古典文学大系』一四・一五、岩波書店）
・「嘉応二年五月二九日左衛門督実国歌合」（『平安朝歌合大成』七、同朋舎）
・「和歌口伝」（『日本歌学大系』四、風間書房）
・「蓮心院殿説古今集註」（『中世古今集注釈書解題』四、赤尾昭文堂）
・「古今集延五記」（秋永一枝・田辺佳代『古今集延五記　天理図書館蔵』笠間書院）
・「正徹物語」（『日本古典文学大系』六五、岩波書店）
・テニヲハ書（『国語学大系』七・八、国書刊行会）
・「詞の玉緒」「玉あられ」（『本居宣長全集』五、筑摩書房）
・「秋寄従兄賈島」（『全唐詩　附全唐詩逸』復興書房〔台湾〕）

第二節　富士谷成章『あゆひ抄』の「と家」をめぐって

１　はじめに

1　本節では、国学者富士谷成章（一七三八〜一七七九）の引用研究について検討する。

周知のように富士谷成章は、本居宣長（一七三〇〜一八〇一）と並んで近世における文法研究の頂点に立つ大学者であり、その著述、とりわけ『あゆひ抄』は、難解とされるが、今日でも参看されるべき、日本語に対する深い洞察と独自の創見に富むものといえる。そして、『あゆひ抄』は、今日言うところの付属語的な形式を中心に考究する研究書であるので、引用研究に関連するものとしても、助詞「と」の用法・意味を論じた「止家（と家・以下このように記す）」という項目が立項されており、かなり踏み込んだ考察が見られる。何より、それまで行なわれてきた歌学の伝統のもとにある「てには論」においてなされていた言説と比較するなら、もとより成章もそうした伝統を継承する位置にあるとはいうものの、それらとは隔絶した水準の高いものとなっていることに驚かざるを得ない。ここでは、そうした『あゆひ抄』の「と家」の所説を今日の目で読み直し、筆者なりの理解と史的評価を示してみたい。ただし、「と家」の記述は「と」の用法全般にわたってかなり詳しく、いちいちは論じ切れないので、ここでは細かなところは措いて、その所説の基幹となるところに焦点をしぼって論ずることにする。

なお、難解とされる成章の学説についても、これまで少なからぬ研究者がさまざまな形で言及し、また、研究も積み重ねられてきた。とりわけ、竹岡正夫は、『富士谷成章全集　上・下巻』（風間書房）を公刊して成章研究に一時代を画し、また『富士谷成章の学説についての研究』（風間書房・以下竹岡（一九七一）として示す）という大著によって、成章の所説について詳細な検討・考察を行なっている。この節での以下の記述も、もとよりこうした竹岡の労作に全面的に恩恵を被っているが、その学恩には謝しつつも、あえて先学とは異なる見方をも示してみたいと考えるものである。

2　問題の所在

2 まず、問題とする『あゆひ抄』巻二の「と家」の部分を引いておく。『あゆひ抄』は、王朝和歌の言語についての解釈文法といった性格があるので、多くの例歌が引かれるが、例歌や細かな説明、また、割注の形で示される承接の仕方についての注記は省き、所論の骨組みが分かるような形で掲げる。なお、独自の用語が用いられる記述で、慣れなければ読みにくい部分もあると思われるので、［　］でいくらか注を添えて、通読の便に供することにする。

止　家

何と　詞のさし続くを、中に隔て丶明かす詞也。たとへば人の詞と自らの詞、又は名と名、事と事、又は名と事、哥と詞などなり。此ゆゑに、常に中にのみある詞也。詠詰めにありとも、中にある心に回らして心得べし。但上にありて〵とすれば　〵とくるたよりを　〵とよられよ　など言ふは挿頭《かざし》［注・副用語］也。此例にあらず。凡「何と何」かやうに隔つるうちに、上下何同じ位ならずは、上は動かぬ詞［注・非活用語］、下は動かす詞［注・活用語］なる事、例を見て知るべし。「を」「に」なども隔つる詞なれど、それ〴〵に心変はれり。おほかた里［注・当時の口語］に言ふ所にも変はらねば、詳しく言ふに及ばず。六例あり。

○第一「五丶のと」といふ。〵と見る〵と聞く〵と言ふ〵と思ふ〵とする　の五丶なり。里同じ。不及引哥。此五丶は詞を隔て丶受けたりとも「と」に続けて心得べきこと言ふに及ばず。又此五丶を省きて詠める哥をば、心得て「と」文字の下に加へて見べし。……上に脚《あゆひ》を継ぎたる［注・「と」の上に付属語を加えたもの］は、こと〲く挙ぐるに及ばず。それ〳〵の条下に出だすを見合はすべし。其中に「やと」「かと」「何や何と」此三つには「詰むると」といふ事あり。詞の詰めにありて、五ゝの受けなきなり。これに「心みると」「見ると」の二あり。「心みると」は「と」の下に〽心みに　といふ詞を加へて心得べし。……「見ると」は「と」の下に〽見えて〽思はれて　など言ふことを加へて心得べし。……

又「とて」と詠むも只「五のと」なれど「軽きとて」「重きとて」「反へすとて」の三あり。一「軽きとて」はたゞ「と」と詠む中の少し重きと通ふもあり。大かた　云　思　為　の三を「と」よりは少強く当てゝみるまでのたがひめなり……　二「重きとて」は『とするによつて』『と思ふによつて』など里すべし……　三「反へすとて」は「とても」の「も」を省ける也。里にも言ふ事也……　又「何と何と」と重ねて詠む例あり……

○第二「にのと」といふ。〽雨と降る　〽花と散る　など、其物にたとへて言ふこと多し。……

○第三に「与《とも》にと」といふ。「何と共に」の心也、里言同じ。不及引哥。

○第四「濁ると」又「いへど」ともいふ。「いへども」の心也。皆濁りて詠めり。後条の「いへども」に心少しも変はらず。里言全同じ。……

○第五「いふと」といふ。心前条に似て、清みて詠む。只「とも」と詠むに同じ。里には常に言へり。哥には好み詠むべからず……

○第六「隔つると」といふ。〽見と見る〽聞ゝと聞く　などの類。里に『見るほどの何』『聞くほどの何』と言ふ。……

この後に更に、「何てふ」「何とす（〝～セムトス〟などを扱う）」などが別に立項されているが、ここでは略す。

右に見るとおり、助辞「と」の用法が（「ど」も含めて）[1]広く網羅的に記述されている。この節の引用の問題とかかわるのは、主に「第一」として掲げられる「五つのと」の記述であるが、ここでは、文末の「と」の用法（「詰むると」）や「とて」の用法にも言及がなされ、解釈文法という色合いが強いものの、概してきめの細かい的確な記述がなされているように見える。

しかし、このあたりの記述を今一歩踏み込んで見直してみると、ここで成章が述べていることを理解し評価するためには、なお考究しなければならない問題点が残されているように、筆者には思える。

第一には、冒頭の「中に隔て、明かす」とか、後に出てくる「隔つる詞」とかいった規定の仕方は、どのようなことを言うものかという点である。とりわけ、「中に隔て、明かす」という説明は、最初に「と」の用法・働きの基本を総論的に規定する形で示されたもので、この点をきちんとおさえなければ、成章の考え方は正しくとらえられない。もちろん、従来この点についての解釈はいくらか示されてきているが、決して適切なものとはいえないように思われる。

第二に、「第一『五つのと』」として、「と見る」「と聞く」「と言ふ」「と思ふ」「とする」の五つを殊更とり上げている点である。この「第一」の項は、引用表現にかかわる「と」を問題にした部分であり、その種の「と」を「五つのと」と題して、「と見る」以下の五つで、いわば代表させるようにして論じている。けれども、どうしてこの「五つ」なのか。

右のような論じ様《よう》からは、成章が、「～と」による引用表現の基本タイプとして、「～と見る」「～と聞く」「～と言ふ」「～と思ふ」「～とする」にそれぞれ代表される五類を考えているように読める。『あゆひ抄』の随所に見られる言語への深い洞察を思うと[2]、これも、引用表現についての成章独自のタイプ分け――表現の本質を彼なりにふまえ、この「五つ」に分けなければならないとするタイプ分けなのかとも思える。しかし、この「五つ」に、そのような重い意味がはたしてあるのか。

このあたり、成章の考え方を一度立ち入ってよく吟味してみる必要があるだろう。

以下、右の二つの問題点をめぐって論じるが、論述の都合上、第二点から考えていくことにする。

3　「五つのと」について

3—1　論点をもう一度くり返すなら、「五つのと」として「と見る」「と聞く」「と思ふ」「と言ふ」「とする」の五つに引用表現を代表させるような記述がなされているのは、どういう考えによるものかということである。

例えば、「〜と」による引用表現を基本的にタイプ分けして示そうというなら、「〜と」に発話されると見なされるコトバを引く「〜と言う」の類と、心内の思惟・認識・理解のコトバを引く「〜と思う」の類とに二大別するといった見方も十分あり得るように思える（また、異なる角度から別の〝基本的タイプ分け〟も可能だろう）。けれども、例えばそのように「二つ」とするのではなく、やはり「五つ」でなければならないということで、この「五つのと」というとらえ方が示されているのだろうか。

結論を先取りして言えば、この「五つのと」ということが動かし難い基本の分類という程の意味で説かれたものというようには、筆者には思えない。以下、その点について、筆者の見解を述べてみたい。

3—2　この「五つのと」という考え方については、成章の歌論書『挿玉帖』に見られる「五ナス」との関連が指摘されてきた。『挿玉帖』とは、成章の歌論書であるが、竹岡正夫の研究によれば、和歌のいわばプロット（構想の核）である「旨趣」のタイプ（型）分けを試みようとしたものという。冒頭にそうした型を説明する説明概念が列記されているが、その一つに「見ナス（これは大字、以下は二行に割って）キキナス　思ナス／為ナス　言ナス」といったことが一まとまりに書かれており、その下段に対応させて「三ナス／二ナス／五ナス」と記されている。つまり、ここでも、「〜ナス」という説明概念に関わって「見る」「聞く」「思ふ」「言ふ」「する」の五つに焦点が当てられているわけである。

そして、『換玉帖』では更に具体的な和歌を掲げて、右のような説明概念をいろいろ用いて解説が付けられている。ちなみに、「ミナス」とか「五ナス」とかいった説明用語が出てくるのは一一首についてで、いくつか例をあげるなら、次のようである。

（1）　ソヘテ言ナシタル見ナシモアリ ソヘヌモアリ所セラレテ五ナサル、

あつまちや春のこえくるあふ坂の山はかすみの関とこそみれ

（2）　表ノ心ニ当テ裏ニミナシテ能ヲ疑フ趣

いつはりのあるよになとかふることの契わすれす雁の行らむ

（3）　能ノ甚サニトアル物ヲカ、リト五ナス

かすむよはあれぬる軒のいたまよりもるともみえぬ月のかけ哉

もっとも、『換玉帖』に「五ナス」等についてそれ以上の説明はないし、『換玉帖』自体が草稿的性格のものであるようで、右に見るとおり解説は断片的で、術語の独特さもあって容易に理解しがたい。が、ともかくも「見る・聞く・思ふ・言ふ・する」の五つという焦点の当て方は、成章においては「五つのと」に限らない発想であったようである。

3—3　けれども、そもそもこの「五ナス」とはどういうことで、どういう考え方によって五分類なのか、今一歩分からなければ、「五つのと」との関わりを考えていくわけにもいかない。しかし、幸いに成章の息成寿（富士谷御杖（一七六八〜一八二三））が、『換玉帖』の用語解説書というべき『起情指揮』という冊子を残しており、竹岡正夫の研究によれば「『成寿著』とはあっても、ほとんど父成章の説を解説敷衍したものと判断せられる」（竹岡

（一九七一）八九一頁）ということで、これによって成章の「五ナス」の内容をうかがうことができる。『起情指揮』では、「なす」という項目立てで「五ナス」の内容を次のように説明している（なお、（　）内は抹消された文字である）。

一　なす

見なす聞なす思なす為なす言なすの五つあり○見なすとは卯花を雪とよむ類也○聞なすとは程近き所の鐘を遠き所と聞類也○思なすとは契置たる人のさりかたき事ありて来ぬをわさとこぬにやと思ふ類也但思なすは（初四のなす）みなす聞なすの二ツにかゝるへしされとそれ〳〵の心を主としてよむ（歌には思ひなすはかりにもよむことつねのこと也）故にかくはわかれたり○為なすとは古今集に庭を秋の野につくりてといはれたる類也○言なすとはさならぬことをしかなりといひしかあることをさならすと云類也すへて（此五ツ非なる事を）さならぬ事をしかなりとする心此五ツにわたれり

右の記述から、「五ナス」の「なす」とは、「さならぬ事をしかなりとする」（＝本当はそうでないことをそうだとする）思考・発言の営みだということがわかる。そして、そうした思考・発言の営みに、「見る・聞く・思ふ・する・言ふ」の五つにそれぞれ関わる「見なす・聞きなす・思ひなす・為なす・言ひなす」の五つの基本的な下位区分があるという趣旨である。

けれども、このような『起情指揮』の説明が、成章の説を忠実に伝えるものだとすれば、右のような「見なす・聞きなす・思ひなす・為なす・言ひなす」といった五つのタイプ分けは、成章においては必ずしもこうでなければならない動かし難い重要な基本区分といったものではなかったということも見てとれるように思われる。

何より、「但思なすはみなす聞なすの二ツにかゝるへし」とあって、「思ひなす」は「見なす」「聞きなす」と重なってくると考えられている。ただ、「されとそれ〳〵の心を主としてよむ故にかくはわかれたり」ということで、つまりは、重なるにしても、「思ひなす」という判断的な意味に加えて「見る」「聞く」という視覚・聴覚的な意味を中心に歌に詠む場合があるので、「見なす」「聞きなす」は「思ひなす」と別に分けられるのだということだろう。しかし、「見なす」「聞きなす」が「思ひなす」と重なることもはっきり認めているわけだから、成章において「思ひなす」と「見なす」「聞きなす」を区別することも、絶対ということではないといえる。つまり、右のような五つの区分は、必ずしも動かし難い絶対のものでもないのである。

更に、先の**3―2**に掲げた（1）～（3）の例でも気づくとおり、『換玉帖』の説明では、五つをほとんど細分して説かない。「見なす」で代表させるか、「五ナス／五ナサルル」などという妙なひとまとめの言い方をもっぱら用いる。例えば、（3）の例の説明は、「能ノ甚サニトアル物ヲカ、リト五ナス」などとなっている。一見何を言っているのか当惑するが、「能」とは、『起情指揮』によれば、ものの作用・働きをいう用語であるから、歌に即して考えると、「月があまり朧にかすむ（＝能ノ甚サ）ので、実際には月の光は軒の板の隙間から入ってくるのに、光は入ってきていないように見えるなどと、そうであるものをそうでないとして（＝トアル物ヲカ、リト五ナス）、詠んでいる」というようなことを述べたものだろう。しかし、この場合の「そうであるものをそうでないと」することが、「見なす」なのか「思ひなす」なのか「言ひなす」なのかといった細かな区別はつきつめてきちんとなされず、あえて区別せずに一まとめの「五ナス」というような言い方で片づけているのである。つまり、「なす」とは〝さならぬ事をしかなりとする〟思考・発言の営みだということにまず重点が置かれるものであり、その下位区分は必ずしも重要な問題というわけではないらしい。いわば、あえて下位区分すればこういった五つだという程度のことなのであろう。

3―4　以上見たように、〝さならぬ事をしかなりとする〟思考・発言の営みを考えるにあたって、「見る」「聞く」「思ふ」「言ふ」「する」の五つに焦点が当てられ、この「五つ」とのかかわりで下位区分が考えられたにせよ、この「五つ」ということは、実は必ずしも重要な問題でも絶対のものでもなかったと考えられる。だとすれば、一貫してこの「五つ」を絶対の基本と考えるなどという考え方は、少なくともなかったということになる。そしてまた、同じく思考・発言とかかわる引用表現の「と」について、「見る」「聞く」「思ふ」「言ふ」「する」の五つとかかわらせて「五つのと」ということをいう発想も、必ずしもつきつめた絶対的なという程のものではなかったのではないか。

この点、注目してみたいのは、稿本『あゆひ抄』における「と」についての記述である。よく知られているように、『あゆひ抄』には、その草稿本が残されており、そこに書き込まれている推敲の跡をたどり、刊本と比較することで、『あゆひ抄』の所説の形成の過程についていろいろ興味深い事実が浮かび上がってくる。

後でも掲出するが、稿本では、刊本の「と家」の「『五つのと』といふ。〵と見る……の五つなり」に対応する部分は、「何といふ　何とおもふのふたつ也」と当初あったのが、「のふたつ也」が消されて、「何とする何とみる何ときくなと也」と行傍に改められている。とするなら、もともとのアイデアでは、引用的な「と」の表現は、「〜といふ」タイプと「〜と思ふ」タイプの二分類を基本に考えていたようである。「五つ」でなく「二つ」を基本とする発想もあり得たのである。基本的なタイプ分けというなら、そちらの方がまず思い至る区別でもあり、それがむしろ自然だと思われる。しかも、行傍の訂正の書き方が、「……なと也」と「など」が添えられ、これ以外も考えられる、必ずしもこれらに限られるものではないといったニュアンスになっていることも、注目される。つまり、この点、「とする」「と見る」「と聞く」の三つを加えて「五つ」でなければならないというようなつきつめた絶対的な考え方では必ずしもなかったということがうかがわれるのではないか。

3—5　稿本の当初の考え方が、「五つのと」のような形に改められたのは、もちろん成章なりの言語への洞察の深化というべきところもあろうが、また一方では、あるいは『あゆひ抄』の、和歌の解釈文法という一面ともかか

表1　「古今集」における引用句「〜と」と結び付く動詞

動　　詞	数
思ふ（おぼゆ等も含む）	78
言ふ	52
見る（見ゆも含む）	52
聞く	10
知る	13
鳴く	9
（5例に満たぬもの（18語）の合計）	34
（承けの動詞が見当たらないもの）	6
第Ⅱ類タイプ	42
合　　計	296

わるのかもしれない。

表1は、「古今集」において、引用句「〜と」がどのような動詞と結びつくかを一覧したものである（なお、第Ⅱ類タイプとは、現代語で例をあげるなら、「おはようと入ってくる」のように、引用句で示される発話・思考と述部で示されるそれとは別の行為・動作とが、同一場面共存の関係として解されるタイプの引用構文の構造で、「〜と言う／思う」の類（第Ⅰ類）とは構造的に大きく違うので、ここでは一括りにしてある）。

これで分かるように、「〜と思ふ」「〜と言ふ」のような最も一般的で基本的な結びつきが多いことはもちろんだが、「〜と見る」も、それらと並んで相当出てくるし、「〜と聞く」も決して少なくはない。

『あゆひ抄』は、何よりまず八代集に代表される王朝和歌の言語を主たる対象として考究したものといえる。だから、著者富士谷成章の念頭にあったのは、何より八代集などの王朝和歌であり、とりわけ最も重んじられた「古今集」などは、諳んじるほどに通暁していたと考えても誤りはなかろう。それ故、今は「古今集」での実態を見てみたわけだが、おそらく、こうした王朝和歌の言語における用例頻度（の印象）を想起する時、「〜と」結びつく典型的な述語用言として、「思ふ」「言ふ」と並んで「見る」「聞く」が出てくることは、ある意味では自然なことだったのではないか（なお、「〜と知る」も少なくないが、これは「〜と思ふ」の一類としてとらえやすいだろう（例えば、「〜と知らずや」は「〜と思はずや」というのと非常に近い））。

しかし、「〜と見る」も「〜と聞く」も、「〜と」に引かれるのは思考・認識・判断のコトバである（「〜と聞く」

の場合も、「〜と」に引かれるのは「聞く」主体の判断・認識の所産としてのコトバであるということは、既に藤田（一九九一b）に論じたとおりである。そして、「古今集」の例を見ていくと、その点は現代語の例以上に見てとりやすいように感じられる）。そうした引用されたコトバの性格という基本的な点での共通性においては、いずれも「〜と思ふ」の類に一括されてよいものであり、これらを、「〜と思ふ」と区別して別立てし、それぞれ「〜と思ふ」「〜と言ふ」と対立する一類として立てるようなことは、引用表現の基本的なタイプを表現のしくみに即して示すという意図であるなら、あまりよい手直しとは思えない。やはり、このあたり、用例の出方の実際に拠って、主なものを掲げていくなら更にこれこれといった程度の付け加えであったかといった印象がぬぐえない。

3―6　一方、むしろ注目されるのは、稿本から刊本への推敲・改訂の過程で、「とする」を特立した点である。先の表1でも知られるように、「〜と」に発言や判断のコトバを引く「〜とする」というような引用表現は、和歌においてよく見られるというようなものではないが、漢文訓読的な言い回しではよく耳にするものであり、「と」の用法を想起するうちに、自然に視野に入ってくるものではあろう。

（4）　謀《はかりごと》は密なるを以てよしとす(る)。

ただ、この「〜とする」表現については、引用表現としても、また、引用表現ならざるものとのかかわりでも、考えるべきことは意外に多い。ここで詳しく検討することはしないが、私見では、「〜とする」は更にヲ格をとって用いられるのが最も一般的であり、いわば〝取り扱い〟を表わす言い方といっていいように思う。例えば次のとおり、ヲ格に示される対象をどう〝取り扱〟うのかが「〜と」で示されるのだといえる。

（5）―a　上田氏を後任とした。

そして、その〝取り扱い〟にもいろいろな次元が考えられるわけで、実際的な処遇・とり決めとしての〝取り扱い〟という次元ももちろんあるが、また、思考・発話の次元、つまり、心の中や言葉の上での〝取り扱い〟といったことも、当然問題になり得る。従って、こうした「〜とする」表現は、aの場合など、どのように処遇したか（どうそのあり様を変えたのか）という実際的な〝取り扱い〟の面に焦点を当てて、「と」を変化を表わす「に」に変えても、ほぼ同義である。

（5）―b　上田氏を後任にした。

こうなると、実際にどう〝取り扱〟ったかを事柄の外側から叙述していることがはっきりしてくる。こうした点で、「〜とする」表現は、引用ならざる表現とも連続的である。しかし、これとは逆に、〝取り扱〟う主体の心の内や発言に焦点を当てて考えるなら、こうした「〜とする」表現は、もちろん引用表現の範囲に入ってくるものであり、事実、右のaの「〜と」に「だ」を補って、はっきり言い切りの文末を引いた形をとる言い方もあり得る。

（5）―c　上田氏を後任だとした。

cのようにすると、aに比べて思考・発言の次元での〝取り扱い〟に焦点を当てた言い方であることがよりはっきりする。こうしてみると、この種の「〜とする」表現は、引用表現ともなるが、また、引用表現でないものともつながる両面性をもつものといえる。そして、引用表現として見れば、aあるいはcは、「上田氏を後任（だ）と考えた（／判断した）」「上田氏を後任（だ）と言った」などとも類義的で、言っていることは非常に近いと感じられる。しかし、acの場合、ただ思考や発話があったことを述べるのではなく、そうした思考や発話に基づいて、実際的な処置や取り決めといったことがなされたということまでが述べられている点で、単なる思考・発話を描き出す引用表現とは、いささか趣を異にする。なお、この種の「〜とする」の引用表現では、（5）―acのように体言的なものが来るとは限らず、次のように、用言述語的なものが出てくることももちろんあるが、

（6）　上田氏の意見を正しいとした。

こうした場合でも、この「正しいとした」は、「正しいと考えた（／判断した）」「正しいと言った」といった思考

や発話のあったことを述べるにとどまらず、「正しいと裁定した／承認した」といったような実際の取り扱い方までを含みとして述べていると解せられる。

成章が、「とする」を特立することで、引用ならざるものとも一方でつながりを持ちながら、「と言ふ」や「と思ふ」の類が表わす内容にとどまらないところまでを表わすといった特色ある引用表現を一つのタイプとしておさえようとしたのであれば、これは注目して然るべきであり、稿本から刊本への考察の深まりと評価してよいかもしれない。今日でも、この種の「〜とする」表現に類する引用表現については、まだまだ十分に考察が及んではいないと思われるからである。

こうした「〜を〜とする」に類する表現としては、他に「〜を〜と決める」等が考えられるし、この種の引用表現と遂行的発話の引用との関係も当然検討する必要があろう。しかし、ここでは、この点については以上の問題指摘にとどめたい。

3—7　以上、「五つのと」の「五つ」ということをめぐって検討を加えてきたが、結局この「と見る」「と聞く」「と言ふ」「と思ふ」「とする」の五つが示されていることについては、それぞれよって来たる所以はあろうが、少なくとも、この「五つ」でなければならないというような原理的につきつめた理由があったわけではないように思われる。

「と見る」「と聞く」を「と思ふ」と別立てして、「と言ふ」などと相並んで「と思ふ」と対立させる強い根拠は見当たらないように思えるし、「とする」を特立することは、あるいは卓見ということになるのかもしれないが、それなら、「と見る」「と聞く」と「と思ふ」とを一括りにして、「と言う」「と思ふ」「とする」の〝三つのと〟という方が、少なくと表現のしくみに即した基本的なタイプ分けとしては妥当かと思う。

思うに、この「五つのと」というとらえ方は、「〜と」とそれを承ける述語との基本的な（「〜と」に発言のコトバが引かれるとか心内語が引かれるとかいった）タイプの違いはある程度念頭に置きながらも、よく出てくる代表的なものを列記してみるとこういったあたりに整理できるという程度でまとめられているのではなかろうか。その意味では、「五つのと」として「と見る」「と聞く」「と言ふ」「と思ふ」「とする」を同列に並べる示し方は、引用表現の基本的なタイプ分けというなら、なお十分原理的につきつめられたものとなっていない憾みが残ろうかと思う。

「五つのと」について、筆者は久しく考えてきたが、いろいろ考えて結局以上のように判断せざるを得ないような気がしている。以上述べたところを以て、この問題についての筆者なりの答案としておきたい。

4　「隔てて明かす」ということ

4―1　次いで、「隔てて明かす」「隔つる詞《ことば》」といった記述の意味について考えてみたい。というのも、このような言い方で成章は、引用構造を考えるうえでも重要な構造把握をいったんは行なっていたのではないか、そして、それが「と家」ではむしろ不明確な形で出てきているのではないかと思われるからである。

この点に関しては、竹岡正夫（一九七一）にかなり踏み込んだ所説がある。夙に松尾捨治郎は、このことについてその著『国語法論攷』（一九三六）で、「生きとし生けるもの」「人を殺すこと懲りとも懲りぬ。」（宇治拾遺、十）のように動詞と動詞との間に「と」を入れる言い方が『あゆひ抄』のいう「隔つると」であり、これは「ふりにふる」などと「に」を入れたのと結局同趣の語法であると述べ（三〇六〜三〇七頁）、また、「と家」の初めの「詞のさし続くを、中に隔て丶明かす詞」という規定について、「即ち二語の間に来て之を続けるのが、との原義であるといふのである。唯此の説に対して異議を唱へたいのは、二語の間に来て、其をつゞけるのは、助詞全部の職能ではないかといふことである。此の点更に討究を要する。」（三一五頁）としているが、竹岡はこれを批判して、「これでは『あゆひ抄』の説が全然正しく理解されていないといわざるを得ない。」（四六九頁）と断じる。そして、「と家」の項に「『を』『に』なども隔つる詞」だとあることを念頭において、「たとい、仮に『と』『に』は松尾博士のごとく説明できても、『を』は同じ方法では説明できないであろう。まして『へだつる』という用語の意味を『二語の間に来て之を続ける』などと解していては、全く正反対なのである。」（同）と述べて次のように説いている。

成章のここの説明は、「見と見る」のごとき「と」を「隔つる」と称していることからもわかるのであるが、「へだつる」とは、いわゆる格助詞と接続助詞との本質を端的に衝いた命名で、例えば、「見と見る」「聞きと聞く」（いずれも成章が「隔つると」とする例）は、元来、〈見ル〉〈聞ク〉という一個の事象を「見—見る」と二分してその間に「と」が入って上の「見」と下の「見る」とを隔てているのである。「書を読む。」「よよと泣く。」「泣く涙、氷雨に降る。」なども同じで、それらに表現されている事象はもともと一の事象である。例えば〈読書スル〉という一の行為を、話者の方で「書↑〈を〉↓読む」と分節して、その間に相互の語〈「書」「読む」〉の関係（格）を示す格助詞「を」を挿入して、一の事象への再構成を助けるのである。初めから「書」「を」「読む」などという単語を材料に用いて、格助詞「を」がつないでいるというふうに、自然科学的、構成的に考えないのである。そうではなくて、本来、一つの事象、思想内容である（これを分節しないままに言語化したものが感動詞や一語文である）、その一の事象なり思想内容なりがいくつかの概念内容に分節されて、その間に、それらの分節された概念内容相互の関係、つまり格を示すために挿入されるのが格助詞であって、成章はそこでこれらの格助詞を「隔つる詞」と称したのである。〈中略〉「に」「を」「と」がそのまま接続助詞に転ずるのも、これらの助詞の本来有していることのような機能によるものである。今日においても成章のこの深い認識が正しく理解されていない向きがあるのは惜しむべきである。

〈竹岡（一九七一）四六九～四七〇頁〉

しかし、筆者には、竹岡説には従い難いように思える。

第一に、竹岡の言うように「隔つる」が格助詞一般に当てはまる分節機能のようなことを言うのだとすれば、そのことが、どうして「と」についてだけ（あるいは「と」や「を」「に」についてだけ）殊更説かれるのか、不審である。

第二に、竹岡は、成章が「隔つると」とする例の「見と見る」の「と」の働きを、〝読書スル〟ことが「書を読む」と分析されて表現される場合の「を」の分節と同等と考える。けれども、〝読書スル〟ことは、分節されて「書」と「読む」という相異なる二つの概念内容にいったん分けられ、そして一つの事象に再構成される。一つの事象が「いくつかの概念内容」に分節され再構成されるとは、素直に考えれば、そのようなことを言うものであろう。しかるに、「見と見る」はそうではない。「見」も「見る」も概念内容としては同じことであって、一つの事象が相異なる概念内容に分節され再構成されたなどとは言い難い。少なくとも、「書を読む」のような一般的な分析的表現と比べて、特殊なものと言うべきであろう。そういうような特殊な事例を極めて一般的な事例と同様のものとして解釈することは、不適切であり、解釈の仕方に飛躍があると思われる。

第三に、「隔つる」あるいは「隔てゝ」を右のように解釈するのだとしても、「隔てゝ明かす」の「明かす」は説明されていない。成章は、「と家」の最初に「と」の働きを「詞のさし続くを、中に隔てゝ明かす詞也」と総論的に規定していたわけだから、「と家」の所説を理解するには、「隔てゝ」（あるいは「隔つる」）だけでなく、「明かす」とはどういうことを言うのかの検討が必要なはずである。しかるに、そもそも竹岡の解釈には、その点が欠け落ちており、それでは『あゆひ抄』の「と家」の所説を正しく説明したことには、到底ならないというべきである。

4―2　が、それにしても、「と」の働きを「中に隔てゝ明かす詞」と一般的に規定し、また、「見と見る」のような「と」を「隔つると」とするような用語法をたどって見ると、こうした「隔てゝ」「隔つる」といった用語でどのようなことを言おうとしたのか、刊本の「と家」の記述の中で整合的に理解することはなかなかに困難である。しかし、先回りして言えば、そういう整合的な理解がそもそも困難であるようなある種の混乱を、刊本『あゆひ抄』の「と家」の記述自体が含んでいるのではないかと、筆者は考えている。

　このあたりを考究する手掛りは、稿本『あゆひ抄』の記述に見いだされるように思う。稿本では、刊本の「と家」の記述に対応する部分は、「と類」としてまとめられているが、以下に、その「と類」の記述を引いてみたい。これも、論旨の骨組みがはっきり見えるよう、例歌や細かな説明は省いて示す（なお、見せ消ちや判読可能な抹消部分は（　）で示し、加筆部分は［　］で示す。また、抹消して加筆のように訂正している部分は［（　）↓　］のように示し、いったん加筆した部分を抹消しているところは（［　］）で示す(3)）。

と　類

詞の品かはりてつゝくを中にへたてゝあかす詞也たとへは他の詞［（の）↓と］自の詞と又は［（物）↓名］ト事又は哥と詞なとの類也物語なとに［（は）↓て］いはゝ人の上と　記者の詞との類也此故に常に中にある詞也たとひ下にありても中にある心にまはすへし　上に　とはかり　［とすれは］とよられよなといふはかさし也　但　何と何　かやうにへたつるうちに［上の何下の何同し品ならすは］（上の何は必おもく下はかろし又）上はうこかぬことは　下はうこかす詞なる事例をみて知へし　何を何　も　何に何　もへたつる詞なれとそれそれに心かはれりおほくは里言にいふ所にかはらねはくはしくいふに及はす

一例　里同　何といふ（［何とする］）何とおもふ［（のふたつ也）↓何とする何とみる何ときくなと也］不及引哥……

二例　一例のいふ［テ］思ふ［テ］（して）を畧する也これをくはへて心得へし……

三例　重詞の　とをいふ　何［（ト）↓と］何（又何とも何とよむも同し）……古今の序に　いきとしいける

ものいつれか哥をよまさりけると　かけるも是也
四例　ににかよふと也……皆其もの、やうにとなすらへていふ心あり……上つ世には　なくなみたひさめにふれはなと　大かた　にとよめる也

なお、最後に「又人をまつちの山なりとなとゝもの字を畧したるは」という書きさしの記載が抹消されている。また、その後に「五例」として更に付箋を付け、逆接の「と」についての記載がある。また、「と類」という項目名の下にメモ的に書き加えて、「与ノ類一例トシテ　花ト月ト／花ト月　詳畧可論　又米を飯とする　飯にするなと　ににかよふ事多し」ともある。

右のような稿本の記述を見てみると、刊本の「と家」に見られる「AとB」のような「共にと」（「と家」の「第三」）や接続助詞の「ど」「と」についての記述（「と家」の「第四・五」）は、後から挿入されたものらしいということがわかる。そして、それらを除いて考えてみると、むしろ「中に隔て丶明かす」というとらえ方で本来言おうとしていたことがよく見えるのではないかと思われる。

4―3　具体的に例をあげて考えよう。

（7）　さらばと言ふ。
（8）　雨と降る。
（9）　吹きと吹く。

（7）は、稿本の「と類」で「一例」として言及する引用表現の「と」の例（刊本では「第一」にあたる）、（8）は、稿本では「四例」として言及する用法の例（同じく、刊本では「第二」の「にのと」にあたる）、（9）は、稿本では「三例」の「重詞」とする用法の例（刊本では「第六」の「隔つると」）である。なお、稿本の「一例」は、「一例」の引用表現のヴァリエーションで、「〜と」を承ける思考・認識・発言といった意味の述語が見当たらない

例だが、稿本では「一例のいふテ思ふテを畧する也」としており、「一例」の省略された形と見ている。成章の考え方を探っていくにあたっては、基本的には「一例」に含めて考えておけばよいだろう。ここでは、例をあげない。結局、右の（7）（8）（9）の例のような用法が、稿本段階で、「と」の用法として最初に成章が視野に入れていたものだといえる。

そして、こうした用例に即して考えれば、「中に隔て丶明かす」という規定の、特に「明かす」という言葉づかいが誠によく分かるように思える。つまり、（7）の引用の場合、「と」は、引用された「さらば」という発言が行為として名づければ「言ふ」ことなのだと言い定め、明らかにする関係づけをしているといえる。（8）の場合、「雨」と見えるのが、出来事としては「降る」ことに他ならないと言い定め、明らかにするわけである。いずれも、「と」に先行する言葉で表わされるところが、出来事・行為としてどう名づけられるものかということを、「と」の後で「明かす」言い方なのである。更に、（9）はそういった用法の応用というべき表現で、「吹」くこと（＝「吹き」）と見えるのが、まさに「吹く」と名づけられること以外のものでないと言い定め、明らかにするものだと解釈することが可能かと思う。まさに、あり様《よう》においても本質においても〝吹く〟に他ならないというようなことを言う言い方であるところから、一種の強調的な意味合いが出てくるのだといえよう。

併せて見落としてはならないのは、稿本では「詞の品かはりてつ丶くを中にへたて丶あかす詞也」とあって、「詞の品かはりてつ丶く」という規定がなされている点である。「詞の品かはりてつ丶く」――つまり、言葉が何らかの次元・レベルを違えて続くところに入ってくるのが「と」だというわけである。実際、この規定があることで、次の「たとへは他の詞と自の詞と又は……類也」との論脈のつながりもはっきりしてくる。

この規定の仕方は、少なくとも稿本の段階の当初に視野に入れた「と」の働きを説明するものとしては、誠に当を得たものと思われる。（7）（8）について見ても、「と」を介して、（7）なら〝引用されたコトバと地の文〟、

(8)なら〝具体的あり様と本質的規定〟といった次元の違う言葉が続く形になっていると理解される。とすれば、「と」が更に「中にへたて、あかす詞」だと規定される、その「中にへだてて」「へだつる」というような用語も、そうした次元の違いのようなものを区切ってはっきりさせるといった意味と解すべきかと思う。また、(9)のような場合は、「と」の〝次元の違いを区切って際立たせる〟用法を応用することで、どの次元においてもというような意味合いでの一種の強調の意味を生み出す語法ではないかと解釈しておきたい。[4]

以上のように読み直してみるなら、成章の稿本での当初の「と」についての説明は、相応に言葉づかいを吟味して組み立てられたものであり、また、示唆に富む見解であったように思える。

4—4　筆者は、統語論的引用についての自らの所論の一つの核となる考え方として、典型的な引用構文の構造(第I類)を、同じ一つの発話・思惟(心内発話)を具体—抽象とレベルを変えて二重に表現するものと性格づけた。つまり、「『さらば』と言ふ」の場合なら、引用句「〜と」に引かれる「さらば」という具体的な発話が、「言ふ」と名づけられる(つまり、一般化・抽象化してとらえられる)行為にあたるという関係になると考えたわけだが、右の「詞の品かはりてつゝくを中にへたてゝ、あかす」という「と」の機能の説明は、そうした引用構文の構造の特質の把握にもつながるとらえ方であったように思われる。

しかし、稿本の書き込みからもうかがわれるように、推敲の過程で「と」の機能の基本的な規定を最初のような形にしたまま、「と」という形をとる助辞の多様な用法をもらさず記述に盛り込もうとしたため、結果として、刊本の「と家」の記述は、折衷的で不明確なものになってしまったということなのではないか。[5] しかも、いろいろな「と」に当てはまるよう、「詞の品かはりてつゝくを」という部分は削除して「詞のさし続くを」などと特に意味のない言い方に改めたために、「中に隔て、明かす」という規定の意味が一層分からなくなってしまっている。そのような、ある意味での記述の混乱が、刊本『あゆひ抄』の「と家」の部分の整合的な解釈を困難にしているのではないかと思われる。

もちろん、少なくとも、引用の「と」や「雨と降る」などの「と」などはいわゆる相手・並列を表わす格助詞「と」などとはかなり性格が違い、まして接続助詞「ど」などとは、もちろん一線を画するものである。それでも、それらに通有する基本義を探求するなら、稿本でいったんまとめた基本的機能の規定を見直し、更に今一歩掘り下げる必要があっただろう（おそらく、つきつめれば時枝誠記の所論に見られるような「指定」(6)といったところに落ち着くのではないか）。「中に隔てゝ明かす」というようなとらえ方は、当初の範囲に限定した説明として生かすべきであったかと思われる。その意味で、引用研究の立場からは、むしろ稿本『あゆひ抄』の記述の段階でおさえようとしていたことは示唆に富むものと評価したいが、刊本『あゆひ抄』の「と家」においては、それが的確に形を与えられないで終わっているように思えるのである。

4—5　なお「隔てゝ」「隔つる」といった用語の意味は以上に検討してきたとおりだが、「隔つる詞」という言い方についてはどうか。これがどういうものを指すのかについては、「第六『隔つると』」として「見と見る」の類をあげる「と家」の記述(7)を素直に受けとめ、また「降りに降る」の「に」なども同趣のものとして見ていく松尾捨治郎(8)のような方向で考えるのが穏当かと思う。すなわち、「隔つる詞」とは、「見と見る」「降りに降る」のように、同じ概念内容を次元を違えてくり返す構造をつくる用法の「と」や「に」をいうと解してよいと思う（一応「降りに降る」についても、「降りに」が「真っすぐに」「ゆるやかに」といった様態規定の形に通じるものであり、具体的なあり様《よう》の規定―一般化・抽象化した本質の言い定めといったように、次元を違えて同じ概念内容を示すパタンだと解することはできよう）。

この点、先に引いたように、竹岡は、「『を』『に』なども隔つる詞なれど」とあることを踏まえて、松尾のように考えては「に」は説明できても「を」については説明できないと批判するが、「を」についても「寝《い》を寝《ぬ》」「音《ね》を泣く」「歌を歌う」などのような同族目的語などとされる表現を考えれば、「隔つる詞」というべき「を」が見当たらないわけではない（いずれも同等の概念内容を、体言的にも用言的にも次元を違えて二重に言う言い方だと一応は言える）。「と家」の「『を』『に』なども隔つる詞」という記述は、こうした語法を念頭に置いたものだろうと考える。稿本『あゆひ抄』の段階でも、「何を何　も　何に何　もへたつる詞なれど」と、「を」「に」だけをあげていたのであるから、[9]少なくとも「隔つる詞」を竹岡の言うような格助詞一般だとし、「隔つる」はそれらに通有する分節機能のようなものを言うとするのはやはり行き過ぎであり、おそらくもともとの発想は、「見と見る」「降りに降る」や「寝を寝」といった例を念頭に置いたものではなかったかと思うのである。

もっとも、このあたり、刊本の記述だけからでは、今一つよく見えてこないことで、「と家」の記述の不明確さということなのかもしれない。

5　結　び

5　以上、『あゆひ抄』の「と家」の記述を、二点の問題点をとり上げて検討してみた。とりわけ、その記述の背景にある成章のもともとの考え方を、稿本『あゆひ抄』における対応する部分の記述をおさえることによって探り、そこから現行刊本の「と家」の記述がこのような形でなされている所以を推測するといった方略を中心として考察を進めた。

確かに、助辞「と」をめぐっても、成章がそれまでの「てには」論で説かれていた断片的であまりまとまりのない観察などとは比べものにならないほど整備された記述を行なっていることは、『あゆひ抄』の「と家」に見るとおりであるが、更に稿本の記述とつき合わせてみる時、引用の「と」などの機能についての成章の洞察が、今日の引用研究の考え方とも重なる方向性をもつところまで深められていたといったことがよく見てとれるように思う。

しかしまた、その示唆に富んだ洞察が必ずしも生かし切れず、また、「〜と」による引用表現のタイプ分け（体系化）といった点でも不徹底なままで決定稿がまとめられていることは、惜しむべきことと思える。

　もとより、以上は筆者の読みであって、一つの理解の仕方に過ぎない。より豊かで積極的・生産的な意味を読みとる理解があり得るのであれば、虚心に耳を傾けたいと思う。けれども、いずれにせよ大切なことは、『あゆひ抄』の言説を手放しで賞揚することではなく――まして、一方的な価値基準で切って捨てたり無視したりすることでもなく――まず自らの理解においてきちんと読んでみることであろう。あたりまえのことながら、何よりそれが、先人の研究を今日に継承するということだと、筆者は思う。

注

（1）周知のとおり、古く（中古から中世末頃までともいう）は清濁の音韻的対立の意識が弱く、清濁が違っても違う語形として必ずしも意識しないので、中古の（主に和歌の）言語を念頭に置く『あゆひ抄』では、そのことを承けて、「ど」を「と」の記述の中に含めている。

（2）例えば、『あゆひ抄』の「大旨《おほむね》」（総論）の冒頭に「名をもて物をことわり、装《よそひ》をもて事を定め、挿頭《かざし》・脚結《あゆひ》をもて言葉を助く」とある有名な一文は、これで「名」（体言）・「装」（用言）・「挿頭」（副用語）・「脚結」（付属語）という日本語の最も簡潔で体系的な品詞分類を、それぞれの機能の本質の説明とともに提示している。こうした十二分に吟味されて組み立てられた説明を見ていると、「五つのと」にもそうした体系的なタイプ分けの意図があるかのように思われてくるのである。

（3）なお、加筆といっても、当初の稿本執筆時の加筆と見られるものもあれば、後になっての加筆と見られるものもあるとのことだが、とてもそのあたりまで区別しては示せないし、ここでの検討の範囲では必ずしもそこまで示す必要もないと思う。詳しくは、『富士谷成章全集　上』（風間書房）三五八頁以下にあたられたい。

（4）また、〝どの次元においても〟というような意味合いから、それが当てはまる範囲を紛れなくしっかりとおさえて述べるといった含みも出てくると考えられる。「生きとし生けるもの」といった表現が、「およそ生きているものすべて」といったように解されるのも、そのように範囲を余さずしっかりとおさえているといった含みを汲みとっての理解だと言えよう（『あゆひ抄』に見られる〝～する程の〟といった訳のあて方も、同じことである）。

（5）そして、そうした焦点の定まらない記述から「と」の基本的な働きとして言われていることを帰納しようとすると、竹岡正夫のように格助詞一般に当てはまる分節機能のようなものに行き着いてしまうということでもあろう（また、松尾捨治郎にしても、「と家」の記述からは「と」の基本的な働きとして格助詞一般に当てはまるようなことを引き出し、「此の点更に討究を要する」と結論をためらわざるを得ない結果に陥っている）。

（6）時枝誠記（一九五〇）では、「隊伍整然と行進する」「花が雪と散つてゐる」「『今日は行かない』と云つてゐた」のような「と」を、「明らかに陳述性が認められる」として、「指定」を表わす助動詞「だ」の連用形の一つとしている（一八三～一八七頁）。つまり、これこれと「指定」する主体的な気持ちが読みとれるというわけである。一方、「茶碗と箸」「友だちと出かける」のような「と」は「格を表はす助詞」として区別されているが（二二〇頁）、もし、「と」に通有する意味を帰納しようとするなら、格助詞とされるものについても「指定」というような理解を広く当てはめていくようなことになるのではないかと思う（実際、「AとB（と）」のような言い方も、〝A〟と指定し〝B〟と指定して相並ぶものとして確認するような働きを読みとることができようし、相手を表わす「と」も、主体と相並ぶものをとり上げる点では、右の並列的な「と」の延長上に理解できそうである）。更に、接続助詞の「と」（あるいは「ど」）まで含めても、そうした理解を当てはめていく余地はありそうである。

（7）ちなみに、この種の用法の「と」は、稿本では「重詞」とされているが、刊本では「隔つると」という呼び方に改められている。思うに、先にもふれたとおり、この種の「見と見る」「吹きと吹く」のような語法は、「と」の「隔つる」という機能、つまり〝次元の違いを際立てて示す〟という働きを応用して強調的な意味合いを引き出す言い方と解せられるが、そうだとすれば、あるいは刊本では、そうした語法の特徴を、拠りどころとする機能で特徴づけたということなのかもしれない。

（8）ただし、松尾は「見と見る」「降りに降る」といった語法を「添加強勢」と考えているが（三〇六頁）、その点については、この稿の考え方は同じではない。

（9）刊本で「『を』『に』なども」となったのは、あるいは「植ゑし植ゑば」のような語法にも配慮したものかもしれない。

付記　本文中の富士谷成章・成寿の著作の引用は、竹岡正夫『富士谷成章全集　上』（風間書房）に拠ったが、現行のような句読点を加えるなどして一部表記を整えたところがある。

第3章　引用研究の黎明

第一節　山田孝雄・松下大三郎の引用学説

1　はじめに

1　明治以降昭和初期に至る、大文法家たちがそれぞれの学説体系を構築した時代は、現代文法学にとっての黎明期と称すべき時期であるが、この時代に既に引用研究に関しても先駆的と称すべき所説はいくつかなされていた。しかし、現代の統語論的引用研究においては、これらの所説はほとんど顧みられることはない。一つには、今日につながる統語論的引用研究の出発点に位置する奥津敬一郎（一九七〇）や、今日の文法研究の一つの源流となった三上章の著作のうちでも「引用」に関わる部分においては、これらに言及することがなく、それが一つの〝断絶〟を生んでいるのだといえよう。

本章の第一節として、ここでは、そのような黎明期の引用研究に目を向け、そこでなされたことを読み直して、その意義や問題点を明らかにしたい。「引用」に関わる問題について、ある程度まとまった形で論じているのは、山田孝雄と松下大三郎であるので、以下では、山田文法・松下文法の「引用」についての所説を検討する。

2　山田文法における引用研究

2―1　まず、山田孝雄の所説から見ていくことにしたい。生涯の著作が二万頁余と称される山田孝雄（一八七三～一九五八）は、その広汎な業績によって近代国語学に大きな足跡を残した。とりわけ文法研究の分野においては、その独自の創見に満ちた学説体系は「山田文法」と呼ばれ、今日なお意義を失っていない。そして、注目すべきは、山田はその文法学説をまとめた主著の一つにおいて、「引用の語句」という一章を立てて「引用」に関する問題を論じているということである。「引用」を文法書の中で一章を立てて特立するような扱いは、これ以前も、また、この後もほとんど例がなく、文法の問題としての「引用」の研究を跡づけるにあたっては、看過できないものと考えられる。

そこで、以下この第2項では、山田文法における「引用」についての所説がどのようなものかを確認し、その問題点を筆者なりの立場で論ずることにする。

なお、山田文法における「引用」に関する所説は、山田の次の著書に見いだされ、いずれも相応の紙数がさかれているが、基本的な考え方に全く変化はない。

『日本文法論』　（一九〇八）
『日本文法講義』　（一九二二）
『日本文法学概論』（一九三六）

この稿では、右のうち、「引用」の問題を一章を立てて扱っている『日本文法学概論』に拠って検討を進めることにしたい。この著作が、また、山田の学説を最も整備された形で伝えるものと考えられるからでもある。

2―2　山田（一九三六）では、第五十六章として「引用の語句」という一章が立てられている。これに拠って、山田の考え方をたどってみたい。

第五十六章　　引用の語句

他に存する語句文章又は他に存すべしと考へられたる語句をその本来の形のまゝ或る文中に引き用ゐること少からず。今これらを総称して、引用の語句といふ。これを有する文も亦一種の有属文といふべし。

引用の語句はその文中に於いては体言と同等のものとして取扱はるゝものなるが、その取扱は大体準体句に準ぜらる。而して、準体句は主格、賓格、補格として用ゐられ、又時としては連体格として用ゐらるゝものなるが、引用の語句も亦主格、賓格、補格として用ゐられ、又往々連体格としても用ゐらるゝことあり。たとへば

「古池や蛙とびこむ水の音」は（主格）芭蕉の名句なり。

「花咲けり」は（主格）単文なり。

「君の御錠には如何でか異存を申すべき」（賓格）なれど。

乞ふ「その宝の何なるか」を（補格）語れ。

彼意を決して「否余の書せるものなり」と（補格）答ふ。

あゝ世上何ぞ「男でござる」の（連体格）人少きや。

これらはその代表せる語の位置についていへば、準体句と同じといひて可なるものなり。されど、そは他に存せるもの若くは他に存すべしと考へらるゝものをそのまゝ引き来れるものにして、その述格の形は元のまゝにして之を特に連体形になほして体言に準ずることをせざるものなり。さればかくの如きものをば、準体句と区別するは当然のことなり。

（『日本文法学概論』一〇九九〜一一〇一頁・以下第2項での引用は同書による）

山田は、文（文章）や語句をそのままとり込む形をとる「引用の語句」を文構成上どう位置づけるかという問題

意識からとり上げ(1)、これを含む文も一種の有属文［注・句（文相当のまとまり）が下位構成要素として組み込まれた文］と考える。そして、「引用の語句」は、準体句とも同様の体言相当のものと見るのである。

注意すべきは、山田の場合、「〜ト」による引用の場合のみを特立せず、他の助詞を伴う場合なども一括して「引用の語句」の位置づけを考えている点である。そして、そのような観察から、「引用の語句」は、「体言と同等のものとして取扱はるゝもの」だということになる。準体句同様、助詞を伴うなどして、体言と同じようなさまざまな位格に立てるからというわけである。

2―3　更に、山田は、「引用の語句」（引用されたコトバ）の文中への取り込まれ方に二つの形があるとする。

> 引用の語句が引用せらるゝには二の方法あり。一はそのまゝ直ちに格助詞その他、その位格に相当するものとして或る助詞に接して、然るべき位格として用ゐらるゝものなり。その例
>
> 「新院の御心中おぼつかなし」とぞ人申しける。
>
> 「速にまかれ」と仰す。
>
> 「くる人なし」の宿の庭にも。
>
> 「若菜つまむ」の心ならねど。
>
> この外前条の例みな然り。かくの如きをば直接引用と称す。他の一は、「といふ」といふ語の補格として引用し、その「といふ」までを合せて体言の取扱をなしたるものに基づくものなり。たとへば
>
> 「古池や蛙とびこむ水の音」といふは芭蕉の名句なり。
>
> の如し。この場合は厳密にいへば、「古池云々」は「と」といふ助詞に対していへば、勿論直接引用にして、「いふ」といふ語の補格に立ち、その「いふ」は又準体言となれるものなるが故に、その準体言中に直接引用の句ありといふを理論的には正しとす。然れどもその説話の主点はその句にありて「いふ」はたゞ、語法上の

形式として用ゐたるにすぎざるなり。然るにその「といふは」といふ語遣は往々略せられて「とは」といふ形となることあり。この時には

「古池や蛙とびこむ水の音」とは芭蕉の名句なり。

といふ語の形をとる。これらは一種の省略として、論ずべきものなれど、か丶る時には吾人は便宜上、その引用の語句をば間接に引用せられたりと見なし、それを以て間接引用として主格に立てりと考ふ。かくの如くにして間接引用の場合にはその位格に附属する助詞の上に「と」といふ助詞の存するを常とす。その例次の如し。

「ねよ」との鐘の音。

「諸国に洪水出でたり」との電報。

直接引用のものはそのま丶、その位格に附すべき助詞又はそれにかはるべき助詞に接せしめ、体言と同様の位格に立たしむべきものなれば、これにつきて特別の約束なく、普通の位格と同じやうに取扱ふにて足れり。

（中略）

間接引用のものは、実は「といふ」といふ語の補格に立ち、その「といふ」までにてある位格をなすものなるが、慣用上「いふ」を省きたる為に起れる現象なることは既に説ける所なり。その故に、これには必ず「と」といふ助詞ありて、その「と」までが、一の位格として取扱はれ、それより下に相当の助詞を伴ふものなり。

（一一〇一〜一一〇三頁）

要するに、整理すれば次のようなことになる。

直接引用……「引用の語句」（引用されたコトバ）がそのまま助詞を伴って用いられる。
間接引用……「引用の語句」＋「ト」のひとまとまりで助詞を伴って用いられる。

いささかわかりにくい考え方だが、およそ次のような趣旨かと思われる。

例えば、次の（１）―ｂは、（１）―ａとほぼ同義である。

（１）―ａ「古池や蛙とびこむ水の音」は、芭蕉の名句なり。

（１）―ｂ「古池や蛙とびこむ水の音」とは、芭蕉の名句なり。

そして、ａでは「引用の語句」（引用されたコトバ）が助詞「ハ」を伴って主格に立っていると分析されるのだから、同様にしてｂでは、「引用の語句」＋「ト」のひとまとまりが「ハ」を伴って主格に立っていると分析せざるをえない。そもそも、ｂのような表現は、ｃのような表現の主格に立つ準体句「～トイフ（ハ）」の「イフ」という動詞が実質性を乏しくして省略されたものといえようから、準体句の省略形というべき「引用の語句」＋「ト」を、準体句相当のまとまりとして主格に立っていると見てよかろうとするのである。

（１）―ｃ「古池や蛙とびこむ水の音」といふは、芭蕉の名句なり。

そしてまた、ａとｂとは、「引用の語句」のコトバを「芭蕉の名句なり」と説明されるものとして主格に立てて示しているという意味では全く同じだから、結局「ト」の有無の違いは、「引用の語句」の引き方が直接的なものか（準体句の動詞省略に由来する）間接的なものかの違いということになる。それ故、「引用の語句」がそのまま助詞を伴う形を直接引用とするのに対し、「ト」を伴ったひとまとまりが助詞を伴う形は間接引用だとするわけである。

次例も同様で、「引用の語句」が格助詞「ノ」を直接伴って連体格となる直接引用のａに対して、ｂの方は「引用の語句」＋「ト」のひとまとまりが格助詞「ノ」を伴って連体格となった間接引用だということになる。

（２）―ａ「諸国に洪水出たり」の電報（ガ発セラレタ。）

（２）―ｂ「諸国に洪水出たり」との電報（ガ発セラレタ。）

このｂなど、ｃのような形は考えにくく、準体句からの「イフ」等の省略とは見なしにくいはずだが、

（2）―c ＊「諸国に洪水出たり」といふの電報（ガ発セラレタ。）

「引用の語句」＋「ト」をひとまとまりと見るという見方で説明をすることにした以上は、それを一貫させていけばこの（2）―bも整合的に位置づけられるのであるから、それでよしというのであろう。

2―4 しかし、「引用の語句」（引用されたコトバ）＋「ト」がひとまとまりで、それが助詞を伴うといったようなまとまりのとらえ方は、極めて不自然である。現代語に即して内省する限りでも、[(2)]「『古池や蛙とびこむ水の音』とは芭蕉の名句である」「各地に洪水が出たとの報」について、自然な区切り方は、「『古池や……』と」＋「は」ではなく「『古池や……』」＋「とは」であり、「各地に……出たと」＋「の」ではなく「各地に……出た」＋「との」であろう。それに、そもそも間接引用とする場合の「引用の語句」＋「ト」をひとまとまりと扱ったとして、その「引用の語句」＋「ト」というひとまとまりは、文法的にどのような性格のものか――格助詞等を伴う以上、体言相当だとでもいうのか――きちんとした説明はない。その意味では、不自然なばかりでなく中途半端な分析・説明だといわれても致し方あるまい。実際、このようなとらえ方はまた、一つのつじつま合わせといった性格のもののように思える。

再度次のabの例で繰り返せば、abは、「古池や……」の芭蕉句を「引用の語句」として主語に立て、これについて「芭蕉の名句である」と説明するもので、ほぼ同義的と解せられた。

（1′）―a 「古池や蛙とびこむ水の音」は、芭蕉の名句である。

（1′）―b 「古池や蛙とびこむ水の音」とは、芭蕉の名句である。

そして、aは「引用の語句」の部分が助詞「ハ」を伴って主格に立っていると分析されるから、これと同義的である以上、bも助詞「ハ」がそれに先行するひとまとまりの部分に付いて主格となっているものと分析しなければならない、それが一貫した説明だ、ということになり、あくまでそうした一貫性を押し通そうとした結果、「引用の語句」＋「ト」をひとまとまりと見ざるを得なくなったというのが実際であろう。

今日では、複合助詞というような考え方から、この場合の「トハ」「トノ」などもひとまとまりの助詞的形式と見るのが一般で、そうした扱いが自然でもあり、それで事足りる。つまり、「トハ」「トノ」は、引用されたコトバを（引用的なものとして明示的に）とり上げる主格・連体格の複合助詞とすれば十分だろう。むしろ、「～トガ」「～トヲ」等がないことを考えると、「トハ」「トノ」を「ト」＋「ハ」或いは「ト」＋「ノ」と分割できる自由な結びつきと考える方が妥当ではない。けれども、この当時「複合助詞」とか「助詞の複合・連合」といった考え方は積極的には採られず、助詞類は、極力単純語の形で設定されるのが一般であった。そして、そうした（基本的に単純語というべき）助詞類がまた、コトバの組み立てを支えるもの、実質的な意味を担う部分相互の関係を作るものとして重視もされ、これに着目して文の構造分析を一貫して進めることが肝要とも考えられたのである。山田文法における「間接引用」という考え方・単位の区切り方も、そのような方針で分析を進めていく時に生じるひずみを弥縫してそれなりの一貫性を維持しようとした処理であったといえよう。もとより今日では採るべきものではないが、このような所説が唱えられるところに、山田文法の一つの時代性が感じられるというべきかもしれない。

2―5　以上のとおり、山田文法の「引用」に関する所説のうち、まず「間接引用」というようなとらえ方は受けいれ難いことを述べた。しかし、それ以上に問題なのは、「引用の語句」（引用されたコトバ）を「～ト」の場合に限らず一括して考える中で、「～ト」の特性を埋没させてしまい、「引用の語句」は体言相当と片づけてしまった点である。

既に再々論じてきたことだが、「～ト」に引かれた引用されたコトバは、「～ヲ」や「～ニ」の場合と違って、名詞的なものとはいえない。このことは、次のとおり「～ヲ」や「～ニ」の場合と異なり、「～ト」に引かれた引用されたコトバが連体修飾を受けられないことで明らかである。

（3）—a　明浩は、「そうですかね」と繰り返した。
（3）—b　*明浩は、口癖の「そうですかね」と繰り返した。
（3）—c　明浩は、口癖の「そうですかね」を繰り返した。
（3）—cf.　さっきの「そうですかね」に、みんな呆れてたよ。

連体修飾をかけることができ、名詞（体言）的な成分と見ることができる「〜ヲ」や「〜ニ」などの場合と違い、「〜ト」は、むしろ「〜ト」型の擬声語副詞とも連続する副詞的な成分と見るべきである。しかも、引用されたコトバは、更に場合によっては、（4）のように主体の発言動作を表わして用言相当に働いたり（この点は、次の第3項でも問題となる）、（5）のように主節（「戸が開いた」）に対して同時共存の出来事を言い添える従属節のようになったり、また（6）のようにそのひとまとまりで独立して置かれ、そのような発言がなされたという事柄を示す文相当のものとなったりもする。つまり、引用されたコトバ（「引用の語句」）の品詞性・文法的役割は一定ではなく、それは引用されたコトバがどのような分布（関係的な位置）をとるかによって相対的に決まると見るべきなのである。

（4）　和博が、すかさず「ちょっと待て」。
（5）　「ごめん下さい」と、戸が開いた。
（6）　戸が開いた。
「ごめん下さい」
入ってきたのは、和博だった。

このあたりのことについては、詳しくは藤田（二〇〇〇a）を参照されたい。

事柄が厄介なだけに致し方ない面もあるが、格助詞を伴うなどしていろいろな位格に立てるといった、体言・準体句との大雑把な共通性のみを以て、「引用の語句」（引用されたコトバ）を一括して「体言と同等のもの」と片づけてしまったことは、今日の水準からすれば、観察不足と評さざるを得ない。しかも、このような見方は、「引用の語句」（引用されたコトバ）の文法的性格の大切なところを見誤らせる方向のものであるだけに、なおさら厳しく批判せざるをえないのである。

実際、今日に至るまで、引用されたコトバは名詞化されて体言相当となったものであり、「〜ト」も名詞句的な成分であるといった主張が特段の明確な根拠もなくくり返され続けることになるが、このような見方がはっきりした形をとってきたのが、山田文法の所説あたりだったということになろうか。(3) しかし、そろそろそうした見方の当たらないことが広く認識されてもよい頃であろう。

以上、山田文法における「引用」に関する所説を見直してみた。言語事実に対する的確な洞察によって大きな達成をなしとげた山田孝雄の所論も、こと「引用」の問題に関しては、残念ながら十分に成熟しない水準のものに終わっているというべきであろう。

3　松下文法における引用研究

3—1　松下大三郎（一八七八〜一九三五）は、今日「松下文法」と称せられる独自の文法学説体系を樹立した、文字どおり大文法家と呼ぶにふさわしい碩学である。その学説は、主著『改撰標準日本文法』（一九二八）によって知られるが、(4) この書には、文法論としての引用研究と考えることのできる独自の見解が見いだされる。

以下、この第3項ではまず松下文法における「引用」に関する所説のポイントを見ていく。そして、筆者なりの立場からその意義を見直し、併せてその問題点をも明確にしてみたい。

3—2　「引用」に関する問題についての松下の所説の独創性は、何点かに整理して論ずることができようと思う。

第一に、まず注目されるのは、「模型動詞」という考え方である。

□模型動詞は説話者が自己の声音を以て音響の模型を作り之を以て音響といふ作用を叙述するものである。

1勝つた方の鶏は柿の木の枝へ上つて一声高く「コケコツコー」。

此の時上野の鐘が微かに「ゴーン」。

電話の音けたゝましく「チリチリチリチリーン」。

の「　」は声音で作つた模型であつて模型動詞である。音響は一つの無形物とも見られるが観察のしかたで一つの作用とも見られる。

2子供はいきなりかけよつて「あら伯母さん」。

山僧心やとけぬらむ、少女を奥に誘ひ行き、「ぬしは何処の誰なるぞ、つばらに語れ我れ聞かむ」。

3彼も心の中では、「いつそ、そうしようか」。

の「　」も模型動詞である。（2）の「　」は説話者が自己の言語を材料にして作つた子供、山僧の言語の模型で（3）の「　」は自己の思想を材料にして作つた「彼」なる人の思想の模型である。思想は単に思想であつては模型動詞にならないが之に伴ふ語音の心象に由つて言語と見られる。言語は又意義ある声音と見られる。故に言語の模型、思想の模型は畢竟皆音響の模型である。

模型動詞は、その模倣される実物は単なる声音であつても言語であつても思想であつても、皆之を一つの作用として模倣した模型であるから、模型動詞としては皆一つの動詞である。実物たる声は動詞ではないが、右の例の（1）の「コケコツコー」は動詞である。模型に由つて鶏の発声作用を表す動詞である。（2）の「ぬしは何処の誰なるぞつばらに語れ我れき《（ママ）》かむ」は山僧の言語としては一つの断句［注・＝文］である。それは括弧の中から観るのである。しかし、括弧の外から観れば模型を以て山僧の説話作用を表した一つの動詞である。

(『改撰標準日本文法』二八一～二八二頁・以下第3項での引用は本書による)

「模型動詞」とは、物音や発言を模写して、それを動詞として用いるものである。松下の例を再掲すれば、例えば、

(7)　彼も心の中では、「いっそ、そうしようか」。

の傍線部がそれで、これは、引用されたコトバの動詞用法の指摘といってよい。すなわち、(7)のような場合、引用されたコトバがそのような発言行為(＝「説話行為」)を表わすものとして用いられ、一種の動詞述語的な役割を果たすものとして働いている(つまり、「心の中では」のような連用修飾語を受けとめ、また文を言い切る点で、明らかに述語用言的に働いている)。このような指摘は、おそらく松下が最初かと思われるが、引用されたコトバを名詞的に働くものとだけ、半ば先入見をもって考えてきた狭い見方を超えて、その働き方の広がりに目を向けたという点で、大いに評価されるべきものである。

しかも、このような引用されたコトバなどの表現を、「模型」という呼び方で性格づけたところは、この種の表現の本質をとらえた見方であったといえる。実際、「模型」(形を模倣したもの)と見ることで、この種の引用されたコトバの表現と、同様な「コケコッコー」「ゴーン」などの擬声語表現とが一括してとらえられ、その連続性がおさえられることにもなっている。引用されたコトバと擬声語とは、ここで指摘されたようにともに一種の述語用言として働くし、もちろんまたともに「ト」を伴って述語に係っていくだけでなく、統語的に後述(**3―5**)のように同様の振る舞いを示すものでもあって、その文法的な共通性は、その表現としての本質的な連続性・同質性に根ざすものと考えられる。その両者の連続性をおさえた「模型動詞」というとらえ方には、松下の洞察の確かさを見てとってよいかと思う。

3―3　第二に、右にも言及したが、「模型」というとらえ方で、引用されたコトバの表現を特徴づけたことは、

「引用」の本質をつくとらえ方であったように思われる。そして、筆者の見るところ、松下の所説は、その本質をかなり明確に説き得ているように思える。この点、今一歩踏み込んでみたい。

松下の記述には、「引用」の本質を図形的模倣とする認識が見てとれる。このことは、先に引いた一節ばかりでなく、それに先立ち、引用されたコトバの名詞的用法にあたるものに言及して、「模型名詞」とした次の一節にも明らかである。

三、模型名詞　□模型名詞は、実物の模型を作つて其の模型を名詞の実質に仮用した名詞である。或は之を引用名詞と名づけても善いかも知れない。

言語は声音、文字より成るものであるから、模型を構成する材料はやはり声音、文字でなければならない。木や金で作つた模型では言語にはならない。

あは母音なり。

僧は敲く月下の門の敲くはもと推すなりしを苦心して斯く改めたりといふより詩文の字句を練ることを推敲といふ。

顔回は魯人なり。字は子淵。

の‖の様なのが模型名詞だ。‖の実物は一般人又は他人の声音であるが、自己の口から出る声音を以てその模型を作り模型を以て実物たる声音を代示する。実物としては声音であるが、模型としては名詞である。実物の「あ」は単に声であるが右の例はその模型であつて名詞である。「敲く」の実物は動詞だが右の「敲く」はその模型であつて名詞である。「子淵」が人を指すならば固有名詞であるが、右の例では人を指さずにその人名を指すのであるから模型名詞である。

模型の材料が図形である場合には読めないが画くことは出来る。

○　は断句点なり。

を挟まれぬ様に注意なさい。

のご注文は必ず某店へ。

こういふのは読めないから模型図であつて名詞ではないが仮に名詞の如く取扱つたものである。但し下の助辞を読む都合から之を普通名詞に直して「丸は」「手を」「帽子の」など読む場合が多い。直して読めば普通名詞に変るのである。

（二二八〜二二九頁・なお一重傍線は藤田が付した）

右に見るとおり、松下は、ここで「模型」として論じている表現が、所謂「引用」にあたることに自覚的に言及しつつ、「模型」の表現が図形的な模写にもつながるものであるという点にまで、よく説き及んでいる。筆者の見るところ、この見方はいかにも慧眼というべきかと思う。

筆者は、これまで「引用」の文法的研究をテーマとして、一貫してこれに取り組んできた。そして、その結論的見解の一つとして、「引用されたコトバ」の表現の本質を、Ch. S. パースの記号論をも手掛りに、通常の言語記号と異なる〝イコン記号〟（図形的な同一性・相同性に基づいて対象を表意する記号）の表現であることとした。

通常の言語記号は、パース流にいえば〝シンボル記号〟の一つである。一定の音形（能記）と一定の概念内容（所記）の結びつきとして脳中（レキシコン）にあるものであり、その結びつきを介して対象を表意するものである。例えば、空にある月（☽）を表わすのに、「ツキ」という音形と〝☽〟という概念の結びついたものとして脳中にある言語記号の、その概念に同定して「ツキ」という音形に置き換えて示すのが、通常の言語記号による一般の言語表現なのである。一方、イコン記号の表現とは、対象との図形的な同一性・相同性によると述べたが、平たくいえば、空の月（☽）を表意するのに、それを「☽」というような図形を画いて模写して示すようなやり方である。「☽」の図は、空の月を図形的同一性に基づいて表意するイコン記号ということになる。

ところで、表意されるべき対象が既にコトバである場合、それを脳中の言語記号の概念に同定し、その概念と結びついた音形に置き換えて指し示すのが通常の言語表現であるなら、それをその形に即して引き写して表わす所謂「引用」の表現は、イコン的な表現というべきものであることが理解されよう。例えば、「こんにちは」という発話を「あいさつ」と呼び表わせば通常の言語記号の表現だが、「こんにちは」とそのまま引き写して示せばイコン的な表現なのである。

引用されたコトバの表現の本質をこのように見ることで、引用されたコトバの独自で多様な統語的振る舞いも統一的に説明できる。詳しくは、藤田（二〇〇〇ａ）を参照されたい。

そして、以上のような見方に立つ筆者としては、松下の「模型」というとらえ方は、なお十分掘り下げ展開する必要はあるものの、事柄の正鵠を射た方向であり、慧眼であったと評価したい。

3―4　第三点として、引用句「～ト」の文の関係構造の中での位置づけも注目される。今日、引用成分とか引用句とか呼ばれる「～ト」は、（「～ト」型の擬声語副詞とともに）松下の場合、模型動詞が助動詞相当の「ト」を伴って連用的に下に係る形である。

模型動詞は実物の模型であるから本来、活用はなく活用なしに意義が終止する。しかし活用なしではその運用の変化を尽すことが出来ないから「と」といふ助辞を附ける。この「と」は静助辞の様だが実は動助辞であって第二活段である。即ち「○、と、○、○、○」と活用する。（第一〇六頁）

上野の鐘がゴーンと鳴つた。

待てといふに散らでし止るものならば何を桜に思ひまさまし。古今集

「と」の力に由つて連用的に下へ続く。

「と」は作用の産果を表す助辞である。

（二八二頁）


そして、この「〜ト」が述語と結びつく時には、「生産の一致格」となるとする。


動詞の一種に生産性動詞といふものが有る。又生産性でない動詞も生産化して用ゐられることがある。生産性であつてもなくても、或る産果を生ずるとして取扱はれ而も自ら産果を表さない用法を生産態といふ。詳しくは第二六八頁の再読を煩はしたい。

生産態の動詞は産果を予想しつゝ自らは産果を表さないから産果の概念が欠けてゐる。この欠けた産果の概念を補充する客語となるべき格が生産の一致格である。生産の一致格は略して生産格と云ふも善からう。ト活の第二活段が生産格を成すのである。

長女を花子と名づく。…「花子とは（ママ）」「名づく」の産果たる、名称である。

彼は雨降らむと云ふ。…「雨降らむと」は「云ふ」の産果たる、言語。

雛鳥ちよ〳〵と鳴く。…「ちよ〳〵と」は「鳴く」の産果たる、声。

北京をぺきんと読む。…「ぺきんと」は「読む」の産果たる、声音。

提灯へ奉祝と書いてある。…「奉祝と」は「書く」の産果たる、文字。

余は君は来じと思へり。…「君は来じと」は「思ふ」の産果たる、断定。

風の音を雨と聞く。…「雨と」は「聞く」の産果たる、観念。

雲が山と見える。…「山と」は「見える」の産果たる、観念。

右の═══は皆生産格であつて下の───の動作の産果を表す。そうして生産格は多くは模型動詞（二八一頁）である。

（五六八〜五六九頁）

このように、松下文法においては、引用されたコトバを示す「〜ト」に、かなり踏み込んだ形で意味・統語的な位置づけが与えられているのである。その試みは、それなりに興味深い。

しかし、これらの「〜ト」を——少なくともすべて一括して——「産果」を示すとすることは、筆者には、必ずしも妥当でないように思える。確かに「〜ト」を述語の動作の「産果」を表わすものとするのは、常識的に受け入れやすそうな見方ともいえる。もちろん、「生産格は多くは模型動詞」なのだから、それらが「産果」としての事物を表わすとするのはおかしかろうが、(5) 松下の考え方では、事物のみならず作用も「産果」となると見て、多くの「〜ト」は述語の動作によって生み出された作用（状態）を表わすものとするようである。(6) けれども、発言・思考といった動作を表わす模型動詞の表現性ということを、「〜ト」の場合についても一貫させて考えるなら、例えば「雨降らむ（と）」という模型動詞が表わす動作と述語「云ふ」の指し表わす動作とは、よくよく考えてみれば別物とは言い難い。むしろこの「雨降らむ」で模写して表わされている発言動作こそ、述語「云ふ」の指し表わしている発言動作そのものに他ならず、「〜ト」の部分と述語動詞とは、指示するものとしては同じ動作を表現の仕方を変えて二重に言うものであって、一方が他方を生み出すお互い別個のものと見ることはできないのではないかと思えるのである。

3—5　右のとおり、松下文法における引用句「〜ト」の意味・統語的位置づけにはいささか問題と感じられるところもある。しかし、筆者の見るところ、これは、「〜ト」を模型動詞の連用的な形と考えるとらえ方に不都合があるということではない。むしろ、このとらえ方は、今日的な目で見ても十分射程の広い説明力をもつように思われる。

「〜ト」と「言う」「思う」等の動詞が相関する典型的な引用構文の構造について、筆者は次のように理解する。

（8）—a　小田氏が「大変だ！」。

（8）—b　小田氏が叫ぶ／叫んだ。

すなわち、aのような引用されたコトバが動詞述語的に働く文（「模型動詞」述語文）も、bのような通常の動詞述語文も、同等の事柄を指し表わし得るものであるが、bのような表現は具体性に乏しく、aのような表現は抽象思考にのりにくい（例えば、bの場合、「叫ぶ」という動詞は、小田氏の動作を一段抽象化・一般化して名づけ示すもので、それだけに「昨日、小田氏が叫んだ」のように過去について語れるなどの抽象性もあるが、aでは、「*昨日、小田氏が『大変だ！』」のような言い方は成り立たない）。そこで、その両方の不足を補う形で、一つの動作を具体的に模写しかつ抽象的に名づけるcのような二重的な表現が求められるものでもあるし、実際に存在もする。

（8）—c　小田氏が「大変だ！」と叫んだ。

引用句「〜ト」と「言う」「思う」などの述語の相関する典型的な引用構文は、そのような構造の表現なのである（この種の構造の引用構文を筆者は第Ⅰ類と呼んでいる）。なお、擬声語副詞が述語にかかる場合も、一般に同様の二重的な表現を形成していると考えてよい。

（9）—a　カラスがカア。

（9）—b　カラスが鳴く／鳴いた。

（9′）—b　昨日、カラスが鳴いた。

（9′）—a　*昨日、カラスがカア。

（9）—c　カラスがカアと鳴いた。

右のcのような「〜ト」型副詞の修飾構造と、第Ⅰ類の引用構文とは、基本的に連続するものである。このあたり、詳しくは、藤田（二〇〇〇a）を参照されたい。

さて、このような見方に立つ筆者としては、松下が「～ト」を模型動詞の連用的な形とする考え方は妥当なものと高く評価したい。が、その見方を十分徹底させるべきであったと考える。「～ト」を一方で「産果」（生産物）を示す「生産格」だとするような耳どおりはよいが表面的な位置づけで片づけるのではなく、「～ト」と述語の意味関係をより掘り下げて考究する必要があったのではないか。

実際、「～ト」を模型動詞の連用的な形とする見方は、意外な程広い説明力を持っている。というのも、松下においてはふれられていないが、次のように「～ト」が述語の示す行為とは別個の発言行為を示して述語といわば並列的になる構造（この種の引用構文を第Ⅱ類と呼んでいる）なども、「～ト」を〝模型動詞の連用的な形〟とするとらえ方に拠って、「～ト」に述語動詞性を認めていくことで極めてすっきり説明できるからである。

(10)　山本氏は、「すみません」と手をあげた。

右のような第Ⅱ類の構造については、引用構文の研究においてその位置づけが大きな問題になってきたことでもあるが、「～ト」を模型動詞が連用的に下にかかる形とする松下のとらえ方は、実はこのような点も十分説明できる射程をもち得るものだったわけである。

このように読み直してみると、松下文法における「～ト」の位置づけは、一部表面的に感じられるところもあるが、しかしまた、今日の目で見て十分首肯できる含意を汲み出し得るものであったといえる。ちなみに、筆者は、自身の引用研究をスタートさせてからしばらくは、こうした松下文法の所説を知ることなく研究を進めた。しかし、結果として、第Ⅱ類の構造などについては、松下の考え方に近い発想から分析を試みている。筆者の所説と松下の考え方の異同に関しては、藤田（二〇〇〇ａ）及び次の**3―6**の記述などに就かれたいが、このような所説が立論された時代を考えれば、先学の言語事実への洞察の深さに対して敬意を表することにやぶさかではない。

3―6　以上のとおり、筆者は松下文法における文法論としての引用研究と解し得る所説について、そこでなされた洞察の深さ・その意義を十分評価するものであるが、それでもなお一点根本的な問題を感じざるを得ない。

端的に言えば、「引用されたコトバ」が名詞としてのみならず動詞的にも働くといった働き方の多様さに目を向けたのは妥当だとしても[7]、そうした名詞的に働く場合・動詞的に働く場合を、それぞれ「模型名詞」「模型動詞」と呼んで品詞に割りふってしまったことは、実は大きな錯誤であったように思える。

松下文法においても、品詞とは、詞の本性（「本来常に有する性質」（松下（一九二八）一八八頁））によって分けられるとされる。しかし、だとすると、「花」なら「花」という通常の名詞が花という「事物の概念を表示する性能を持つてゐる」（同一八九頁）のと同様のこととして、例えば次に見られるような模型名詞が、「本性」、つまり、もともとわかち難く持っていた性質として「事物の概念を表示する」ものだとはいえまい。

(11)　「行く」は動詞である。

素直に考えれば、「行く」は、此方から彼方へ移動する動作を表わす。「イク」という音形がそのような移動動作の概念と結びついて、一つの言語記号として脳中にある。それ故、「イク」という語形の語は、常にそのような移動動作の概念を表わすのであり、その「本性」からすれば動詞である。しかし、(11)のような場合は、「行く」という単語そのものを指し表わすために、「行く」という単語の音形をひき写してイコン的に（形の同一性をもとに）表意したものである。単語という「事物の概念を表示する」という点では名詞的であるが、「行く」という言語記号の（音形の）表意のあり方からすれば、本来的でない、この場限りの仮の使い方というべきである（このことは、もちろん「模型動詞」の場合についても同断である）。実は、松下自身も、3—3に引いた「模型名詞」の説明の中で、「実物の模型を作つて其の模型を名詞の実質に仮用した」ものと述べている。あくまでも「仮用」であることは、松下においても理解されていたとおりである。しかるに、松下はまた、「模型名詞」「模型動詞」を「本名詞」「本動詞」の下位区分として立てる。このような扱いは、あくまで言語記号の臨時的な使い方というべき「模型名詞」「模型動詞」を、「花」「山」「人」「琵琶湖」「深草」「日本」といった名詞や、「行く」「食べる」「感心する」「研究する」といった動詞と並ぶものとして扱うことであり、次元の違うものを混同したものといわざるを得ない。

筆者の知る限り、松下文法の「模型名詞」「模型動詞」のような考え方は、後世の文法研究者にはほとんど受けつがれなかったようである。思うに、単語の品詞的な（下位）区分の中には直観としても明らかに並べ難い「模型名詞」「模型動詞」のようなコトバのとらえ方は、後の研究に継承されることなく忘れられることとなったのであろう。しかし、松下がこうしたとらえ方でおさえようとしていた言語事実に今改めて目を向けてみるなら、それは一面ではまたいささか残念であったという気もする。

4　結　び

4　この節では、山田孝雄と松下大三郎の文法学説の中から、文法論として「引用」の問題を論じたといえる部分を紹介しつつ、批判的に読み直してみた。

先学の研究をふり返り、今日的な視点からその位置づけを明確にしていくことは、単なる過去の位置づけにとどまらず、今日の自らの研究の位置を問い直し、再確認することにもつながる。そうした目的意識から、黎明期の大文法家たちの学説が改めて読みかえされてしかるべきなのではないかと、筆者は思う。

注

（1）なお、山田文法では、「引用」を大きくまず「語の転用」と位置づけており（山田（一九三六）では第二十九章）、更にここに引いた一章において詳論がなされている。

ちなみに、「語の転用」として、次のようなものは、「引用」と区別されて「説明の対象とする場合」とされており、やはりこれらも「体言の取扱」をうけるものとされている。

（ア）「咲く」は四段活用の動詞なり。

こうした例は、今日一般には「引用」の一種と扱われるのがふつうだろう。

（2）山田文法では、文語（古典語）的な例文が掲げられているが、山田が意図しているのは、古典語に限定されない汎日本語的な文法記述であるから、現代語を以て例証することに問題はない。

（3）ちなみに、山田のような見方で引用されたコトバを体言とする所説は、実はこの当時他にも見られるものである。筆者の目についたものでは、安田喜代門（一九二八）『国語法概説』に次のような記述がある。

単語、小句、連続句、完結句、文など、あらゆる言語表現が一個の完結したものとして、他の文中の一部分に置かれたのを引用と言ふ。（例省略）これらは、主格としても、ヲ格、ニ格、ヨリ格などいろ〳〵の格にしてもうけることができる。つまり体言の資格で取扱ふものであるが、ト格（ナドはナニトの転化であるため、実質的方面の外に、古代語では、ト格と同様の役目をしてゐた。）でうけるのが引用の本体である。　（三三八頁）

山田の考え方とほぼ同趣旨で、山田の一貫した所説の影響を受けたものかとも思えるが、これがこの当時の研究水準といえるのかもしれない。

そして、「引用されたコトバは、引用されることで体言化するのであり、『〜ト』も名詞的な成分である」といった考え方が今日に至るまでくり返されるが、見方によっては、山田文法のあたりではっきり形をとってきたこの種の考え方が、研究の〝断絶〟を超えて、伏流の如く今日まで影響を与え続けているといえるかもしれない。

（4）なお、松下には、記述対象を口語に限定して自らの文法学説をまとめた松下（一九三〇）もあるが、問題の「模型動詞」に関わる所論については、一部用語の違いや説明のこなれたところはあるにせよ、松下（一九二八）の考え方と変わりはない。

（5）もっとも、「〜と書いてある」「〜と名づける」などは、言語行為の痕跡や言語材といったモノとしてのコトバを引く引用であるから、産果としての事物が「〜ト」に示されていると見ることも可能かと思われる。この種のモノとしてのコトバの引用については、「〜と言う／思う」など典型的な（行為としてのコトバの）引用とは、いささか違った位置づけで考える必要がある。詳しくは、藤田（二〇〇〇ａ）など参照。

（6）いささか注記しておくと、松下は、「動作」と「状態（形容）」とを一括して「作用」と呼ぶ。そして、模型動詞については、言い切り述語の用法で動作を表わす一方、「と」を伴った連用的な形は、状態を表わすものと考えるようである。そのようにはっきり割り切って整理するのも一つの考え方だろうが、それでは「模型動詞」であることの表現としての一貫性がおさえられていないように感じられる。

（7）もっとも、**2—5**でもふれたとおり、引用されたコトバの働き方は、名詞的になったり動詞的になったりするというだけにとどまらないから、松下の観察で十分だというわけではない。

第二節　三上章の引用研究

1　はじめに

1―1　第二・三節では、文法学者三上章（一九〇三〜一九七一）の「引用」に関する研究をとり上げる。三上の引用研究は、第一節に見た山田孝雄や松下大三郎の所説の次の時代に位置するものであるが、なお草創期の研究として、この第3章でとり上げてしかるべきものと考えられる。

　周知のとおり、アカデミズムの外にあって独自に日本語の統語論的研究を開拓した三上章は、「引用」の問題についても、早くにこれを文法研究の問題としてとり上げて論じており、その所論は、次のような著作に見ることができる。

三上章（一九五三）『現代語法序説』
同　（一九五五）『現代語法新説』
同　（一九五六〜五八）「句読法新案」
　　——このうち、Ⅲ〜Ⅵ（一九五七）
同　（一九六三）『日本語の構文』

こうした三上の研究は、統語論的引用研究の先駆的な位置を占めるものといえるが、その所論については、従来立ち入って検討されたことはなかった[1]。この第二節では、これらの三上の所論を、今日的な立場から批判的に読み直し、著者なりに学史的評価を与えてみたい。そして、そのことを通じて、今日の引用研究の成果を確認するとともに、なお位置づけの不明確な問題についても、あるべき位置づけを示すことができようと思う。
また、次の第三節では、先年公刊された三上の学位論文『構文の研究』における「引用」に関する所論を検討し、本節において示す見解が基本的には動かないものであることを確認することにしたい。

1―2　右に、「今日的な立場から」としたが、本論に先立ち、統語論的な引用研究をいかに構築するかについての、筆者の基本的な立場を示しておくことが必要だろう。

筆者は、統語論としての引用研究は、次の二つの領域に整理して論じていくべきだと考える。換言すれば、引用表現は、統語論的な問題としてはまず、次の二つの領域について、整理して考究される必要があるということである。(2)

a. 引用されたコトバに関するシンタクス（統合的な（＝タテの）関係構成）
b. 「話法」の問題（引用されたコトバの範列的な（＝ヨコの）ヴァリアントの選択）

すなわち、引用されたコトバが「ト」を伴うなどの形で、文の構成成分として文中に組み込まれ、他の部分とどのように関係を構成し、機能するか、あるいは、その部分が統合的な関係においてどのような影響をうけるかといったことは、前者の問題である。一方、後者の「話法」の問題は、引用されたコトバ自体が「直接話法」の形をとるか「間接話法」の形をとるかという、あり得るヴァリアントの選択の問題である。両者は、次元の違うこととして、まずは区別して考えられなければならないのである。

文法論の問題として「引用」を論じるにあたり、事柄の位置づけを右のとおり明確にしておくことは、議論を見通しよく進めるために重要だろう。また、こうした整理に導かれて、事柄のあるべき位置づけが見えてくる部分もあろうと思う。

以下、三上の所論の要点を、右の二つの領域区分に即して、整理して検討していく。三上の所論では、どちらかといえば「話法」の議論に比重が置かれているので、まず次項で、後者の「話法」についての所論を検討し、次いで第3項で、前者の「引用されたコトバに関するシンタクス」にかかわる所論を見ていくことにする。

2　三上の話法論

2—1　三上の「話法」についての所説は、細かな点でいくらかの揺れは見られるものの(3)、およそ次のような記述に端的に集約されている。

他人のせりふの引用には、せりふそのまゝをそっくり引用する直接引用の直接話法と、それを引用の場面に合うように改める間接話法とがあることは周知の通りである。直接話法を間接話法に改める際に問題となる項目は次の二つである。

一、境遇性を持つ単語、すなわち代名詞的単語

二、活用形

一はたとえば「アナタ」を「私」に変え、「明日」を「翌日」に改める類で、これはだいたい各国語に共通な変更法だろう。このように変更しなくては間接話法にならない。ところが二の方はどうしても変更しなければならないというわけのものでもなく、また変更の程度もまちまちのようである。西ヨオロッパの言語ではムウドもテンスも変えるが、ロシア語はムウドだけ変えてテンスはそのまゝだそうである。日本語ではムウドもテンスも変えない。たゞ日本語独特のカテゴリイたるスタイルを、新しい間接話法の場面に合うように、丁寧体から普通体へ下げるだけである。だから我が間接話法は英文法などの標準から見たら半分の程度にしか間接話法とは見えない。彼等の間接話法と直接話法との中間程度のものであって、いろいろ折衷的な性質を示すのである。

（三上（一九五三）三三〇〜三三一頁）

日本語では、いわゆる直接話法と間接話法との間にはっきりした境界がない。このことは早くから気づかれている。

（a）吉川氏は、「あなたもやってごらんなさい」と言われた。
（b）吉川氏は、お前やってみろ、と言われた。
（c）吉川氏は、私にやってみる yô にすすめられた。
　吉川氏は、私がやってみる koto を希望された。

（c）は（a）とあまりかけ離れているから、（b）を間接話法と見なすことにする。（a）の直接話法との境界がはっきりしない場合が起こるのは仕方がない。（a）と（b）は次の点で共通だからである。まず、ムード［藤田注・文の通達的なタイプ］不変である。（a）の直接話法が命令法〝ゴランナサイ〟なら、間接話法も命令法〝ミロ〟である。テンスも不変である。つまり引用文末の主な性格は直接間接を通じて不変なのである。これでは、境界がはっきりしなくなるのも当然である。反対に変わる方、手加減のいる方は、

1）代名詞などの単語を引用の場面に合うように変更する。
2）スタイルを下げ、終助詞を切捨てる。
3）有題が無題化することがある。

（1）には国際性があるように思われる。間接話法というものがある国語なら、この性質だけは持っているだろう。
（三上（一九六三）一三五〜一三六頁・原文横書き）

概して言えば、現代日本語における「直接話法」と「間接話法」の関係を、「直接話法」から「間接話法」への書き換えを手掛りに探ったものということができるだろう。

こうした三上の話法論に対しては、何よりまずその先駆的意義が認められなければならない。三上自身、「日本

語の話法の規則を説いた文典を私は知らない」（三上（一九五三）三三三頁）と述べているとおり、この当時までに、「直接話法」「間接話法」といった術語が、他者のことばをそのまま引くか変えて引くかといったことをごく素朴に言う一般的な用語として用いられることはあっても、「話法」を日本語の文法の問題として明確に位置づけて論じるような研究は見られなかった。右に集約されるような三上の所論は、「話法」の問題を日本語の文法研究においてはじめて正面からとり上げて論じた試みであったといってよい。その意味では、三上の所論は、大いに評価されるべきものである。

しかし、今この所論を読み直してみるなら、これがそのままに認め難い、少なからぬ問題をはらんだものであることも、また否定できない。その点について、以下、問題点を三点に整理して論じてみたい。

2—2　第一に、何より問題なのは、三上のような見方で個々の言語事実をつきつめて考えていくと、事柄の整理・説明に行き詰まってしまうという点である。具体的に言えば、「直接話法」と「間接話法」の関係を本質的なところまで十分追求しきれておらず、その結果、事実を適切に説明できないのである。

三上によれば、次例の場合、「直接話法」と考えられるaに対し、bは「間接話法」だとされる。

（1）—a　吉川氏は、あなたもやってごらんなさいと言った。

（1）—b　吉川氏は、お前もやってみろと言った。

確かに、aの場合、「あなたもやってごらんなさい」という発話がもともとなされ、それがそのまま引かれた言い方だと考えることには違和感がないから、三上がこれを「直接話法」とすることは、一応納得できる。そして、bは、そういったもともと発せられたことばを手直しして引いた「間接話法」の表現だとすることも、一見もっともなように思える。

しかし、b文に即して虚心に考えてみると、もともと発話されたのが「お前もやってみろ」であって、b文は、それをそのまま引いた表現だと考えても、不都合はないはずである。a文を「直接話法」と考える理由が、ただものままの形で引いたらしく見えるという程度のことなら、b文も同様の理由で「直接話法」と考える余地が十分ある。三上のように、aと比べてbを、それを手直しした形に見えると相対的に位置づけてみたところで、だからといって、b文の形が「間接話法」だとする決め手にはならない。三上の見解の範囲では、b文が「直接話法」の形なのか「間接話法」の形なのか、決定する根拠は実は見当たらないのである。文法が、ことばの形式（抽象レベルのものも含めて）と意味・機能の相関の規則性として記述されるべきものであるなら、三上が示しているような要件は本当の規則性を押さえたものとはいえないといってもいいだろう。その意味で三上のとらえ方は、「直接話法」と「間接話法」の別という「話法」の問題を、文法の問題として確立することに失敗している。

どこに問題があったのだろうか。

既に概括したとおり、三上は、「直接話法」から「間接話法」への書き換え操作を手掛りに、両者の関係を考えた。だが、何が「直接話法」であり、また「間接話法」であるのか、その相違の本質を見定めないまま、所謂「直接話法」から所謂「間接話法」らしく書き換えるにはどのようなことが必要かを探ったため、そのアプローチは、いわば「間接話法」であるならどのようであるのかという必要条件を種々考える方向をとることになった。しかし、論理の問題として言うまでもなく、逆は必ずしも真ならずであって、〃そのよう〃であっても「間接話法」だとは限らない。そのような条件を満たしていても――例えば、（1）のa文に対しb文が「スタイル変更」やある種の「代名詞変更」といった条件を満たしているように見えても――それだから「間接話法」だという保証はないのである。むしろ、追求すべきは、どうであったら「間接話法」（あるいは「直接話法」）なのかという十分条件、「間接話法」（あるいは「直接話法」）であることを保証する十分条件を求める方向だったといえよう。(4)

三上の所論を見直してみると、右のように、そこにはその方向性の微妙だが重大な狂いといったものを見てとることができるように思う。そして、それが三上の話法論の本質的な限界となっているように思われる。

2―3　第二の問題点は、三上の所論が、日本語の「話法」は境界のはっきりしないものだという点を強調した結果、日本語の「話法」があいまいで連続的だということを印象づける記述になっている点である。このことが、後の研究の流れに、それなりの影響を与えたであろうことは、想像に難くない。

しかし、三上の発想は、英語などの西欧語の「話法」を念頭に置いて、それを基準にして、日本語の「間接話法」を十分間接化されない折衷的なものだとするものである。それは、**2―1**の最初に引いた三上（一九五三）の見解にもはっきり示されている。

けれども、英語などを基準として考えることが、日本語の「話法」の性格を適切に位置づけることになるという保証は、必ずしもない。大切なことは、日本語なりの「話法」のしくみを、まず日本語に即してきちんと体系立てることであり、日本語の「話法」がはっきりしないあいまいなものかどうかは、そうした作業を経た段階ではじめて論じることができることだろう。

先の（1）―ａｂのような事例などを見るにつけ、日本語の「話法」は境界がはっきりしないという印象を受けることも事実かもしれないが、それは、一面では、上記のような論法――所謂「間接話法」ならどのようであるかという見方で、本質規定に踏み込まないまま必要条件を求めていった方向――自体が生み出したことではなかったか。その意味で、この第二の問題点は、最初の問題点とも深くかかわっている。そして、こうした日本語の「話法」をあいまいで連続的なものとする論調は、その論法の歪みをはらんだまま、この後の「話法」研究の流れの一部に根強く承け継がれていくことになる。(5)

2―4　第三に、言語事実の認識という点でも、今日の目からすれば批判すべき点がある。時代的にやむをえない面もあるが、三上においては、重要な言語事実の意義が十分把握されていないところがあり、それが日本語の「話法」についての三上の考察を十分深化させなかったということもできる。

ここで問題にしたいのは、次のようなことである。「直接話法」から「間接話法」に改める場合の要件の一つとして、三上は「終助詞を切捨てる」ことをあげているが、「終助詞」類について、彼は、余剰的なお飾りの要素なので簡潔さを求めて省くものと見ていたらしい。そのことは、次のような記述でも明らかだろう。

　装飾的な間投助詞や終助詞の類は、すべて省く。（三上（一九五三）二三四頁）

確かに、間接化に際して終助詞類は消去されなければならない。しかし、終助詞の類は、決して単なる「装飾的な」要素と考えるべきものではない。

右に言わんとするところを明確にするため、ここで日本語の「話法」の決まり方についての根幹的なところを確認しておきたい。

例えば、次のような文においては、引用句内の「私」について、二つの読みが可能である。

（2）―a　田村氏は、私が真犯人だと言った。

すなわち、「私」＝「田村氏」の読みと、「私」＝（2）―a全文の話し手という読みである。前者の読みは、「私」が「言った」もともとの話し手「田村氏」を指す関係で、引用されたコトバの部分がもともとの話し手の立場・秩序づけに即したものとして読まれるのだから、「直接話法」読みということができよう。これに対し、後者の読みは、「私」がこの全文の話し手を指すもので、引用されたコトバの部分が、これを組み込んで全文を構成するその話し手（引用者）の立場・秩序づけに引きつけて調整されたものとして読まれるから、「間接話法」読みということになる。

このように、引用句「〜ト」は、しばしば「直接話法」とも「間接話法」とも両義的に読まれるのだが、両様の読みが常に認められるわけではない。例えば、次例のように、引用句内に終助詞類が生起した場合は、引用句の部分の読みは、「私」＝「田村氏」の「直接話法」読み——真相の告白のような発言という理解——に決まってくる（だから、逆に「間接話法」として読む余地を得るためには、少なくとも終助詞類の消去が必要なのである）。

（2）—b　田村氏は、私が真犯人だよと言った。

一方、次のような事実も注目される。「知る」と（必須補語として）相関する「〜ト」には、述語からの共起制約がかかって、終助詞類が生起できない。

（3）—a　彼は、それが正しいと知った。

（3）—b　*彼は、それが正しいなと知った。

そして、こうした終助詞類が生起できないような引用句内においては、

（3）—c　彼は、私が正しいと知った。

その読みは、「私」＝全文の話し手（引用者）という「間接話法」の読みに決まってくるのである。

終助詞類の生起・その可否と「話法」の決まり方は、このようにはっきり対応する。引用句内に、終助詞類が生起する（生起できる）か否かということは、「話法」の決定に規則的に関与している。とすれば、「話法」を〝文法〟（ことばの規則性）の問題として記述する立場からすると、終助詞類の生起・その可否は、日本語の「話法」の根幹にかかわる事柄と見なければならない。その意味で、決して「終助詞」の類は、三上の言うような「装飾的な」お飾りだけの要素ではないのである。

2—5　この点、今一歩立ち入っておこう。終助詞類は、文の表出段階のある種のモダリティ的な意味を担うものとされる(6)。右に見てきたような「話法」の別を決定するのは、結局、引用句の引用されたコトバが、こういった意味を帯びたものと読めるかどうかということなのである。

およそ、通常の文は、いずれもそうした表出段階の意味まで十全に具備するものと考えられる。そういった考え

方が、今日、大筋で承認されているものといえよう。例えば、日本語の文の構造を階層的に記述する南不二男（一九九三）では、文について表出段階に至る四段階の意味の階層が区別されている。そして、構造的に見ても、文の最も外側にあらわれる終助詞類は、文を表出する段階の話し手の気持ちとしての意味（モダリティ的意味）の最終局面のところを担う明示的な形式と見てよいだろう。文は、表出段階のそういったモダリティ的意味まで十全に備えて、はじめて具体的な場面で発動されるものになる。

従って、引用されたコトバが、どこか先行する場で発動された文を再現したもの――「直接話法」と読まれるためには、そこに表出段階のそのようなモダリティ的意味までがちゃんと備わっているものと読めなければならない。そうしたモダリティ的意味は、もちろん、終助詞のような明示的な形式にも託されるが、明示的な形と対立するゼロ形式（何もつかない言い切り文末の形）にも託されると考えられる。(7) それ故、終助詞が出てくれば「直接話法」に決まるし（（2）―b参照）、終助詞のような明示的な形式は出ていなくても、終助詞生起が可能な環境では、終助詞に託されるようなモダリティ的意味が、ゼロの形であらわれていると考えることもできるので、「直接話法」と読むことが可能になる（（2）―a参照）。

一方、引用されたコトバが、そのようなモダリティ的意味まで備えたものと読まれなければ、それがどこか先行する場で発動されたものの再現だという読みは保証されず、全文の一部分として、地の文と同じ秩序づけに引きつけて調整されたもの――「間接話法」と読まれることになる。故に、終助詞が生起不可で終助詞に託されるようなモダリティ的意味が現われることが許されない環境では、読みは「間接話法」に決まるし（（3）―c参照）、終助詞が生起可能な環境でも、明示的な形式をとってあらわれていない以上、そこにそういったモダリティ的意味が欠如している（あらわれていない）と考える余地があるので、「間接話法」と読むこともできる（（2）―a参照）。

2―4において、例文（2）―ab及び（3）―a～cについて見た事実は、以上のように統一的に説明できるのである。

終助詞類の機能・統語的位置づけについての考察は、昭和三十年代に入る頃から次第に進められてきた。けれども、現段階においてもなおミスリーディングな部分を含んでおり、それが「話法」の議論においても、無用な混乱を生んでいる面があると思われる。その点については、既に藤田（二〇〇一b）に論じたが、そのことはともあれ、三上の場合、少なくともその「話法」の論において、終助詞の機能を掘り下げて考えたうえで「話法」の問題とかかわらせて考究するには至っていない。一つの時代的な限界といえるのかもしれない。

終助詞の生起と「話法」の問題とのかかわりに一歩踏み込んだ考察がなされるようになるには、奥津敬一郎（一九七〇）の段階を待たなければならない。

2—6　この第2項では、三上章の話法論の骨子をおさえ、その所論についての検討を三点に整理して述べた。[8] 忌憚ない言い方をすれば、三上の所論は、もちろん随所に妥当な観察・事実指摘はあるものの、今日的な目で見直してみると、論としては、考え方の方向においても重要な言語事実の認識という面でも不十分な段階にとどまっているものと評価せざるをえない。

3　引用句「〜ト」の統語的性格をめぐる三上の考察

3—1　三上章の引用研究には、今一つ大きな内容として、引用句「〜ト」の統語的性格をめぐっての独特の観察・分析がある（直接には、引用句「〜ト」の「ト」で導かれる部分の性格を論ずるものだが、それが、結局引用句「〜ト」の統語的性格づけにつながる議論になっている）。しかし、やはり従来このあたりについても、踏み込んでその内容が検討される機会はなかったように思われる。ここでは、三上の引用研究のうち、「〜ト」をめぐるそういった統語的関係のあり様《よう》（シンタクス）についての所論を検討する。

三上の基本的な考え方は、既に三上（一九五三）において明確である。三上は、引用句「〜ト」の部分に「上」（はじまり）のカギがかけにくい例が目につくことを問題にする。

（4）　私ニ何処へ行ケト言フンデス。

（5）　明日先方カラオ伺ヒスルト電話デ連絡シテキタ。

（ともに三上（一九五三）三三一頁の例）

……これらの文例には上のカギを入れるべき個所が見出されない。たとえば「何処へ行ケ」を引用句にしようとしても、こんな疑問命令文はありえないし、「行ケ」だけを命令文と見れば、その外《ソト》に「何処へ言フンデス？」という無理なつながりを認めねばならなくなる。もっとも直接話法の

私ニ「感化院へ行ケ！」ト言フンデスカ？

の最後に「カ」が欠かせないのと比べると、疑問詞「何処へ」は下のカギを越えて文末に影響していることがわかる。（中略）引用法の公式は

上のカギ（もしあれば）で閉じ、下のカギで締めて、準詞「ト」で話し手の話線へ開く

のである。上の閉じカギの有無によって、クロウズドの直接話法と、オウプンな間接折衷話法とに分れる。

（三上（一九五三）三三二〜三三三頁）

はじまりがはっきりしないことと相応じて、おしまいも、はっきり切れているとはいえない（更に影響関係がある）とする。こうした区切りが明確か否かという点をおさえて、三上は、引用句の「ト」に導かれる部分を、「クロウズドの直接話法」と「オウプンな間接折衷話法」とに区別する（なお、「間接折衷話法」とは、日本語の「間接話法」についてその〝折衷的性格〟を強調した三上の言い方で、「間接話法」と同義に解しておいてよい）。「オウプン」「クロウズド」（開閉）といった概念も、独特のものである（ちなみに、「活用形」とあるが、ここでは「〜スレバ」「〜シテ」などの形をいうもので、用言によるさまざまな統語成分と解しておけばよい）。

……オウプンとクロウズドとの区別を考えておこう。活用形のはたらく方向が、話手の話線の方向と縦に一致するか、横に傾いているかの区別である。傾いている方が閉のクロウズドである。（中略）オウプンを直接性叙述、クロウズドを間接性叙述と言ってもよかろう。　（三上（一九五三）一七八〜一八〇頁）

「話手の話線」つまり、話し手の一貫した叙述構成の流れの中に直接的な意味関係を結んで組み込まれていくのが「オウプン」、叙述構成の中に間接的にしかかかわっていかないのが「クロウズド」ということのようである。

このような、叙述構成の流れの中へのかかわりの直接度の違いとでもいうべき観点から、三上は、引用句の「ト」に導かれる部分について性格の異なる二つのタイプを区別し、そして、それを「直接話法」と「間接話法」の区別に重ね合わせるのである。

3―2　更に、三上は、この「開閉」の区別を段階的なものとして考えようとする。そして、さまざまな統語成分を、そうした段階の中に位置づけようとする。そういった方向は、三上（一九五五）で推し進められ、ここに至って、引用句の「ト」に導かれる部分は（ということは、結局、引用句「〜ト」は）、他のいろいろな統語成分とともに、「全開―半開―半閉―全閉」といった段階の中で相対的に位置づけられることになる。

活用形の開閉の程度は、全開き（中止法とファイナル）、半開き（仮定法）、半閉じ（連体法とセミ引用法［藤田注・＝間接話法］）、全閉じ（全引用法［藤田注・＝直接話法］）という順である。

彼ハ、一等ニナッテ、大イニ喜ンダ	全開き
彼ハ、一等ニナッタカラ、大イニ喜ンダ	全開き
彼ハ、一等ニナレバ、大イニ喜ブダロウ	半開き
彼ハ、一等ニナルコトヲ切望シタ	半閉じ
彼ハ、「一等ニナル」ト、断言シタ	全閉じ

すべて彼の優勝の意味になりえるが、右端は決定的にその意味であり、左端のせりふは他人の優勝の意味であってもかまわない。中間のセンテンスは中間的であって、右から左へ移るほど、他人の優勝かも知れない程度が増してくる。「彼ノ」優勝であるか否かは、提示語「彼ハ」の磁線がそれぞれの活用形の中を通って流れるか否かできまると言えよう。「彼」は中立形とファイナルとの中を全部通るが、仮定形に出合うと三分の二位しか通らず（残の三分の一は外を通る）、連体形を通るのは三分の一ぐらいに減る。全閉じでは、「彼」の全部が外を通る。

（三上（一九五五）二九九～三〇〇頁）

もっとも、こうした「開閉」の程度差という見方自体は、多分に感覚的なとらえ方であって、十分に規定されたものとは言い難い。まだ、イメージを示しただけといった趣きで、厳密な説明概念とするには不十分だろう。が、ともあれ、以上見てきた三上の所論は、引用句「～ト」及び引用句の「ト」に導かれる内部の部分についての統語的な角度からの一つの性格づけ・位置づけの試みとして、独自の見解といえる。その意味では、大変興味深いものであるが、現段階で、少なくとも筆者の引用研究の今日的見地から見直してみて、やはり受け容れ難いところが目立つものと言わざるをえない。

以下、その点についての私見を述べたいが、事柄がいささか錯綜しているので、三上がおさえようとした事柄の大本《おおもと》のところを確認したうえで、そこからの考察の展開において生じた問題点を述べるという手順で論じることにする。

3―3　まず、「上のカギ」の有無とか「オウプン」「クロウズド」といった言い方で、三上が引用句「～ト」に関しておさえようとしていたのは、どのようなことか――その点を確認しておこう。

三上がおさえようとしていた事実の中核的な部分を、今日的な言い方に翻訳・補足して述べるなら、「直接話法」の引用句では、「～ト」内部も地の文とはいったん切れていて、地の文と「～ト」内部の秩序体系が二重になっており、独立した「話線」（叙述構成の営み）が見てとれるので、それのみを一発話として（カギカッコをかけて）切り出せるのに対し、「間接話法」の「〜ト」の場合、「〜ト」の内部は地の文と一体となっており、一つの秩序体系に従って地の文に従属するものとなっている故、そこだけを（カギカッコをかけて）一発話として切り出すことができないのだ、というようなことになろう。

三上は、「上のカギ」が入るかどうかとか、「提示語」の「磁線」が全部外を通るとかいった、極めて直感的な言い方でだが、最も典型的といえる「直接話法」の引用句の場合、「〜ト」内部は、地の文の叙述構成の流れとはいったん切れた（別秩序の）まとまりであるという点は、一応おさえようとしていた（この、秩序が二重になるという点は、後に砂川有里子（一九八七）などで、典型的な引用構文を特徴づける性格として、「場の二重性」という言い方で掘り下げて論じられることになる）。いわば、「〜ト」による典型的な引用構文の統語的な基本的特徴を、こうした言い方で語っていたということができる。

けれども、突き放した言い方をすれば、こういった言語事実そのものは、ごく自然に目についてくることであって、問題はむしろその先である。すなわち、典型的な（「直接話法」の）引用句では、その内部が、どうして地の文の叙述構成の流れとはいったん切れたものになっているのか——更に踏み込んで言えば、引用句内部が地の文と別の秩序となり、一文の秩序がはっきり二重になるというようなことがどうして生じるのかという点こそが考究されなければならない。それが、引用表現の本質を考えるうえで大切な事柄なのである（この点、次の**3—4**で簡単にふれる）。しかし、三上の考察は、そのレベルに及んでいかなかった。

3—4　しかも、三上（一九五五）で、「開閉」の段階差という見方によって、引用句「〜ト」を他の（節《クローズ》的な）成分と一つの次元で対比していく方向をとったことは、次元の違う表現を一括して、かえって「〜ト」の特殊性を見失わせかねないまずい展開だったと思われる。「〜ト」の内部が、典型的な「直接話法」の場合、「話線」の方向に一致しない全く「閉」じたものになるのは、所与とみなされるコトバを再現する形で表意する、表意のあり方において特殊な記号が[9]（地の文に合わせて調整されることなしに）引用されたコトバとして組み込まれているからなのである。所与の、どこかで発せられたものの再現とみなされるから、その「どこか」においてなされた叙述構成の営み（話線）を担うものであり、地の文の「話線」の方向とははっきりずれて、別個の叙述の秩序に従うようになる。この点は、〝引用されたコトバ〟に拠らない他の統語成分が、「話線」の方向と一致したりずれたりすることと、少なくとも全く事情が違うものと考えられる。それを「開閉」の段階差として同一次元に論じることは、やはり適切なとらえ方とは言い難い。

「開閉」という概念自体の説明概念としての不十分さもあって、この後、三上（一九六三）などでは、三上自身もこの方向を表立てて追求しなくなる。また、「開閉」の段階差という見方で、引用句「〜ト」を他の統語成分と同一次元に相対的・段階的に位置づけるといった考え方も、後の研究において継承はされなかったが、事柄の適切な位置づけのためには、それがあるべき自然な成り行きであったともいえる。

3―5　さて、三上の右の所論で今一つ問題なのは、「〜ト」について、「上のカギ」が入らないものならどれでも「間接話法」と扱ったため、区別すべき異質なものが区別されないまま一つのものとして扱われることになった点である。

例えば、先の（4）（5）の例を再掲してみよう。

（4）私ニ何処へ行ケト言フンデス。

（5）明日先方カラオ伺ヒスルト電話デ連絡シテキタ。

右のうち、（5）のような例は、例えば次のような「直接話法」の形が考えられるが、

（5′）「明日こちらからお伺いする（／します）」と電話で連絡してきた。

（4）については、「直接話法」の形は考えようがない。この違いは、重要なことである。

つまり、（5）（5′）のような例は、引用句「〜ト」に所与とみなされるコトバを再現する形で示すもので、その仕方に二つのタイプの表現が考えられるということであるが、（4）の場合は、所与とみなされるコトバを再現しているものとは、少なくとも言い難く、それ故、「直接話法」など考えられないのである。こういう異質なものを三上が一括して「間接話法」と扱っているのは、不適切な処置だと思われる。

結局、「オウプン」と「クロウズド」といったような統語的な性格の違いを、そのまま「直接話法」と「間接話法」の別に重ね合わせようとした見方が性急だったのである。

3―6　では、このあたりの事柄は、どのように位置づけ・整理されるのが適切だろうか。

ここで、最初の**1―2**に述べた、統語論的な引用研究についての筆者の基本的な整理を想起していただきたい。思うに、こうした整理に即して考えていけば、事柄は、自然にあるべき位置づけに落ち着くものと思われる。以下に、この問題についての私見を述べておきたい。

まず、筆者は既述のとおり、「話法」を一つの文法的なカテゴリーと考え、引用されたコトバの対立するヴァリアントの選択の問題と考える。文法カテゴリーにおいては、対立するから相互の区別がある――つまり、「直接話法」があるから「間接話法」も考えられ、「間接話法」に対するものとして「直接話法」ということも考えられる――ということを前提に、対立するものの選択の問題と見るのである。この見方に立てば、対立する「直接話法」の形が考えられる（5）のような例は、「間接話法」と考えられるが、対立する「直接話法」の表現が考えられない（4）のような例は、「間接話法」とはいえないということになる。

となると、（4）のような表現は、どのように位置づけられるのか。より単純な次の類例で考えてみたい。

（6）　だれが来たと思いますか？

この種の例では、対立する「直接話法」の表現は考えられないが、関連する基本的な構造として、「Xが来タト思ウ」のような統語的な結びつきが直ちに想起される。しかし、また注意されるのは、（6）の場合、こうした「Xが来タト思ウ」などと違って、「『ダレガ来タ』ト思マスカ?」と引用句の内と外とで呼応関係が生じていることである。

右の観察をふまえて、（4）や（6）のような表現は、あり得る引用構文の基本的な統語構造を前提に、引用句の内部の項目を疑問詞として「〜ト」の内と外とを呼応させる形で、その構造のひとまとまり全体を疑問表現に改編したものと考えるのが素直な見方だといえよう。

なお、否定表現に関しても、同様の例が見られる。

（7）　何も起こるとは思わなかった。

（8）　そんなことをしたいとは思わなかった。

（7）は、「Xガ起コルトハ思ハナイ」のような基本的な統語構造が考えられることを前提に、「何モ……ナイ」と引用句の内と外とを呼応させて、その構造全体を全否定の表現に改編したものであり、（8）も、「Xヲシタイトハ思ワナカッタ」といった基本的な構造を前提として、これを「ソンナコト……思ワナカッタ」と引用句の内と外を呼応させる形に改編して、「思ワナカッタ」問題の事柄について、「ソンナコト」と拒斥するような気持ちをうかがわせた言い方である。

以上のとおり、（4）や（6）〜（8）のような表現は、引用構文の構造のシンタグマティクな（タテの）関係にもとづく改編の所産であって、引用されたコトバに関するシンタクスの領域で論じられるべきものといえる。そして、こうした表現において、引用句の内部にあらわれる形は、所与とみなされるコトバを再現する形で示すパラディグマティクな（ヨコの）ヴァリアントの一つとしての「間接話法」の形とは、もちろん異なるものと言わなければならない。統合的な改編による表現において生じてくる、こうした「〜ト」内部の形を、「統合的な改編形」と呼んでいる[10]。

「引用」の問題を二つの領域に整理する見方をとることで、三上においてはきちんと区別されないでいた事柄も、以上のとおり区別してあるべきところに位置づけることができるのである。

4　結び

4　この節では、三上章の引用研究について、その内容を「話法」に関する問題（第2項）と、「〜ト」の統語的性格づけに関する問題（第3項）とに一応整理して、検討してみた。一部分問題が重なる形になるところもあるが（**3—1・5・6**）、そのあたりについての見方は、既述のとおりである。三上の著作の特色として、さまざまな問題指摘が思いつくままに書き記されていくといった趣があり、「引用」をめぐっても、ここで論じた以外に個々には考えるべきさまざまな指摘[11]がなされているが、この稿では、中心となる問題についての三上の考えの骨子をおさえて検討することに努めた。

実際、三上の著作には、要約を拒絶するところがある。三上章を読む面白さは、そのさまざまな独自の事実観察が、読み手の側の問題意識と共振したとき、思いがけない啓示となる、といった体験にあると、筆者は思う。そのような意味では、三上の著作には、「引用」にかかわる内容も含めて、なお読み継がれる意義はあると思われる。けれども、そうした部分の読みの喜びといった観点ではなく、三上の構築し得た学説の達成度という意味で、彼の引用研究を評価するなら、今日では、それは、日本語の統語論的研究の草創期における一つの試行錯誤の軌跡としての歴史的意義を有するものにとどまるだろう。

注

（1）今日の引用研究において、現在に連なる出発点と意識されるのは、奥津（一九七〇）あたりで、三上の所論が引かれて、今日的な問題意識において論じられることは、ほとんどない。その所論の当否がきちんと論じられたことは、もちろんない。

（2）この点については、藤田（一九九八b）（二〇〇〇a）も参照されたい。

（3）「話法」そのものの区別の仕方・名称も、それぞれの著作において少しずつ違っている。念のため、順を追って見ておこう。

① 三上（一九五三）では、次のような整理が示されている。

外的話法 ┬ 直接話法 ――――
　　　　 └ 折衷話法 ┐
内的話法 ――――――――┘ 間接話法

（三四三頁）

右の「外的話法」とは発話の引用、「内的話法」とは心内語の引用である。発話の間接引用は、ムード不変といった点で、英語などに比べて間接化の度合いが低いとして、その点を強調して「折衷話法」と呼び、これと心内語の引用を一括して「間接話法」としている（ちなみに、「内的話法」（心内語の引用）をすべて「間接話法」とするのは、必ずしも明確な理由があるわけでもなく、今から見れば妥当ではないと思われる。もっとも、三上はこの後、心内語引用の「話法」としての位置づけについては、はっきりふれてはいない）。

一応、「直接話法」と「間接話法」については、大きくはこれを二分する方向ではある。

② 三上（一九五五）では、「全引用」と「セミ引用」という用語が用いられる。前者は「だいたい西洋の直接話法に当るもの」（三〇九頁）で、後者は「西洋の間接話法とはかなり様子が違ったもの」（同）とする。それは、ムード不変という点を重視するからだが、そういった特性を念頭に置いて考えるべき「間接話法」ということにもなろう。ここでも、一応は「直接話法」と「間接話法」とにあたるものを大きく二分する見方といえる。

③ しかし、三上（一九五七）では、「直接話法」と「間接話法」に加え、中間的な「中間話法」を立てて三分する見方

が出される。

　日本語の話法（narration）も、一往は三種類を区別することができます。

（１）直接話法

　先生ハ、「今晩ウチへ来タマエ。」ト言ワレタ。

（２）中間話法（折衷話法）

　先生ハ、ソノ晩先生ノ家ヘ来イ、ト言ワレタ。

（３）間接話法

　先生ハ、ソノ晩先生ノ家ヘ来ルヨウニススメラレタ。

（三上「句読法私案」Ⅲ・原文横書き）

しかも、これまでは「〜ト」について「話法」が論じられていたのに、ここでは、「〜ヨウニ」のような「〜ト」以外の形式に拠るものを「間接話法」としている点も大きな違いだが、こうした方向は、**2―1**に引いたところでも明らかなように、三上（一九六三）では、軌道修正されて採られていない。

④　三上（一九六三）でも、結局「〜ト」について大きく「直接話法」と「間接話法」を二分する方向が引き継がれている。

（４）「間接話法」であることを確実に保証する十分条件といえるのは、「私」を「彼」に書き換えるような代名詞類の変更であり、その本質は、代名詞のような境遇性のある語類の指示関係の秩序の切り換え――もともとの話し手を中心とした指示関係から全文の話し手（引用者）を中心とした指示関係への切り換えといえよう。この点が切り換えられると、確実に「間接話法」に読まれることになる。

　そうした秩序変更と連動するのが**2―4・5**で見る終助詞類に託されるようなある種の表出的なモダリティであり、その連動のあり方を探る方向で、日本語の「話法」の規則性が追求されることになる。

　ちなみに、代名詞の書き換えでも、（１）―aから（１）―bへの書き換え（「あなた」→「お前」）は、指示関係の秩序の変更ではなく、むしろスタイルの変更のようなものである。念のために補足すると、筆者の立場からすれば、（１）―aも（１）―bも文法的な形としては「直接話法」の形と考えることになる。たとえ、（１）―aに引かれるようなもともとの発話を（１）―bでは言い直したという事実があろうとそうでなかろうと、そのような、事実がどうであるかの問題は、文法の形式の問題といったん切り離し、語用論次元で別に論ずべきことと考える。

（5）一九八〇年代に入って、例えば遠藤裕子（一九八二）のような、「話法」を段階的・連続的にとらえる立場の研究が出されるが、そこには、三上と同様に、より「間接話法」らしく見えるのはどのような言い方かといった必要条件を探る方向の発想が見られる。遠藤の所論については、第4章第三節で検討する。

（6）従来は、「聞き手めあてのムード」とか、ある種の「伝達のムード」とか呼ばれる意味が託されるものとされてきた。ただ、「聞き手めあてのムード」という言い方はミスリーディングなので、筆者は採らない（「困ったな」（ト思ッタ）のように、聞き手を予想しない独白的な気持ちも終助詞に託される）。また、「伝達のムード」という用語については、その内容に微妙な揺れがあるので近年は用いることを避けている。藤田（二〇〇一b）では「発信の意味」という用語を用いた。詳しくは同論文に就かれたい。

（7）実際の音声言語の次元におろせば、文末の語気等に託されるということもできようが、ここは言語の記号形式に即して体系的に記述したいので、「ゼロ形式」（無標の形）とするのが妥当かと思う。

（8）山崎紀美子（二〇〇三）『日本語基礎講座―三上文法入門』（ちくま新書）という一般向けの書物が出されている。これは、「三上の説を紹介することを主眼とし」（一一頁）たものの由であるが、第六章の「『思わく』と『言わく』」において、本節第2項でとり上げた三上の話法についての所論をそのまままくり返して掲げている。紹介は結構だが、既にこの節で述べた批判が公にされている（本節のもとになった拙稿は、二〇〇〇年刊）のに、そうした研究の現状を顧慮せず、問題のある所説を「三上の貴重な説」（同）であって妥当なものであるかのように持ち出すのは、いかがなものか。

三上の説であるからといって、すべてが妥当なものというわけではもちろんない。三上の所説を今日に生かすのなら、それを批判的に読み直すことこそ、重要であろう。そして、正すべきところ、考え直すべきところは正し考え直していくべきである。無批判に何でも奉るような扱い方こそ、先人の精神に反することのように、筆者は思う。

なお、右の「『思わく』と『言わく』」の章では、引用形式を三段階に分ける三上の所説も紹介されているが、その三段階説についての批判は、次節第2・3項を参照されたい。

いずれにせよ、第1章にも述べたとおり、三上の引用・話法に関する所説は、日本語の言語事実の分析として今日そのまま認められるようなレベルのものでは決してない。

（9）このあたり、詳しくは藤田（二〇〇〇ａ）などを参照されたい。

（10）なお、関連して、筆者は次の傍線部のような形は「統合的な代用形」と呼ぶ。

（ア）丹羽方の軍勢は、山の背後から接近したが、それと気づいた服部一族は、先制して打って出た。

「山の背後から丹羽方が来た」といったことに「気づいた」のだろうが、その「気づいた」内容を（広い意味で）統合的な（タテの）照応関係にもとづいて、「それ（と）」という代用形に改めたものといえよう。もともとの形と見られるものとは異なる形に書き換えられてはいても、このような場合も「間接話法」とはいえない。これも、やはり「引用されたコトバに関するシンタクス」の領域で扱われるべきことである。

（11）例えば、連体修飾構造における「トイウ」の介在（引用連体）の問題、「～カ（ドウカ）ワカラナイ」のような「～カ（ドウカ）」節の問題、「～ト名ヅケル」のような表現への言及等、その観察は幅広いものがある。

第三節　三上章の引用研究・再論
――『構文の研究』の所説をめぐって――

1　はじめに

第二節において、「引用」を論じた三上の著述全般を概観し、筆者なりの整理と問題点の指摘、研究史的位置づけを示した。三上の考察は、統語論的観点を表立てた、それまで例のない切り口のものであり、直接話法―間接話法のような引用研究の重要な論点を日本語に関して初めて正面に据えて論じているといった点で、その独創性・先駆性は大いに評価されて然るべきである。しかしまた、今日の引用研究の目で見直してみるなら、三上の所説が現在でもそのまま通用するものとは言い難いことも事実である。

ところで、先年、一九五九年に提出されたという三上の学位論文『構文の研究』が、四十余年の時を経て公刊された。そして、その学位論文においても「引用」が一章を立てて論じられ、同論文によってその考え方がより明確に分かる部分もあるように思われる。また、一部には一歩進んだ見解も目につく。そこで、本節では同学位論文の所説に拠って、「引用」についての三上の考え方を改めて検討してみることにする（なお、筆者は公刊年によって論文・著書を示す主義なので、同学位論文は一九五九年提出のものというが、以下、三上（二〇〇二）として言及することにする）。そして、それを通して、前節で示した三上の引用研究への右のとおりの評価が、基本的には動かないものであることを確認したい。内容的に前節に重なる部分も少なくないが、煩をいとわずくり返す。また、前節で広汎にわたる所論をとりまとめるにあたり、十分にふれられなかった事柄についても、ここで補うところがある。

2　「引用法」（引用形式）の所説のポイント

2―1　三上（二〇〇二）では、Ⅸ章として「引用法」と題する一章が立てられており、その最初に、文法の問題としての「引用」を形に即して整理し体系づけた次のような記述が掲げられている。

　準詞のto＋引用動詞の形式を引用法とし、引用動詞の種類によって次の三段階に分ける。

	引用動詞		引用文のスタイル	性質
（1）	toスレバ	思ワク	普通体	半閉じ、間接引用
（2）	to思ウ			
（3）	to言ウ	言ワク		
		セリフ	いろいろ	全閉じ、直接引用

（三上（二〇〇二）二〇七頁・原文横書き、以下同じ）

同様の整理は、三上（一九六三）にも見られる（ただし、「性質」の部分はなし）ので、このようなとらえ方が、「引用」についての三上の一つの結論的見解であったと考えてよいだろう。以下、このとらえ方に即して三上の見解を見てみたい。

まず、「〜ト（to）」が結びつく引用動詞のタイプによって、引用形式は三つに分類される。このうち、（2）の「思ウ」を典型とするものと（3）「言ウ」を典型とするものを立てることは、引用形式について心内発話を引くものと口頭の発話を引くものとを区別するということで、それなりに理解できるが、注目をひくのは（1）である。

（1）は「確言法＋toスル」（二〇八頁）の形式だが、用法が限定されており、「to suleba という impersonal な仮定条件を表すのがおもであって、他の活用形の場合でも、すぐに仮定へ引継がれる」（二〇九頁）表現になる。例えば、「AはBだとする。そうすれば…」のような使われ方になるのであって、仮定の条件を提示するものとしてしか使われない。ただ、右の「する／すれば」を「思う／思えば」に代えて、「AはBだと思う。そう思えば…」などとしても近似的な表現として成り立つことから、このような「〜とする／すれば」は「〜と思う／思えば」の形式化した言い方と見る余地があるので、これを引用法の一タイプと位置づけるという考え方である。

そして、こうした整理は、「〜ト」に引かれる文の命題内容の真偽という点からも段階的に意義づけられる。「〜ト」に引かれる文を三上は「引用文」と呼ぶが、[1]（1）（2）（3）の各タイプについて引用文の真偽を考えてみると、

（1）　AはBだとすれば、…
（2）　彼は、AはBだと思った。
（3）　彼は、AはBだと言った。

（1）は、仮定の話であるから真偽以前の問題である。（2）は、少なくとも「思った」当人（彼）は引用文の命題を真だと思っているはずだが、（3）の場合、「言った」当人が必ずしも真だと思っているとは限らない。命題をもち出す主体にとってのその真偽という点からも、（1）（2）（3）のようなタイプ分けは、それなりの意味をもつというわけである。確かに、こうした観察を通して、発言のコトバとその基底にある思考・判断との違いが浮かび上がってくるところは、なかなかに興味深い。

2—2　更に三上は、引用文を、（1）（2）の「〜ト」に引かれる「思ワク」と（3）の「〜ト」に出てくる「言ワク」及び「セリフ」に区別する。そして、「思ワク」「言ワク」が間接引用、「セリフ」が直接引用だとする。当

初から三上は、日本語では直接話法と間接話法の境界があいまいで中間的なものも出てくるとして、日本語の話法は連続的だと強調してきたが、少なくとも三上（二〇〇二）では、「～ト」に引かれる引用文については、直接引用と間接引用とを二分する見方をとっているのである。

このような整理のもとに、三上は引用文についての考察を進めるが、その記述において重要なポイントは、以下の二点だと思われる。

第一に、「思ワク」「言ワク」は、引用文の性質として「半閉じ」だという。「全閉じ」「半閉じ」といったとらえ方で問題にされているのは、当該部分が他の部分と係り受けや呼応のような関係で直接結びつくものとして文の話線に組み込まれているかどうかといったことといえようが、直接引用の「セリフ」は、地の文と別秩序で全く切れているので「全閉じ」だが、間接引用の「思ワク」「言ワク」は、必ずしも地の文の側と全く関係を結ばないわけではなく、その意味ではカギカッコで区切って示せない「半閉じ」だとするのである。そして、特に「思ワク」に関しては、例えば、

（4）―a　一度使われましたら、きっとお気に入るだろうと思います。

（5）―a　まさか彼が来るとは思わなかった。

のような例が挙げられ（二一一頁）、（4）の引用文を「一度使われましたら、きっとお気に入るだろう」とカギカッコで括ったり、（5）の引用文に「まさか彼が来る」とカギカッコを付けると、引用文が文として体《てい》をなさないことが指摘されて、「半閉じ」という性格が強調されている。

確かに、（4）は、引用文の一部（文末以外）が地の文と同じ敬語体に統一された例であり、（5）は、引用文中の「まさか」が地の文の「ない」と呼応したもので、いずれも引用文が地の文と交渉をもっている例である。従って、カギカッコで区切って全く次元の違うもののようにすることはできない。三上は、「引用」についての考察に

手をつけた当初から、引用文の「文首は何処だかはっきりしない」（三上（一九五三）三三一頁）のでカギカッコ（の上のカギ）がつけられないといったことが往々にしてある事実に注目しており、そうした問題意識に導かれて、このように、いろいろ興味深い事例を指摘している。実際、これらの事例は、文法論としての引用研究において相応に検討されるべき問題例だといえる。

2―3　右のような問題例をきちんと押さえて提示する三上の観察の幅広さは、大いに評価されるべきだろう。ただ、（4）（5）のような例を単に「半閉じ」として一括して位置づけることは、必ずしも適切とはいえないように思える。（4）のような例と（5）のような例は、事柄としては別個のものだからである。

（4）については、bのように話し手以外を「思う」主語にすると大変不自然なものになる（現実には、このように話し手の敬語表現が入り込むこともあろうが、本来的でない混淆した表現という印象が強い）。

（4）―b　?橋本氏は、一度使われましたら、きっとお気に入るだろうと思いました。

つまり、（4）―aのような表現は、三上も指摘しているとおり、「思い手と話手とが同一人である場合の現在時」（二二〇頁）についてのみ可能な言い方であって、「～ト思ウ」が話し手の判断を述べる文末形式に近づくため、「（お気に）入るだろうと思う」が一まとまりの述部のようになる結果、その末尾の「思う」にていねい語が付加され、一見引用文と地の文がある種の統一をはかられたように見えるのである。しかし、むしろこれは「ト思ウ」が文末形式的になって引用文の述部の一部にとり込まれた結果、地の文と引用文の次元の違いが失われたものというべきだろう。要するに、（4）―aは、文末の「ト思ウ」形式の問題である。

これに対し、（5）は、aをbのようにしても、「まさか」は「思う（思わない）」主語（村田氏）の心の内の気持ちの表現であって、引用文の一部と見るよりなく、引用文と地の文との間に呼応が生じた例である。

（5）―b　村田氏は、まさか彼が来るとは思わなかった（ノデ、驚イタ）。

この種の引用文と地の文の呼応の例は、注意して見ていくと、他にもいろいろ見いだされる。同様の一例を挙げると、例えば、

（６）姫路へなど行くとは言わなかったぞ。

のような場合、これは、「姫路へ行くと言う」のような「〜ト」と述語動詞の結びつきが基本としてまず考えられることを前提に、それを否定した言い方だが、否定するにあたって引用句「〜ト」内に拒斥のニュアンスを感じさせる「など」を加えて述語の「ない」と呼応させ、引用句と述語の結びつきを統合的（syntagmatic）に一まとまりのものとして組み立て直したものと理解される。このような組み立て直しを、前節でも述べたとおり、筆者は「統合的関係に基づく改編」と呼んでいる。先の（５）も、やはりこうした「改編」の一例であって、「彼が来ると思う」のような結びつきを基本において、「思う」主体の心の内がそれとは全く正反対だったということを述べるべく、「まさか」という副詞を引用句内に加えて地の文の「思わなかった」と呼応させたものである。

このように、（５）や（６）のような例は、本来次元の異なる引用句内の引用文と地の文の側の述部とが一体的に改編されたと理解できるもので、一見同じく引用文と地の文が文法的に交渉をもつように見えても、地の文の述語動詞の部分が文末形式化した結果としての（４）のような例とは性格の異なるものであることが了解されよう。こうした性格の異なる事例をただ「半閉じ」というとらえ方で一括するのは適切ではない。このあたり、文法論として興味深い事実を扱いながら、それを位置づけていく道具立ては、まだ十分整備されていない印象が残る。

２—４　第二に、引用文をめぐる三上の所説で今一つ重要なのは、いわゆる「直接引用」と「間接引用」の問題である。[2]この点については、「ト言ウ」の項（二二八頁以下）で詳しく説かれているが、これは、「ト言ウ」のとる引用文には直接引用の「セリフ」と間接引用の「言ワク」があるとされ、その関係が問題になるからである。

三上は、日本語の「言ワク」の間接引用について、「命令法でも何法でもほとんどそのまま引用される」（二一七

頁）が、「ほとんどそのままを to iu で受ける点では直接引用と間接引用に区別がない」（同）ので、日本語では直接引用と間接引用の別が意識されにくいと考える。しかし、間接引用に言い直すことはどの言語でもあるはずで、日本語でも引用文を間接引用の形にするポイントを明らかにする必要があると考え、次のように述べる。

間接引用の引用文（iwaku）の体裁を考えるのに、それを三項目に絞ることができる。

（a）ムウドとテンスは据置き（主語の保存）
（b）方向性を持つ単語の変更（場面への近づけ）
（c）スタイルの切下げ、伝達的なモルフェムの切捨て（簡約）

（a）によって引用法であり——だから（a）は直接間接両引用法に共通——、（b）によって間接的であり、（c）がそのことを一そう強める、そういう関係になっている。（c）はそのような付録だから、（c）だけ充していて肝心な（b）が欠けていたら、直接引用の方へ移管するほかない。（三上（二〇〇二）二一七頁）

右の（a）（b）（c）の三項は、直接引用を間接化する要件として、三上（一九五三）以来述べられてきたものと同内容である。このうち、（a）は大前提であり、例えば直接引用の（7）—aの引用文が平叙文・過去であれば、それを間接化した（7）—bの引用文も平叙文・過去としなければならないといったことである。

（7）—a　智子は私に「あなたが正しかった」と言った。
（7）—b　智子は私に、私が正しかったと言った。

もっとも、この一項は、文法論の問題というより、正しく内容を伝えるための語用論的条件と考えた方がよいだろう。

次の（b）は「方向性（境遇性）を持つ単語」、つまり、ある時ある場面での話し手を中心に何を指し示すのかの方向づけが決まってくる指示語等の単語を、引用文が組み込まれた全文が発せられる場面・時点でのものに代えるということである。例えば、（7）―ａの直接引用の引用文を間接引用にするには、ａではもともとの場面での方向づけに従って用いられている「あなた」を、（7）―ｂのように（7）文全文の場面の方向づけに従った「私」に代えなければならないといったことである。

そして（ｃ）は、ていねい体のようなスタイルはそうでないものに改め、終助詞・間投助詞のような伝達の気持ちに関わる装飾的な要素は省くということで、例えば（7）―ｃは（7）―ｂのように簡略化されなければならないといった趣旨である。

（7）―ｃ　智子は私に「あなたが正しかったですね」と言った。

（7）―ｂ　智子は私に、私が正しかったと言った。

2―5　以上のとおり、三上は、従来文法の問題としてきちんと論じられることのなかった日本語の直接引用と間接引用の相違のポイントをかなりよく整理している。この三上（二〇〇二）が一九六〇年代に入らない、まだもっぱら品詞論中心の文法が盛んだった時代にまとめられたものであることを考えるなら、これがいかに時代に先んじたものであったかがわかるだろう。

そして注目すべきは、（ｂ）を間接引用の基本要件とし、（ｃ）はプラス・アルファ的なものと考えて、（ｂ）が満たされなければ（ｃ）のみ充足しても間接引用とは言えず、直接引用と扱うべきだとの見方がはっきり示されている点である。つまり、（7）―ｃに対して（7）―ｄのような引用文も、境遇性のある語の指示の決まり方はもともとの場面の話し手中心であることに変わりなく、ｄも直接引用と扱うべきだということである。

（7）―ｃ　智子は私に「あなたが正しかったですね」と言った。

（7）―ｄ　智子は私に、あなたが正しかったと言った。

後に一九八〇年代に入ると、日本語の話法（直接引用と間接引用）は連続的なものであり、ｄはｃより一段間接化の進んだものだといった見方が出されるようになる。また、三上もそれまでの著作の中では、日本語の話法は連続的だとの発言をくり返している。けれども、dのような形の引用文も、虚心に考えれば「あなたが正しかった」というていねい語抜きのぶっきらぼうな発言をそのまま忠実に引いたものとも考えられ、一概にていねい語のない形がある形よりも間接化が進んだものとは言えない。むしろ、境遇性のある語の指示の決まり方という表現の基本的な秩序からすれば、cの形もdの形も直接引用の引用文の一つのあり様《よう》だと考えるのが穏当だろう。この点、話法を連続的にとらえる見方を一方で述べながらも、少なくともこの三上（二〇〇二）では、引用句「〜ト」の引用文について表現の基本的秩序のあり方から直接引用と間接引用の二大別を考えていることは、文法的なタイプ分けとしては適切なものと思われる。

2―6　けれども、一方で終助詞・間投助詞のような要素を単に装飾的な「付録」と片づけてしまったことは、やはり今日の目で見ると不十分であったといわざるをえない。このあたりは、既に前節でも述べたが、念のため繰り返しておこう。

確かに、例えば終助詞が出てくる（8）―aは、「私」がもともとの話者「明浩」を指してはっきり直接引用となるが、終助詞がないbは、「私」＝「明浩」とも読めるけれども、また、「私」＝b文の話し手となる間接引用と読むこともできる。

（8）―a　明浩は、私が正しいぞと言った。

（8）―b　明浩は、私が正しいと言った。

しかし、終助詞類が単に直接引用らしさを際立たせる飾りのようなものかというと、どうもそのような簡単なことではないらしい。

（8）―c　*明浩は、それが正しいぞと知った。

（８）―ｄ　明浩は、私が正しいと知った。

終助詞的なものがあらわれることが許されない「～と知る」の引用句内では、ｄのように引用文の読みは「私」＝ｄ文の話し手となる間接引用の読みに決まってしまう。終助詞は、文表現の表出・発信に関わっての話し手の種々の心態を表わすものといえるが、その種の心態は、顕在的な語の形をとらずゼロの形（無形）でも文に付随してあらわれると考えられる。とすれば、終助詞の形であれ無形であれ、表出・発信に関わるその種の〝意味〟が引用文に伴われていると考えられれば直接引用、それが伴われていないと考えられるなら間接引用と解されることになる。日本語の直接引用と間接引用の読みの決まり方の仕組みは、大略そのように整理できた。

このように、終助詞類は決して単なる装飾的要素ではなく、これに託される〝意味〟は直接引用と間接引用の区別を決定づける重要なものであったのだが、三上（二〇〇二）においても、そのあたりを十分掘り下げられなかったことは、やはり三上の所説の時代的な限界というべきであろう。

３　「引用法」（引用形式）の体系の問題点

３―１　以上、三上（二〇〇二）の「引用法」の所説を、最も重要なポイントに焦点をあてて検討した。三上の所説が時代を先取りした独創的なものであったことは、くり返し強調されてよいと思う。しかし、今日の引用研究の目で見てみると、これが決して現段階でそのまま通用するわけではない。個々の問題点については既に言及したが、ここでは「引用法」の全体的なとらえ方（体系の描き方）について述べたい。

まず第一に、「～トスレバ」のような形式を「引用法」の一環とすることは、適切でないように思われる。初めに掲げた三上の「引用法」の整理は、「引用動詞の種類によって」なされたもののはずであるが、「～トスレバ」のような形式では、次のとおり「スル」に主語がとれず、動詞的性格は乏しい。

（9）―a　午後から雨になるとすれば、傘が必要だ。

（9）―b　*午後から雨になると私（／我々／天気予報（?））がすれば、…

言い切り用法が形としては残っているにせよ、基本的には形式化の進んだ助詞相当の表現とすべきで、「～ト思ウ」「～ト言ウ」のような典型的な引用動詞述語の場合と並ぶ「引用法」の一タイプとするのは妥当なとらえ方とは言えないだろう。

3―2　次いで「ト思ウ」と「ト言ウ」だが、「ト思ウ」については、実際は直接引用の引用文をとる場合がある。

（10）―a　明浩は、私が正しいと思った。

（10）―b　明浩は心の中で、いや、私が正しいさと思って、苦笑していた。

aについては、「私」＝「明浩」という読みも十分可能であるから、直接引用と読み得るし、bは、感動詞・間投助詞もあらわれて、引用文ははっきり直接引用といえる。このように、「ト思ウ」が直接引用の引用文をとることがあり得る以上、三上のように、「ト言ウ」の引用文に直接引用（セリフ）と間接引用（言ワク）があり、「ト思ウ」の場合は間接引用（思ワク）のみだとするような体系の描き方は妥当ではない。

従って、三上の用語法を踏まえて修正するなら、少なくとも、

```
to思ウ ─┬─ 思ワク　　　　　　間接引用
        └─ （心内の）セリフ　直接引用
to言ウ ─┬─ 言ワク　　　　　　間接引用
        └─ セリフ　　　　　　直接引用
```

のようにすべきだろうし、もう一歩つきつめれば、引用形式においては、基本的に直接引用の引用文と間接引用の引用文があらわれ得ると考えるべきであろう。

　このようなとらえ方こそ、むしろ引用表現の本質にかなうものと筆者は考える。筆者は、文法論の問題としての「引用」を、所与と見なされるコトバを形の類同性に基づいて示すものと考えてきた。つまり、所与と見なされるコトバを、その形をなぞり同じように布置したものをさし出して示すのが、「引用」の表現なのである。「引用」の本質がそのようなものならば、口頭の発話であれ心内の発話であれ、それをそのコトバが発せられたもともとの場面の秩序づけに従い同じように布置して示す形をとるか、それをとり込んだ引用形式の文が発せられる場面の秩序づけに引きつけながらも構成要素相互の布置の関係は同じにして示す形をとるのかのどちらかの方法があり得るのであり、「ト思ウ」の引用文も「ト言ウ」の引用文も、直接引用と間接引用の両方の場合があり得るということなのである。

3―3　今一つ、三上の「引用法」のとらえ方について不足を感じる点を付け加えておきたい。「～ト」による日本語の引用形式としては、次のような、引用句「～ト」が発話・思考を表わす述語と結びつかず、「～ト」の発話（心内発話）と同一場面に共存する別の動作・状態を示す述語と結びつく構造の表現がある。

（11）　和博は、ごめん下さいと戸を開けた。

「～ト言ウ／思ウ」のような一般的な構造のもの（第Ⅰ類）に対し、筆者は、この種の構造を第Ⅱ類の引用構造と呼んでいる。このような構造の表現は、「～ト」による引用形式の表現の中でもその位置づけが一筋縄ではいかない、なかなか興味深いタイプのものである。

　しかし、「引用法」を「思う」「言う」のような典型的な引用動詞を述語とするものについて整理する三上（二〇〇二）の所説では、（11）のような構造へのきちんとした言及は見られないし、「引用」についての三上の著述全般を見渡しても、特段の考察などはなされていない。（11）のような構造の表現があり得ることは、引用句「～ト」の引用されたコトバ（引用文）の文法的な特性と深く関わると考えられるが、三上の考察がこういった表現に及んでいないことは、残念に思える。

4　結　び

4　本節では、三上（二〇〇二）に拠って「引用」に関する三上の所説を論じたが、今日の引用研究の目で見ての率直な批判という色合いの強い論調となった。しかし、個々の記述には看過できない優れた見解やよくよく考えてみるべき事実指摘が見いだされる点にも、今一度ここで注意を払っておきたい。

例えば、三上（二〇〇二）では、次のような例をあげ、引用句「〜ト」を、副詞「ソウ」で代用できることから副詞句と位置づける。

（12）「私は、AはBだと思う」
　　「私もやはりそう思います」

そして、「引用動詞は他動詞であるが、このような副詞句を目的（object）代りとして対格補足語を欠くことになる」（二二二頁）と述べるが、これは「〜ト」が副詞句でありながら、対格補足語のような必須成分の代用として用いられるという理解である。

最近に至るまで、引用句「〜ト」は引用動詞の必須成分であり、必須成分は名詞句のはずだから、引用句「〜ト」は名詞句なのだといった事実をよく見ない議論がなされてきた。そのような一種硬直した議論と並べてみる時、「ソウ」との置き代えを手掛りに「〜ト」を副詞句とおさえ、それが「目的代り」として代用されるという三上（二〇〇二）の見解は、極めて柔軟かつ適確で、今日の目で見ても妥当であると思われる。

また、三上（二〇〇二）の「引用法」の章の後段では、引用句「〜ト」における引用文の省略・簡約化や、例えば次の（13）のような相手のコトバのとり込み（借用）など、文法論（あるいは語用論）の問題としてどのように位置づけるべきか今一つ見当がつけにくいような事実への言及もある。

(13)「それはうれしいけれど……」
「けれど、何なんです」

こうした事実についての記述があるいは新たな研究の展開のヒントになるのかどうか、三上の引用研究については、なお読み込まれる余地があるのかもしれない。

注

(1)「引用文」という用語は、いろいろに用いられるが、本節の範囲では、三上の用語法に従っておく。

(2) ちなみに、三上の著述全般で見てみると、直接引用の表現＝「直接話法」、間接引用の表現＝「間接話法」という対応で考えられており、「直接引用」「間接引用」と「直接話法」「間接話法」とは、ほぼ同義的に用いられている。従って、**2—4・5**で見ていることは、三上の話法論のポイントだと言ってもよい。ただ、三上（二〇〇二）では、「直接引用」「間接引用」という用語と「直接話法」「間接話法」という用語は微妙にずれている。あるいは何か考えるところがあったのかもしれないが、そのあたり、ここでは立ち入らないでおく。

第4章　現代の引用研究の展開

第一節　奥津敬一郎の引用研究

1　はじめに

1　本章「現代の引用研究の展開」は、奥津敬一郎の引用研究についての検討から説き起こしたい。奥津は、現代日本語研究の第一線にあって長く活躍し続けた研究者であり、その研究は広く現代日本語文法研究の全般に及ぶが、次のように、

①奥津敬一郎（一九七〇）「引用構造と間接化転形」
②　同　　（一九七四）『生成日本文法論』
③　同　　（一九九三）「引用」

日本語の引用についての所説をまとめたものとしては、①があり、またその主著である②にも、その第4章の第2節（2．11及び12）では、引用の問題に関わって見落すことのできない見解が述べられている。更に、一九九〇年代初頭段階の引用研究を要領よく展望するとともにその所論のポイントをもわかりやすくまとめたものとして、③もある。奥津の引用研究を考えるためには、右の三つの著作が基本文献となる。

この中でも、とりわけ奥津（一九七〇）は、その後の日本語の引用表現の研究においては、必ずといっていいほ

ど参照されたもので、後の研究に大きな影響を与えた。今日の引用研究のいわば源流に位置するものであり、そこで述べられたことの趣旨を一度きちんと吟味しておくことは、いろいろな意味で意義のあることかと思われる。そこで、本節では以下、次項で奥津（一九七〇）を中心に奥津の引用に関する所説の要点を整理・検討し、その研究を概観する。次いで、第3項で、特にその「話法」に関する所説の問題点とその由って来たる背景について更に立ち入って検討し、第4項では、それと対比する形で、「話法」についての筆者自身の見方の要点をまとめて示す。そして、最後の第5項で全体を総括して結びとする。およそ、このような形で論を進めていくことにしたい。

2　奥津の引用研究の骨子と意義

2―1　まず第一に、奥津の引用研究に関して、何よりその意義を強調すべきは、奥津によって、「話法」の別が、意味・文法の問題として論じられる言語事実として、はじめて明確な形で示されたという点である。このことは、奥津（一九七〇）の論旨の重要な部分といえる。以下、その要点を確認しておきたい。奥津は、同（一九七〇）の冒頭で次のような例を示し、

（1）アナタハ　私ニ　私ハ　アナタヲ　憎ンデイル　ト言ッタ

「下線［注・原文横書き］の部分の意味は曖昧であり、直接の引用であるか、間接の引用であるかによって、憎んでいる者と憎まれている者とは全く逆になってしまう。この様な曖昧さを説明するためには、やはり日本語においても直接引用と間接引用の別[1]をたて、その関係を記述することが必要となる」（1頁）とする。敷衍すれば、

（1）文は、

a、（地の文の）アナタ＝（「下線」（傍線）の引用部分の）私、

（地の文の）私＝（「下線」（傍線）の引用部分の）アナタ

となるような読みと、

b、（地の文の）アナタ＝（引用部分の）アナタ、

（地の文の）私＝（引用部分の）私

となるような読みの両様が可能であり、そして、aとbとでは確かに「憎む」という行為の主体と対者が全く逆になってしまう。ところで、aの読みは引用されたコトバの部分の「私」がこれを言ったもともとの発話者を指すもので、この場合、「下線」（傍線）の引用されたコトバの部分は、もともとの発話をもともとの形に即して引いた直接引用と解せられる。これに対して、bの読みでは引用されたコトバの部分の「私」も地の文の部分の「私」も一貫して（1）文全文の話し手を指すものと解することになり、この場合は、引用に際して引用されたコトバの部分が（1）文全文の発話に際しての秩序づけに改編された間接引用と考えられる。このような直接引用と間接引用の違い（話法の別）が、文の意味解釈の違いを決定づけるのである。もちろん、こうした点について従来言及がなかったわけではないが、奥津は極めて端的な事例を示し、「話法の別」を記述する必要を明確に示している。何より、従来漠然と文体的印象のようなこととないまぜにされて考えられてきた嫌いのある「話法」の問題を、文の意味解釈の問題としてまずきちんとおさえる姿勢を示したことは、奥津のとらえ方の確かさを感じさせる。

そして、奥津は変形生成文法の立場に立って、直接引用と間接引用の関係を、直接引用文（直接引用の引用されたコトバ）の間接化という観点で考え、「転形ルール」（変形規則）の形で、「間接化」の操作的な実際を体系的に記述する。すなわち、次のような規則の形で、間接化に際して何がなされるかが整理される。(2)

T1　時の名詞の変換

T2　Initial［注・感動詞類］とFinal［注・終助詞類］の消去

（T3・4・6・7は省略）(3)

T5　1人称・2人称代名詞の変換

ただ、「話法」を書き換え操作で考えていくだけでは、実は本質的な考察の深化につながらない。というのも、間接話法に書き換えるにはどうすればよいかという方向を探るだけであれば、結局、間接話法であればどうなのか（裏返せば、直接話法であればどうなのか）といった必要条件を探ることにとどまり、どうであれば間接話法（もしくは直接話法）なのかという、本質的な条件（十分条件）を正しくとらえる方向に考察は進みにくい（そうした弊は、既に第3章第二節でも検討したとおり、素朴ながら同様の方法論で考察を進めた三上章の引用研究に端的に見てとれた）。奥津の場合にも、基本的には間接化に際してどうするのかが記述されているため、直接引用と間接引用の区別を生み出すものが何かといった点については、正面きっての説明はない。しかし、考察が深められる過程で、直接引用と間接引用の区別を生むもの、直接話法であることを保証する条件はおさえられていると言ってよいように思われる。すなわち、右のT2の〝感動詞・終助詞の消去〟に関して、奥津は、次のような例をあげ、

（2）—a　君ハ　僕ニ　「ハイ　ワタシハ　アナタノ本ヲ　読ミタイワ」ト言ッタ
（2）—b　*君ハ　僕ニ　ハイ　君ハ　僕ノ本ヲ　読ミタイワ　ト　言ッタ
（2）—c　君ハ　僕ニ　君ハ　僕ノ本ヲ　読ミタイ　ト　言ッタ

「間接引用文にInitialやFinalを残すことはできない」（14頁）と指摘した。この点は、極めて重要である。つまり、直接話法の文の間接化に際して間接話法の文に持ち込めないものは何かということを指摘したのであるから、直接引用と間接引用とを区別する要件をおさえたということであり、更に裏返せば、感動詞や終助詞［注・なお奥津も断っているとおり、終助詞「カ」は別である］があれば直接話法ということにもなる。実際、次の（3）—aが両義的なのに対し、bのように引用句「〜ト」内に感動詞・終助詞が生起していると、読みは、「私」＝「彼」の直接話法読みに決まってくる。[4]

（3）―a　彼は、私が正しいと言った。

（3）―b　彼は、ああ、私が正しいよと言った。

奥津の指摘は、その含意として、直接話法であることを保証する十分条件をおさえていたわけである。このように、感動詞・終助詞のような要素の有無と引用されたコトバの部分が直接話法と読まれるかどうかとが、はっきり対応する。この奥津の指摘によって、形式と意味との規則的対応関係、すなわち文法の問題として論じ得るものとしての「話法」の別が提示された[5]。文法の問題としての「話法」の発見と言ってよい。

ただし、こうした事実の意味について更に述べられた奥津の見解は、今日につながる問題性をはらむものであったと思われる。この点については、第3項に後述する。が、今少し奥津の所説を見ておきたい。

2―2　第二に、奥津の所説で注目されるのは、引用句「〜ト」の引用されたコトバ（奥津の呼び方では「引用文」）は名詞（的な語句）であるとの主張である。この見解は、奥津（一九七〇）には見えず、連体修飾構造を中心とする名詞句の構造をテーマとして論じた奥津（一九七四）で示され、後に奥津（一九九三）でもくり返されている。

その要点は、次のように、

（4）―a　ゲーテハ　最後ニ　「モット　光ヲ」ト　言ッタ

↓　ゲーテガ　最後ニ　言ッタ「モット　光ヲ」（ガ　コノ碑ニ　彫ラレテイル）

「〜ト」の引用文（引用されたコトバ）が連体修飾を受ける形に書き直せるのだから、これは名詞的機能を果たすものと考えるべきだという考え方である。

しかし、既に再々論じてきたように、実は引用句「〜ト」そのものについては、次のとおり連体修飾はかけられない（名詞節である「〜コト（ヲ）」には連体修飾がかけられることと比較されたい）。

（5）―a　ガリレオは、地球が回っていると、ここでも主張した。

（5）―b　*ガリレオは、何度も述べてきた地球が回っていると、ここでも主張した。

cf.―a　ガリレオは、地球が回っていることを、ここでも主張した。

cf.―b　ガリレオは、何度も述べてきた地球が回っていることを、ここでも主張した。

また、（4）のように連体修飾を受けた形も、引用句「～ト」の中に収めようとすると、不自然になってしまう[6]。

（4）―b　*ゲーテが最後に言った「もっと光を」と、彼も言った。

連体修飾がかけられないのだから、「～ト」の引用されたコトバを名詞と考える根拠はないのである[7]（ちなみに、奥津があげる、文の一部となった引用されたコトバ（引用文）が連体修飾を受ける例は、いずれも「～ガ」「～ヲ」「～ハ」といった格助詞・係助詞を伴うものばかりである）。

以上のとおり、引用されたコトバは、少なくとも引用句「～ト」の形では名詞的な品詞性をもつものとはいえない。しかし、「～ト」が名詞節（あるいは、名詞句）であるとの主張は、今日まで――しばしばきちんとした検討もなしに――根強くくり返されるものであり、その根拠を糺してみた時にもち出されるのが、奥津の右のような見解なのである。

けれども、むしろ看過すべきでないのは、引用されたコトバは、一方例えば（4）―aのように格助詞「ガ」などを伴った場合だと連体修飾を受け、はっきり名詞であるといえるというように、場合により品詞性が一定しないものだという点であり、その点をどのように整合的に説明するかということこそが、重要な問題となるのである。

筆者は、この点に関して、藤田（一九九四）で、表意のあり方における記号の質の違いという観点を導入し、

① 引用されたコトバは、通常の言語記号（シンボル記号）と異なるイコン記号（対象を形の類似性において表意する記号）の表現であり[8]、

② 通常の言語記号のような一定の品詞性を持つものと考える必要はなく、[8]

③ むしろ文中での分布（位置のとり方）によって、場合場合に応じた品詞的役割を構造的に強いられ、それを果たすものと考えられる。

との解釈を示して、統一的な説明を行った。詳しくは、同論文をも含めて集成した藤田（二〇〇〇ａ）を参照されたい。

引用されたコトバが名詞的なものであるとの奥津の主張は、奥津の引用研究の一つの柱となる見解であり、昔から言われてきた「文は引用されることで名詞化する」といった素朴な見方に根拠を与えようとしたものといえるが、成功してはおらず、今日的段階ではもはや超克すべきものというべきである。

2—3　以上、奥津敬一郎の引用研究の主要な論旨を見てきたが、奥津（一九七〇）では、他に、「〜ト」をとる引用動詞の意味素性と文法的な特徴について基本的な観察を行ない、また、引用文（引用されたコトバ）と地の文との違いを、メタ言語と対象言語との関係を引き合いに出して、[9]「言語レベルの違い」とはっきり位置づけたことなどが注目される。

こうした考察は、文法論としての引用研究の取り扱うべき問題点を広くおさえたものであり、その後の研究の出発点ともなった（筆者の引用研究の一つの柱も、奥津の指摘した「言語レベルの違い」とはどのようなことなのかを掘り下げる点にあった）。その意味で、奥津の引用研究——とりわけ奥津（一九七〇）は、先駆的業績として高く評価されるべきであろう。

3　奥津の「話法」論の問題点

3—1　以上のようにその意義を認めたうえで、しかし、奥津の「話法」についての所論には、なおいささか重要な問題があるように思われる。それは時代的制約という面があるのかもしれないが、そのことが今日まで引用研究に影響を与えている一つの大本《おおもと》であるようにも思える。以下、その点に立ち入ってみたい。

奥津（一九七〇）には、時枝誠記の詞辞論が大きな影を落としている。これは、同論文を一読すれば明らかであるが、このことが看過できない問題を生むことになっているように、筆者には思える。

2—1で見た間接化に際しての感動詞・終助詞の消去という事実を指摘するにあたって、奥津は、次のようにいう。

引用動詞の或るもの、「信ジル」「述ベル」などは、その動詞の持つ本来的特徴の故に［注・引用文に］辞的要素がとれない、またはとりにくいことを述べた［注・同論文４節の「引用動詞の特徴分析」での指摘］。直接引用文の間接化の場合は、更に辞的要素と詞的要素の弁別が明確にできる。つまり直接引用文にはいかなる辞的要素をも入れ得るが、間接引用文ではこれを除かなければならない。

（奥津（一九七〇）一三〜一四頁・原文横書き、以下同じ）

右で言う「辞的要素」「詞的要素」とは、明らかに時枝詞辞論の用語を意識したものである。そして、奥津は、感動詞・終助詞が間接化に際して除かれるのは、これらこそが「辞的要素」であるからだと考えており、また、「直接引用文の間接化」が、詞—辞を弁別する明確な基準となるものと見ている。更にその説明を引こう。

さて山田文法では語を観念語と関係語とに分け、時枝文法では詞と辞に分け、Fries 流に内容語と機能語とに分けるなど、多くの文法家がまず語の二大別をたてる。それぞれ観点がちがうが、この中で時枝文法の詞・辞の区別も重要である。但しその弁別の基準は主観的で納得しにくい点がある。たしかに事物の客観的叙述の作用を持つ語と、話し手の情緒・意思の主観的表出の作用を持つ語との区別がある。しかし時枝文法では感動詞・終助詞のみならず、格助詞までが辞に含まれている。なるほど格助詞は名詞、動詞などとは異る意味機能を持ってはいるが、しかしやはり事物の客観的叙述に重要な役割を果している。格助詞が感動詞や終助詞とちがうことは直感的にも理解できるし、文中でとる位置もちがっている。感動詞や終助詞は文の中心から最も離れた所に位置して居り、格助詞は文中にあって名詞につく。この様な分布上の特徴も詞・辞弁別の基準になり得るし、更に直接引用文の間接化の際に除かれるか否かを基準にして、極めて客観的な弁別ができる。従って小論でいう辞的要素と時枝文法における辞とは異質のものであるが、しばらくはこの用語を用いておく。

（同一四〜一五頁）

このように、奥津の詞—辞の線引きは、時枝とは微妙に異なり、「辞的要素」としては感動詞・終助詞を考えても格助詞は含まない。けれども、そうした——敢えて言うなら——小異は別として、奥津においても「詞と辞の本質的区別は、一方が、言うならばやはり概念化を経、他方が主観的意志・情緒の直接的表出である点にある」（一五頁）とされており、物の見方の基本においては、時枝詞辞論の二大別を引き継ぐことになっている。

では、そのような「辞的要素」が何故「間接化」に際しては除かれなければならないのか。

さきに間接化というのは、異次元の発話の場を地の文の発話の場に還元することだと述べた。これが可能なのは、引用文の話し手の経験を、地の文の話し手も共有し得、その立場から記述し直すことができるからである。とはいうものの我々は他者の怒り、悲しみなどをさながらに自己のものとして表出することはできない。辞的要素はその発話者の主観的意志・情緒と密着し、切り離せないものとなっている。「悲シイ」「嬉シイ」などの感情形容詞は、たしかに主観的情緒の表現ではあるが、「私ハ　悲シイ」という文は本質的には「私ハ学生ダ」と同じく、自己の或る状態を客観的に für sich に叙述したものである。これに対し同じ悲しみを表わすものでも「アア」とか「オオ」とかは an sich な直接的なものである。このような詞・辞の本質的なちがいと、間接化の持つ特質とが対応して、辞的要素の消去という現象が生ずると解したい。

（同一五頁）

奥津の解釈は、「辞的要素」は、発話者の主観的意志・情緒と密着したものであるから、他者が間接化して自らの立場から記述することができないのだとするものである。突きつめれば、感動詞・終助詞の類は、もともとの発話者の主観性と切り離せない表現だから、間接化が不可能だというのである。

3―2　しかし、このような解釈については、次のような批判が成り立つ。その点で、決して正鵠を射たものとは言い難いように、筆者には思える。

すなわち、感動詞や終助詞が主観的な表現である故に、引用者が間接化に際してとり込めないというのなら、それでは、例えば同じ直接的・主観的な要素である助動詞「ダロウ」などは、なぜ間接引用においても残るのだろうか。例えば、次例の場合、

（6）　彼は、私が悪いのだろうと言った。

「私」＝「彼」となる直接話法読みも、「私」＝（6）文全文の話し手となる間接話法読みもあり得る。「ダロウ」があっても間接話法の読みが成り立つということは、「ダロウ」は間接引用においてもとり込めるということに他ならない。

直接的な主観的表現というなら、「ダロウ」のような判断のあり方を示す要素なども、それに該当することは否定できまい[10]。とすれば、間接化できないのは、直接的な主観性の表現であって、もともとの発話者と切り離せない故とする解釈では、事柄の適切な説明にはならないのである。

奥津は、格助詞までも「辞」とする時枝の詞辞論を、間接化の可否といった基準からも修正しようとする。確かに時枝の詞辞論のある種の不的確さは改善されるように見えるが、それでは、奥津のとり出した「感動詞・終助詞」と「それ以外」との別が、「辞」と「詞」――つまり、主観的表現と客観的表現の別と整理されるべきものであったかどうかという点は、かなり疑問である。ただ、このような事柄を問題にする時に、避けて通れなかった影響力の大きな考え方が時枝の詞辞論であったことは疑いなく、その修正という形で論じていく中で、奥津自身の見

方が「辞」―「詞」、すなわち〝主観的表現〟―〝客観的表現〟という時枝的二分法の枠にとり込まれてしまっているように、筆者には思える。これは、時代の制約というべきかもしれないが、もともとの発話者の主観性、その直接表現は間接化できないといった見方は、今日まで一般に根強く引き継がれてくることになる（例えば、もとの話し手の「視点」があれば直接話法になる、などといった形で）。しかし、このような見方が、必ずしも的確に事柄を説明するものともいえないということを、いったん原点に立ち返って見ておく必要があるだろう。

4　「話法」の別の本質

4　従って、「話法」の別（直接引用と間接引用の別）をどう考えるかの根本は、「感動詞・終助詞」のような表現とそれ以外との違いをどう見るのか、あるいは、「感動詞・終助詞」のような表現の特質をどのように考えるかということである。この点について、筆者は、藤田（二〇〇一b）に私見を示したが、ここでその要点を再論しておこう。

筆者は、藤田（二〇〇一b）において、これらの語類の表現性の特質を「現場性」（その場において当該の言語表現を発信しているという姿勢・気持ち）という点にあるとし、顕在的な形式としては「感動詞・終助詞」に端的に託されるそのような気持ち・姿勢を「発信の意味」と呼んだ。

例えば、感動詞や応答詞の類が、その発話の現場と切り離せない表現であることは、しばしば説かれるところである。

（7）―a　ああ！

（8）―a　はい。

（7）―aの場合、その場面において湧き起こる情意が直接表出されているものであり、（8）―aの場合、その場面での呼びかけ・問いかけへの対応が言葉として直接表出されている。いずれも、当該の言語表現をその場面におけるものとして発信しているという表現性を、その特質として見てとることができるだろう。

なお、これらの感動詞の類は、しばしば以下の具体的な内容の表現を導くものだといわれる。

(7)―b　ああ、悲しい。

(8)―b　はい、分かりました。

感動詞の類は、もちろんプロポジショナルな具体的な内容を表わすものではなく、いわば情意・応答の方向性を示すだけであるが、それが、その方向で〝発信中〟というサインとなって（以下にその内容が具体化して述べられたなら）、以下を先導するものと見えるわけである。

終助詞の類も、それが下接する発話がなされる際に、その発話をなすにあたってその場面での志向性（納得、念押し等々、あるいは（零形式の）中立的なものも含めて）が直接表出されるものであり、その意味では、その発話の現場と切り離せないものといえる[11]。

(9)　困ったな（／ね／（φ））。

そして、近年しばしば言われるように、文中に現われる感動詞の類は、記憶の検索などの操作を表示するものであり、まさにその場で言語表現を発信している姿勢の現われといえる。その点は、間投助詞（終助詞の類）が文節の切れ目に、念押し・確認的に現われることについても同様であろう。

(10)―a　それは、えっと（／そう／ああ）、早津さんに聞いて下さい。

(10)―b　それはね、早津さんに聞いて下さい。

以上、簡単に見てきたことでも明らかなように、「感動詞・終助詞」は、その表現性の特質として、〝その現場での表現である〟ことを明示するものだということになる。そのような表現性（「現場性」）が、これらを含む引用されたコトバ（引用文）がもともとの発話の場でなされた形の表現（の再現）だと解されることを保証し、直接話法であることを保証するのである（なお、そのような〝その現場で当該の言語表現を発信している〟という姿勢・気持ちを「発信の意味」と呼ぶことは既に述べたが、この「発信の意味」は、より厳密には、感動詞・終助詞のような語に託されるばかりではなく、そうした顕在的な語の形をとらない零形式の形ででも文表現に付加され得るものと考えるべきである）。

今一歩踏み込んでみるなら、少なくとも日本語の「話法」の別は、「ダレ」の表現として引くかではなく、「ドコ」での表現として引くかに本質があるように思われる。つまり、引用句「〜ト」の引用されたコトバの部分に——顕在的な語の形であれ零形式の形であれ——「発信の意味」が付加されているものと見られるなら、そのコトバは、それが発せられたどこか先行する現場における形・そこと切り離せないもの（の再現）と解され、地の文とは異なる先行するその「場」の秩序に拠った直接話法の表現と読まれるが、引用されたコトバの部分が「発信の意味」の除かれた語列と解されるのなら、もはやそれはどこか先行する場と切り離されないものとは解されず、地の文と同じ秩序の間接話法の表現と読まれるのだと考えられる。このようなとらえ方が、奥津の研究以来「話法」の問題としておさえられてきた言語事実の説明として適切なのではないかと、筆者は考えている。

5　結び

5　奥津敬一郎の引用研究は、今日につながる先駆的業績として高く評価されるべきもので、とりわけ、奥津の研究によって、日本語において文法の問題となる「話法」の別が発見されたと言っていい。ただ、その直接引用と間接引用の違いを生むものを、もともとの発話者の主観性が残るか消えるかの違いとする見方をとったことは、必ずしも的確ではなく、一つの時代的制約というべきもののもあったかと思われる。

注

（1）なお、奥津においては、「直接引用」「間接引用」と「直接話法」「間接話法」は、用語として使い分けられていると見られるが、この節の記述では、直接引用＝直接話法の引用表現、間接引用＝間接話法の引用表現といった程度のとらえ方で、厳密に使い分けはしない。

（2）TⅠ～T7の変形規則については、更にその適用順序や相互に独立して適用されるかどうかといった点についても整理がなされている。詳しくは、同論文参照。

（3）T3は命令文の間接化の規則で、「見せろと言った」→「見せるように言った」のように、引用句「～ト」を「～ヨウニ」の形に改めるとするもの、T4は意志の文の間接化の規則で、「行こうと言った」→「行くと言った」のように、意志の「～シヨウ」の形を「～スル」と改めるとするものである。しかし、例えば次のとおり、このように改めないでも間接引用の言い方に十分なるので、これらは間接化にとっての要件と考えないでよいと思われる。

（ア）社長が私が行けと言うので、参りました。

（イ）その時青木氏が彼も行こうと申し出てくれたので、大いに助かった。［「彼」＝青木氏の間接話法読みが可能］

T6はスタイルの変換の規則で、「来ましたと言った」→「来たと言った」のように、引用文（引用されたコトバ）のスタイル（ていねい―非ていねい等）を地の文に合わすとするものである。

しかし、間接化に際して引用文のスタイルを常に地の文に合わさなければならないというのなら、行きすぎであろう。例えば、次のaの直接話法の言い方に対してbは間接話法の言い方として十分認められるもので、引用文（引用されたコトバ）の部分も地の文に合わせてていねい体にする必要は感じられない。

（ウ）―a　矢島氏は、次回は私がやると言っていました。

（ウ）―b　矢島氏は、次回は彼がやると言っていました。

また、確かに引用句内にていねい形などがあると、直接話法に読まれるのがふつうである。例えば、次例の場合、「私」＝a文全文の話し手とする間接話法読みは難しい。

（エ）―a　小西氏は、私が先ですと言った。

間接化のためには、ていねいの要素を除いて中立的な形にする必要があり、「スタイルの調整」ということも間接化の要件の一つとして考えに入れておくべきかもしれない（4項との関わりで言えば、あるいは、「デス」「マス」の形に託される〝ていねい〟のスタイルも、感動詞・終助詞などと同様「現場性」を帯びた表出的表現と位置づけるべきかもしれない）。しかし、次のような場合——地の文のスタイルともかかわって——ていねい表現が引用句内にあっても間接話法の読みも必ずしも不可でないと思われる。

（エ）—b　小西氏は、私が先ですと言いましたよ。

このあたりも含め、ていねい表現と話法のかかわりについては、なお考えるべきことが残っているようである。

T7は、生成変形文法の立場で記述していくにあたっての理論上の整合性をもたせるための抽象的な操作で、具体的な言語事実に即して考えるこの節の議論では、考慮の外に置いておいてもよいであろう。

（4）この点、例えばT1の「時の名詞の変換」の場合と比べてみると、次のような例で、

（オ）　昨日電話したけれど、明浩は今日は忙しいと言っていた。

もし「今日」が間接化に際して書き換えられたものだったとしても、（そんな経緯を知ることなく）単にこの文を与えられただけでは、引用句内が間接化されたものだとばかりは読みとれず、この文は直接話法—間接話法の両様に読めることになる（つまり、「今日」＝「昨日」（（オ）文の発話の前日）とも、「今日」＝（オ）文の発話の当日とも読める）。つまり、時の名詞の変換は、引用されたコトバが間接話法であることを保証する十分条件ではなく、むしろ引用されたコトバが間接話法であることを前提にしてそのようにしなくてはならないとされる必要条件なのである。それに対し、感動詞・終助詞があることは、直接話法と読まれることを保証するもの（＝話法の別を決定するもの）といえる。

（5）間接化に際しての終助詞類の削除（消去）については、確かに三上章にも言及があるが、既に見たとおり三上は「装飾的な間投助詞や終助詞の類はすべてはぶく」（三上（一九五三）三三四頁）としており、文法的な事柄というよりも簡潔性のための文体的な事柄と考えているようで、特にそれ以上の掘り下げもない。

（6）奥津は、次のように述べているが、

但し引用文は通常単一の名詞より長いものだから、連体修詞《（ママ）》文より被修飾名詞が長くなることをきらうという文表

現上のバランスの原則から、余り連体修飾をうけることはないであろう。しかし理論的にはいくら長い引用文でもそれは名詞であり、従って被修飾名詞たり得るものと考うべきであろう。（奥津（一九七四）一三五頁・原文横書き）

（4）—aで連体修飾を受けていた同じ語句が、（4）—bでは明らかに受けられなくなるのだから、これは長さの問題とはいえない。

（7）奥津（一九九三）では、「〜ト」が次のような例では、ヴォイス転換によって主語に昇格すると見られるということも、「〜ト」を名詞句とする根拠にあげている。

（カ）—a（人ハ）パンダは妊娠後一二〇日から一六〇日の間に出産するといっている。

（カ）—b　パンダは妊娠後一二〇日から一六〇日の間に出産するといわれている。

しかし、右のような例は一般のヴォイス転換の例とはいえず（bの「（と）いわれている」は、むしろ伝聞の文末辞に近づいたものである）、一般のヴォイス転換で「〜ト」が主格に昇格することもないからこうしたことも論拠とならない。この点、詳しくは、藤田（二〇〇〇a）を参照されたい。

（8）シンボル記号とは、記号（の形）と表意する対象・内容が心の中での結びつけ・解釈によって関係づけられるタイプのもので、所記（意味）と能記（形）の心的な結びつきとして考えられる通常の言語記号は、典型的なシンボル記号といえる。

品詞性についての情報も意味の一部というべきものであるから、一定の所記と能記の結びつきとして考えられる通常の言語記号は、一定の品詞性をもつことになるといえる。しかし、そうした所記概念を介する形で対象を表意するものではないイコン記号の引用されたコトバについては、一定の品詞性があるものと考えるべき理由はない。

（9）ただし、引用されたコトバがメタ言語にあたるもので、地の文は対象言語にあたるものだなどということを奥津が言っているわけでは決してない。短絡的な議論とならないところは、さすがだと思う。このあたりについては、本章第六節も併せて参照されたい。

（10）奥津は、他方で、連体句に入る入らないという点を弁別基準としても「詞」—「辞」の区別を論じており、「コレカラ起ルダロウ悲劇」のように、連体句に入る以上「ダロウ」は詞的要素（客観的表現）だとする立場をとっている（奥津

（一九七四）五五〜五六頁）。それはそれで一貫性がある見方だとはいえ、「不確かな判断」を示すとする「だろう」などについて、「確定判断も不確定判断も、共に主観的なものでなく、客体のそのような状態の叙述と考えてもよい」（同五六頁）とするのは、いかにも強引である（「判断」というものが心的になされるものであるという側面を一切無視することになるのではないか）。むしろ、そこで弁別されるものの違いを、客観的表現（詞）と主観的表現（辞）の別と見ていくことの妥当性が問い直されるべきかと思われる。

（11）この点、助動詞などに（また、助動詞を伴わない零形式としての言い切り述語末も含めて）託されると見なされる判断等は必ずしもその文の発話の現場で下されるものとは限らず、本質的に発話の現場と不可分なものとはいえない（「知識表明文」のように、既に形成されていた判断を、そこで表明することもある。この点は、田野村（一九九〇）を参照）。

また、例えば疑問の「〜か」のような文や、「〜しろ」のような命令文についても同様のことがある。すなわち、これらは、ある事柄について判断未定の心的な態度をとることやある事柄について実現を求めたい心的態度をとることが言語化された形であり、発話の現場で相手に向けて「発信の意味」を添えてもちかけられれば、その現場における質問や命令として働くが、判断未定の心的態度や実現希求の心的態度そのものは、その発話の現場で生まれるものとばかりは限らず、発話の現場から切り離せないものではない。

本質的にそれが発話された現場と切り離せないものの表現というわけではないから、助動詞を伴う（あるいは、言い切りの）判断を述べる形の文も、疑問の形の文も、命令の形の文も、いずれも（「発信の意味」を除いたものとして）間接引用にとり込めるのである。

第二節　「語彙論的統語論」と引用研究

1　はじめに

1　この節では、奥津に続く時期の研究として、仁田義雄の所論などをとり上げてみたい。仁田は、いわゆる「語彙論的統語論」の立場を標榜し、一九七〇年代以降先導的な立場に立って日本語文法研究に強い影響を及ぼした研究者であるが、引用研究についても、後にはほとんど言及しなくなるものの、一九八〇年前後には、いくらかのまとまった所論を残している。この稿では、まずそこで述べられたことを筆者なりに今日の目で読み直し、仁田が「語彙論的統語論」の立場で、引用の問題にどのようにアプローチしているかを確認しておきたいと思う。

また、「語彙論的統語論」の考え方に基づいて、述語用言の意味をふまえて文の構造分析を進める方向から、更に踏み込んで引用の問題を論じようとした研究としては、阿部忍（一九九九）があげられるだろう。ここでは併せて、これをとり上げて検討してみたい。阿部の所論は、こうした立場から引用の問題を扱おうとした場合に出てくる分析の典型的な姿のように筆者には思えるが、また、事実の判定等問題に感じられる部分が多い。が、むしろそこには、拠って立つ基本的なとらえ方の限界が露呈してくるようにも思えるのである。

以下、2項で仁田の所論について、3項で阿部の所論について論じることにする。

2　仁田義雄の所論の概要と問題点

2—1　仁田の引用研究に関する所論で、まとまった形で公にされたものとしては、次の三つをあげることができる。

①仁田義雄（一九七八）「引用をめぐる二三の考察」
②　同　（一九八〇）「引用文をめぐる二三の考察」
③　同　（一九八一）「話法」

もっとも、②は、①を字句等を若干改めて初期の主著『語彙論的統語論』に第3部の1として再録したものである。また、③は『日本文法事典』（有精堂）の項目として執筆されたものであるが、基本的には②の考え方に添ってまとめられている。従って、仁田の所論を理解するには、②を見ることで十分である。以下、②の仁田（一九八〇）の記述に即して、その所論の概要をたどってみることにする。

2―2　仁田（一九八〇）は〔Ⅰ〕～〔Ⅵ〕の六つのパートに分かれるが、彼の「語彙論的統語論」の考え方が強く出て独自性が感じられるのは〔Ⅵ〕であり、そこまでは既に知られていることをくり返してまとめたといったあり様《よう》のものである。

駆け足で、まず〔Ⅰ〕～〔Ⅳ〕を概観しておこう。〔Ⅰ〕の導入的な書き出しを承けて、〔Ⅱ〕でまず仁田は、英語とも比較しつつ、日本語では形態的・統語的な面で（例えば「時制の一致」などの面で）、直接話法（の形）と間接話法（の形）とが明確に区別されないと論じる。それ故、仁田の意識においては、「話法」の問題は、文法論においてあまり重要な問題にならないと考えられたようである。

時制の一致といった呼応現象を有さないということもあって、既に述べた如く〈話法〉といった現象は、日本語にあっては、文法論的手法による分析・記述があまり有効に働かない。したがって、文法論上の一範疇としては提立しにくい問題であるということになる。（一七九頁・原文横書き、以下同じ）

しかし、〔Ⅲ〕として仁田は、引用文（引用されたコトバ）中に、境遇性のある語句（人称詞・指示代名詞・相対的な時・所名詞）を含む場合には、文の意味解釈に影響を与える問題となると述べて、いくつかの具体的な事例を提示する。例えば、次のような場合、

（1）　先生ハオ前ガ悪イノダト言ッタ。

「〜ト」の部分を直接話法と読むか間接話法と読むかで、「オ前」の指す者が違ってきて、文の意味が変わってくる（可能性がある）。こうした問題がある以上、文法論においても「話法」の問題を全く看過してしまうことはできないというわけである。

もっとも、こうした事実は、前節で見たとおり、早くに奥津敬一郎が問題にした事柄であり、特段新しい論点といえるものではない。

2―3　ともあれ、仁田は右のとおり、日本語の「話法」については、文法論上限定された小さな問題と位置づけている。そして、〔Ⅳ〕においては、次のようにもいう。

日本語の〈話法〉は、〈直接話法〉と〈間接話法〉とを区別する明確な形態論的・統語論的手段を持たないことによって（もう少し厳密な言い方をするならば同一の表現形式で〈直接話法〉にも〈間接話法〉にもなりうる場合が極めて多いことによって）、文法論の中に自らの存在をさほど強く主張しないとしても、それが文の意味解釈に影響を与えることによって、やはり、文法論総体の中では取り扱われ、考察されるべき要素を含む現象である、と思われる。（一八三頁）

すなわち、小さな位置づけしか与えられないにせよ、仁田はまた、直接話法・間接話法の問題が、形態的・統語的あり方と全く無関係ではないとして、次のような例をあげ、〈聞き手めあて〉の終助詞や間投詞（感動詞類）を含んでいる時は、読みが直接話法に決まるという事実を指摘する。

（2）　ソノ時、アナタハ私ニ私ハアナタヲ本当ハ愛シテイルノヨト言ッタ。

（3）　彼ハ私ニ、ア、私ガ犯人ダト言ッタ。

確かに、右の引用句「〜ト」内の「私」は、いずれももともと「言ッタ」主体（（2）では「アナタ」、（3）では「彼」）を指すものと解せられ、引用句内は、もともとの発話者の言い方をその立場から秩序づけられた形のまま引いたと見なされるものであるから、直接話法だといえる。

また、次のように、引用句内に、勧誘とか命令というような言語行為の類型を直接に含んでいる文が出てくるなら、やはり読みは直接話法に決まるとする。

（4）　彼等ハ私達ニ私達ト行キマセンカト言ッタ。

（5）　彼ハ私ニ君ガ行ケト言ッタ。

このように、ある種の形式の存在が、直接話法としての読みを決定づけるという点では、日本語においても「話法」を文法論の問題として論じる余地があるというのである。

ただし、はじめにあげた事実については、やはり奥津（一九七〇）に同趣の指摘がある。

直接引用文にはいかなる辞的要素をも入れ得るが、間接引用文ではこれを除かなければならない。次の例文の様に（例文省略）間接引用文にInitialやFinal〔藤田注・感動詞類や終助詞類〕を残すことは出来ない。

（奥津（一九七〇：一九九六）二二二頁・原文横書き）

奥津の段階で既に指摘されていたこうした事実は、実は大変重要なことで、今一歩踏み込んで考えることから日本語の「話法」の秩序が見えてくる手掛かりといえるものなのだが、仁田の考察が表面的なものにとどまって、既になされた事実指摘をくり返した程度に終わっていることは残念である。

また、仁田のあとの方の指摘については、事実認定にはっきり誤りがある。

（6）　彼らは私たちに、私たちから先にやらないかと言ってきた。

（7）　彼らは私たちに、その話は私たちの家ですることにしないかと言った。
（8）　私がまずやれとおっしゃるので、一句詠ませていただきます。

右の（6）（7）（8）の引用句内の文は、いずれも勧誘や命令であることを示す文末の形をはっきり持っている。にもかかわらず、（6）（7）の引用句の「私たち」が地の文の「私たち」と同じ人、つまり（6）文全体・（7）文全体の話し手[1]を指すと解することは十分できる。（8）の引用句の「私」についても、同様に（8）文全体の話し手を指すと解せられる。そして、もともと「言った（おっしゃった）」主体の立場からは、全文の話し手はこのような形で指されるものではないので、これは、引用されるにあたって、全文の話し手（引用者）が自らの立場に引きつけて改めたと見なされる間接話法の形だということになる。つまり、引用句内の文が言語行為の形態を直接的に決定する形態を含んでいても、右のとおり、間接話法と解されることは十分あり得るのである。確かに、命令や勧誘などの言い方がそれとはっきりわかる形であると、そうした言語行為の場面がリアルに想起されやすく、それ故直接話法に読まれやすいということはあろうが、それによって直接話法であると決まるというようなものではない。これは、今日の引用研究においては既に広く認識されていることであるが、仁田の記述はまだ的確なものとなってはいない。

2—4　次いで〔V〕に移ろう。〔V〕では、直接話法と間接話法の転換というとらえ方で、両者の関係の記述が試みられる。

同一の表現形式が、そのまま、〈直接話法〉としても、〈間接話法〉としても理解・解釈されうる場合があるのであるから、日本語では、〈直接話法〉から〈間接話法〉への転換、または、その逆が、英語ほど明確ではない。ここでは、この原則を、〈直接話法〉→〈間接話法〉という形で述べることにする。この原則は、文法則というほど厳密なものではない。コンポジションや修辞法の領域でより問題になるようなものである。したがって、原則の適用による〈間接話法〉化にも段階性・程度の差が存する。しかしながら、文法記述がきめの細かさ・説明能力の拡大を図ろうとすれば、やはり、こういった事への言及も、文法記述総体のどこかで行っておく必要があろう、と思われる。（一八四～一八五頁）

そして、直接話法から間接話法への書き換えには、次のⅠ～Ⅳのようなことが行なわれなければならないとする。ただ、Ⅰ～Ⅳの関係や適用の順序について特に記述はなく、基本的には、こうしたことが一つでも行なわれれば、それだけ間接話法的になると見るようである。

〔Ⅰ〕言語行為の類型を直接的に決定する形態を、そうでない形態に変えたり、〈聞き手めあて〉の成分を取り除く。

〔Ⅱ〕引用文中の境遇性を有する語詞を話し手の発話の場から見たものに変更する、もしくは境遇性を有さない語詞に変える。

〔Ⅲ〕丁寧体を普通体に変える。

〔Ⅳ〕発言の受け取り手を表現しないほうが〈間接話法〉として解釈されやすく、受け取り手を表現することによって〈直接話法〉として解釈されやすい場合がある。（一八五～一八八頁摘要）

仁田自身が述べているように、これらは、「文法則」と言えるようなものになっていない。Ⅳなど、読まれやすさの傾向を言う程度のことで、これを以て直接話法か間接話法かが決定されるようなことではない。

そして、これが文章表現を整える推敲・添削の指針のような意味で受けとられているのなら、さほど問題視することもないのかもしれないが、こうした文法記述の文脈でこのようなことが記述されるとなると、自ずとそこにミスリーディングな色合いが出てくるように思える。

例えば、Ⅲに関して言うと、仁田の考えに従えば、例えば次のｂはａより間接話法的だということになる（実際、仁田は同趣の例についてbのような形の方がaのような形に比べて、より間接話法的だと述べている）。

（９）―a　誠は、彼女が行きますと言った。

（９）―b　誠は、彼女が行くと言った。

確かに、一見aの方がbより、もともとの発話をそのままに引いた言い方らしく感じられるかもしれない。しかし、bもこの形のみを虚心に見れば、もともと発せられた発話をそのままに引いたものと見ることは十分できる。例えば、もともと発せられたのが、cのような発話であると考えられたなら、bはそれを忠実な形で引いたと見なされる、その意味では十全な直接話法ということになろう。

（９）―c　誠「彼女が行く。文句ないだろ。」

（９）―aが（９）―bに比べて、もと言った形を引いたものらしく見えるのは、日常の会話では「～です」「～ます」の形をとって話すのが一般的であるということを想起する故であろうが、日常会話でも常に「～です」「～ます」の形がとられるとは限らない。だから、aの形とbの形とは、それ自体としては、ともに直接話法として十分認め得る形であって、どちらがより間接話法的かなどと比較されるようなものではない。Ⅲのようなことが表現を整えていく実践上の指針のような意味で理解されるのはまだしもとしても、そこから、文法記述の一つのようにして、aのような形自体とbのような形自体とに「間接化」の度合の違いがあるというような帰結がもたらされるのは、まずいように思える(2)。

この種の「らしさ」の問題は、むしろスタイル（文体）の次元で論ずべきことだと筆者は思う。そして、どうしても「直接話法らしくなく書き換えるには」といったアプローチでは、直接話法となるか間接話法となるかを決定づける本質は何かといった文法論的な原理の洞察へと深まっていかないのだが、そもそも仁田の考察自体が、そうした意欲の乏しいものであったのかもしれない。

2―5　仁田らしい姿勢が出てくるのは、唯一〔Ⅵ〕の記述であろう。仁田は、文における主体的側面であるムードについて、「素材めあて」と「聞き手めあて」の別を考える（周知のように、「素材めあて」のムードとは、文で述べられる事柄内容についての話し手の判断の表現であり、述語末の言い切りの形や判断にかかわる助動詞類に託される。また、「聞き手めあて」のムードとは、聞き手に向けての話し手の心態の表現とされるものであり、顕在的には終助詞などに託される）。一方、引用句「〜ト」をとる動詞として、〔Ⅰ〕言ウの類と〔Ⅱ〕思ウの類を区別する。そして、次のとおり、〔Ⅰ〕は「〜ト」に「聞き手めあて」のムードまでとり込めるものであり、〔Ⅱ〕は「素材めあて」のムードまでしかとり込めないものだとする。

(10)―a　彼ハ明日ハ雨ガ降ルダロウネト言ッタ。

(10)―b　*彼ハ明日ハ雨ガ降ルダロウネト思ッタ。

一見きれいな整理であって、述語動詞の意味タイプとの関係で文の組み立てを分析・説明する「語彙論的統語論」のアプローチがうまく生かされたようにも見えるが、事実は、実はそうすっきりとはいかない。

(11)　丹羽氏は、そんなこともあるだろうねと思って、納得した。

(12)　?服部氏は、明日は雨が降るだろうねと述べた。

〔Ⅱ〕の「思ウ」のとる「〜ト」であっても終助詞類が出てくることはあるし、〔Ⅰ〕の動詞のとる「〜ト」であっても終助詞類が出てはいささか不自然と見える場合もある。従って、引用動詞（「〜ト」を補語にとる動詞）を〔Ⅰ〕〔Ⅱ〕に二分したところで、それが仁田の言うような区別とすんなり対応するわけではない。しかも、このことは、実は「話法」のメカニズムとも絡むだけに、大変まずい割り切りであった。この問題については本書でも既に何度も述べてきたが、今一度簡単にくり返しておきたい。

例えば、次の場合、引用句内の「私」について、これを「誠」を指すと解する直接話法の読みも、(13)文全文の話し手を指すと解する間接話法の読みも成立するだろう。

（13）―ａ　それを聞いて、誠は、私が正しいと思った。

ところが、引用句内に次のように終助詞類が出てくる場合は、読みは直接話法に決まってしまう。

（13）―ｂ　それを聞いて、誠は、私が正しいぞと思った。

ところで、「知ル」が引用句「～ト」をとる場合、共起制限がかかって、引用句内には、いわゆる「聞き手めあて」のムードを担うような終助詞類の生起が許されない。

（13）―ｃ　*それを聞いて、誠は、それが正しいぞと知った。

そして、興味深いことに、「～ト知ル」の引用句内では、もっぱら間接話法の読みしか生じない。

（13）―ｄ　それを聞いて、誠は、私が正しいと知った。

ｄの場合、「私」＝（13）文全文の話し手という読みしか出てこないのである。つまり、いわゆる「聞き手めあて」のムードが顕在する場合には、引用句は直接話法の読みとなり、「聞き手めあて」のムードが存在し得ない環境では、読みは間接話法に決まるということである。更に、今日、この「聞き手めあて」のムードと呼ばれるものに相当するある種の主体的意味は、たとえ終助詞のような顕在的な形をとらなくても、一応どんな文においても備わっているものと考える見方が一般的といえる。(3) とすれば、（13）―ａの両義性も矛盾なく説明できる。すなわち、終助詞のような顕在的な形式でなくとも、いわば零形でその種のムードが付加されているものと暗に理解して読む時は、直接話法という解釈になり、そういうムードが削られていると暗に理解して読む時は、間接話法という読みが出てくるのだといえるだろう。

要するに、有形無形にかかわらず、ここで言われている「聞き手めあて」のムードのような一種の意味が引用句内に存在するかどうかが、引用句が直接話法と読まれるか間接話法と読まれるかと連動し、それを決定づけているのである。日本語における文法論の問題としての直接話法—間接話法のメカニズムは、以上のような、必ずしも具体的な形式にばかり現われるのではない、一歩抽象的なレベルにまで踏み込んでとらえられる規則性として記述されるべきものだと、筆者考えている。

しかるに、仁田は、「〜ト思ウ」のような〔Ⅱ〕の動詞のとる「〜ト」には、「聞き手めあて」のムードは現われないとした。けれども、具体的な例を考えていくなら、(13)—bのような例はごく普通に見いだされることであるし、また(13)—aのような文において引用句内が直接話法とも間接話法とも両様に読めるといったことも、自然に目につくはずのことであるから、仁田のように割り切ってしまうことは、いわゆる「聞き手めあて」のムードと話法のかかわりを深く掘り下げていく方向を自ら閉ざしたものであったと言うべきであろう。

2—6　以上、仁田(一九八〇)の所論のポイントをたどって来たが、まとめとして、簡単に総括しておこう。

仁田は、引用の問題として、もっぱら「話法」について論じているが、それを文法の問題として重要だとする意識はあまり持たなかったらしく、その論調からは、率直に言って、この問題を文法の次元で十分追求する積極性に欠けていたという印象を受ける。その指摘も、多くは奥津(一九七〇)を超えるものでもなく、また一部妥当でないものも含まれる。唯一仁田らしい角度からの切り込みが見られるのは〔Ⅵ〕だが、そこでの分析の割り切りすぎが、どうやら問題の本質を追究する方途を自ら閉ざす結果になっているようである。仁田が、その後この問題に言及しなくなるのも、そう考えるなら、必然的なことかもしれない。

なお、文法論としての引用の問題は、決して「話法」の問題に尽きるものではない。何より、引用句「〜ト」の統語的性格についての考究が、仁田の場合、全くと言っていいほど等閑に付されていることは、問題である。というのも、例えば次のように、「〜ト」は、発話や思惟を意味する述語とは結びつかずに、そのような意味ではないさまざまな述語と結びつく構造を極めて自由に形成することもできるからである。

（14）　服部氏は、ごめん下さいと入ってきた。

（15）　私は、ふと、疲れたなと時計を見た。

このような一筋縄でいかない性格をもつことからも、引用句「～ト」の、そして、引用されたコトバの統語的性格の考究は、日本語の引用研究の一つの重要な問題になってくるのであるが、仁田の考察の目は、全くそうした方面に向けられていない。

思うに、述語用言の意味素性を根拠として文の構造を分析・究明するという方略をとる「語彙論的統語論」の立場からすれば、述語用言の方から説明をつけることが難しい（14）（15）のような構造は、扱いの厄介な代物であったに違いない。そこに、こうした立場からの引用の問題へのアプローチの一つの限界を見てとってよいのかもしれない。

3　阿部忍の所論の概要と問題点

3―1　次に、阿部忍（一九九九）「引用節のタイプ分けに関わる現象」をとり上げてみたい。「引用節のタイプ分け」と題しているが、「～ト」がどのような動詞と結びついているかという点での分類であるから、実質的には、引用構文（引用句「～ト」と述部との相関の構造をもつ文）の分類だといえる。そして、この論文の考察は、述語動詞の意味から、「～ト」をとる構造に文法的性格の違いが見いだされるという発想であるから、「語彙論的統語論」、とりわけ述語の語彙的な意味から文の関係構造を説明しようという方略を、引用構文にもあてはめた一つの典型例ということができる。

以下、阿部（一九九九）の主張と問題点を見ていくことにしたい。

3―2　まず、阿部は、「～ト」をとる構造にも、（16）のように「～ト」が削除できない必須の項（成分）となっているものと、(17)のように「〜ト」が削除されても不自然な表現とならない任意の項(成分)となっているものがあることを確認する。

(16)—a　恵美子は、烏龍茶が好きだと言った。
　　↓b　*恵美子は、言った。

(17)—a　恵美子は、こうしてはいられないと慌てて出て行った。
　　↓b　恵美子は、慌てて出て行った。

が、この論文において、阿部が特立しようとするのは、次の(18)のようなものである。

(18)—a　恵美子は、烏龍茶の文化が日本に根付いていないと嘆いた。
　　↓b　恵美子は、嘆いた。

阿部は、(18)の場合、「〜ト」を削ると、文法的には容認されても意味的には不完全な文が出来てしまうという。つまり、「嘆いた」内容が具体的にわからないので、意味としては不完全だというのである。

そのような見方に立って、阿部は、(18)のような引用節を「展開的引用節」と呼び、(16)のような場合や(17)のような場合と並ぶ一つのタイプとして特立する(「展開的」とは、述語の意味する感情や態度の内容を具体的に〝展開〟して示すものという意である)。そして、展開的引用節をとるのは、「嘆く、喜ぶ、ためらう、泣き叫ぶ、感心する、決心する、安心する、嘘をつく、歓声をあげる」等の「感情・態度動詞」であるとし、一方、(16)のような必須の補語となる引用節を「補足的引用節」、(17)のような全くの付加的な成分(阿部の見方では、その削除が文法的にも意味的にも不完全さをもたらさない、ということになろう)となる引用節を「付加的引用節」とする。補足的引用節をとるのは、「言う、告げる、伝える、主張する、宣言する、思う、考える、みる、信じる、断定する、命令する、要求する、提案する」等の「認識・伝達動詞」であり、付加的引用節をとる動詞として特定の語類を考えることはできない。

しかし、率直に言って（18）―bのような場合、〝意味的に不完全〟とはどういうことなのか、筆者にはどうにも理解し難い。（18）―bは、直観的には容認されるのである。「嘆いた」内容がどうであるのかの情報が不足しているというが、これは、そのようなことを表立たせない表現だというに過ぎない。確かに（18）―bは、主語と述語だけの素っ気ない文だが、それだけの意味内容を表わすものとして、これはこれで充足しているのである。また、例えば次のような表現を考えても、「嘆いた」内容が具体的にどうなのか示されなくとも十分充実した表現となることは納得できるはずである。

（18）―c　思いもよらないことを聞かされて、恵美子は（人知れず）嘆いた。

そもそも、情報が不足しているというなら、「嘆いた」内容だけでなく、原因も、あるいは「嘆いた」場所・時の情報も、（18）―bには欠落している。そうした点を問題にせず、「嘆いた」具体的内容の情報不足のみを言うのは、恣意的な事実記述であって、あらかじめ用意したタイプ分けを正当化するための根拠のない理屈のように、筆者には聞こえる。

が、ともかくも阿部の主張を更に見ていくことにしよう。

3―3　阿部は、以上のタイプ分けをふまえ、「展開的引用節」は「補足的引用節」と「付加的引用節」の中間的なものであるとし、三者は文法的振る舞いにおいて相異なるところがあると主張する（以下、便宜上、阿部の言う「補足的引用節」をとる引用構文の場合を〈補足〉、「展開的引用節」をとる場合を〈展開〉、「付加的引用節」をとる場合を〈付加〉とする）。阿部が問題にしているのは、四つの文法的な事項についてであるが、以下順次見ていくことにする。

最初に、引用句「～ト」の「そう」による代用の可否である。

(19)—a　三井氏は、明日になれば助けが来ると言った（／主張した）。

　　→b　三井氏は、そう言った（／主張した）。

(20)—a　中畠氏は、大したものだと感心した（／喜んだ）。

　　→b　中畠氏は、そう感心した（／喜んだ）。

(14)—a　服部氏は、ごめん下さいと入ってきた。

　　→b　*服部氏は、そう入ってきた。

阿部は、〈補足〉と〈展開〉の場合は「そう」で代用可であるが、〈付加〉の場合は代用できないとした。筆者も、右の例でも見る通り、基本的にはそのように考えてよかろうと思う。

　ちなみに、阿部は、「そう言って」による〝代用〟にも言及し、この場合は、〈展開〉〈付加〉では可だが、〈補足〉では不可になるとしている。けれども、別の述語動詞（「言って」）を持ち込んでしまっては、もともとの「〜ト」と（当該の引用構文の）述語との関係の議論からはずれてしまうだろう。それに、〈補足〉タイプでも、実は次のとおり、必ずしも「そう言って」と置き代えておかしくなるとは限らない。

(21)—a　誠は、そんなことはあり得ないと主張した（／断定した）。

　　→b　誠は、そう言って主張した（／断定した）。

どうも、語彙的意味として〝発話スル〟ということを単に表わすだけの述語用言の場合、「（そう）言って」との意味的重複が際立って、不自然に見えるということらしい。

(21)—c　誠は、そんなことはあり得ないと言った（／述べた）。

　　→d　*誠は、そう言って言った（／述べた）。

「そう言って」との〝代用〟というようなことは、ここで特に問題にすべきことではなかろうと思う。

二つ目に、否定化の問題である。

阿部は、〈補足〉の場合は否定化できるが、〈展開〉〈付加〉の場合は否定化できないとする。しかし、(20)―d のような例は十分可能で、基本的に〈展開〉も否定化できると考えられる。

(21)―a　誠は、そんなことはあり得ないと主張した。
　↓ e　誠は、そんなことはあり得ないとは主張しなかった。

(20)―c　その話を聞いて、中畠氏は大したものだと感心した。
　↓ d　その話を聞いても、中畠氏は大したものだとは感心しなかった。

(14)―a　服部氏は、ごめん下さいと入ってきた。
　↓ c　*服部氏は、ごめん下さいとは入ってこなかった。

なお、阿部は注において、〈展開〉の否定も、次の a のように「否定の焦点が引用節におかれるような解釈を強制するような文脈を作れば」容認されるようになるとしている。しかし、そのようにせずとも、例えば b のような言い方でも十分可といえるだろう。

(22)―a　恵美子は、誰に話しかけようかとはためらわなかった。そうでなく、何を話題にしようかとためらったのだ。

(22)―b　恵美子は、誰に話しかけようかとはためらわなかった。迷わず有里子に声をかけた。

従って、否定化についても、〈補足〉〈展開〉の場合は可であり、〈付加〉の場合はできないというのが、妥当な判定だと思われる。

3―4　三つ目に、使役化の問題である。

これについては、阿部は次のように判断する。

〈補足〉の場合、使役化は可能であるが、被使役者はニ格でマークされなければならない。[4]

(23)―a　子供たちは、ザシキワラシが本当にいると信じた。
↓b　近藤氏は、子供たちにザシキワラシが本当にいると信じさせた。
↓c　*近藤氏は、子供たちをザシキワラシが本当にいると信じさせた。

一方、〈展開〉の場合も、使役化は可能であるが、被使役者はヲ格でマークされなければならない（「嘘をつかせた」のように述語句にもともとヲ格が存在する場合は別である）。

(24)―a　美智子は、コンビニへ行こうと決心した。
↓b　*空腹が、美智子にコンビニへ行こうと決心させた。［注・*は阿部の判定による。］
↓c　空腹が、美智子をコンビニへ行こうと決心させた。

そして、これらの被使役者がヲ格の形でマークされるのは、こうした場合、被使役者にそのような行為をさせる原因にあたるものが主語に出てくる、いわゆる「原因の使役文」だからとする。確かに、「原因の使役文」の場合、被使役者はヲ格でマークされるのがふつうである。

(25)　愛犬の死が彼女を悲しませた。

こうした〈補足〉〈展開〉に対して、阿部はまた、〈付加〉の場合は、使役化は不自然であるとする。

(14)―a　服部氏は、ごめん下さいと入ってきた。
↓d　*急ぎの用事が、服部氏にごめん下さいと入ってこさせた。
↓e　*急ぎの用事が、服部氏をごめん下さいと入ってこさせた。

(26)―a　小田警部は、そんなはずはないと、葉巻に火をつけた。
↓b　*その証言は、小田警部に、そんなはずはないと葉巻に火をつけさせた。［注・*は阿部の判定による。］

──→c ＊その証言は、小田警部を、そんなはずはないと葉巻に火をつけさせた。

あるいは（26）―bなど全く容認できなくはないと思えないでもないが、やはり「〜ト」の部分が余剰的という感が強いと思う。よって、ここでは阿部の判断に従って考えていく。

以上のような観察をふまえて、阿部は、まず〈付加〉が〈補足〉〈展開〉と異質であるとし、また、被使役者の格のマークのあり方からは〈補足〉と〈展開〉とにも違いがあるように記述している。

しかし、筆者には、少なくとも（24）―bなども十分可能な言い方であると思われるし、また、次のように、ごくふつうの使役文としてなら〈展開〉でも自然にニ格が可能だと思われる。

（24）―d　田村先生は、美智子にコンビニへ行こうと決心させた。

また逆に、「原因の使役文」ということをいうのなら、次のようにすれば、〈補足〉でもヲ格は可能ではないか。

（27）　あまりの難題の出来《しゅったい》が、彼を参ったと言わせた（／「困った！」と思わせた）。

とすれば、被使役者の格のマークのあり方の問題は、もっぱら「原因の使役文」になるかどうかに関わることであって、〈補足〉か〈展開〉かといった引用構文のタイプの問題だとは言えないだろう。むしろ、引用構文のタイプに関わる問題として大切なことは、〈補足〉〈展開〉では使役化ができるのに対し、〈付加〉ではできないという一点だということになる。

さて、最後に阿部がとり上げたのは、名詞化の問題である。すなわち、「そんなことはあり得ないと主張する」というような表現に対しては、「そんなことはあり得ないという主張」といった、ほぼ同等のことを名詞的な形で言う言い方が考えられる。このような、対応する言い方が考えられるかどうかという点で見てみるなら、次のとおり、やはり〈補足〉〈展開〉は可であるが、〈付加〉では考えにくいと言えるようである。

（28）―a　そんなことはあり得ないという主張（＜「〜と主張する」〈補足〉）

(28)―b　コンビニに行こうという決心（∧「～と決心する」〈展開〉）

(28)―c　*ごめん下さいという入室（∧「～と入ってくる」〈付加〉）

3―5　以上、阿部の主張をたどりつつ再検討を加えてきたが、こうして整理していくと、どの検討項目についても、〈補足〉〈展開〉と〈付加〉が対立するのであって、〈補足〉と〈展開〉との間に違いは出てこない。あるいは自然さにいささかの程度差が認められるというようなことがあるのかもしれないが、この三者が同等の次元で対立するものとしてあるといったような見方はあたらないのである（筆者には、この〈展開〉を特立しようとするようなことは、失礼ながら、いわば白と黒の境目にわずかに灰色がかって見えているところを過大にとり上げているに過ぎないと思える）。

そうして、以上の観察の結果を更につきつめるなら、要するに〈付加〉かそうでないかの区別が重要だということになるが、実は、それは結局筆者の引用構文のタイプ分けの第Ⅰ類と第Ⅱ類の区別ということになってくる。既に何度も論じてきたことだが、筆者は、引用構文を、「～ト」の示す発話・思惟と述部の表わすところとの関係から、大きく第Ⅰ類と第Ⅱ類に分類する。第Ⅰ類とは、例えば次の(29)(30)のように、「～ト」で示される発話・思惟と述部で表わされる行為とが、事実として等しいものであると見なされる関係になるタイプの引用構文である。

(29)　誠は、困ったなと言った（／思った）。

(30)　智子は、「彼の言うとおりだ」と和博に賛成した。

つまり、(29)の場合、引用句で再現して示される「困ったな」という発話（心内発話）が、述部の「言」う（もしくは「思」う）行為にあたるものであるし、(30)の場合、引用句で示される「彼の言うとおりだ」という発話が、とりもなおさず述部の「和博に賛成した」行為だといえるのである。こうしたタイプの引用構文は、同じ一つの発話・思惟を「ト」を介して〝具体（再現）―抽象（名づけ）〟の関係で二重に描くものだといえる。
これに対して、第Ⅱ類とは、例えば次の（31）（32）のように、「〜ト」で示される発話・思惟と、述部で表わされるそれとは別の行為とが、同一場面に共存するものと見なされる関係になるタイプの引用構文である。

（31）江口氏は、ちょっと待てと手をあげた。

（32）その男は、勝手にしろと横を向いた。

詳しくは、藤田（二〇〇〇ａ）を参照されたいが、阿部の言う〈補足〉〈展開〉は、ともに筆者の第Ⅰ類に、そして〈付加〉は、第Ⅱ類に含まれるものといえる。そして、阿部のとり上げたような文法的事項について順次見ていくと、むしろ浮かび上がってきたのは、筆者の第Ⅰ類と第Ⅱ類の間の対立であったということになる。それはまた、引用構文の基本的なタイプ分けとしての筆者の第Ⅰ類と第Ⅱ類の区別の妥当性をも根拠づけるものだと言っていいだろう。

3―6　筆者の第Ⅰ類と第Ⅱ類の区別は、「〜ト」で示される発話・思惟と述部で表わされる行為・状態とが、事柄（事実）レベルでどういう関係にあると見なされるかという見方での分類であり、基本的には、引用構文のプロポジショナルな内容に即した整理である。格成分の必須・任意というような見方――文の成立・不成立とかかわってのかかり成分の述語との関係の仕方というような見方とは、次元を異にするものである（こちらは、当該の文の表意する事柄世界に特に注目せずとも、述語用言の意味から、述語との統合的な関係で決まってくる区別だといえる）。引用構文について虚心に観察し整理を進めるにあたって、こうした第Ⅰ類・第Ⅱ類というような区別が必要だと、筆者には思えたのである。

しかし、阿部は筆者の分類を理解できていないようである。阿部（一九九九）の注１では、阿部は筆者の旧稿を引いて、「ここでいう補足的引用節は藤田のβ類［注・「第Ⅰ類」の旧称］に、付加的引用節はα類［注・「第Ⅱ類」

の旧称」に概ね対応すると言えるだろう」（六〇頁）と断じる。けれども、筆者の分類では、「中畠氏は大したものだと感心した」などのような、阿部の言う展開的引用節をとる構造も、第Ⅰ類なのである（「大したものだ」という発話が、とりもなおさず「感心」することである）。

格の必須・任意という観点からは、「〜ト」が任意である「大したものだと感心する」のような表現は、「〜ト」が必須である「おはようと言った」「困ったなと思った」などとは一括し難く見えるだろうし、かといって、「ごめん下さいと入ってくる」のような類とはやはり一括し難く思えるだろう。そこに、「展開的引用節」などということを言い出すようになる所以もあるのだろうが、格の必須・任意というような見方にこだわらず、筆者のような見方をとれば、問題は収まるべきところに収まる。

しかも、阿部のようなとらえ方では、次のような例も位置づけ不能だろう（念のために言えば、次例は「『そんなことはあり得ない』という自説を主張した」意である）。

（21）―f　誠は、そんなことはあり得ないと自説を主張した。

阿部の分類では、「主張した」は「〜ト」を必須補語（つまり、補足的引用節）としてとるはずだが、右の場合、本来の必須補語というべきヲ格が入っているために、「〜ト」は削除可能な任意の成分になってしまっている。こうした「〜ト」、そして右のような構造を位置づける場所は、阿部の分類には見いだされないものと思う(5)。

こうした例からもうかがわれるように、述語用言の意味をふまえて、かかり成分の必須・任意を単に言うようなアプローチは、引用研究の場合、必ずしも万能ではない。「〜ト」の位置づけは、それほど単純にはいかないのである。このあたりの問題についても、詳しくは、やはり藤田（二〇〇〇ａ）に論じたので参照されたいが、むしろ、必須・任意といったようなとらえ方を、いったん相対化することが必要なのである。

4　結び

4　この節では、いわゆる「語彙論的統語論」、とりわけ述語用言の意味に基づいて文の構造を説明しようとする立場からの引用研究の事例を、筆者なりの今日の目で再検討してみた。

もとより、筆者は、述語用言の語彙的意味に基づいて文の構造を解明していくような方法を否定するものでもなく、むしろ、自らの引用研究においても、必要なところでは積極的に活用してきた。ただ、文法研究において、そうした方法が万能でも絶対でもないことは言を俟たぬことであって、とりわけ引用研究のようにさまざま厄介な問題をはらむ対象を考察する場合、そうした方法による安易な割り切りや、そうした方法の単純な適用は、決して十分な成果をもたらすものではなかった。そういう目で見るなら、「語彙論的統語論」と引用研究のこれまでのかかわりからは、今日でも心を留めるべき教訓的なものが読みとれるように思えるのである。

注

（1）もっとも、もちろん（6）文全体・（7）文全体の話し手は本当は一人なのだろうが、その一人が、「私たち」というグループの一員という意識で、自らを「私たち」と指しているということである。

（2）なお、「～です」「～ます」が引用句内にあれば、読みは直接話法に決まるもののように思われているが、次のように、「～です」「～ます」が入っても間接話法と読み得る例も考えられる。

（ア）先方には、君が行きますと伝えておいたから、よろしく頼むよ。

してみると、終助詞類などと同様に「～です」「～ます」が直接話法の読みを決定づけるものと考えることは行きすぎで、リアルに発話の場面を想起させやすくなるので、直接話法として読まれやすいという程度に見ておくべきではないかと筆者は考えている。

そのような意味においても、（9）―aの形それ自体と（9）―bの形それ自体に間接化の程度の違いをいうことは、根拠のないことではないかと思う。

（3）もっとも、仁田（一九八〇）では、「聞き手めあて」のムードを持つ文もあれば、持たない文もあるとするが、そのような認識も、やはりこの段階での時代的制約ということになろう。

（4）後述のとおり、実は（27）のようにヲ格も可能だとは思うが、確かに「～と言う」「～と思う」のような例では、使役化すると、「言う」「思う」主体（被使役者）はニ格で出てくるのがふつうである。

この点、いささか考えておくと、使役の行為主体（被使役者）をヲ格で示すかニ格で示すかについては、いろいろ微妙な問題があるようだが、例えば、行為主体が意識してするのではない場合はヲ格が出てくる。

（イ）―a　赤ン坊が泣く。
　　　→b　赤ン坊を泣かせる。
（ウ）―a　雨が降る。
　　　→b　雨を降らせる。

逆に、同じ「泣かせる」でも、「そのシーンで彼女に泣かせる」のような例では、「彼女」が意識して演じているようにとれる。してみると、使役の行為主体をニ格で示した場合、行為主体の行為を行なう意識に焦点があたる言い方になるのではないかと思われる。それが、発話・思惟という、何より意識の問題である行為を描く「～と言う」「～と思う」などを使役化した場合に、なじみがよいということかもしれない。

（5）もちろん、筆者の分類では、（21）―fは、第Ⅰ類の一例として、何の問題もなく位置づけ可能である（「そんなことはあり得ない」という発話が、とりもなおさず「自説を主張」する行為にあたるわけである）。

第三節　遠藤裕子の話法論

1　はじめに

1　「日本語においては、直接話法と間接話法とは連続的・段階的である」といった言い方がしばしばなされる。こうした、いわば〝話法連続観〟というべき見方が、初めて明確な形で秩序立てて論じられたのが、遠藤裕子（一九八二）であった。これは、「日本語の話法」の問題をテーマに据えて包括的に論じた、当時としては画期的な論文であって、その方面の研究者には後々までよく参照される先駆的研究となった。

この節では、遠藤（一九八二）をとり上げて[1]、その所説を今日の目で再検討してみたい。そこには、〝話法連続観〟の問題点が、端的な形で見てとれるからでもある。

2　遠藤の話法論の骨子

2―1　まず、遠藤（一九八二）の所説の基本的な考え方をおさえることからはじめたい。同論文冒頭において、遠藤は次のように自らの立場を明らかにする。

「話法」というと、とかく「日本語では直接話法と間接話法との区別が曖昧である」とか、「常識で解決できる問題である」とされ、その基本や文法上の諸規則を解明し全体像を明らかにしようとする試みは、あまり行なわれてきていない。確かに話法は「場」のもつ言語外の事実や伝達者の主観などが加わって成立するものなので、文法だけで片づけることはできない。が、「常識」を明文化することも意義のあることではないだろうか。ここでは、間接化にはどのような文法規則がはたらき、また文法以外のどんな要素がどのように間接化に関与するのかを取りあげてみたい。

（八六頁）

「文法だけで片づけることはできない」部分があるとしつつも、遠藤は、「間接化にはどのような文法規則がはたら」くのかを「文法以外」の要素とは区別・整理しつつ論じようとする。基本的には、「話法」をもっぱら「文法規則」として論じ、文法の領域での問題として考えようとする立場だといっていいだろう。

更に、遠藤は、「話法は引用の一種」（八六頁）だとし、また、後にも引くとおり、「人の発話を伝達して述べる際の述べ方」だと規定する。「話法」と「引用」「伝達」の関係が詰め切られていない点で不満が残るが、

（1）　P_1ガP_2ニ「S」ト言ッタ。

に代表される形に限って述べるとしており、この種の引用句「～ト」による構文が「引用」の表現の典型であり、これによって人の発話を伝えるのが、ここでいう「話法」と了解せよということだろう。そして、その伝え方の原則を次のようにいう。

話法とは、人の発話を伝達して述べる際の述べ方のことで、その原則は、伝達行動としての総和が第一の発話と第二の発話とで等しいこと、である。言換えれば、理想的な間接化とは、第一の話し手の意図が第二の話し手という媒介者を通して第二の聞き手に正確に伝わるような変換・修正を指す。

（八六頁）

つまり、引用された文の表現意図まできちんと伝えるのが原則だという。このことは、後述のように、遠藤の所説のある種特徴的な一面につながってくるのだが、いささか問題があるところでもある。詳しくは、第4項で考えることにする。

日本語における話法は、まず直接話法と間接話法に大別することができる。直接話法は、引用文［藤田注・引用された文］の第一の場に対する依存度が高く、第一の話し手と第二の話し手（伝達者）との二つの視点を

> 残しているもので、これに対し間接話法は、視点が第二の話し手（＝枠文［藤田注・地の文］）一つしかなく、従節を従える文となっているものである。（八七頁）

遠藤は、「〜ト」内の引用されたコトバ（引用文）に「第一の話し手」の視点が残って、地の文の「第二の話し手」のと二つの視点が認められる直接話法と、「第二の話し手」の視点に統一された間接話法の二つを大きく区別する。視点が二つか一つかで、まず、直接話法と間接話法とを大別するのだが、更に、その両者はより連続的・段階的に見ることができるという立場をとる。

> 間接化の程度により、完全直接話法、一般直接話法、修正直接話法、一般間接話法、拡大間接話法に下位分類することができるが、この区別はそれほど厳密なものではなく、むしろ濃淡のグラデーションのようなものである。（八七頁）

すなわち、直接話法と間接話法が大別されるにせよ、それぞれは、より細かく区分され、しかもそれぞれの区別は「濃淡のグラデーション」というべき、間接化の程度差だと考えるわけである。ここには、「話法」のタイプの違いを、「間接化の程度」の違いとして整理される連続的・段階的なものとして見る見方――まさに〝話法連続観〟と呼ぶべき見方が、明確な形で示されているといってもいいだろう。

2―2　そこで、何より注目されるのは、「間接化の程度」によって整理される「話法」の五つのタイプとはどのようなものかということである。具体的に見てみよう（以下、具体例は筆者が用意したもので、遠藤論文のものそのままではない）。

第一に、「完全直接話法」とは、「もとの発話に最も忠実な話法」（八七頁）で、全く変換（修正）も施さず、もとのまま再現しようとするものである。「話法としてはそれほど一般的ではない」（同）という。

むしろ、遠藤は、次の「一般直接話法」がふつうに言う「直接話法」にあたるものと考える。そして、この段階では、全くの忠実再現ではなく、五つ乃至六つの変換（修正）が加わるとする（aのもともとの発話が、bのように引用される、として読まれたい）。

①②　感動詞類の削除（①は注意喚起的な感動詞、②は情意的な感動詞についての削除）

（2）―a　智子「ほら、あれが琵琶湖よ」

→b　智子は和博に、「あれが琵琶湖よ」と言った。

（3）―a　弘実「オヤ、村田さんじゃない」

→b　弘実は、「村田さんじゃない」と言った。

③　間投助詞の削除

（4）―a　近藤氏「不幸などというものはネ、いつ起こるか予想できないんだ」

→b　近藤氏は、「不幸などというものは、いつ起こるか予想できないんだ」と言った。

④　語順の整序（述部が文末にくる形に整える）

（5）―a　功「まるで腐ってるみたいだ、この鮒鮨というのは」

→b　功は、「この鮒鮨というのは、まるで腐ってるみたいだ」と言った。

⑤　終助詞のうち文体的な意味を添えるだけのもの（ゼ・ゾ・ワ・ヨ等）の削除

（6）―a　卓郎「ボクがやるよ」

→b　卓郎は、「ボクがやる」と言った。

⑥　地の文への文体の同化（例えば、男性語的言い回しを中立的なものにする等）

（7）―a　明浩「こいつは困ったたな」

→b　明浩は、「これは困った」と言っていた。

以上のような変換が加わった、（2）～（7）―ｂのような表現が、「一般直接話法」ということになる。なお、右のうち④～⑥は、この段階では「随意の変換」（ということは、①～③は「義務的」ということらしい）とされる。そして、「伝達性の高い表現［注・相手に対する働きかけの強いもの］」から順に変換が行なわれると考えていること（八九頁）からすると、この①～⑥は、まさにほぼこの順で間接化が進むという配列になっているようである。

しかし、①～③に対して④～⑥が本当にこの段階で随意的といえるのか――本当にこのような順序づけをするのが妥当なのかどうか、実は問題である。

さて、続いて「修正直接話法」では、「引用文［注・引用されたコトバ］の視点を第一の話し手に残したまま、より簡潔で文法的な形へと変換」（八九頁）がなされるとする。具体的には、先の①～⑥の変換が加わったうえで、更に次の三つの変換がなされる。

⑦　「ハ、ガ、ヲ」などの助詞の欠落を補う

（8）―ａ　行洋「ボク、それ持っていくわ」

→ｂ　行洋は、「ボクがそれを持っていく」と言った。

⑧　引用文末は普通体にする

（9）―ａ　太郎「わかりました」

→ｂ　太郎は、「わかった」と言った。

⑨　文の意味がはっきりする一般的な形に引用文末を整備（文の通達的意味にかかわる終助詞等は補う）

（10）―ａ　謙介「もう帰る?」

→ｂ　謙介は、「もう帰るか」と言った。

（11）―a　和博「足許の明るいうちに、さっさと帰んな」
　　→b　和博は、「足許の明るいうちに、さっさと帰れ」と言った。

以上のとおり、「一般直接話法」と「修正直接話法」が区別されるのだが、個々の事項について、例えば⑦や⑧がどうして前者でなく後者の段階においてなされるとするのかなど、はっきりした説明はなく（「相手に対する働きかけ」の強いものから変換が進むというのなら、⑧の「デス」「マス」など明らかに相手への働きかけの強い表現といえよう）、前者と後者とがこのような形で区別されなければならない根拠は、明確には示されていない。

ただ、確かに次のaとbの「〜ト」の部分を比べると、どちらも「私」がそのもともとの発話者「恵美子」を指し、視点（指示関係の秩序）という点では直接話法であることに変わりはないが、bの方がもともとの発話の形からは遠い簡潔で整ったものにされているという印象がある。

（12）―a　恵美子は、「私、行きます」と言った。
（12）―b　恵美子は、「私が行く」と言った。

bのような例も、ふつうに見られるものである。そこで、右のような印象の違いを位置づけたいために、「一般直接話法」に対する「修正直接話法」というような区別立てがなされたものかと推測される。(2) このあたりについては、後の3―1〜3で改めて更に論じることにしたい。

次いで、「一般間接話法」まで間接化が進んでくると、以上に加えて「境遇性（場面に左右される性質）のある語句すべてを第二の発話の場に適当な語句に変換しなければならない」（九一頁）。「第二の話し手」（引用者）の視点に統一されるわけだから、引用句「〜ト」内もそれに合った形に修正されるわけである。

（13）―a　明浩〈智子ニ〉「君が先だ」
　　→b　明浩は智子に、彼女が先だと言った。

表2　遠藤（1982）の話法のタイプ分けと変換（間接化操作）の段階

- ・完全直接話法──一切無修正
- ・一般直接話法──①～③の変換（感動詞・間投助詞類の削除）
  ④～⑥の変換（文体的な終助詞の削除、語順の整序等）
- ・修正直接話法──上記に加えて、
  ⑦～⑨の変換（デス・マス体から普通体へ、助詞の欠落を補う等）
- ・一般間接話法──上記に加えて、
  境遇性のある語句の変換
- ・拡大間接話法──形のうえでは、一般間接話法と同じだが、要旨のまとめ

この段階で変換が必要になる「境遇性のある語句」としては、①人を表わす語句、②時を表わす語句、③所を表わす語句、④「コ・ソ・ア」のつく語句など、⑤動詞の一部［注・「やる／くれる／もらう」「行く／来る」といったいわゆるダイクシス動詞の類］、⑥その他、に分けて問題となる語類がとり上げられ、切り詰めた書き方ながら幅広い記述がなされている。この種の問題については、奥津（一九七〇）が先鞭をつけているが、⑤のダイクシス動詞への言及と基本的な記述など、より記述が進められている部分のあることは、評価されてよいだろう。

そして、「拡大間接話法」の段階まで来ると、もとの発話を忠実に伝える方向を捨てて、要旨をまとめるような方向がとられることになる。

（14）—a　「第二十九回柏崎文学賞には、多数の力作が寄せられたが、小野審査委員長以下十三名の委員により、公正慎重に審査が行なわれ、委員会の全会一致で、近藤明氏の『オメデタイ話』に決定しました」

（14）—b　「第二十九回柏崎文学賞は、近藤明の『オメデタイ話』に決まった」と発表があった。

「拡大間接話法」については、「形の上では一般間接話法と同じ」（九四頁）であるが、「これは使用法を考慮して分類したもの」（同）と付言されている。

2—3　以上、いささか詳しく遠藤の所説を紹介したが、とりまとめて表示すれば、表2のようなことである。

すなわち、既述のように、直接話法と間接話法とを「間接化の程度」の違いによって段階的に連続するものととらえ、そのような〝話法連続観〟に立って、ともかくもいろいろな事柄を一括して考えようとしたものといえるだろう。けれども、このようなとらえ方には、根本的な無理があるように思われる。

3　遠藤の話法論の問題点

3—1　遠藤は、発話の伝達・引用に際しては、もとの発話にさまざまな変換（修正操作）が加えられ得るものとし、その「変換にはおおよそ一定の順序があって、これを破るわけにはいかないのである」（九四頁）と主張する。そして、一定の順序で適用される変換のどこまでが適用されたかを指標として、話法を段階的・連続的にタイプ分けできるという考え方をとる。

最も端的には、直接話法については、先の①〜③──→④〜⑥──→⑦〜⑨といった適用の段階が考えられており、これによって、例えば次のaのような、一切の修正を加えず忠実に再現したかに見られる「完全直接話法」の表現に対し、

(15)—a　智子は、「あっ、私、やりますヨ」と言った。

①〜③、更には④〜⑥の変換が加わったbのような「一般直接話法」の表現、

(15)—b　智子は、「私、やります」と言った。

そして、⑦〜⑨までの変換が加わったcのような「修正直接話法」の表現が区別されることになる。

(15)—c　智子は、「私がやる」と言った。

遠藤の問題意識を忖度すれば、指示関係の秩序（視点）の点ではいずれも直接話法でありながら、aのような、いかにももともとの発話を引いたらしく見えるものから、cのようにもともとの発話を簡潔化・修正していると見

えるものまで、直接話法にもいろいろなものがある。とすれば、そのような〝〈もともとの発話らしさ〉の違い〟に即して、直接話法は更にタイプ分けする余地があると考えられる。そこで、直接話法であっても、何らかの変換が順次加わっていろいろなものが生じるのだろうと考え、それがどこまで加えられたのかを指標として、直接話法を段階的に整理し得ると見たものであろう。おそらく、話法を連続的・段階的なものと考える遠藤の考え方も、もともとの出発点は、こうした直接話法の段階的整理といった発想にあったのではないかと思われる。

そして、変換がどの段階まで加わったかによって、完全直接話法・一般直接話法・修正直接話法といったタイプが区別される――更に、間接話法（一般間接話法・拡大間接話法）についても、その延長上に同じく段階的・連続的に位置づけられる――とするのであるから、その変換は段階的・連続的に適用されるものでなければならない。「変換にはおおよそ一定の順序があって、これを破るわけにはいかない」という主張は、遠藤の所説の骨組みを支えるものといえるのである。

3―2　しかし、変換の適用には、「破るわけにはいかない」一定の順序が本当にあるのだろうか。

実は、次のとおり、反例は容易にあがる。何より、遠藤が力を注いだ直接話法のタイプ分けについては、①～③→④～⑥→⑦～⑨のような「破るわけにはいかない」適用の段階が考えられていたはずだが、これと齟齬する事例は、ごく自然に考えられるのである。

(16)　―a　千恵「ああ、私、どうなるんでしょう」
　　→b　千恵は、「ああ、私はどうなるんだろう」と言った。
　　《④と⑦⑧が適用されながら②は適用されていない》

(17)　―a　誠「君なの？　ほら、あれ送ってくれたのは」
　　→b　誠は、「君なのか、ほら、あれを送ってくれたのは」と言った。

《⑦⑨が適用されても①も④も適用されていない》

このように、反例はいくらでも考えられるだろう。してみると、①〜⑨については、基本的には「破るわけにはいかない」順序があるわけではなく、むしろ、忠実再現の方向をとらない場合に、それぞれに同じくらいの適用可能性があると見ておくのが妥当と思われる。

①〜⑨に「破るわけにはいかない」一定の順序があるわけではないとなると、それがどの段階まで適用されたかを指標として区別される直接話法の三つのタイプも、実は根拠の乏しいことといえる。結局、実際としては、忠実に再現されるのでなければ、修正がいろいろに加わった直接話法のヴァリエーションがさまざま現われ得るが、それらが段階的に整理できるわけではないと考えるべきもののようである。

3—3　およそ、「完全直接話法」「一般直接話法」「修正直接話法」といった区別が考えられたのは、（15）—abcのような直接話法の表現の違いを位置づけようとしたものだと考えられることは、既に述べた。

（15）—a　智子は、「あっ、私、やりますヨ」と言った。

（15）—b　智子は、「私、やります」と言った。

（15）—c　智子は、「私がやる」と言った。

確かに「〜ト」の引用されたコトバの部分について見れば、一見cよりb・aがもともとの発話に近い形であり、cは、もともとの発話が何らか簡潔化された言い方のように感じられる。けれども、これは、既にくり返し述べてきたが、事実のとらえ方自体に問題があるというべきである。

虚心に考えれば、cの「『私がやる』と言った」のような形それ自体については、もともとの発話を手直ししたものと考えなければならない理由はない。実際、発話されたのが、「私がやる」のようなぶっきらぼうなコトバだとすれば、これは、それを忠実再現したものということにもなるだろう。

別の言い方をすれば、実際に発話されるコトバ自体が、ていねいなのもぶっきらぼうなものも、整ったのも崩れたのもいろいろあり得るわけだから、aもbもcも同様に、忠実再現とも修正の加わったものとも考える余地があるということである。従って、aもbもcも、いずれも単に「直接話法」と位置づけておくのが、結局一番事実に合った記述だと筆者は思う。

ただ、「『私、やります』と言った」等と比べたら、「『私がやる』と言った」の方が手直しが加わっているという印象があるというなら、そのとおりだろう。そうした印象があるのは、突きつめて言えば、実際の会話においてはデス・マスを伴う言い方がふつうだ（とか助詞抜けが多く現われ得る）といった一般的傾向があることに拠るだろう。確かに、傾向としてはそうだろうが、もちろんそうでない場合もあるのだから、後者のような形が前者のような形より間接化が進んだ表現だなどと、あたかも文法的なタイプの違いのように扱うことは、過剰な一般化であって、誤りというべきである。事実、前者と後者が段階的に記述し得なかったということは、事実がそうした一面的なとらえ方では片づかないものであることを示している（なお、実際の文学作品等では、「『私がやる』と言った」のような形が、「『私、やります』と言った」のような形が使われていることとの対比において、一段簡潔化された言い方として使い分けられているような場合もあるが、それは、そのような使い分けが成り立っている個々の場合に即して論じられるべき事柄であり、個別の文章の表現を論じる文体論の領域の問題として考えるべきことであろう(3)）。

3—4　次に、遠藤は、間接話法について「一般間接話法」と「拡大間接話法」を区別する。「一般間接話法」とは、引用句「〜ト」内の境遇性のある語句が変換され、引用句内も地の文と同じ「第二の話し手」（引用者）の視点に統一されたもの——我々がふつう間接話法と考える表現にあたるものといえる。が、「拡大間接話法」の方が問題である。

遠藤によれば「拡大間接話法」とは、「形の上では一般間接話法と同じだが、………、要旨をまとめて話法の形にしたもので、これは使用法を考慮して分類したものである」とする。

「形の上では一般間接話法と同じ」であるが、その使い方が違うというところを見ても、「拡大間接話法」は「一般間接話法」の延長上に連続するものとして位置づけられるという見方がうかがわれよう。しかし、「拡大間接話法」と呼ぶものの本質が、もともとの発話を要約して伝えるところにあるとすれば、そうした要約の表現は、必ずしも「一般間接話法」と形の上で同じになるとは限らない。

例えば、先の（14）―aを要約して引く場合も、次のようにていねい体を残し、その点で直接話法的な形をとって引かれるといったことは、十分あり得ることであろう。

（14）―c「柏崎文学賞は、近藤明氏の『オメデタイ話』に決まりました」と発表があった。

あるいは、次のaからbのように、指示語の指示関係からしても、はっきり直接話法といえる形の要約はあり得る。

（18）―a　卓郎「ハイ、他に適当な人も居りませんので、よろしかったら、私が行きます」

―→b　卓郎は、「ハイ、私が行きます」と答えた。

要約の場合でも、形として直接話法の表現が出てくることは、十分あり得ることなのである。要旨をまとめる引用の言い方が、必ずしも形の上で間接話法と同じになるとはいえないのだから、これを「拡大間接話法」と呼んで「一般間接話法」と連続するもののように位置づけることも、何らの根拠のないことというべきである。

3―5　以上のとおり、直接話法についても間接話法についても、それぞれを段階的に連続するいくつかのタイプに細分できるとした遠藤の考え方は否定されるものであることを示した。ただ、直接話法と間接話法との関係について見れば、感動詞や終助詞の削除がなければ、引用句内の視点を「第一の話し手」（引用者）のものに移すことはできない。例えば次の場合、「私」を（19）文全文の話し手（引用者）を指すものと読むことはできないのである。

（19）＊和博は、「うん、私（＝（19）文全文の話し手）が電話に出る」と言った。

間接話法にするためには、感動詞・終助詞の類を除くことが前提となる。その意味で、「順序」があるというのなら、この場合はそう言ってもよいのかもしれない。けれども、こうした事実自体は、既に奥津（一九七〇）などでもはっきり指摘されていることであり、遠藤の創見ということにはならない。

3—6　以上要するに、遠藤は、「話法」を段階的に連続する五つのタイプに区別したのだが、これは〝〈もともとの発話らしさ〉の違い〟、視点にかかわる指示体系の違い、要約か否か、という次元の異なる事柄を折衷して、連続する系列のように並べてみせたに過ぎないのである。

そして、最初の事柄と三つ目とは、実は段階的に連続するものとは記述し難いのだから、残るのは、結局視点にかかわる指示体系が二重か一重かの違い、つまり、直接話法と間接話法の別ということになる。とすれば、結局この二つを大きく区別しておけば十分で、それ以上の細分は無用というのが本当のところだろう。

3—7　角度を変えて更に言うなら、次のようにも言えよう。直接話法と間接話法の別の問題は、確かに文法の問題となる。

（20）—a　明浩は智子に、君（＝智子）の番だと言った。

（20）—b　明浩は智子に、彼女（＝智子）の番だと言った。

右のａｂで、「君」「彼女」がともに「智子」を指すという読みにおいては、ａは引用句内にもとの話し手の視点が残る直接話法であり、ｂはａ文全文の話し手（引用者）の視点に統一された間接話法と解される。このことは、意味と形式の規則性として、この表現に即して決まることであり、その意味で、文法の問題なのである。

しかし、「完全直接話法」「一般直接話法」「修正直接話法」の別——という区別がもはや根拠が乏しいというなら、忠実に再現しようとしたものか何らかの修正が加わったものかの別は、つまるところ、もともとの発話がどうであったかという事実との関係で決まることで、コトバの規則性としての文法の問題を超えている。これは、「拡大間接話法」と「一般間接話法」等の別——つまり、要約か否かの別についても同断である。

〝どの程度もとの発話を忠実に（あるいは簡潔化・整備して）伝えるか〟とか〝要約か否か〟といった問題は、結果として使われた表現だけを見ていてもわからないことで、結局もとの発話をどのような形にして伝えたかという事実関係の問題であり、伝達する人間（引用者＝「第二の話し手」）がコトバを事実としてどうとり扱ったかの問題であるから、人間とコトバの関わりを問う語用論の問題として論ずべきことであろう。しかし、直接話法か間接話法かの問題は、伝達する人間が事実としてどちらの形で伝えるかといったことの前提として、まず、使われるコトバそのものが直接話法として、あるいは間接話法として解される表現でなければならない。そして、直接話法として、あるいは間接話法として解されるということは、表現そのものの意味と形式の規則性として決まってくることであるから、第一義的に文法論の問題である。

以上のように考えてくると、遠藤の所説の根本的な問題点は、語用論の次元で論ずべき事柄と文法論として論ずべき事柄とを、それぞれの位置づけをきちんとしないまま、折衷的に論じたところにあるといえるだろう。次元の異なる事柄をこのように折衷して、しかも「間接化の程度」の違いとして段階的に位置づけようとした結果、実は段階的に記述し得ない事柄が、あたかも段階的・連続的な関係にあるかのような整理を示したことは、極めてミスリーディングであったといわざるを得ない。しかも、それが、一貫して「文法規則」、すなわち文法の問題であるかのように論じられたことも、誤解を招くものであったと思う。

このような記述が、日本語の「話法」は連続的・段階的であるとの印象を一般に広めるのに大きな影響があったであろうことは想像に難くない。

しかし、そうした一種印象的な旧説にいつまでも独り歩きさせておくのもいかがなものかと思う。ここで遠藤の所説をとり上げて、あえて批判的に論じてみたのも、そこに〝話法連続観〟のような考え方がはらむ問題点が、典型的に見てとれると思えたからに他ならない。

４　補　足

4　「話法」についての遠藤の所説で今一つ特徴的なのは、「話法」の問題の一環として、枠文［注・地の文］の修正まで視野に入れる記述が見られることである。

例えば、呼びかけに用いられる名詞が感動詞相当として「一般間接話法」で削除されるということに関連して、ただし、削除したために誰に向けられた発話かわからなくなる場合は、その名詞を移動変換させる。

（9）『浩チャン、こっちへいらっしゃい。』

（9′）「こっちへいらっしゃい」と言って浩を呼んだ。　（八八頁）

といった指摘がなされているし、同じく、情意的な感動詞の削除に関しても、

これらも同様に削除する。感動詞の前後に感動詞の内容に相当する客体化された表現がある場合は、それに代替させられる。それだけでは意味が不十分な場合には、引用動詞（後述）その他による枠文の修正で補ってもいいが、これは随意である。（中略）

（10）『ヘエ、こいつはいいことを聞いた』

（10′）「こいつはいいことを聞いた」と言って喜ンデイタ。　（同右）

と、「随意」とはしながらも、地の文（枠文）での修正に言及がある。「話法」に関する変換の問題を、引用句「〜

ト」内に限定せず、地の文の修正まで視野に入れて論ずる所説は、日本語については、後の中園（一九九四）（二〇〇六）を除いては例のないものである。この点について、以下いささか補足的に考えておきたい。

こうした見解は、先にも引いたとおり、「第一の話し手の意図が第二の話し手という媒介者を通して第二の聞き手に正確に伝わるよう」にすることを「話法」の原則とする考え方に拠るもので、もとの「第一の話し手」の意図が正しく伝わるよう、不足することは、地の文に補ってでも示す必要がある（あるいは、余地がある）ということのようである。

しかし、コトバを引用する場合、常にもとの「第一の話し手」の意図まで正確に伝えられなければならないと考えるのは、一面的であろう。実際、次のaのような発話は、bのようにもcのようにも引用し得るものである。

（21）―a　丸山社長「私は潔白だ」
　　　→b　疑惑に対し、丸山社長は「私は潔白だ」と訴えた。
　　　→c　疑惑に対し、丸山社長は「私は潔白だ」と開き直った。

同じaのような発話について、少なくとも発話者（「第一の話し手」）の意図としては偽りのない〝訴え〟のつもりであっても、その意図を伝えてbのように引用されることももちろんあるが、また、その意図とは全く反対に〝開き直り〟としてcのように引用されることも十分あり得ることなのである。こうした一例でも十分うかがわれるようにコトバを引用して伝えるにあたっては、もともとの「第一の話し手」の意図を正しく伝えようとする方向がとられることもあれば、それを引く「第二の話し手」（引用者）なりの解釈が打ち出されることもあり更には、あえて〝曲解〟がなされるようなことさえあるだろう（そもそも、「正確に伝」えているつもりであっても、それは基本的には引用者自身が「正確」と考える解釈にすぎない）。あるいは、その発話の意図に頓着することなく、そのような発話があったことを単に示したいといった場合すらあると思われる。このように、引用表現はもとの発話の意図までを正確に伝えるものだとは必ずしも言えないのだから、もともとの「第一の話し手」の発話意図を伝えるよう地の文を調整するようなことを「原則」であるかのように、「話法」との関連で論ずる必要はないと考えられる（だから、例えば先に引いた部分（八八頁）とした引用箇所）の（9）の例は、（9″）「こっちへいらっしゃい」と言った、のような形で引用されることが十分あり得るのであり、「名詞を移動変換」などという文法規則があるかのようにいうのは行き過ぎだということである）。

確かに、「第二の話し手」（引用者）がもとの発話をその意図まで正確に伝えるべく引用表現を構成しようとする場合もあればそうでない場合もあろうし、それに応じて地の文がいろいろな形をとることもあるだろう。しかし、それは、もとの発話をどうとり扱うかという引用者の側の意図に左右される事柄であり、その意味ではやはり、コトバとそれを扱う人間との関係を問題にする語用論の方面で考えられるべき問題であって、少なくとももっぱら文法的な規則性としての「話法」というような形で整理されることではないだろう。このあたり、問題を文法論の方面で論じられる事柄と語用論の方面で論じられる事柄にきちんと整理して位置づけることなくないまぜに論じてきたことの混乱が露呈してきていると見てよいかと思う。

本章第七節でも論じるが、英文法の場合とは違い、日本語の場合、引用されたコトバの（引用句「〜ト」内での）書き換えが、地の文の動詞等の変更と連動するような規則性があるわけではなく、日本語については、「話法」の問題を「〜ト」内の引用されたコトバのヴァリエーションの問題に限って見ておくことで十分である。この項で言及・検討した遠藤の所説の一面は、あまり例のない特徴的なものではあるが、拠るべきものとはいえないと考える。

5　結び

5　以上、遠藤の所説について、否定的な方向で評言を連ねる形になったが、もとより、いたずらに他者への批判的言辞を事とするものではない。

遠藤（一九八二）が、先行研究の乏しかったその発表当時において、ともかくも「日本語の話法」を包括的に記述しようとした意欲作であったことは、疑いない事実である。そして、先にもふれたように、個々の事実記述において、確かに研究を進めた部分があることは、十分に評価すべきであろう。ただ、そうした部分も含め、「話法」を記述する基本的な構想として採られた、連続的・段階的な話法観というものが、次元の違う事柄を折衷してしまった無理な整理に由来するものであったということの問題性は、明らかにしておく必要があるだろうと思う。

遠藤以降、「話法」を連続的・段階的に考える〝話法連続観〟の考え方は、特に突きつめてその当否を検証されることもなく、日本語の「話法」についての一つの有力なとらえ方と目されるようになっていったと思われる。遠藤（一九八二）は、いわばそうした一つの研究的思潮の最初の段階に位置して影響の大きかった研究ということができようが、話法論の今後を考えるなら、その構想の当否を一度突きつめて論じておく意義もあろうかと考えた次第である。

注

（1）遠藤（一九八二）は、遠藤の修士論文「話法の体系と間接化」（一九七九、一）の要約の由である。あるいは、同修士論文にあたるべきかもしれないが、ここでは、公刊されて広く読まれた遠藤（一九八二）の記述に限って考察する。
なお、第3章第二・三節で見たとおり、遠藤に先行して、三上章も「日本語の話法」を一種折衷的で連続的なものと見るような見解を述べているが、三上の場合、その著作によって考え方に揺れがあり、十分整備された形で所説が展開されているとはいえない。三上の考え方を直接継承・発展させたとはいえないが、そうした著作も参看したうえで、「話法」を連続的・段階的なものとして明確な形で論じた研究としては、遠藤（一九八二）が嚆矢といえるだろう。

（2）この「一般直接話法」と「修正直接話法」の区別は、後の鎌田修などの所説に見られる「直接話法（直接引用）」と「準直接話法（準直接引用）」の区別に影響を与え、ある意味で継承されていると見られる。「準直接話法」というようなタイプを立てる見解については、この稿での問題指摘がそのままあてはまる部分があるといえる。

（3）念のため、具体的な例に即して敷衍しておきたい。

「私、このままじゃ引き下がれない。けれど、ずっと、引きずりたくもない。どうすればいいのか、分からないんだけど――でも、絶対にこのままじゃあ」

「――分かります」

「せっかく、主人が残してくれたものを、あんな男と小娘にむざむざとだまし取られた――そんな思いを断ち切る為の、何かの励みにしたいんです」

塚原は、有子の涙が乾くのを待った上で、あれこれと考えあぐねた挙げ句、私に任せて欲しいと言った。彼女は、初めて少しばかり安心した表情になって、「急ぎませんから」とだけ言うと、かつてないほどに丁寧に頭を下げて帰っていった。

右は、ある小説の一節である（説明に用いる便宜上、一部原文を改めた部分があるので、出典名は示さない）。傍線を付した「私に任せて欲しい」の部分は、塚原という登場人物の発話を伝えるもので、「私」が発話者塚原を指すという指示のあり方からしても直接話法的である。しかし、塚原が実際に「私に任せて欲しい」というコトバをそのまま発話したものとは考えられないだろう。他方で、実際の発話を忠実に伝えるらしい「分かります」といった塚原のコトバも引かれており、そうしたていねい体のコトバがやりとりされるこの状況では、非ていねい体のぶっきらぼうなコトバが出てくるとは思えないからである。となると、右の「私に任せて欲しい」は、直接話法であっても、もともとの発話を忠実に伝えるものではない、今一つ別のタイプの表現として理解されるものだといえる。つまり、この文章では、実際のコトバを忠実に伝えるものと見える「分かります」「……んです」「急ぎませんから」といったコトバの引用との対比において、「私に任せて欲しい」のような非ていねい体の言い方が、もとの発話を一段簡潔化して引く引用表現として、使い分けられているわけである。

このような使い分けが成り立っている文章では、同じ直接話法での、より忠実と解される形と一段簡潔化されたと解される形とをタイプの違う表現として区別することは意味がある。しかし、それはあくまで、そうした使い分けが成り立つ個々の文章について考えられることで、個別の文章表現の特性を考える文体論の問題として論じられるべき事柄である。だから、そのような使い分けが成り立っていると考える必要のない文章においては、同じ「私に任せて欲しい」が、実際に発話されたコトバの忠実な再現と十分解し得ることになる。次例では、「私に任せて欲しい」というコトバが実際そのまま発せられたものと考えても、不自然ではなかろう。

「大丈夫なのか」と藩士たちは口々に問うた。
「大丈夫だ。私に任せて欲しい。貴公らの志は、決して無駄にせぬ」と、虎三郎は声を励して言った。

こうした問題は、個別の文章表現の特性として論ずべきことで、あくまで文体論の問題なのである。

第四節　砂川有里子の「引用文の３つの類型」

１　はじめに

1　一九八〇年代の後半には、砂川有里子が新たな角度から日本語の引用に関する統語論的研究を公にした。この時期の砂川の引用に関する研究としては、次の四編の論文があげられるが、

①砂川有里子（一九八七）「引用文の構造と機能―引用文の３つの類型について―」
②同　（一九八八ａ）「引用文の構造と機能（その２）―引用句と名詞句をめぐって―」
③同　（一九八八ｂ）「引用文における場の二重性について」
④同　（一九八九）「引用と話法」

とりわけ注目すべきは、①で提示された「引用文の３つの類型」、そしてその基礎にある「場の二重性」という考え方である。そこで、この節では、砂川の「引用文の３つの類型」という分析に焦点を当てて、その意義と問題点について検討してみたい。

２　「３つの類型」とは何か

2―1　砂川は、砂川（一九八七）において、引用句「〜ト」と述語の引用動詞が結びつく引用文（引用構文）の形をとる表現にも、（１）のような典型的なものとは意味・統語的に区別すべきタイプのものがあることを指摘している。

（１）　恵美子は、友ヶ島へ行こうと提案した。

すなわち、まず次のような「〜ト見エル」「〜トイウ」「〜ト聞ク」の形をとる文がそれである。

（２）―ａ　恵美子は友ヶ島の景色が気に入ったと見える。

（３）―ａ　新型インフルエンザの患者は今も増加中だという。

（４）―ａ　友ヶ島まではわずかの船便があるだけだと聞く。

これらの「見える」「いう」「聞く」は、動作・知覚の主体が考えられるとしても、それを主語としてとることはできない（もっとも、「見えた」のような「〜タ」の形をとった場合は、主語はとれる）[1]。

（２）―ｂ　?私（に）は、恵美子は友ヶ島の景色が気に入ったと見える。

（３）―ｂ　?識者は、新型インフルエンザの患者は今も増加中だという。

（４）―ｂ　*私は、友ヶ島まではわずかの船便があるだけだと聞く。

（２）―ｃ　私（に）は、恵美子は友ヶ島の景色が気に入ったと見えた。

（３）―ｃ　識者は、新型インフルエンザの患者は今も増加中だといった。

（４）―ｃ　私は、友ヶ島まではわずかの船便があるだけだと聞いた。

主語がとれないということは、動詞としての実質を失って、「ト見エル」「トイウ」「ト聞ク」の形で、助動詞的な形式に「成り下がって」いることを示すものである。実際、これらの「ト見エル」「トイウ」「ト聞ク」は、推定・伝聞の助動詞「ラシイ」「ソウダ」と置き換えても、ほぼ同義といえる。

（２）―ｄ　恵美子は友ヶ島の景色が気に入ったらしい。

（３）―ｄ　新型インフルエンザの患者は今も増加中だそうだ。

（４）―ｄ　友ヶ島まではわずかの船便があるだけだそうだ。

更に、「ラシイ」「ソウダ」といった助動詞は、その発話の時点で抱いている判断・認識の内容を伝えようとするものであるため、否定や疑問の形をとることが難しいが、

（2）―e　*恵美子は友ヶ島の景色が気に入ったらしくない。
（2）―f　*恵美子は友ヶ島の景色が気に入ったらしいか。
（3）―e　*新型インフルエンザの患者は今も増加中だそうでない。
（3）―f　*新型インフルエンザの患者は今も増加中だそうか。
（4）―e　*友ヶ島まではわずかの船便があるだけだそうでない。
（4）―f　*友ヶ島まではわずかの船便があるだけだそうか。

その点では、「ト見エル」「トイウ」「ト聞ク」も同様である。

（2）―g　*恵美子は友ヶ島の景色が気に入ったと見えない。
（2）―h　*恵美子は友ヶ島の景色が気に入ったと見えるか。
（3）―g　*新型インフルエンザの患者は今も増加中だといわない。
（3）―h　*新型インフルエンザの患者は今も増加中だというか。
（4）―g　*友ヶ島まではわずかの船便があるだけだと聞かない。
（4）―h　*友ヶ島まではわずかの船便があるだけだと聞くか。

こうした点からも、「ト見エル」「トイウ」「ト聞ク」といった形式が、動作を表わす動詞としての実質的な意味が乏しくなって、判断のムードを表わす助動詞的形式に「成り下がって」いることは、明らかである。

また、これらの「ト見エル」「トイウ」「ト聞ク」を取り除いても、伝達される事柄自体は同じである。例えば、

（3）―aを・iのようにしても、

（3）―a　新型インフルエンザの患者は今も増加中だという。

（3）―i　新型インフルエンザの患者は今も増加中だ。

「新型インフルエンザの患者が今も増加中である」コトという伝えられる事柄は同じである。「トイウ」が、伝聞のムードを表わすものになっているのに対し、それを除いたｉは断定（確言）のムードを伴うものと解され、伝達される命題内容自体に相違はないからである。こうした観察からも、「トイウ」等の形式の助動詞化という見方は支持される。

　このように、引用句「〜ト」＋引用動詞の引用文の形をとりながらも、「ト」と引用動詞の部分が助動詞相当に「成り下がって」いるタイプの文を、砂川は、「〜と見える」型と呼ぶ。

2―2　一方、次のような「〜と思う」のような形をとる文は、典型的な引用文とも「〜と見える」型とも区別される今一つのタイプとされる。

（5）―a　来年にはもう一度友ヶ島へ行こうと思う。

　この種の「思う」の場合、主語としてとれるのは話し手（一人称者）のみであり、自由に主語がとれないという点で、述語動詞としての働きが大きく失われていることがわかる（「思った」とすると自由に主語がとれることと比較されたい）。しかも、この「ト思ウ」の部分を削除しても、やはり基本的に伝達される事柄は変わらない。

（5）―b　来年にはもう一度友ヶ島へ行こう。

ただ、ｂに比べａの方が、控えめに表現しようとする気持ちが働いているとして、砂川はこうした「ト思ウ」には「話し手の確信の度合いをやわらげる」働きが託されると考え、それを仮に「婉曲のムード」と呼んでいる。すなわち、この種の文における「ト思ウ」という述語部分も、ムード的な文末形式に近づいている面があるというのである。

しかし、ムード的な形式に近づいているといっても、「〜と思う」の場合、次のような類義の動詞による表現との対立が考えられるから、まだ動詞としての実質的な語義が完全に希薄化しているわけではない（更に言えば、制約があるにせよ、主語がとれないわけでもない）。

（6）―a　天気は回復すると思う。

（6）―b　天気は回復すると考える。

（6）―c　天気は回復すると信じる。

こうした「〜と思う」のような文を、砂川は、「〜と思う」型と呼び、典型的な引用文と「〜と見える」型とのいわば中間段階的なものと考えている。

以上、砂川によれば、引用文（引用構文）には、典型的な引用文、「〜と思う」型、「〜と見える」型の3つの類型が考えられるということになるのである。

2―3　次いで砂川は、以上の事実を総体的に位置づけるために、「場の二重性」という観点を導入する。

「場の二重性」とはどういうことか。砂川によれば、「[藤田注・一般の]引用文は、もとの文の発言の場と当の引用文の発言の場という二つの場の、前者を後者の中に入れ子型に取り込むという形の二重性によって成り立っている文であると言える」（八四〜八五頁）という。確かに、例えば、先の（1）の例では、

（1）―a　恵美子は、「友ヶ島へ行こう」と提案した。

先行するある「場」で発話されたcのような発話がとり込まれたものと見なされるから、

（1）―b　友ヶ島へ行こう。

aの一文において、この一文全体が発話される「場」があり、それに先行するb文の発話される「場」があることが見てとれる。砂川は、一般の引用（構）文を、そうした二重性によって特徴づけようとする。

　さて、「場の二重性」という見方から、必然的に次のようなことが出てくる。再び（1）―aを例としよう。まず、引用句の中の文「友ヶ島へ行こう」は、［友ヶ島へ行く］コトという命題内容と勧誘（もしくは、主張）のムードから成るものととらえられる。そして、（1）―aの全文は、［恵美子が…提案した］コトという命題内容と、それについて確言するムードから成る。前者のムードは、もともとの（b文の）話し手「恵美子」のもともとの「場」での心態であって、もともとの話し手に帰属するものであり、後者のムードは、このa文の発話の「場」におけるa文の発話者の心態であって、引用（構）文の話し手に帰属する。このように、一般の引用（構）文は、「場」が二重であることから、必然的に〝命題内容＋ムード〟が入れ子型に二重になるのである。

　このような観点から一般の引用構文を規定した時、先の「～と見える」型との構造の相違は明らかであろう。すなわち、

（2）―a　恵美子は友ヶ島の景色が気に入ったと見える。

などでは、「ト見エル」の部分が助動詞相当に「成り下がって」いるわけだから、この文では［恵美子は友ヶ島の景色が気に入った］コトという命題内容について、「ト見エル」がこの文の話し手の推量的な心態を表わすムード的表現となっており、〝命題内容＋ムード〟の関係は一重でしかない。一般の引用構文との構造の違いは、はっきりしているのである。

　ところで、「～と思う」型の場合はどうであろうか。確かに「ト思ウ」の部分が助動詞的なものに近づいているとはいえ、引用句の中には、はっきりムード分化が見られる。それは形式として次のように明示的に現われることもできる。

（6）―d　私は、天気は回復するだろうと思います。

　つまり、「～と思う」型でも、〝命題内容＋ムード〟は二重になっているのである。この点から、砂川は、「この

両者［藤田注・一般の引用構文と「〜と思う」型］は、少なくとも二重の場によって構成されているという点では、共通した特徴をもっている」（八八頁）と結論する。砂川論文では、「場の二重性」が、一般の引用（構）文を特徴づける基本概念とされる以上、まず最も基本的な点では、「〜と思う」型は、一般の引用（構）文に近いものと位置づけられていると読んで然るべきだろう。

2—4　以上、砂川の所説の要点を見てきた。砂川の示した以上の観察・タイプ分けは極めて興味深いものであり、今日でもその意義を失っていない。筆者も、この論文には教えられるところが少なくなかった。しかしまた、改めて読み直してみると、一点大切なところで大きな問題をはらんでいるように、筆者には思える。

端的に述べれば、砂川は、「場」が二重であるということを、〝命題内容＋ムード〟が二重であることと同義のように考えている（それ故、「〜と思う」型の位置づけも前節のようになってくる）。しかし、「場」という考え方が本来意味したはずのところからして、はたして、それが妥当なのだろうか。

確かに、「場」が二重であるから、〝命題内容＋ムード〟が二重ということになろう。しかし、逆は必ずしも真ならずであって、〝命題内容＋ムード〟が二重であるなら、常に「場」が二重であるといった見方は、論理としても必ずしも成り立つものではない。

「場」が二重になるということは、引用されたコトバを構成要素とする本来的な意味での「引用（構）文」を特徴づける、注目すべき事実だと考えられる。その点では、砂川の考察は評価されるべきであるが、そこからの、「場の二重性」という考え方の右のようないささか性急な展開が、結論的にも妥当だとは思えない。従って、具体的には、まず「〜と思う」型の位置づけが首肯できないのである。この点、「場」が二重になるとはどういうことかといった基本的な論点に立ち返って、筆者なりの立場から問題を見直してみたい。

3　引用構文の構造と「場の二重性」

3―1　そもそも、引用構文において、「場」が二重になるとはどういうことなのだろうか。ここでの「場」という用語を素直に解するなら、発話（思考）の行なわれた時―所―状況（T―P―O）をいうものであろう（砂川も、「第1の発言の場」「第2の発言の場」といった言い方をする）。とすると、「場」が二重であるとは、引用構文において、引用句にひかれた「文」が全文の発話されるT―P―Oとは異なるT―P―Oで先に発せられ、そこでの秩序づけを引きずっていると読めることだといえる。[2] 例えば、次の例では、

（7）　誠は、「私が行きます」と言った。

「私が行きます」がどこか別のT―P―Oで先に発話されたもので、（7）の文はそれをそうしたものとして取り込んでいると読めることに他ならない。「場の二重性」とは、本来そういう事実をとらえようとした言い方であったと見られる。

しかし、むしろ考えるべきは、引用構文において、どうしてそのような二重性が生じ得るのか、どうして一文中に異なるT―P―Oの秩序づけが共存できるのかということである。このことを掘り下げて考えるために、引用構文の構造とはどのようなものか、ここで立ち入って検討してみることにしたい。

3―2　典型的な引用構文の例として、右の（7）をとりあげる。（7）が対象世界の事柄をどのように表意するかは、次のように図解できる。

〝誰カガ発話スル〟といった事柄を文で表現するとすると、その時、対象世界に存在すると見なされるモノは、まず行為主体の〝誰カ〟――（7）の場合「誠」――である。主体である〝誰カ〟が〝発話スル〟というあり様《よう》で存在するということ、それが〝誰カガ発話スル〟という事柄・出来事である。ところで、行為とは主体の帯びてい

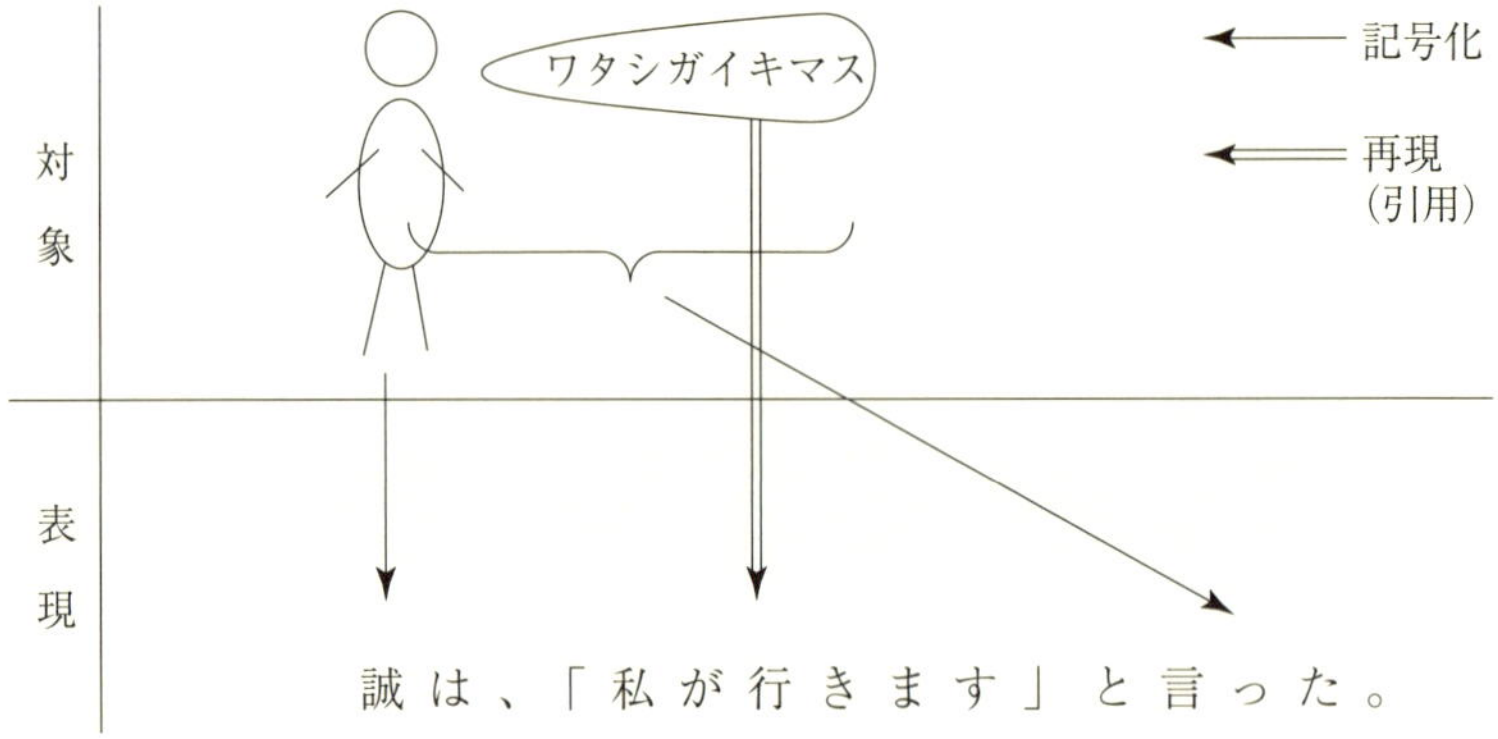

図1　例文（7）の表意のあり方

る動的なあり様《よう》ということができるが、〝発話〟という行為は、具体的な形としては、一定の言語音の連続として具現するものと見ることもできる。図に即して言えば、（7）の場合「ワ・タ・シ・ガ・イ・キ・マ・ス」という一音一音が生み出されることが、すなわち、〝発話〟という行為がなされることに他ならない。つまり、行為主体の〝発話スル〟という行為は、対象世界に生み出される「ワ・タ・シ・ガ・イ・キ・マ・ス」という一連の音連続の形で実現しているということができる。

〝誰カガ発話スル〟という事柄を引用構文で描き出すということは、〝誰カ〟の〝発話スル〟という行為を、レベルを違えて二重に表現することである。[3] すなわち、（7）の場合なら、対象世界に存在するモノとしての主体を「誠（は）」と名づけて示すとともに、その行為を、一方では「言った」と述語用言として名づけ、[4] 抽象化して表わしながら、また他方では（その行為の形・現われともいうべき）「私が行きます」というコトバを引用句に再現する形で、具体的にも示す。引用句に示される発話こそ、「言った」と名づけられる行為に他ならないのである。[5] 両者は、対象レベルでは等価であるが、しかし、もちろん表意の仕方が違い、記号としての性格が異なる。引用されたコトバ「私が行きます」は、対象世界において所与と見なされるコトバを再現するという形で一つの行為を写し出すものであるのに対し、「言った」は、この（7）全文の発話に際して、表意すべき行為を名づけ、抽象化すべくあてはめられたものである（このように、発話に際して、名づけ、抽象化すべく対象にあてはめられるのが通常の言語記号である）。こうした表意のあり方における言語記号の質の差については、藤田（二〇〇〇a）などで論じているが、以上見るとおり、引用構文においては、引用句の引用されたコトバとそれ以外の部分とでは、再現された所与のコトバ―新たに運用されあてはめられたコトバ、といった質差がある。これが引用構文における引用されたコトバと所謂〝地の文〟のレベル差の本質であり、引用構文の構造を本質的に特徴づけるものということができる。

3―3　表意のあり方という点では、一般の引用構文は、発話・思考といったコトバを用いる行為をレベル差をもって二重に表現するものだといえた。

一方、線条的に見てみれば、引用構文の構造は、述語が引用されたコトバの部分に対して「ト」を介してメタ言語的に言及すると読める関係構造になっている。この関係は、指示語に由来すると見られる助辞「ト」によって支えられるもののようで、例えば（7）なら、引用句に示される「私が行きます」という発話こそ、「言った」と名づけられる行為（の再現）なのであり、指示的に働く「ト」を介して前者を指して後者が言及するものと読める関係構造が見てとれるのである。

3―4　以上、引用構文は、表意のあり方からすれば、所与のコトバ―新たに運用されたコトバというレベル差をもって発話・思考を立体的に描くものであり、線条的には「ト」の指示性に支えられて、引用されたコトバに対し述部がメタ言語的に言及する構造になっていると特徴づけることができる。

こうして見てみた場合、引用構文において、何故「場の二重性」が生じるかは明らかであろう。引用されたコトバは、所与のコトバを再現する形で表わすものであり、発話に際してその時点で対象を名づけ抽象化して表わす通常の言語記号とは質の異なるものである。所与のものの再現という質の異なる表現性に支えられた異質の記号が組み込まれているところに、秩序の二重性が生まれてくる。引用されたコトバの部分が所与のものの再現と見なされるものであるから、その部分が引用された所与のものとして、先行して発話されたその「場」（T—P—O）の秩序を引きずっていると読めるのである。「場」が二重になるということは、所与のものを再現する形で表わす異質な記号が組み込まれた構造であるという引用表現の本質に根ざすものなのである。

4　再び「3つの類型」について

4—1　以上の検討をふまえて、再び、砂川の「3つの類型」の問題に立ち戻りたい。まず、先にふれた「〜と思う」型の位置づけについてである。

砂川は、〝命題内容＋ムード〟が二重になることを根拠に、「〜と思う」型にも、「場の二重性」が認められるとし、これと一般の引用構文との共通性を強調する。しかし、既述のとおり、〝命題内容＋ムード〟が二重になることが、「場」が二重になることを意味するという論理は、必ずしも成り立たない。「場」という考え方の本来の方向からすれば、「場」が二重になるということは、引用句「〜ト」内のコトバが、全文の発話される「場」（T—P—O）に先行する別の「場」（T—P—O）で発話された所与とみなされるコトバが再現される形で組み込まれたものであるということによって生じるものといえる。ところが、「〜と思う」型の場合、「〜ト」にあらわれるコトバは、実は先行する所与のものの再現ではなく、むしろ、その「場」でのリアルタイムの考えの表明と見られる。このことは、例えば次のような文で、

（8）　今、私は、現時点での失敗は明らかだと思います。

〝now〟の意の時を指示する語について見れば、「〜ト」内の「現時点」も、地の文の側の「今」も、同じく（8）

文の発話時を指すといった事実でも明らかであろう。引用句「～ト」に現われるコトバが、先行する「場」での所与のコトバではなく、地の文と同時に産出され、同じT—P—Oの秩序に従うものとなっているとすれば、「場」が二重であるとは言い難い。この点、砂川も、「～と思う」型では、「2つの場が一つに重なり合うような力が働いている」（八八頁）と述べているが、〝命題内容＋ムード〟が二重であること＝「場」が二重である、といった図式的理解を捨ててしまえば[6]、「～と思う」型では、「場」は一重であるというのが、自然な理解というべきである。

そして、そもそも統語的な引用表現は、所与のものを再現する形で示す異質の表意様式によるコトバ（記号）を組み込んだものであることに本質があった。とすれば、「～ト」にひかれるコトバが所与性を失っている「～と思う」型の表現は、もはや引用表現としての本質を失ったものと言わざるを得ない。「～ト」内に所与性が認められなくなって、引用表現から、「場」がもはや一重でしかない通常の文の世界へ踏み出したと言ってもいい。その点で、所与のコトバ（の再現と見なされるもの）を組み込んで、「場の二重性」が認められる一般の引用構文と、「～と思う」型とは、まず、はっきりと区別されなければならない。

4—2　以上のように区別を明確にした上で、砂川の示した「3つの類型」（一般の引用（構）文—「～と思う」型—「～と見える」型）を、筆者は、統語的引用の構造が、引用表現としての本質を失って、引用表現ならざる辞的形式へ転化していく段階として理解したい。

もちろん、砂川の所説自体も、一方でそうした方向性をもつものであったが、「場の二重性」という考え方が的確に展開されていないと見られる点で、そうした方向の考察にも不適切な点が残されたし、他方また、もっぱら「～ト」と〝引用動詞〟の結びつきという形の面からだけ「引用文」を規定し、上記の「3つの類型」をそうした「引用文」のタイプ分けとして提示することは、統語的な引用表現をいかなるものと考えるかという点で、むしろミスリーディングというべきではなかったかと思う。砂川の研究の意義は認めつつも、ここで一たんそうした問題点を精算して、事柄の位置づけを明確にすることが、その観察を生かす方途でもあろうと思う。

5　結びに代えて

5　研究史的な立場で、いささかの補足を加えておく。

砂川は、右の「場の二重性」という見方に拠って、引用表現の統語的分析に取り組んでいった。第1項に掲げた②③はその所産で、②の砂川（一九八八ａ）は、引用句「〜ト」と「〜コト」節や「〜カ（ドウカ）」節の表現性の相違を論じたものであり、③の砂川（一九八八ｂ）は、発話・思考にかかわる意味の動詞が引用句「〜ト」をとるか「〜コト」節をとるか（また、両方とれるか両方とれないか）という問題を考究したものである（なお、④の砂川（一九八九）は主に「話法」について解説したものだが、これについては、本章第七節の**2**—**3**で少しふれる）。

それらの観察には、今日でもなお傾聴に値する部分があるが、問題な点もある。(7)概していえば、そうした事柄は、引用句の引用されたコトバが所与と見なされるコトバを再現する形で示すものであるという引用表現の本質から、適切に説明されることである。およそ「場の二重性」というようなことは、そうした本質的なあり様《よう》の結果として観察されることであって、事柄の本質を説明するような説明概念ではない。このような見方にもっぱら拠っての引用研究には限界があったと思われ、実際この時期の砂川の引用研究は、以上の四本の論文でいったん途切れることになる。そして、二〇〇〇年代に入って、砂川が再び引用の問題を論じるようになっても、この時期の「場の二重性」の所論と二〇〇〇年代の所論がどうつながるのか、明確な説明はないのである。

一つ注意しておきたいのは、「場の二重性という概念は、それ自体として明確に規定されたものではなく、ましてや完成された理論的立場でもない」（砂川（一九八八ａ）七五頁）と、自身も述べているように、「場の二重性」、そして「場」という考え方は、まだ十分突きつめられたものではなかった。そして、その点が十分に詰め切れていなかったことが、十年ほどの間をおいた砂川の二〇〇〇年代の研究に影を落としているように、筆者には思える。詳しくは、第6章の第二節に論じたい。

注

（1）　砂川説の紹介の部分であるので、用例の判定は、基本的に砂川のものによるが、（2）－b・（3）－bは、このような表現も不可ではないかもしれない。しかし、その場合は「見える」「いう」には実質的な意味が明確に読み取られ、（2）－aや（3）－aの「（と）見える」「（と）いう」とは、はっきり違ったものになる。ムード形式的なものとなった「（と）見える」「（と）いう」の場合は、主語がとれないという砂川の論旨自体は、妥当だといえる。

（2）　ここでは、直接話法の場合を典型的なものとして念頭において論じる。間接話法の形は、引用されたコトバが引かれる全文の秩序に合うような形に改編されたと見なされる一つの派生的な形である。

（3）　ここでは、さしあたり筆者が第Ⅱ類と呼ぶ次のようなタイプのもの――「～ト」の発話と同一場面共存の別の行為等が述語に示される関係の引用構文は考慮に入れない。

（ア）　千恵は、「おじゃまします」とドアを開けた。

（4）　念のため、ここで「名づける」というのは、一回的な命名ではなく、対象を一つの言語記号の所記概念と同定し、それにその記号を付与して言い表わすといった謂である。

（5）　従って、引用句にひかれる具体的なコトバが「ト」を介して述語に対してその内実として照合される構造ということもできる。「ト」をあくまで引用句の一部として見たなら、こうした把握も線条的には可能である。

（6）　では、一文において〝命題内容＋ムード〟がどうして二重になり得るのだということになるかもしれないが、それは「～ト」のムード許容量の大きさということで説明されるべきことかと思われる。「ト」は指示語に由来するので、「～ト」は、次のような提示句的な形でコトバを承ける表現が、文の構成要素としてとり込まれていったのではないかと思われる。

（イ）　きっと成功するだろう――そう思う。

（cf.　きっと成功するだろうと思う。）

とすれば、ムード的なものをとり込む容量もかなり大きいと考えてよいのではないか。

（7）　例えば、藤田（二〇〇〇ａ）第２章七の５を参照。

第五節　鎌田修の引用研究

1　はじめに

1―1　本節では、鎌田修の引用・話法に関する所説を検討する。鎌田は、鎌田（一九八三）（一九八八）で、日本語の話法の問題について独自の所説を展開し、二〇〇〇年には『日本語の引用』（以下、鎌田（二〇〇〇ａ））なる研究書を公にした。一九八〇年代以降の日本語の引用研究の展開の中で一定の役割を果たした主要な研究者の一人と言うことが出来る。

鎌田の所説に関しては、鎌田（二〇〇〇ａ）がその引用・話法研究の集約であり、結論的見解を示すものと見られるので、ここではもっぱらこれをとり上げて、筆者なりの批判を述べ、そのことを通して筆者の引用研究の立場を明確にしたい。また、必要に応じその他の鎌田の論文にも言及する。

鎌田の所論については、突きつめて言えば、二つの大きな問題点があるように思われる。第一には、先行研究をちゃんと読んでおらず、引用研究の（二〇〇〇年段階の）研究水準が理解できていないということである。その結果、そうした認識から出てくる発言が、しばしば時計の針を逆に回していることにもなる。第二には、個々の言語事実の位置づけが必ずしも適切でないということである。このことは、ある種の予断の先行する議論がしばしば目につくことと裏表でもあろう。

残念ではあるが、文法論としての引用研究のこれからを考えるなら、その所説のこうした問題性を明らかにしておくことが大切であろうと思う。

1—2　本節では、次のような順で論じることにしたい。

まず、議論の前提として、次の第2項で、日本語の文表現において、どのようなことを「引用」と呼んで論じるのか、筆者の考えを明示して、鎌田の所論と対比する。考え方の根本的な違いを明確にするものであるが、それが単なる立場の違いとして片づけられることではないように、筆者は思う。2を承けて、第3項では、引用句「〜ト」の位置づけ等をめぐる統語的問題についての鎌田（二〇〇〇a）第1章の所論の問題性を論じる。この第1章は、実は鎌田（一九九九）の内容をほぼそのまま再録したものであり、鎌田（一九九九）に対しては既に藤田（二〇〇〇b）で批判を示した。その批判は、現段階でも有効と思われるが、鎌田（二〇〇〇a）で更に付け加えられた内容もあるので、重複をいとわず再論する。次いで、第4項では、鎌田（二〇〇〇a）の第2〜5章の所謂「話法」についての所論について検討する。ここまでで、鎌田の所論についての検討としては十分であるが、同書第4章の3には、かつて筆者が、藤田（一九九六a）で示した鎌田の話法論に対する批判への反論の形をとった記述がある。誠に「断章取義」という古語がそのままあてはまるような書き方であるので、本節第5項として、この点についての事実関係を明確にしておきたい。

2　日本語における「引用」とはどういうことか

2—1　筆者は、日本語の引用表現の研究にあたって、何より日本語の言語事実についての自然で適切な理解を大切にしたいと思っている。従って、引用表現の研究においては、まず我々が日本語で「引用」と呼ぶのがどのような表現なのかをおさえ、それを対象として、その本質を考究しようとしてきた。

（1）—a　ここで先人の言葉を引用しよう。森有正は、かつて、経験が名辞の定義を構成すると述べた（／主張した）。我々も、この言葉の意味するところを、今一度よく考えてみなければなるまい。

（1）—b？ここで先人の言葉を引用しよう。森有正は、かつて、経験が名辞の定義を構成することを述べた

（／主張した）。我々も、この言葉の意味するところを、今一度よく考えてみなければなるまい。

aに対しbのような言い方——「引用しよう」と言っておいて、bのように続けることは不自然である。つまり、我々が「引用」と呼ぶものは、我々のナイーヴな直観に従う限り、bのような表現ではなくて、aのような言い方なのである。[1] それが日本語の「引用」という言葉づかいの正当な理解だといえる。日本語の引用表現の文法的な研究は、bなどと異なるものと我々がナイーヴに意識しているaのような表現の特質を明らかにするところにこそ、眼目が置かれなければならない。筆者が、文中引用句「〜ト」による引用構文の研究を中心として引用研究を展開していくのも、極めて自然に日本語の言語意識に即したものなのである。

2—2　一方、鎌田（二〇〇〇a）では、「引用」とは〝メッセージの伝達〟ということの言い換えであり（5〜7頁）、もともとの伝達の「場」における言語情報的なものを伝える表現といえるなら、どのような形であれ、「引用」だとする。先のbの「経験が名辞の定義を構成することを主張した」なども、もともとの発話の内容を伝達しているという点では、「引用」だというのである。

けれども、「伝達する」という言葉づかいで我々が理解するところと、「引用する」という言葉づかいで我々が指し表わすところとは——鎌田が言うような、「伝達」は話者自身の思考等を伝えることも指す云々は措いたとしても——決して同じではない。先の（1）の例で言えば、我々は、確かにaもbも、森有正氏の発言の内容を何らか「伝達する」ものとは考えるが、aを森氏の言葉を「引用する」ものと考えても、bをそのようには考えない。我々は、直観的にaとbとの違いを知っており、そして、それを「引用」と呼ぶべきものと然らざるものとの違いとして了解している。その、直観的にとらえている違いが何なのかを究明していくところに、日本語の引用表現の本質を考究していく方途が拓けてくる。くり返しになるが、筆者の引用研究の方向性は、そのようなものである。

もちろん、学術研究の用語は、その内容を定義して用いればよい。それは確かに自由である。とはいうものの、日本語の研究において第一に求められるのが日本語の言語表現に対する繊細な語感・洞察力であるということを考える時、「『ある発話を誰かに伝える言語行為』を示すには『伝達』より『引用』という用語のほうかふさわしく」（七頁）などという粗笨な用語感覚で「引用」が語られることは、誠に残念なことと言わざるをえない。そのようなデリカシーのなさが、我々が直観的に既に知っている大切な違いをきちんと見ていく、その目を曇らせるものだからである。

2―3　実際、引用句「～ト」は、他の文構成成分には見られない独自の文法的振る舞いを示す。例えば、「～コトヲ」と対比して見ていただきたい。

（2）―a　誠は、黒砂糖が身体によいと言った（／教えた）。
（2）―b　誠は、黒砂糖が身体によいと一つとり出した。
（3）―a　誠は、黒砂糖が身体によいことを言った（／教えた）。
（3）―b　*誠は、黒砂糖が身体によいことを一つとり出した。

（2）の「～ト」の場合、aのように引用句のような発話が、述語「言った（／教えた）」で示される行為に相当するという関係になる構造（第Ⅰ類（以前の筆者の用語ではβ類））も形成できるが、bのように引用句の発話と、述語の示すそれとは別の行為とが同一場面に共存する関係で示される構造（第Ⅱ類（以前のα類））も形成できる。これに対して、（3）の「～コトヲ」の場合、（3）―aは一応（2）―aに近いものと見ることができるかもしれないが、（2）―b（第Ⅱ類）のような構造は、もちろん形成できない。（2）―bのような構造が形成できることは、「～ト」の、「～コトヲ」などと異なる極めて独自の性格なのである。そして、このことは、「～ト」が引用されたコトバによる表現であること――その引用されたコトバの独自の表現性に支えられているものと考えられる

（詳しくは、藤田（二〇〇〇ａ）など参照）。このように、言語事実としての独自性があるからこそ、そこに研究がなされる必然性がある。そのような事実としての独自性を正しくおさえ、その面から対象を画定し、その独自性を究明していくことこそ、必然性のある研究の組み立てであろう。筆者が志向するのは、そのような方向である。

一方、「〜ト」の独自性を正しくとらえられない鎌田（二〇〇〇ａ）は、その特質の究明はおろか、「〜ト」の統語論的・品詞論的位置づけにさえ失敗している。その点は、次の第3項で見てみたい。

また、「引用」＝「伝達」とまず置いて、鎌田（二〇〇〇ａ）では、もとの言語をどれほど忠実に言語化して伝えるかの違い――間接化の度合の違いとして、所謂「直接話法」と「間接話法」を連続的なものと考える。そして、直接話法では必ず「〜ト」の形をとるが、間接話法には、それ以外の（間接化の度合も異なる）多様な形式の表現を含むものとする。しかし、ごく素直に考えれば、「引用」されたものであることを前提に、その「引用」のあり方に、「話法」の別があると考えられるのだから、「引用」とは何か、その点を言語事実に即して十分省察することなく、いきなり「引用」＝「伝達」という設定から出発して、そこに挙がってくるものを連続的に見ることに、どれほど必然性があるのかは、よく考えてみる必要がある。つまり、連続性があると一括される一連の言語事実に、本当に一貫した共通性・独自性が内在するのか疑問だということである。

少しだけ例をあげると、鎌田（二〇〇〇ａ）に従えば、先の（2）（3）―ａのみならず、次の（4）―ａｂのような表現も、「誠」の言葉を伝える「間接話法」だということになるようである（第3章参照）。

（2）―ａ　誠は、黒砂糖が身体によいと教えた。
（3）―ａ　誠は、黒砂糖が身体によいことを教えた。
（4）―ａ　誠は、黒砂糖の効能を教えた。
（4）―ｂ　黒砂糖はいいらしい。

おそらく、(2)—aに比べると(3)—a以下は間接化の度合が高いということになろう。けれども、例えば(4)—aと(4)—bの違い、あるいは(3)—aと(4)—aの違いは、表現の質の違い——どのような角度・側面から、どのような立場で物事を描くかの違い——というべきものであろう(この点に関しては、本書第6章第一節の松木正恵に対する批判をも参照)。確かに(2)—aから(4)—bまでのそれぞれの表現の間には、「誠」の言葉を伝えるものとしてそれぞれ違いがある。しかし、そうした違いが同一次元の程度差として量的にとらえられるとも思われない(例えば、(2)—aに対し、(4)—aと(4)—bとでは、どちらがどの程度間接度が高いといえるのだろうか?)。

もとより、規準の設定次第で、物事を連続的なもの・一連のもの(=類)ととらえることは、どのようにも可能だろう。しかし、敢えて右のような表現を間接化の程度の違う「間接話法」だと一括りに見たところで、それは言語に内在する性質を究明するのではなく、言語事実に用意した枠をおしつけたに過ぎない。そうした論じ様《よう》が、鎌田(二〇〇〇a)を理念先行的なものにしていることは否めないように思う。この点は、いずれ第4項でもくり返し論じることにしたい。

3　「〜ト」の統語的位置づけのことなど

3—1　鎌田(二〇〇〇a)の第1章は、主として引用句「〜ト」の位置づけ等、統語論的議論が中心である。既述のとおり、この章は、鎌田(一九九九)の内容を基本的に再録したものといってよい。ただ、明らかな事実誤認は削られ、若干の内容の追補がある。

鎌田のこのあたりの所論がどのようにして——どのような事実認識において、どの程度の思索の密度で——形成されたかを理解するためには、鎌田(一九九九)は極めて興味深い手掛りであって、関心の向きには一読・比較検討を勧めたい。そして、そうしたことも含めて、これに対する批判は、既述の通り藤田（二〇〇〇b）に示した。併せて参照いただければ幸いである。しかし、鎌田（一九九九）から鎌田（二〇〇〇a）の第1章へは、基本的には変わらないものの微妙な修正や内容の追加もあるので、今一度藤田（二〇〇〇b）の論旨もくり返しつつ、鎌田の所論を検討してみたい。

3―2　「〜ト」の位置づけについての鎌田の所論は、同（一九九九）と全く同じく、次のような認識・問題設定から出発する。

　さて、ここで問題にしたいのは、このように擬声語・擬態語表現や引用表現に関わる助詞「と」（そして「って」）の扱いである。「と」は名詞句を導く格助詞と見なすべきか。あるいは「と」は格助詞ではなく、それに先行する句を副詞句として標示する「引用標識」(quotation marker) と見なすべきかという違いである。言い換えると、「と」に先行する句は文の構成要素として必須の成分である「連用補語」なのか、あるいは、必須ではなく、付加的な修飾成分として働く「連用修飾語」なのか（寺村1982:238）ということである。

（二三頁・原文横書き、以下同じ）

つまり、鎌田は、

・「〜ト」が名詞句＝連用補語（必須成分）［「ト」が格助詞］
・「〜ト」が副詞句＝連用修飾語（付加（任意）成分）［「ト」が引用標識］

というような見方を大前提としている。そして、右のような大前提から出発したため、まず、「〜ト」が必須補語となる場合がある以上、「〜ト」は名詞句であると判断したいようで、「〜ト」を「〜ト」型の擬声・擬態語副詞とも連続的な副詞的成分だとする筆者などの見解には否定的である（四〇頁及び三七頁）[2]。

　更に、そこから、「〜ト」が必須の成分である以上、筆者の第Ⅱ類（α類）構造の表現（例えば、先の「黒砂糖が身体によいと一つとり出した」とか「おはようと入ってきた」のような文）も、「〜ト」の後に「言ッテ」等の述語の省略されたものと考えたいらしく、α類を認めないとの趣旨で批判的な言辞を連ねている（この点については、後で検討する）。

けれども、以上のように論じながら、意外なことに[3]、

しかし、一方、「誠一郎が『おはよう』と入ってきた」というような（藤田の言う「α型」）引用句の後の「（と）言う」が省略され、その省略されたままの形で慣習化している現状を考えると、副詞句を標示するマーカーと捉えることも可能であると今は思われる。　（四〇〜四一頁）

と述べて、結局、

・「〜ト」が必須補語――→名詞句
・「〜ト」が必須補語でない→副詞句？

のようなあいまいで不統一な結論に終わっている（これでは、最初の問題設定に対する答えにもならないし、「〜ト」を副詞句とみることや第Ⅱ類構造を否定していた論旨は、どこへ行ってしまったのか）。

3―3　しかし、「〜ト」に連体修飾がかけられないことから、これが名詞句でないことは明らかである[2]。

（5）―a　ガリレオは、地球が回っていると主張した。
（5）―b　*ガリレオは、自説である地球が回っていると主張した。
（5）―cf.　ガリレオは、自説である地球が回っていることを主張した。

しかも、副詞的修飾句であっても、次の（7）のように、必須補語として働く場合があることは、今日の日本文法研究においては、常識的な認識とさえ言える。

（6）―a　誠は、研究所の庭を美しく描いた。

（6）―b　誠は、研究所の庭を描いた。
（7）―a　恵美子は、彼のやり方を不快に感じた。
（7）―b *恵美子は、彼のやり方を感じた。

その程度の認識さえ欠いて、「必須成分＝名詞句、付加成分＝副詞句」という旧態依然たる不正確な図式にしがみついていては、的確な考察などおぼつかないだろう。その結論があいまいではっきりしないものになっているのも故なきことではない。

なお、鎌田は「引用句の後の『（と）言う』が省略され、その省略されたままの形で慣習化している現状」などと述べているが、「おはようと入ってきた」のような構造が、現状では述語が省略されたそのままの形が慣習化しているものだなどということは、別に立証されたものでも何でもない。そもそも、「現状」はおろか、「万葉集」の段階に遡っても、第Ⅱ類（α類）の構造の例は、容易に見いだせる。

（8）香具山は畝傍雄々《をを》しと耳梨と相あらそひき、神代よりかくにあるらし、古昔《いにしへ》も然にあれこそ、うつせみも嬬《つま》をあらそふらしき　（「万葉集」巻一・一三）

（（傍線部）香具山ハ畝傍山ガ実ニ男ラシイト（その妻となるべく）耳梨山ト争ッタ）

歴史的に見ても、第Ⅱ類のような構造はもともと存在したもので、〝述語省略が慣習化した現状〟などという説明が何を根拠になされるのか理解できない。

3―4　筆者は、「〜ト」の統語論的位置づけについては、既に次のような考え方を示した。

①「〜ト」は、副詞的な成分である。
②しかし、副詞的成分といえども、必須成分になることはある。
③すなわち、「〜ト」は、副詞的で、その意味では付加成分として働くはずのものであるが、発話・思考の内

容節として述語の格体制にとり込まれることによって、必須成分として利用される。

実際、例えば次例の場合、「約束する」はもともとヲ格を必須成分としてとるが、そのヲ格の必須成分が埋められている場合、「〜ト」は削除可能な付加成分である。

(9)—a　卓郎は、「そうしよう」と実行を約束した。

(9)—b　卓郎は、実行を約束した。

こうしたヲ格の必須成分がない場合、副詞句「〜ト」が必須成分として利用される（動詞によっては、意味の上の適合性から、もっぱら「〜ト」を利用することに決まっているものもある）。

(9)—c　卓郎は、「そうしよう」と約束した。

従って、こうした場合でも、「〜ト」が必須成分として利用しにくいような内容の場合、ヲ格成分がないと、やはり表現は充足しない。次のeなども、何らかのヲ格成分が文脈的に省略されているとでも考えないと、やや不十分な表現と感じられよう。

(9)—d　卓郎は、「もちろん」と実行を約束した。

(9)—e　?卓郎は、「もちろん」と約束した。

①〜③のような考え方は、藤田（一九九七）の段階で明示している。なお、「おはようと入ってくる」のような第Ⅱ類も、副詞的な「〜ト」が述語と相関するものではあるが、こうした独特の表現が形成できる所以については、例えば藤田（一九九四）など以来再々論じてきた。

二〇〇〇年段階でのこのような研究水準をおさえずに、既に古びてしまったもののとらえ方で先のような結論を示すことは、「〜ト」の統語的性格を究明するどころか、無用の混乱を生むばかりである。何にせよ、読むべき先行研究をちゃんと読んでいないということである。

3―5　さて、既述のとおり、鎌田は、第Ⅱ類構造を引用構文の一タイプとして立てる筆者の考え方を否定し、これを引用句の後の述語省略とでも片づけたいらしく、批判的な言辞を連ねている。鎌田（一九九九）の内容に付け加えられたところもあるので、併せて検討しておきたい。

まず、鎌田は、第Ⅱ類の構造の引用句「〜ト」には直接話法の表現しか出てこないとする知人の指摘にそのまま依りかかり、直ちに、第Ⅱ類（α類）を一タイプとして立てる「彼［注・＝藤田］の議論は説得力を半分失ったと言わざるを得ないであろう」（三八頁）と断定する。しかし、仮にその指摘のようだとしても、それは要するに次表のようなことで、違いのあるものを区別するのは当然だし、そもそもそのような観察は全く当たらない。次のとおり、第Ⅱ類といえる構造の文の引用句にも、ごく自然に間接話法といえるものが出てくるのであって、第Ⅰ類と第Ⅱ類との構造差と話法の別とは、直接に結びつけるべきものではないのである。

（10）その男は意外なことに、犯人が私だと、傍聴席の私を指さしたのだ。

表3　主張されている事柄の整理

構造＼引用句内	直接話法	間接話法
第1（β）類	○	○
第Ⅱ（α）類	○	×

3―6　また、鎌田（二〇〇〇a）では、擬声語・擬態語副詞を引き合いに出して、これらに付随する「『と』の生起環境をくわしく観察すると、むしろ『α型』の引用句が『〜（と）言う』の省略されたものであることがはっきりしてくる」（三八頁）とし、次のように述べる。

擬声語・擬態語副詞には、①常に「ト」を伴うもの、②「ト」が任意のもの、③通常「ト」が必要でないものがある。この「ト」が必要かどうかは、その擬声語・擬態語副詞の「オノマトペ性」が高いかどうか（逆に見れば、「語彙性」が低いかどうか）で決まってくるという（以上、田守・スコウラップ（一九九九）『オノマトペ』（くろしお出版）に依拠する）。

つまり、次のａの「ちょくちょく」に比べ、ｂの「パタンと」は、語彙としての定着性・意味の特定化の度合が低く、より音マネ的であるので「ト」が必要だということになるらしい（(11)(12)の＊と⁇の判定は、鎌田のもの。[4]（(11)―ａ〜(12)―ｂは、鎌田（二〇〇〇ａ）の(28)〜(31)にあたる）。

(11)―ａ　先生はちょくちょく（＊と／φ）やってくる。

(11)―ｂ　先生はパタン（と／＊φ）本を開いた。

こうした研究を引いたうえで、鎌田は、このような「ト」の現われ方は、「『α型』における引用句の現れとも平行してくる」（三九頁）として、次のような例を示す（ａは、引用句内が間接話法、ｂは、直接話法の例）。

(12)―ａ　先生は答えが分からない（⁇と／と言って）本を開いた。

(12)―ｂ　先生は答えが分からないよ（と／と言って）本を開いた。

鎌田の説明では、直接引用は、オノマトペ性が高いので、「ト」で導かれ、また「ト言ッテ」となるのも随意的であるのに対し、間接引用は、オノマトペ性が低く、かといって語彙性が高いわけでもないので、「ト」だけの形も、「ト」を除いた形もとれず、「ト言ッテ」と述語を補った形にならざるを得ないという。

3―7　鎌田の論理は、筆者には理解し難いものだが、結局、先の知人の指摘にここでも全面的に依拠し、「〜ト」が間接話法だと第Ⅱ類（α類）の構造がとれず、必ず「〜ト言ッテ」等と述語が必要だと考え、それから推して、第Ⅱ類の構造は、引用句が直接話法である「〜ト言ッテ…」のような表現の「言ッテ」の省略なのだと主張したいようである。

しかし、まず再々述べているように、第Ⅱ類の引用句には直接話法しか出てこないという指摘は全く当たらないもので、念のため筆者以外の何人かの日本語学者の判断を確認したところでも、(12)―ａの⁇も全く誤りと考えられ、議論自体が成り立たない。

しかも、擬声語・擬態語副詞において「ト」語尾が必要かどうかの問題を引き合いに出して、『α型』における引用句の現れとも平行してくる」と主張するが、実のところは、やはり何も平行していないのである。(12)—aという論の骨子というべき用例の適否の判定自体がおかしいので、もはやどうでもよいことかもしれないが、念のため付言すると、(11)の例の例えばaの方が

(11)—a　先生はちょくちょく（*と／φ）やってくる。

というようなことを言っているのでなく、

(11)—a′　先生はちょくちょく（*と／と××シテ）やってくる。

のように、何らかの述語がある時は「と」が可であり、それが省略されているから「と」が不可になっているということを指摘しているものなら、(12)—aもこれと平行する述語がなくてはならない表現であり、それから推して(12)—bに見るように「先生は答えが分からないよと本を開いた」のような第Ⅱ類（α類）の文は「先生は答えが分からないよと言って本を開いた」のような文での「随意的な」述語「言って」の省略だといった理屈を立てることはいくらかでも分からなくはない。[5] しかし、そのようなことが言われているわけではもちろんないのであるから、(11)—abのようなことを引き合いに出したところで、第Ⅱ類（α類）が述語省略だなどということの証拠には全くならない。そもそも(11)—abのような例で論じられていることは述語省略とは関係のないことであり、鎌田がそこに述語省略の話をさりげなく付け加えて、あたかも平行するかのように見せかけているのだと言われても仕方あるまい。

　統語的な引用研究の大切な問題点にかかわって、このような〝まず結論ありき〟といった論じ様《よう》がなされていることを、筆者は誠に残念に思う。

3—8　なお、右の記述に続けて鎌田は、次のような例を挙げて、

(13)―ａ　花子に明日来ますか（と／＊φ）尋ねた。
(13)―ｂ　花子に明日来るか（と／φ）尋ねた。
(13)―ｃ　花子に明日来るかどうか（＊と／φ）尋ねた。

「間接引用の『間接度』が高まれば高まるほど主文への埋め込みが深まり『と』が必要でなくなりさえするということが分かる」（三九頁）とつけ加えている。擬声語・擬態語副詞の「ト」の有無の問題と「平行してくる」ものとして論じたいのは、実はこのような事柄だったのかもしれない（もっとも、右の程度の説明だけで、擬声語・擬態語副詞の場合との対応づけは述べられていない。さすがに、いろいろ無理が生じることが予想されるからだろう(6)）。

しかし、(13)がａ→ｂ→ｃの順に連続的に間接度が高まって、主文への埋め込みが深まるといった見方は、妥当とはいえない。

ｃに見られる従属句「～カ（ドウカ）」は、次のとおり、発話や心内発話を伝えるものとは考えられない場合にも用いられる。

(14)　弘実が来るかどうか、行洋は知らなかった。
(15)　弘実がいつ来るか、行洋は忘れていた。

この点でもわかるように、従属句「～カ（ドウカ）」は述語との相関において、引用句「～ト」とは異なる言語事実の広がり・構造の原理があり、決してそれと連続的・段階的に考えられるものではない（なお、従属句「～カ（ドウカ）」については、既に藤田（一九八三）（一九九八ａ）があるが、鎌田は読んでいないらしい）。

ｂにしても、同じ一つの表現について「ト」があってもなくてもいいのだというように整理しているが、これも不当と思われる。従属句「～カドウカ」は、しばしば「ドウカ」が落ちた形になる。だから、実際には、次のｘのような「ドウカ」の落ちた形の従属句による表現と、yのような引用句「～ト」による表現の、二つの異なるものである。

(13)―x　花子に明日来るか尋ねた。

(13)―y　花子に明日来るかと尋ねた。

そして、例えば次のように意志表現にした場合、引用句によるyはぐっと自然さが落ちる。ただ問い合わせるという表明なら、従属句「～カ（ドウカ）」がずっと自然である。

(13′)―x　わかった、花子に明日来るか尋ねよう。

(13′)―cf.　わかった、花子に明日来るかどうか尋ねよう。

(13′)―y　?わかった、花子に明日来るかと尋ねよう。

すなわち、xとyとは性格の異なるものであって、決してどちらの形をとってもよい同じものではない。その点をきちんとおさえずに敢えてひとまとめとし、(13)のa→b→cのような段階差があるかのように並べても、それは見せかけだけのフィクションに過ぎない。鎌田（二〇〇〇a）のこのようなとらえ方も、残念ながら、話法を間接度の程度差として連続的に考えたいという予見にひかれての不適切なものと言わざるをえないのである。

ちなみに、(13)のa→b→cと「埋め込み」が深まるという説明も、理解し難い。一般に〝埋め込みが深い〟とは、文のような構成体のより下位次元の構成要素としてはめ込まれることであろうが[7]、そのような意味でaよりcが深く埋め込まれているとも考えられず、不審である。鎌田は、更に次の(16)のような文を挙げて、「引用句『答えがわからない』の主文への埋め込みを次のようにさらに深めれば、『と』の付加は全く関係なくなってくる類いのものである」（四〇頁）と補足する。(13)―abcの関係がそんな「類いのもの」といえないことは、右に述べたとおりだが、それにしても、(16)について、この文に引用されたコトバが「埋め込」まれているなどと言われても、直ちに納得できる者はいないのではないか。

(16)　先生は答えがわからなくて本を開いた。

素直に読めば、ここで述べられているのは、発言等とは関係のない単なる事柄の因果関係に過ぎない。引用されたコトバがどこかにはめ込まれていると考える方が、ふつうではないだろう。

もっとも、鎌田が「埋め込み」といっているのは、通常の用語法によるものではないらしい。そのあたりを吟味するには、鎌田の「話法」についての考え方のある種極端な面を見ていかなければならないが、そのためには、そろそろ項を改めて、鎌田（二〇〇〇ａ）の「話法」の論を検討する必要があるだろう。

3―9　以上、鎌田（二〇〇〇ａ）の第1章の所論を、とりわけ「～ト」にかかわる統語論的な問題について、立ち入って検討してきた。残念ながら、この章で述べられていることは、時計の針を逆に回すものでなければ、無用の混乱を生むものであって、採るべきところはない。

4　「話法」の論についての問題点

4―1　鎌田（二〇〇〇ａ）の第2～5章は、所謂「話法」の問題を扱うものである。鎌田自身の関心も、第1章の統語論的な議論よりもはっきりこちらの方面にあり、相応の頁数がさかれている。その熱意は結構なことながら、その所論については、やはり少なからぬ問題を筆者は感じる。

筆者としては、殊に「間接引用」の考え方及び「準間接引用」という見方について納得できないものがあり、そのあたりを中心に論じてみたい。頁数はあるが、全般に事例羅列的なので、ポイントとなる論点を拾い上げて、順次まとめて示すことにする。

4―2　第2章については、「直接話法」「直接引用」についての議論を見ておきたい。

鎌田は、その議論に先立ち、引用句は話し手の創造であるとする「引用句創造説」をこと新しく強調しているが、引用表現も話し手の言語表現である以上、話し手が主体的に生み出すものであることは自明のことであり、ここで敢えて言及する必要もないと思う（この点については、既に藤田（一九九六ｂ）で確認したが、鎌田は読んでいないようである。また、藤田（二〇〇〇ｂ）でもくり返しておいたので、併せて参照されたい）。

さて、鎌田は、「直接話法」と「間接話法」を連続的にとらえ、もとの発話の「場」で発せられたような形の発話を引用句「〜ト」に生成することが、「直接話法」だとする。そして、もとの発話の「場」のものらしくするために、殊にソーシャル・ダイクシス（いわば親疎敬卑といった会話の様態を決定する会話者の社会的関係）にかかわる要素が、場作りに活用されるという。具体的には、（ａ）呼称・人称代名詞の選択、（ｂ）待遇表現、（ｃ）授受表現、（ｄ）使役・受け身・命令（のスタイル選択）、（ｅ）方言（か非方言かの選択）等といったことだという（もっとも、このように列記しているが、その後の部分では、（ａ）がとりあげられてはいても、（ｃ）〜（ｅ）の例示はなく、（ｂ）と、男性語と女性語の表現選択、終助詞の顕示が「スタイル顕示表現」という呼び方で一括されて例示説明されている。また、繰り返し表現などにも言及がある）。鎌田の考え方では、この種の表現手段がよりそれらしく選択されることで、引用句「〜ト」内は、よりもとの発話らしい直接引用的なものになっていくということになる。例えば、次のａに比べ、人称詞も直接引用らしい「俺」が選ばれ、スタイルを顕示する終助詞が加えられたｂは、はっきり直接引用らしいものになるというわけである。

（17）―ａ　彼は、私が正しいと言った。

（17）―ｂ　彼は、俺は正しいぞと言った。

右が鎌田の直接話法・直接引用に関する考え方の骨子だが、このような考え方には、次のような問題があると思われる。すなわち、ソーシャル・ダイクシスにかかわると見られるいろいろな要素が、どれも同様に直接引用的なものの形成に役立つのかどうか、そのあたりの位置づけ・検討がなされていない点である。鎌田は、これらを羅列しているだけだが、また、「これらの要素が総合的に結集して、新たなる［注・直接引用らしい］発話が生まれる」（六八頁）としているから、どうも、これらが多ければ多いほど直接引用的になるという発想らしい。話法の違いを程度差としたい鎌田の見方からすれば、それはまた必然的なことかもしれない。しかし、すべての要素が等しく加算式に有効であるとは限らず、むしろ事実としては、この種の要素とされるものにも、それがあったら必ず直接話法と読めるものもあれば、それがあったからといって必ずしも直接話法と決まらないものもある。例えば、人称代名詞の選択において「俺」「お前」等は、確かに直接話法的な印象を生み出すことも多いかもしれないが、こういったものを選択しても、間接話法の表現になることは可能である。

(18)―a　佐藤さんは俺$_{i}$に、俺$_{ii}$はお前に迷惑をかけたと言ってたよ。

この場合、引用句内をもともとの発話者佐藤の立場からの秩序づけにして、「俺$_{ii}$＝佐藤」「お前＝a全文の話し手＝俺$_{i}$」という直接話法としてももちろん読めるが、引用句内もa全文の話し手の立場に引きつけて、「俺$_{ii}$＝a全文の話し手＝俺$_{i}$」「お前＝a全文の聞き手」という間接話法の読みも十分可能である。こうした代名詞選択は、話法の決定に本質的な要件とはいえない。一方、引用句の中に終助詞等が出てくると、引用句内ははっきり直接話法の読みに決まってくる（次の引用句内の「俺」は、佐藤を指すとしかとれない）。

(18)―b　佐藤さんは俺に、俺はお前に迷惑をかけたなと言ってたよ。

終助詞等の要素は、「伝達のムード」などと呼ばれる表出的なある種のムードを託されるものであって、その種のムードが存在する場合には、引用句の読みは直接引用に決まる（鎌田が、ソーシャル・ダイクシスにかかわる要素の選択が直接話法の読みを生み出すのに貢献しているとして挙げている文も、実は、いずれもそういったムードにかかわる要素が顕在化している例といえる）。この種のムードの存在こそが、直接話法の読みにとって本質的なのである。
以上のとおり、直接話法の読みを生み出す要素にも、本質的なものとそうでないものとがある。前者は文法論の問題となるもの、後者は文体論の問題として扱われるものだといってもよい。その点の区別もなしに、すべてを等しなみに並べて程度差の尺度においてとらえようとするのは、事柄の次元の混同だと筆者は思う。

4―3　続いて、第3章の「間接話法」「間接引用」に関する所論を検討しよう。

鎌田は、連続的ととらえる直接引用と間接引用との関係について、ここで一歩踏み込んで、（i）引用句内の視点をもとの発話の場に即したものとするか引用された全文の場に適合させるか（視点調整の原理）、（ii）もとの発話らしい形に引用句を作っていくのかそうしないのか（発話生成の原理）という二つの点（尺度）での段階的な相違として考える見方を明示する。「原理」などというと大仰だが、要するにもとの発話をとり入れたらしい形にしていくのかどうかの程度差ということを、このように言い換えているわけである。ただ、このようなとらえ方でとり上げられる事柄に、本当に言語事実として連続性が内在しているかどうかは、問題である。

筆者は、間接話法についての鎌田（二〇〇〇a）の考え方の最も大きな問題点は、こうした見方をとった結果、間接話法の概念を歯止めのないまま極端に拡大してしまい、その結果、間接話法の概念を不透明で無秩序なものにしてしまっている点だと考える。

具体的に言おう。鎌田は、間接引用について、

間接引用とは伝達の場において新たな（元）発話の場の成立を極力抑え、そして、また、新たな（元）発話を極力地の文に吸収させせて引用を行う言語行為である。（九四頁）

と定義し、「間接化がもっとも進んだ引用」として、次のようなものを挙げる。

(19) ―a 〈博一が美恵にプロポーズしたことについて〉

麻里は安堵を感じた。

そして、こうしたものを、「心内発話が地の文の補語の一部になっ」て「伝達の場に吸収され」たもので、「そこに新たな発話が存在していると意識されないほど地の文の一部となり、〈視点調整（＋）の原理〉と〈発話生成（－）の原理〉がフルに活用されている状態」（九七頁）だという。だが、それなら結局、

(19)—b　麻里は喜んだ。

でも、極度の間接引用だということになるだろう。

更に、また、「引用助詞『と』を伴わない引用句を持つ間接引用」として、次のようなものも挙げられる。

(20)—a　和泉先生はまたここに教えにいらっしゃるようだ。

しかし、このような「命題＋（推量・概言の）ムード」の形の様態推量の表現についても、「和泉先生」の言葉を伝えるものであり、命題部分が一種の引用句といえる間接引用だとするのなら、結局次のような、やはり「命題＋（断定・確言の）ムード」の形と解せられるごく一般的な文も、「和泉先生」の言葉を断定的に伝える間接引用だということになるだろう。

(20)—b　和泉先生はまたここに教えにいらっしゃる。

ちなみに、鎌田の考え方では、「地の文に吸収させる」などと言っていることが、言い換えれば「埋め込み」ということになるらしい。だから、前の第3項で見た、

(16)　先生は答えがわからなくて本を開いた。

なども、「答えがわからない」という引用句が地の文に「埋め込」まれて（＝一体化して）間接化が進んだ間接引用だということになるようであるが、常識的な用語法からすると極めてミスリーディングである。

ともあれ、鎌田のような考え方を認めていくと、歯止めなくどんな表現も間接引用であると考える余地が出てく

る。そして、結局（16）や（19）（20）が間接引用なのかどうかは、この文を与えられただけではわからない。その判定は、本当に何らかの（心内）発話を伝えたかどうかの事実の側の問題となり、それは、文法（コトバ自体の規則性の問題）の枠を超えてしまうのである。

4—4　既に**2—3**にも述べたことだが、発話を引用したと見なされるものであることにおいて、その引き方に直接引用と間接引用とが考えられるのである。その大前提である「発話を引用したと見なされる」形式であることが、文の構造から保証されることにおいて、そこに文法論としての話法論が成り立つ。筆者のやっていることは、そういうことである。例えば、

（21）—a　弘実と話して、行洋は、君の意見が正しいと賛成した。

（21）—b　弘実と話して、行洋は、君の意見が正しいことに賛成した。

の場合、「君の意見が正しい」という形の発話があった（と見なせる）ことが、形式から保証されるのは、aの「～ト」による場合である（bの場合、弘実が、「彼の意見が正しいのじゃないか」などと問うたのに対し、ただうなずいただけかもしれない。bが何らかの行洋の言葉を伝えるものかどうかは、結局、形式からおさえのきかない事実の問題である）。ところで、筆者は、「引用」を「所与と見なされるコトバを再現する（＝カタチの布置を写しとる）形で示す表現」と考えている。その意味で、〝あったと見なせる形のコトバ〟を示しているaは、単に言葉等の内容を伝える（＝伝達）にとどまらない「引用」の表現なのである。

そして、a文の「君」は、a文全文の聞き手を指すとも読めるが、また、もともとの話し手「行洋」にとっての聞き手「弘実」を指すものとも読める。前者は、全文の話し手の立場に引きつけた間接話法読み、後者は、もともとの話し手「行洋」の立場に即した直接話法読みといえる。発話を引用したと見なせる形式であることにおいて、それを前提に「話法」の対立が考えられる。筆者は、「話法」を一つの文法的カテゴリーと考える。文法的なカテ

ゴリーとは、例えば「ヴォイス」を例にとれば、「能動」があるから「受身」があり、「受身」ということか考えられるから「能動」があるというように、対立することにおいてそれぞれが存立もし得ると考えるべきものである。従って、筆者はもっぱら「〜ト」のように対立が考えられる形式についてのみ「話法」の区別を考える。論の出発点において、「引用」と呼ぶべき対象としての言語事実を我々のナイーヴで本質的なとらえ方に即しておさえた帰結でもある。

こうした「話法」の対立は、表出的なムードの有無とも連動する。先にも見たように、表出的なムードが託される終助詞のような要素が引用句「〜ト」内に生起すると、読みははっきり直接話法になる。

(21)―c　弘実と話して、行洋は、君の意見が正しいなと賛成した。

すなわち、cでは、「君」＝「弘実」という読みしか難しくなる。つまり、顕在的な形であれゼロ形（無形）であれ、表出的なムードの存在が直接話法の読みを生むのである（(21)―aでは、更に表出的ムードがゼロの形でさえ存在していないと考える余地もあるから間接話法読みも可能である）。このようにコトバ自体の規則性（＝文法）として扱える事実を、筆者は「話法」と考える立場に立つ。

4―5　一方、発話を引いたものかどうか――厳密に言えば、発話を何らかとり込んで伝えているかどうかを、結局事実レベルの問題に委ねてしまうことになる鎌田の間接引用についての所論は、要するに発話がとり込まれているという事実があったとして、そうであることを前提に、そうした発話を伝達するのにどのような言語形式がとれるかを列記して一見段階的に並べたといった体《てい》のものである。その点では、せいぜい語用論的な常識的整理であるが、そういう語用論的な立場で徹底しているかというと、右に見た終助詞の生起のような問題もとり込んで論じており（一〇六頁以下）、いわば語用論的な角度の問題整理と文法論的な事実記述が折衷されたような内容となっていて、それが「間接話法」「間接引用」という概念を極めて不透明なものとしている。このことは、結局言語事実にナイーヴにアプローチせず、［引用＝伝達］という図式を一方的に——ということは、そうである必然性が言語の側に内在するかどうかなどとは十分考えずに——あてはめていったことからくる帰結であろう。

　そして、こうした折衷的な整理を支えている〝間接化の程度差〟といった見方も、本当にどの程度有効なのか疑問である。例えば、間接化の進んだ例としても、先の（19）（20）も、また（16）も、決して同じレベルのものとはいえないだろうが、では、どれとどれがどの程度間接化の度合が違うと記述できるのだろうか。同趣のことは既に**2―3**で述べたが、筆者の見るところ、（19）と（20）とは表現の仕方の違いではあっても、それが程度差のように量的にはかれるものとは考えられない。一見それらしく整理できるように見えて、こうしたところまでその内容をきちんと追ってみると、こうした論は破綻していくと見られる。

　以上、鎌田（二〇〇〇ａ）の「間接引用」に関する所論の問題性を明らかにした。

4―6　鎌田（二〇〇〇ａ）の所論の中で、最も問題なのは、第4章以下に論じられる「準間接引用」という考え方である。これについては、事柄自体が一見誤解を招きやすいものでもあり、ここで問題点をはっきりさせておく必要があるだろう。

（22）―ａ　私は家に帰りたい。
（22）―ｂ　*彼（／君）は家に帰りたい。
（23）―ａ　*私（／君）は家に帰りたがっている。
（23）―ｂ　彼は家に帰りたがっている。

　例えば、「〜シタイ」のような希望表現の形式や「悲シイ」等の感情形容詞が言い切り述語に用いられる場合、主語としては一人称しかとれないという共起制約がある。一方、「〜シタガッテイル」のような感情表現述語は、三人称主語しかとれない（こうした人称制約を、鎌田は「絶対的人称関係」に基づくものとする）。

しかし、引用句内では、「彼ハーシタイ」「私（／君）ハーシタガッテイル」のような共起関係が生じる（同じく、これは「相対的人称関係」に基づくものとされる）。

(24)―a　和博は彼女に、彼（＝和博）は家に帰りたいと言った。

(24)―b　和博は彼女に、私（≠和博、＝全文の話し手）は家に帰りたがっていると言った。

(24)―c *和博は彼女に、私（≠和博、＝全文の話し手）は家に帰りたいと言った。

引用句内の人称代名詞の指示関係から見て、ａｂは明らかに間接引用的だが、鎌田は、これらについて、

①　引用句内では、視点軸がずれ、共起関係がずれている。

②　そして、引用句内では、「帰りたい」「帰りたがっている」にもとの話し手［注・右のａｂで言えば「和博」］の視点が残っている。

とし、これらの引用句は、（代名詞の指示関係などに見られる）全文の話し手（引用者）の視点ともとの話し手の視点の混交した「準間接引用句」だと主張する。そして、同様に命令・誘いかけや現象描写文が「〜ト」に引かれる場合にも、「準間接引用句」は生じるとする。例えば、

(25)―a *私が行け。

(25)―b　君が行け。

(25)―c　君は私に、私が行けと言った。

命令文が引用句内で間接化された場合、言い切りではとれない一人称主語がとれる。しかし、命令述語の「行け」にだけはもとの話し手の視点が残るというのである。

こういった主張が、鎌田の「準間接引用句」という考え方であるが、奇妙なのは、なぜわざわざ①のような当たりまえのことを強調するのかということである。所謂「視点」の移動――代名詞等の指示関係の秩序の切り替え

――は、間接化の際には当たり前のことであって、次のようなごくふつうの間接引用でも同様である。

(26)―a　私が藤田だ。

(26)―b　その男は、彼（＝その男）が藤田だと言った。

これを共起関係（人称制約）のあるものについてだけ強調するのはおかしいことである。確かに、言い切りで人称制約があって特定の主語しかとれないのなら、それが間接化されて引かれる場合、その関係が反映されて、引用句内でも何らかの特定の主語をとるといったことになるだろう。しかし、それは、間接引用に際しても、もともとあった（と見なされる）形がどうであるかが引用されたコトバに反映されるという以上のことではない。そして、よく考えてみると、そのようなことは、視点が混交するなどという当該の議論とは、直接に関係がない（共起関係のずれ云々を言わなくとも、間接引用的な(24)―ab（や(25)―c）について②のようなことが言われれば、それで「視点の混交」という主張は成り立つ）。少なくとも、ここで共起関係（人称制約）云々は、「準間接引用句」という主張を構成する必要な要件とはいえない（それにもかかわらず、引用句内の共起関係のずれを逐一列記・強調しつつ、もっぱらその種の事例について「準間接引用句」であると主張していく鎌田（二〇〇〇ａ）の論じ様《よう》は、筆者にはいかにも奇妙に映る(8)）。

従って、結局、〝視点の混交する準間接引用句〞などという主張を支えるのは、②のような判断だけである。しかし、どうして②のように断定できるのか、その論証はどこにもない。どうも、鎌田は、検証抜きに自明のこととしてそう断定できるものと思っているらしい(9)。つまり、文末の述語は感情表出や命令や誘いかけ等のもとの話し手の気持ちが託される言い方だから、もとの話し手の「視点」が残っていると判断するようである。しかし、そのような判定でよいのなら、鎌田が言及する感情表現や命令・誘いかけ・現象描写文等（いずれも、主格人称制約があるタイプの文）の場合に限らず、次の(27)の「ダロウ」ももとの話し手「謙介」の判断ということになろうし、顕在的なムード助動詞等の形式を伴わない単なる言い切り述語にも発話者の判断は託されるものと考えられるから、(28)のような引用句内の述語末にももとの話し手の視点があるということになり、いずれも「準間接引用句」ということになる。

(27)　謙介は、私(＝全文の話し手)がなんとかうまくやるだろうと言っていた。

(28)　昨日智子は、今日(≠昨日)は朝から休講だと言った。

こうした考えを進めていくと、結局、文を引く「〜ト」は、直接引用でなければすべて準間接引用だということになってしまうだろう。おそらく鎌田の主張を徹底していくとそういうことになるだろうが、その点で既に鎌田(二〇〇〇a)自体は不徹底であり、第3章では「昨日、恵美は幸一に彼と結婚すると告白した」のような文を、「[注・「彼」が誰を指示するにせよ]間接引用であることに変わりはない」と断じている(一〇六〜一〇七頁)。先のような主張をなしながら、どうしてこの「結婚する」がもとの話し手「恵美」の〝視点〟による「準間接引用」ということにならないのであろうか。ここにおいて、既に鎌田の所論は首尾一貫しないものとなってきている。

4―7　が、それでは、鎌田の所論を徹底させる方向で[10]、「〜ト」は直接引用でなければすべて準間接引用だとするのが妥当なのだろうか。

筆者は、そのような帰結も不当なものと考える。すなわち、「準間接引用句」とされるような表現も、それを引用する全文の話し手の秩序づけ(視点)のもとで一貫して理解されるのだから、それを敢えて「視点の混交」などとするのは当たらないと考えるのである。

例えば、次例の引用句「〜ト」の部分は、鎌田が準間接引用句とするものであるが、

(29)　おれが行けと言うのか。

この部分の理解は、概略次のようなことになろう。すなわち、まず「行け」が命令法で、そのようなことをするこ

とが「おれ（が）」という主語に対して促されており、その主語「おれ」の指示対象が、この（29）文全文の話し手の立場からの秩序づけに基づいて、一人称者＝（（29）文の）話し手を指すものと理解され、そして、それに従って、この「行け」が（29）文の話し手に対して、〝行く〟ことを促す意味だと解せられることになる。このように、こうした引用句の「行け」のような述語も、あくまで全文の話し手の立場からの秩序づけ（視点）のもとで理解されるものだといえる。

　なお、筆者は、敢えて混乱を避けて、「視点」という言い方を採らないが、「〜ト」についての直接話法と間接話法の区別は、文法的な問題として考えている。そして、その区別の本質は、引用句内が、地の文に見られる全文の話し手の立場からの秩序づけとは別の先行する「場」での秩序づけとなるか、地の文と同じく全文の話し手の立場からの秩序づけとなるかの違いとおさえている。[11] それが、表出的ムードの有無と連続して文法的規則性として記述できるものでもあるからである。そして、敢えて「視点」というなら、そうした秩序づけを指して言うのが妥当だと思う。

　「視点」をそのように考えると、「準間接引用」とされる表現――（29）の「おれが行け」なども、あくまで全文の話し手（引用者）の秩序づけに従って理解されるもので、全文の話し手の「視点」で統一された言い方だということになる。いかに命令の意味の形だといっても、話し手の視点秩序のもとに理解されている以上、（29）の「行け」が話し手の視点によらないものだというのは、筋の通らない話であろう。それでも敢えて、「行け」はもともとの判断の気持ちがあるから、ここだけ別視点の表現だというのなら、それは文の意味理解の一貫した秩序・規則性（＝文法）とは別のところで恣意的な区別立てをしているに過ぎない。そして、文の規則的な秩序と別のところで恣意的に立てた事柄まで一括して「視点」としたうえで（もしくは、「視点」という用語のもとに、異なることをひとまとめに混同している、と言ってもよい）、そうした「視点」の混交を主張したところで、それは、文法的な問題としては全く無意味なものでしかない。

ここでまた思い返すべきは、引用されたコトバも（そのモダリティ的な部分も含めて）、第一義的には、それを含む全文の話し手が、自らの言語表現のために生みだすものだということである。事柄を虚心に見れば、畢竟全文の話し手が引用されたコトバを間接引用として自らの秩序づけのもとに形づくっていく時に、命令や感情表出といった文の表現類型としての意味まで、その秩序づけのもとに抵触なく収めることができるということに過ぎない。(12)

確かに、話法を連続的・段階的なものとしてとらえようとする時、「準間接引用句」のような中間的に見えるものの存在が指摘できるとなれば、鎌田の所論にとっては好都合といえよう。しかし、だからといって特段の検証もなしにこうしたミスリーディングな主張がなされることは、健全なことではない。ここで、改めて否定しておきたい。

4―8　なお、鎌田の「準間接引用句」という考え方については、かつて藤田（一九九六ａ）で批判したことがあるが、これに対して鎌田は鎌田（二〇〇〇ａ）の第4章の3において、「筆者［注・＝鎌田］の分析に対する誤解が見られる」（一五〇頁）として、反論的な記述を展開している。これに対しては、論の当否とは次元の異なる事実関係を明確にしなければならないと思われるので、項を改めて述べたい。あるいは、とり上げるに足りないことかもしれないが、事実の認識において、大方の誤解のないようにと考えるものである。

5　鎌田の藤田（一九九六ａ）への反批判について

5―1　まず、鎌田の反論の要点を引けば、およそ次のようなことである。

①　藤田は……間接引用句には感情述語と主格選択の制約などなく、したがって、準間接引用句を認める必要はないとする理由から、感情述語からなる間接引用句もすべて伝達者の視点によるものだと主張する。

②「共起制約」は独立文にのみあり、文の一部となった間接引用句には全く存在しないというのは、絶対的人称関係に基づく「共起制約」［注・言い切りで〝私ハーシタイ〟となるような共起制約］について言えても、相対的なそれ［注・間接引用の「～ト」（鎌田は〝準間接引用〟だとする）の中で〝彼／アナタハーシタイ〟となるような共起制約］については、言えないのである。（一五一頁）

③「通常の間接引用」が一切の共起制約をもたず、引用句内の表現もすべて全文の話し手（伝達者）の視点によるものであるというなら、日本語の話法が曖昧であるというようなことなどだれも問題にしないであろう。（同）

まるで、筆者が間接引用句ではすべての共起制約がなくなってしまうなどと述べているかの如き書き方だが、筆者は、そのようなことは一言も述べていない。筆者が、藤田（一九九六ａ）で述べたのは、言い切りにおける「私ハーシタイ」のような共起制約（鎌田の言う「絶対的人称関係」に基づく共起制約）は、間接引用句では――鎌田も右の如く認めるとおり――成り立たないということであり、その点を指摘することによって、実は鎌田が鎌田（一九八三）で、そうした絶対的人称関係に基づく共起制約が間接引用句でも成り立つのだということを暗黙の前提として引き出した、〝視点の混交する準間接引用句〟というような考え方を否定したのである。

5―2　藤田（一九九六ａ）は、鎌田（一九八三）（一九八八）に対する批判であるから、あくまで、その文脈で読まれるべきものである。そこで、鎌田（一九八三）（同（一九八八）も同趣旨）で何が述べられ、それに対して藤田（一九九六ａ）の批判がどうであるのか、原文に拠って確認しておきたい。まず、鎌田（一九八三）を見てみよう。

三・一　まず最初に感情を表わす形容詞の場合を挙げよう。黒田（一九七三）の指摘にもあるように、「伝達文」（〝reportive sentence〟）では、話者の感情を表わす形容詞、「あつい」「さむい」「さみしい」などは、話者の視点からのみ使用可能である。（中略）つまり、感情形容詞は、第一人称を主語にできるが、それ以外では、「がっている」を加えなければならないわけである。

ところが、大変興味深いことに、この共起関係は、直接引用句のみに適用するが、間接引用句内では、全く逆のものになる。例えば「中村君」が偶然次の様な会話を耳にしたとしよう。

(19)　a　太郎「中村君は悲しがっているよ。」
　　　b　花子「そうかしら。」

そして、中村君がその会話をだれかに間接的に伝えるとすれば、次の様になる。

(20)　先日、耳にしたんだけれど、太郎が花子に
　　　a　*私が悲しい
　　　b　私が悲しがっている　｝と言っていたんだよ。

引用句内の「私」は勿論、「中村君」のことである。aは、前に見たように、「悲しい」が第一人称「私」と共起し、当然、適格文である筈だ（例(16)～(18)のa［注・省略］）。そして、bでは、「がっている」が第一人称「私」と共起している点で不適格文の筈である（例(16)～(18)のa′［注・省略］）しかし、結果はどうであろうか。全く逆なのである。(20)aは、文全体の話者「中村君」の視点からの記述で、奥津（前出）の定義にもぴったり合う間接引用句の筈だが、結果は不適格文なのである。そして、二つの異なった視点を含むbが適格文なのである。bは、文全体の話者「私」の視点と、(19)aでの直接引用句の表現「悲しがっている」に見られる、つまり、太郎の視点からの引用句である。　（鎌田（一九八三）一一三～一一四頁・傍線筆者）

つまり、傍線部のように述べていることからも明らかなように、鎌田は、ここでは、話者の視点からのみ使える

感情形容詞述語が間接引用句でも、やはり全文の話者（引用者）の視点から用いられるはずで、従って、やはり「私」と共起するはずだと考えている。つまり、言い切り文で成り立つような共起制約が間接引用句においても成り立つはずだという見方を、検討なしに大前提にしている。そして、事実はその逆の形なので、そのままその大前提――話者の視点から用いられるのは、感情形容詞述語であり、それは間接引用句内でもそうであるはずだとの思い込み――を引きずって、そうである以上、間接引用句内で全文の話者（引用者）の視点からの表現「私」と共起していても「～ガッテイル」は全文の話者の視点からのものとはいえないという判断が引き出され、それならこの「～ガッテイル」はこの言葉のもともとの発言者（太郎）の視点からの表現だということになって、この種の引用句を〝視点の混交〟する「準間接引用句」とするような奇妙な結論が出てきたものと見られる。これが、「準間接引用」などということを鎌田が主張し出したもともとの出発点なのである。

しかし、もちろん、間接引用の場合も感情述語と人称主語との間に言い切り文と同様の共起制約が成り立つはずだとする暗黙の大前提が誤っている以上、「準間接引用句」などという見方はもともと誤りといえる。藤田（一九九六ａ）で論証しているのはその点である。原文を引いておこう。

間接引用の引用句「～ト」において、「私がさみしがっている」（3―d）というような感情述語と人称主語との共起制限――「～ガッテイル」は一人称主語をとらない――が一見守られていないような形が生じることを、鎌田は予想に反する興味深いこととうけとめる。そして、こうした事実について、「私」は、もとの文を間接化した全文の話し手（引用者）の視点からの言い方、「さみしがっている」は、もとの話し手の視点からの言い方であるとする。「さみしがっている」は、本来共起制約からして「私」と結びつかないものだから、ここに現れていても「私」の視点（全文の話し手の視点）と相容れぬものであり、もとの話し手の視点によるものだとする論理である。従って、「視点が入り交じる」といったような主張が出てくるのである。

こうして見ると、鎌田の立論においては、間接引用の「～ト」においても（どんな場合でも？）、本来は感情主語に対する共起制約が成り立つものだとの見方が暗黙の前提になっていることは、明らかである。そういう見方を前提にするから、右のような事柄をことさら興味深いものとして問題にするし、また、現象の解釈においても、あくまでもそういう見方を前提に――つまり、「～ガッテイル」は共起関係から「私」と本来相容れないものだということから――「視点が入り交じる」といった判断を下していると見ざるを得ない。

しかし、見落としてはならないのは、そもそも感情述語の主語に対する共起制約は、それが基本形で言い切り文の述語に用いられた時に認められる現象だということである。[13] 言い切り文でそうした制約がみとめられることは、事実である。しかし、間接引用の引用句内においてもやはり同じ共起制約が認められるだろうという保証はどこにもない。（以下略）

（藤田（一九九六ａ）四〇頁）

基本的に現段階でも、ここでの筆者の見方は、方向性として妥当だと考えている。

そして、以上の原文を見れば明らかなように、藤田（一九九六ａ）及び鎌田（一九八三）（一九八八）で問題になっている「共起制約」とは、言い切り述語としての感情述語に見られるような主語人称制約――鎌田の言う「絶対的人称関係」に基づく共起制約なのである。[14][15] しかるに、鎌田（二〇〇〇ａ）では、②のとおり、絶対的人称制約は間接引用句には存在しないが、相対的人称制約は存在するのであり、藤田の批判は当たらないと主張する。

こうして見てくると明らかなように、鎌田（二〇〇〇ａ）の藤田（一九九六ａ）に対する批判は、文脈を無視して論点をすり替えたもの、筆者の見解を歪曲して中傷したものといわれても仕方のない、全くお話にならないものである。学問研究の場でこのような事実のすり替えが平気でなされることを筆者は誠に残念に思う。

5―3　今少し鎌田の反批判の内容を吟味しておきたい。鎌田は、間接引用がもともとの発話の「場」から切り離されたものとする私見に対して、更に次のようにも述べる。

「間接引用」が元の「発話の場」から離れたものであることは言うまでもない。しかし、それが元の「発話の場」からどの程度離されたものなのか、それか問題なのである。（中略）砂川（1988b:19）[16]の指摘にもあるように間接引用であれ「〜と」で結ばれる引用句にはまだ「場」の保持があるのである。

（55）（＝1．3（35））

a．太郎は花子に会わなかったと否定した。（砂川、9（a））

b．太郎は花子に会ったことを否定した。（砂川、9（b））

（a）と（b）の違いは引用句が「場の二重性」をまだ保持しているが「こと」節にはそれがないということを示している。間接引用だからといって「場の二重性」が全くなくなっているのではない。問題は「どの程度」場の二重性に変化が生じるかということである。（一五三頁）

しかし、まず砂川も一方で、砂川（一九八八a）で明言しているように、「『場の二重性』という概念は、それ自体として明確に規定されたものでもなく、ましてや完成された理論的立場でもない」（同論文七五頁）のである。この段階の発言は、なお試論的なものと解すべきであり、むしろ、「場の二重性」という概念をどのように規定していくのが有意義なのか、その点が問われることになる。

右のaとbの違いを「場の二重性」の有無という点で規定するというなら、それは、「場の二重性」という観点をも間接化の程度差のようなとらえ方の中にとり込もうとする鎌田の一つの考え方だとはいえようが、そもそもそこで言っている「場の二重性」とはどのようなこととして規定されるのか、全く不明確なままである。この点を明確にしないまま鎌田のように言ってみたところで、そのような議論はとりとめない空疎なものでしかあるまい。また、「場の二重性」というような呼び方を持ち出さなければ、aとbの違いが明確にできないわけでもない。

筆者は、aのような引用句「〜ト」と「〜コト」等の一般の節との違いを、「〜ト」に引かれる引用されたコトバの、記号としての質差（引用されたコトバは、通常の言語記号と異なるイコン（類像）記号である）という点にあるとした。イコン記号は、表意すべき対象を、そのカタチを写して表わすと見なされるものである。「〜ト」に引かれる引用されたコトバは、間接話法として全文の話し手の立場に引きつけられたものであっても、やはり表意すべきコトバを、その布置を写して示している。その点が、「〜コト」などと異なる「〜ト」の表現の特色だといえる。そして、引用されたコトバがイコン記号であるという見方に立つことで、「〜ト」の文法的な振る舞いの独自性にも説明を与えた。この点で、鎌田が全く何もできていないことは既にふれたとおりである。

また、筆者は、あくまで「場の二重性」という概念・用語を文法的なものとして生かすように規定したいと考える（この点では、砂川の志向するところも同じである）。そのためには、文法の問題となり得る事柄の本質的な部分をそうでない部分と区別しておさえる見方が肝要であろう。およそ発話の「場」において、発話はその「場」における話し手を中心とする時空の関係づけに即して構成される。発話にとって「場」とは、本質的にそのような関係づけの秩序として投影されたものだといえる。通常の発話においては、その「場」の秩序づけがそれに投影されるだけだが、所与と見なされるコトバを引く引用句「〜ト」を含む文の場合、引用句内が直接話法だと、引用されたコトバは先行する「場」の秩序づけを負うものとして、地の文とは異なる秩序体系になる。こうした二重性を、筆者は、「場の二重性」と呼ぶ。こうした二重性は、逆に見れば、「〜ト」が直接話法であるという読みを支える基本要件であるともいえる。一方、間接話法では、「〜ト」内も全文の発話の「場」の秩序づけに統一され、「場の二重性」は消える。以上が筆者の「場の二重性」についてのとらえ方である。このように考えることで、文法概念としての「直接話法」の特質を規定する文法用語として、「場の二重性」という概念・用語は、筆者なりに然るべく位置づけられることになる。

一方、鎌田（二〇〇〇ａ）においては、「場の二重性」とは結局どういうことなのか、突きつめた規定は見いだせないが、次に引くように「『場』の二重性まで否定してしまうと、話法の『文体論的』なバリエーションまでも否定してしまうことになり」（一五三頁）とあり、「場の二重性」を「『文体論的』なバリエーション」にかかわる事柄というように見ているようである。それは勝手だが、筆者は「場の二重性」をそのように見ていないのであり、この点は既に藤田（一九九六ａ）にも詳しく述べているのだが、鎌田の発言がその趣旨の理解の上に立ったものでないのは、いかにも不審である。せめて、私見への批判的発言は、私見の趣旨を十分勘案したものであってほしいと思う。

また、筆者は、「引用」「話法」の問題に関して、文体論的あるいは語用論的問題を無視するものでもない。例えば、鎌田が再々問題にしている文体的効果に関する要素については、そうした文体手段を選択するか否かの語用論的な問題として、「話し手投写」という概念を中心に置いて取り扱う場所を用意している（藤田（一九九五ｂ））。こうした拙稿についても、鎌田は何も読んでいないらしい。

5―4　要するに、筆者がやろうとしているのは、文法の問題として扱える事柄・扱うべき事柄と、語用論や文体論で扱うべき事柄とをきちんと区別して、位置づけるべきところに位置づけて論じようという、ごく当たりまえのことである。そして、それについて相応の成果も重ねてきた。従って、

> 「文法的カテゴリー」として「直接話法」と「間接話法」のみを認めるとする藤田の立場は、まだ、理解できる。しかし、このように「場」の二重性まで否定してしまうと、話法の「文体論的」なバリエーションも否定してしまうことになり、「文法論」「語用論」「文体論」とはっきりとした境目のない分野で研究を行わなければならない引用・話法研究に対して藤田は何を目指しているのか定かでないと感じるのは筆者だけなのであろうか。
>
> （一五三～一五四頁）

などという発言は全く的はずれである。鎌田のように、「話法」とか「『場』の二重性」とかいった用語で種々雑多

なことをひとまとめに考えなくても、必要な事柄をきちんと区別し位置づける概念装置は、然るべく用意されているのである。

読むべき拙論もきちんとおさえず、そうした筆者の学説体系の全体像も把握せず、ほんのわずかの拙稿にふれただけで、右のような批判的言辞を振り回すとは困ったものであるが、引用研究のこれからの健全な発展のことを考えると、いつまでも〝困ったものだ〟ではすまされまい。

鎌田の右の発言は、はしなくもまた、その所論の本質を露呈させている。「『文法論』『語用論』『文体論』とはっきりとした境目のない分野で研究を行なわなければならない引用・話法研究」などとどうして断じることができるのだろうか。確かに、「引用」「話法」の問題については、文法論的な問題も語用論的な問題も、また文体論的な問題も絡んでくるだろう。しかし、実は他の問題にしても――例えば「アスペクト」にせよ「モダリティ」にせよ「敬語」などにせよ、文法論的な問題や語用論的な問題、また文体論的な問題が複雑に絡んでくる。だからといって、それを「境目」なくごちゃまぜに論じてよいわけではもちろんない。先人の研究を閲すれば自ずと明らかなように、大切なのは、むしろ、事柄がどの分野で論じられるべきものかを明確にし、位置づけていくことであり、それによって、錯綜した事柄がどのように論じられるべきかが明確になる（そのような整理がきちんとなされて来なかったことが、〝日本語の話法が曖昧である〟との印象を生んできた大きな要因であろう）。筆者がとってきた基本姿勢も、また、そのようなことである。

翻って考えれば、「『文法論』『語用論』『文体論』とはっきりとした境目のない」やり方に固執しているのは、鎌田自身なのであって、その結果、彼の所論は「文法論」でも「語用論」でも「文体論」でもどれでもない、わけのわからないものに終わっている。そろそろ日本語の引用研究は、このような折衷的な段階を過去のものとしなければなるまい。

6　結び

6―1　以上、鎌田（二〇〇〇a）の所論の中心的な部分を検討してきた。

なお、第5章では、引用句「～ト」の直接話法の読みを決定する終助詞等の位置づけをめぐって、「衣掛けのモダリティ」などという呼び方がなされているが、「モダリティ」というような文法論的な用語を用いながら、発想自体は文体論的なものを折衷した色合いが強いと感じられ（それは、特に「準直接引用」などというとらえ方に端的である）、文法論としての引用研究の立場からは、やはりそのままに首肯し難いものがある。終助詞等に託される表出的ムードと直接話法の読みの決定とのかかわりについては、筆者は、鎌田（二〇〇〇a）一四八～一四九頁に見るような見方と全く異なる見解をもっている。この点については、別に藤田（二〇〇一b）に述べたので、併せて参照されたい。

6―2　また、鎌田（二〇〇〇a）の第6章では、情報伝達に関する対照言語学的な問題についての言及があり、事例としては興味深いものが示されているが、日本語の引用表現それ自体の記述の問題とはいえない。

右の点は別にして、鎌田（二〇〇〇a）については、筆者は特段採るべきところを見いだせない。学説・研究成果の評価は、結局、それが多くの目で読まれ検討されるうちにおのずと定まっていけばよいことかもしれない。しかし、今日の研究の現状を見るに、歴史の判定に委ねるといった態度で静観するには、あまりに問題の多い言説が横行している。引用研究についても、本節で見たとおり非常に問題の多いこのような書物が刊行されたことはその一つであるが、当該分野における研究に携る者の責任として、また、そこで明らかに名を挙げてなされた批判に答える責任からも、筆者なりにこの著作の問題性を明らかにしようとした次第である。

注

（1）もちろん、次のような言い方もあり得る。そして、筆者の引用論においては、このような例も対象の一部とされる。

（1）―c　ここで先人の言葉を引用しよう。森有正は、かつて次のように述べた。

経験が名辞の定義を構成する。

我々も、この言葉の意味するところを、今一度よく考えてみなければなるまい。

（2）同書三七頁の記述は、曖昧で趣旨がわかりにくい書き方になっているが、このあたりについては、藤田（二〇〇〇b）の解説を参照されたい。また、鎌田（二〇〇〇b）では、「〜ト」が、奥津敬一郎が論じるように、（1）連体化（「ト」を除いて連体修飾を受けさせることができる）（2）受け身化（受身文の主格とできる）が可能であることを根拠として、名詞句と断定されている。しかし、奥津の所論については、既に藤田（一九九四：本書第4章第一節に採録）で、それが「〜ト」を名詞句とみる根拠とならないことが示されており、鎌田（二〇〇〇b）の記述は意味のないものである（なお、鎌田（二〇〇〇b）の（3）bの例は、日本語として明らかに不適格である）。

（3）鎌田（一九九九）でも、引用句の「ト」については、「格助詞的成分と副詞句を標示するマーカー的成分の両方が混じったものと、現在のところは考えたい」（五六頁）などというわけのわからない説明がなされている。

（4）なお、「ちょくちょくと」の形が不可であるとしているが、何人かの判断を確認したところでも、こうした形もごくふつうに使われるものと思われる。

（5）また、bの方の例も、

（11）―b　先生はパタン（と／＊φ）本を開いた。

に対して、

（12）―b′　先生は答えが分からないよ（と／＊φ）本を開いた。

のようになっていれば、平行していると言えるかもしれないが、示されているのは、

（12）―b　先生は答えが分からないよ（と／と言って）本を開いた。

なのだから、その点でもこの話は平行しているなどと言えるものではないのである。

（6）擬声語・擬態語副詞の場合、オノマトペ性が低く語彙性が高いと「ト」をとらなくなるとされる。「ト」をとらない（13）―ｃを、オノマトペ性が低く語彙性が高いと言わざるを得なくなるが、語彙性が高いなどと言っていいのか問題である。
　つまり、本当のところ、引用句「〜ト」や従属句「〜カ（ドウカ）」について、擬声語・擬態語副詞と同じように、「語彙性」などという見方があてはめられるのかという点が問題なのである。

（7）例えば、次の「事件があった（コト）」という節のように、文の構成要素として何重にもはめ込まれている場合、「埋め込みが深い」などといわれる。
　（ア）［［［事件があった］ことを知っている］人に会った］のは、初めてだ。

（8）後述のように、当初の鎌田（一九八三）（一九八八）における「準間接引用」という主張にとって、鎌田の言う「絶対的人称関係に基づく共起制約」は、その立論の骨子であった。しかるに、その点について藤田（一九九六ａ）の批判を受け、「絶対的人称関係に基づく共起制約」という論点を「相対的人称関係に基づく共起制約」にすり替えてしまったため、「相対的人称関係に基づく共起制約」などということは立論にとって必要のない要件であるのに、いわばそれが残滓のごとくその所論の中に残って、論の展開の方向を規定しているということであろう。

（9）例えば、鎌田（二〇〇〇ａ）の八四頁の注（17）でも、「聞かせろ」等の命令述語に言及して、特に根拠をあげることなく「元発話者の視点がそのまま残っていることは事実であり」と断定している。

（10）鎌田（二〇〇〇ａ）の第6章の表5のまとめなど見ていくと、そのような方向性が既にうかがわれるが、文体論的な事柄まで折衷する鎌田の論調からすると、事はそのようにすっきりとはいかないようである。

（11）具体的には、人称詞・指示詞・時の表現など、Ｂ．ラッセルの言う「自己中心的特定語」の指示対象の決まり方の体系・秩序が、もともとの話し手中心となるか全文の話し手（引用者）中心となるかの違いということになる。

（12）では、全文の話し手の秩序づけのもとに収まらない終助詞などの表出的ムードとはどのような性格のものであるのかという点は、藤田（二〇〇一ｂ）を参照されたい。

（13）例えば、「彼女は指輪が欲しい」は不自然だが、「彼女が欲しい指輪」のような場合、三人称主語は何ら不自然ではない。

(14)　そもそも、「相対的人称関係」に基づく共起制約のようなことが強調されるのは、鎌田（二〇〇〇ａ）からで、そこで問題にされるような事柄も、ほとんど鎌田（一九九八）における観察でとり上げられたのが最初である。

(15)　今一つ指摘しておくべきは、鎌田（一九九八）あたりから、鎌田の「準間接引用句」説の重点がずれはじめることである。「私が悲しがっていると言っていた」のような表現が「準間接引用」だと主張する根拠らしきこととして、鎌田（一九八三）に見られたような「私が悲しいと言っていた」が適格であるはずなのにといった観察が引き合いに出されなくなる。ただ「悲しがっている」等の述語が、もとの話し手の視点を残していると、検証抜きにそう指摘するだけになってくる。その結果、共起制約があることはこの問題に関して実はどうでもよいことになり、逆に何でも「準間接引用」と扱う余地が出てきて、主格人称制約の問題を強調しつつ論じる鎌田の論じ様《よう》がおかしなものになっていることは、既に指摘した。

(16)　原文は、「砂川（1988:19）」だが、本書の参考文献表の整理の都合上、ｂを加えた。なお、引用原文中の（砂川、９（ａ））（砂川、９（ｂ））は、（砂川、10（ａ））（砂川、10（ｂ））の誤り。

付記　本節で述べたことの一番の要点は、藤田（二〇〇二）に極力簡潔に集約する形で示した。併せて参看いただければ幸いである。

第六節　引用研究と「メタ言語」の概念

1　はじめに

1　「メタ言語」とは、言語外の事象について語る「対象言語」に対して、言語という記号体系そのものについて語る「言語」であり、その意味で次元の異なる「言語」である。

「メタ言語」と「対象言語」の区別は、従来論理学の分野において論ぜられてきたが、R.ヤコブソンも指摘するとおり、本来我々の言語には、我々の言語そのものに言及するメタ言語的機能が認められるのであるから、「メタ言語」という概念は、言語の研究において一つの重要な論点となってくる。

引用研究に関しても、「メタ言語」（もしくは、少し広い含みで「メタ表現」）の概念が重要な意義をもつものとしてしばしば問題になってきた。引用を含む構造において、引用されたコトバと地の文との間には、ある種のレベル差が感じられる。そうしたコトバのある種のレベル差が、「メタ言語」と「対象言語」との次元の異なりの問題といった見方で説明可能のように見えるのである。日本語の引用に関する意味・統語的な研究の流れの中でも、早くに奥津（一九七〇）が「メタ言語」の問題と引用表現の関連に言及しており、また、水谷静夫の考え方（水谷（一九八〇））などを承けて、宮本（一九八九）は、引用表現の本質を「メタ言語（メタ表現）」ととらえる見方で、「何が引用表現ではないか」（従って「引用表現とは何か」）という基本的な問題に答えようと試みている。もっとも、私見では、宮本（一九八九）自体は、論理学等の考え方を批判・検討し直すことなく言語事実にあてはめようとするものである上、基本的な部分に錯誤を含んでおり[1]、論として見るべきものは乏しいのだが、なお松木（一九九六）のように、これに共感を示し、これに依拠して引用にかかわる問題を論じようとする論も提出されている。このことは、「メタ言語」という概念が引用表現の本質を説明するうえで有効であろうという印象が根強くあることを示しているといえよう。

本節では、こうした状況もふまえ、「メタ言語」という概念が、引用表現の本質を説明する基本概念として本当に有効なものかどうかを検証する。そして、その過程で、引用表現についての筆者自身の本質観の方向をも明示しておきたい。以下、議論の対象を日本語の場合に限定し、意味・統語的な問題としての引用表現[2]について論ずることにする。

2　「メタ言語」の概念と引用表現

2―1　では、引用表現と「メタ言語」の概念は、どのように関わってくるのだろうか。この点について考えるため、まず、「メタ言語」とはどのようなものとして説明されるのか、具体的な例で確認しておきたい。

（1）―a　クジラは哺乳類である。

（1）―b　「クジラ」は三拍語である。

しばしば説明にとりあげられるのは、こうした一対の例である。aの《クジラ》が、ある種の動物を指し表わすのに対し、bの《「クジラ」》は、「くじら」という一つの単語を表わす。前者が言語外の対象を指し表わす「対象言語」と呼ばれるのに対し、後者はコトバ自体について言及する「メタ言語」と呼ばれる。

そして、こうした例からも、カギカッコ（引用符）のつかない《クジラ》とカギカッコ付きの《「クジラ」》の別として考えられる「対象言語」と「メタ言語」の違いは、地の文（ふつうのコトバ）と引用されたコトバの違いと重なるものであるかのように見える。確かに、bの《「クジラ」》は、「くじら」という、人々の脳中にある、あるいは、一般に用いられている、所与のコトバを引いたものと解していいだろう。引用表現の本質を「メタ言語」として説明しようとする立場が出てくることも、故なきことではない。

しかし、引用とは「メタ言語」だと単に言ってみたところで、実は、他の言語表現から引用表現を区別したことに——つまり、本質を言い当てたことにはならない。コトバに言及する表現（メタ言語）は、右のような引用表現に限らないからである。例えば、（1）—bと同様、次の（2）—aも、傍線部が引用されたコトバであり、この《「歩ク」》は、「歩く」というコトバ自体に言及する「メタ言語」であるということができるだろう。

（2）—a　「歩ク」は活用する語である。

しかし、定義上、コトバに言及するコトバがメタ言語なのであるから、次例の傍線部の《用言》の部分も、「歩く」「食べる」「美しい」等々の活用自立語を指し表わすものであって、やはりメタ言語である。

（2）—b　用言は活用する語である。

（2）—bの傍線部は、確かに言語に言及するメタ言語である。しかし、bの傍線部の部分を、もちろん、我々は引用表現だとは考えない。つまり、「メタ言語」だというとらえ方では、引用表現を他の表現から区別する本質的な規定にはならないということである。逆に言えば、引用研究においては、bの《用言》のような通常の言語記号の表現と、aの《「歩ク」》のような引用されたコトバの表現との違いこそ解き明かされなければならない。しかし、その相違の説明は、「メタ言語」という概念自体からは導き出されないのである。

2—2　今一つ注意しなければならないのは、「メタ言語」という概念は、相対的なものであるという点である。「メタ言語」とは、言語に言及する「言語」である。従って、メタ言語に言及するのも、一段高次の「メタ言語」ということになる。

奥津（一九七〇）があげた例に少し手を加えたもので考えてみよう。

（3）―a　動詞は名詞ではない。

（3）―b　「動詞」は名詞である。

一見矛盾する（3）―abの両命題がともに真として成立するのは、もちろん、aの《動詞》とbの《「動詞」》の相違による。aの《動詞》が、例えば「歩く」「食べる」「思う」「ある」等の個々の語を指し表わすのに対し、bの《「動詞」》は、「動詞」というコトバ自体を表わすものであり、そうした語を引用して指し表わすものといってよい。この点で、先に見た（1）の例で、aの〈クジラ〉がある動物を表わすのに対し、bの《「クジラ」》が「くじら」というコトバを引用して表わすものであったのと同様の関係といえる。

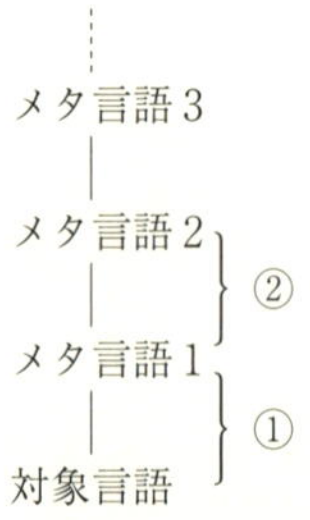

図2　対象言語～メタ言語の階梯

しかし、注意したいのは、ここでのaとbとの相違は、「対象言語」と「メタ言語」の別とはいえないということである。aの場合、《動詞》というコトバ自体が既に右のような語に言及する「メタ言語」なのである。そして、bの《「動詞」》は、そのようなメタ言語に言及する一次元上の「メタ言語」だということになる。理屈の上では、そうした次元の異なる「メタ言語」が、上の図のように幾重にも考えられることになろう。そして、この図に即して言えば、先の（1）のabの区別は、図の①の問題であり、ここで見た（3）のabの区別は、図の②のところの問題ということになって、異なるものということになる。

しかし、我々の素直な意識に立ち戻って考えるなら、（1）のabの違いも（3）のabの違いも、問題の部分が引用されたコトバなのかどうかの違いであって、本質的には同じ相違ということになる。「メタ言語」という考え方で杓子定規に論ずると、かえって我々の直観する言語事実にそぐわないことになってくる。[3] そして、もちろん、言語事実の説明において、引用とは「メタ言語」だというだけでは、（3）の例など説明にならないのである。

「メタ言語」という概念は、定義上、コトバに言及するコトバといった形で規定されるものであり、相対的な関係概念であると考えられる。それ故、こうした概念でおさえられるのは表現相互の相対的な関係にすぎず、表現の本質をおさえて「引用とは何か」という問いに答える規定とはなり難い。

3　「実物表示」と「メタ言語」

3―1　以上のとおり、「メタ言語」という概念は、引用表現の本質を説明するものとはなり難かった。少なくとも、問題は今一歩踏み込んだ先にある。ここで、「メタ言語」という考え方をいったん措くとして、では、引用表現の本質をどのように考えるべきであろうか。換言すれば、（1）（3）のaとbの傍線部の相違をどのようなものとして説明すべきなのだろうか。

（1）―a　クジラは哺乳類である。
（1）―b　「クジラ」は三拍語である。
（3）―a　動詞は名詞ではない。
（3）―b　「動詞」は名詞である。

端的に言うなら、筆者は右のabの傍線部については、当該部分の記号としての表意様式に相違があると考える。この議論は、既にくり返し述べてきたが、ここでも最も基本的なところだけ確認しておこう。

aの場合、《クジラ》《動詞》は、いずれも通常の言語記号としての表意の仕方で、表現すべき対象を表わしている。すなわち、「クジラ」「ドウシ」というコトバの形（能記）に対して心的に連合している所記概念に基づき、それを介して、表現されるべき対象が表意される。これは、言語的なカタチと意味の〝恣意的〟な心的連合と考えられる言語記号の通常の表意のあり方といえる。

これに対し、bでは、表現すべき対象と同様のコトバがさし出されることで、対象（としてのコトバ）が表意されている。これは、通常の言語記号の表現の場合のように、その所記概念に基づき、それを介して対象を表意するものではない。いわば、表現すべき対象と同様のカタチを再現することで、直接対象を表意しているのである。

このような表意のあり方は、実は、広くコミュニケーション一般においても考えられる。

「何食べてるの」と問われて、「リンゴだよ」と言語記号を用いてふつうに答えることもできる。この場合、この応答は、「リンゴ」というコトバの形と心的に連合する所記概念を介して、表意すべき対象を抽象化して表わす、通常の言語表現に拠るものといえる。しかしまた、この問いに対しては、食べているのと同じリンゴそのものをさし出しても、答えることができる。これは、対象そのものと同様のものを直接さし出すことで対象をリアルに表意するものといえよう。

このように、同様・同趣のものをさし出して対象を直接表意する表意の仕方を、「実物表示」と呼ぶ。

引用表現とは、コトバの「実物表示」に他ならない。つまり、引用とは、表意すべき対象としての所与のコトバを、それと同様のものをさし出すことで表現するものといえる。その点で、引用されたコトバの表現は、通常の言語記号の表現とは質の異なるものである。

引用表現として典型的に考えられる、「〜ト」による引用構文の表現についても、引用句「〜ト」の部分は、発話され思惟されたとみられるコトバを、それと同様のコトバをさし出すことで表わしているのだと考えて、無理なく納得できるだろう。

（4）　直子は、「私、忙しいんです」と言った。

（5）　友子は、ニューギニアってどんなところだろうと思った。

通常の言語記号の表現である地の文が、対象を記号化・抽象化して表わすのに対し、引用されたコトバの部分は、

「実物表示」によるものであり、対象をそれと同様・同趣のものを示すという形で、抽象化せずに対象そのものと同次元でリアルに示す。そこに、引用されたコトバと地の文のレベル差が生じるのである。

3―2　ここで、再び「メタ言語」の問題に立ち戻ろう。「メタ言語」には、引用表現と見ることができるものと、そうでないものとがあった（例えば、（2）のaとb参照）。そのあたりを、以上の考察をふまえて整理すると、次のようになろう。

・「メタ言語」
　1　言語記号の通常の表意様式に拠るもの（ex.（2）―b）
　2　「実物表示」の表意様式に拠るもの［＝引用表現］（ex.（2）―a）

引用表現がコトバを実物表示の形で表わすものである以上、コトバについて言及する（表意する）コトバであるから、これを「メタ言語」の一種と位置づけることは不当ではない。しかし、引用表現の本質は、「メタ言語」であるということより今一歩踏み込んで、「実物表示」の表意様式に拠るという点にある。「メタ言語」であるといったことを言うだけでは、本質をとらえたことになりはしない。[4] くり返して言うが、おさえるべきは今一歩先のところなのである。

3―3　引用を「メタ言語」として論じたものの中にも、更にその先にある程度踏み込もうとしたものがないわけではない。辞典の記述ながら、『国語学大辞典』の「引用」の項の［二］意味論の部分は、水谷静夫の執筆であるが、引用の本質を「メタ言語」「メタ表現」とかかわりづけておさえるべく、「メタ表現の名前としての引用」という考え方を示している（ちなみに、宮本（一九八九）も、こうした考え方を、基本概念の一つとしてそのまま引きつぐ姿勢をとっている）。

水谷は、一般の言語表現において、対象としての「外界の事物」とそれを指し表わす「名前」とが別物であることと同様、言語表現に言及する「メタ表現」の場合も、対象としての言語表現とそれに言及する「メタ表現」は別物であり、引用表現はそうしたメタ言語としての一種の「名前」だとする。

ここで言うところの「名前」とは、表現すべき対象を指し表わす言語的なカタチと考えるとわかりやすいだろう。引用表現は、コトバを引くことで、表現すべき対象であるそのコトバを表わしているのだから、一種の「名前」と考えてさしつかえない。このように、単に「メタ言語」「メタ表現」というにとどまらず、メタ表現としての「名前」という位置づけを与えたのは、一歩踏み込んだ姿勢といえる。そして、まず一般の言語表現と一括して「名前」と位置づけたうえで、普通の「名前」と引用表現とを区別して特徴づけることができれば、引用表現の本質に踏み込んだ規定を与えることになるわけである。更にその所論を引いてみよう。

引用表現が名前の一種だという点は、次のような事からも分かる。まず、

（6）　が花咲くた。

という表現を考えよう。これは明らかに日本語の文を成さない。それを主張するのに、

（7）　（6）は日本語の文ではない。

のような形が使えるが、（7）中の「（6）」は（7）が対象とする表現に付けた臨時の名前である。（7）中の「（6）」の部分を引用形式に替え、

「が花咲くた。」は日本語の文ではない。

としても、同等な主張である。つまり引用が名前の働きをしている。普通の名前の指すものが言語内には無いのに対し、引用による名前は引用符に囲まれた表現自体を指す点に相違がある。

（五七頁、なお例文の番号も原文通りである）

結論として、この考え方では、引用による「名前」と普通の「名前」の相違、つまり、引用表現と通常の表現の相違を、その「名前」が指し表わす対象が、その言語表現の内にあるかどうかという点で規定する。このような形

で引用表現を特徴づけることは、一見もっともと思える。だが、「引用による名前は引用符に囲まれた表現自体を指す」というなら、引用されたコトバは、引用されたコトバそれ自体を指すということになる。しかし、「名前」と対象とは別物として区別されるべきものではなかったか。引用表現の場合も、引用されたコトバというカタチ（名前）は、同様のカタチのどこかにあった所与のものとみなされるコトバを指し表わすと見るべきではないのか。『『が花咲くた。』は日本語の文ではない」という文例で言えば、「が花咲くた。」の部分は、この文中にある「が花咲くた。」そのものを指すというより、まず（6）として思い浮かべられた「が花咲くた。」のような既にあった所与のコトバを指すものと見るべきではないかということである。先の（4）（5）のような典型的な引用構造の表現でも、引用されたコトバを示すことで、それと同様の、発話され思惟されてどこかに既にあるとみなされるコトバが指し表わされていると解するのが自然だろう。今一つ、端的な例をあげてみたい。次のような文が発話されたとしよう。

（8）　そう言えば、あの「巨人軍は永遠に不滅です」は、長島茂雄の引退の時の言葉でしたね。

右は、基本的に〝ＡハＢダ〟という同一判断の表現と解せられる。とすれば、この「巨人軍は永遠に不滅です」の部分は、長島茂雄氏がある場所である時に口にした、これと同様のカタチのコトバを指し表わすものと考えられる。故に、「あの」のような指示語もつく。決して、この文中の「巨人軍は永遠に不滅です」それ自体を指すものとはいえない（この語列自体は、（8）の発話者が（8）の発話に際して発したもので、長島氏の発したコトバではない）。このような例も視野に入れれば、引用されたコトバが何かを指し表わす「名前」だとしても、それ自体を指すと見るのは妥当でないということが理解されよう。所与とみなされるコトバを、それと同様のコトバを示すことで指し表わすのが、引用表現なのである。その意味で、引用表現といえども、「名前」である以上、対象はその言語表現の外にあると見るべきである。

とすれば、その指し表わすものが、当該の言語表現の内にあるか外にあるかという点で、引用表現をふつうの言語表現から区別する考え方では、区別はできないということになる。「メタ表現としての名前」という言い方を、右に見たような見方に立って用いていても、やはり、引用の本質はおさえられないのである。むしろ問われるべきは、引用による「名前」と普通の「名前」とは、それぞれ対象をどのようにして表意するのか、その相違である。

3―4　筆者は、そうした引用表現の本質としての表意のあり方を、まず「実物表示」と呼んでおさえた。「実物表示」とは、対象と同様・同趣のものをさし出すことで対象を表意するものであるから、対象を類似性に基づいて表意することといえる。

記号学の創設者の一人として知られるCh．S．パースは、記号をその表意様式によって、「イコン」「インデクス」「シンボル」の三つに分類した。心的連合に基づいて表意する通常の言語記号が「シンボル」であるのに対し、引用されたコトバが、右のとおり類似性に基づいて表意するものであるなら、これはイコン記号ということになる。

引用されたコトバは、シンボル記号である通常の言語記号とは異なるイコン記号であるという見方、そして、その表意のあり方は、対象を、類似性に基づき同様・同趣のものをさし出して示すものであるという見方には、豊かな含意がある。これを出発点とすることで、はじめて引用されたコトバの意味‐統語的な独自の振る舞いを十全に説明できる射程の広い「引用論」の展開が可能になってくる。

4　結　び

4　以上、引用の本質を「メタ言語」とする考え方の限界を示しつつ、筆者の引用本質観をここでもくり返してみた。もちろん、「メタ言語」の概念が引用研究において無用のものというわけではない。例えば、

（9）　誠は、「おはよう」と言った。

のような文を例にすれば、事実レベルでは「おはよう」という発話こそ「言った」という行為に等しいのであり、線条的に見れば、述語「言った」は指示的に働く「ト」を介して「おはよう」という引用されたコトバで示される発話を等しいものとして指し表わしていると見ることもできる。このような、引用句の引用されたコトバに対し、述語が指示的な「ト」を介してメタ言語的に言及する関係にあるといった線条的な構造把握は、有効であり必要なこともある。

しかし、引用表現の本質を論ずるなら、「メタ言語」というだけでは十分な説明は不可能ということである。

注

（1）宮本論文自体は、論の筋道が不明確なこともあり、ここでこれを逐次引くようなことはしない。ただ、一点ふれておくなら、宮本は、引用表現を「メタ言語」「メタ表現」とする。そして「メタ言語」である故に、「引用表現は use であって mention ではないということを忘れてはならない」（一三九頁）という。しかし、論理学の教科書レベルの説明でも、「メタ言語」は mention であるとされるし、宮本が参照するクワインなどの所説にも、「メタ言語」が use だといったことは書かれていない。こうした基本的な部分に既に錯誤があるようである。宮本は、use を《用いる》、mention を《語る》として、引用は語られるものでなく用いられるものといった言い方を説明の基礎としてくり返しているが、そうした所説が既に基本的な問題をはらむことは理解されよう。

（2）例えば、次のような例は、ここでの問題とはしない。

（ア）どうしてそんなことが「できない」のか？

右は、カギカッコがないものとして読んでも問題なく、意味・統語的な問題にならない。基本的には、この文を生み出すに際して、誰か（相手？）の「できない」というコトバを実際に利用したということを、カギカッコを付して注釈的に示すものにすぎないからである（もっとも、そういうカギカッコの注釈的機能は、メタ言語的な機能だということができる）。

（３）奥津（一九七〇）が、「メタ言語」の概念に言及しながら、結局それに依拠することなく、発話の場の階層についての一般的なモデルを用意して論を構築していることは、「メタ言語」の概念の限界を察知してのことかと思われ、さすがに至当な見方と感じられる。

（４）**3―2**の整理の１の方を視野に入れず、もっぱら２の引用表現の方を念頭に置いて、これをただ「メタ言語」と呼んでその本質を問わないとなると、引用表現を「メタ言語」と呼ぶことは結局同語反復になってしまう。そうしたレベルの分析が、まま見られる。

第七節　日本語の「話法」研究と中園篤典の話法論

1　はじめに

1　一九九〇年代に入っても、引用・話法研究の所論がいくつも公にされたが、その中で、それまでとはやや異なる異色の方向性を打ち出していたのが、中園篤典の話法論である。第七・八節では、中園の話法論を問題にしてみたい。

まずこの第七節では、これまでの日本語の「話法」研究の方向性及び筆者の考え方を、中園の考え方と対比する形で論じる。すなわち、日本語の文法研究において、「話法」としてどのような事柄が論じられてきたか、一つの大きな流れをおさえ、その中に拙論を位置づける。そして、そうした流れと対立する見方——中園篤典（一九九四）をとり上げて批判的に検討し、拙論に至る日本語の「話法」のとらえ方の相応の必然性といったことを検証しておきたい。

案外、本節で述べるようなことが自覚的に議論されるようなことはあまりなかったように思えるが、ここで一度確認しておく意義もあろうかと思う。

2　日本語の「話法」研究の方向性

2—1　既に本章第一節でも論じたが、今日にまでつながる「引用」の意味・統語論的研究の出発点となったのは、奥津敬一郎（一九七〇）の先駆的な研究である。奥津は、同論文の冒頭で「小論の対象とするところは、我々には中学校以来なじみの深い英文法にいわゆる直接話法と間接話法に関するものであり」（一頁）と述べて、「話法」の問題を論ずるという趣旨を明確にし、英語については日本でもかなりの研究がなされている一方、日本語では「殆ど問題にされていなかったし、またとりあげられても極めて曖昧な記述しかなされていない」（一頁）と、それまでの研究の状況を総括したうえで、次のような例をとり上げて論じる。

（1）　アナタハ　私ニ　私ハアナタヲ憎ンデイルト　言ッタ。

すなわち、（1）のような例で「下線［注・傍線］の部分の意味は曖昧であり、直接の引用であるか、間接の引用であるかによって、憎んでいる者と憎まれている者とは全く逆になってしまう。この様な曖昧さを説明するためには、やはり日本語においても直接引用と間接引用の別をたて、その関係を記述することが必要となる」（一頁）というわけである。

奥津は、右で「話法」という用語を避け、慎重に言葉を選んで「直接引用」「間接引用」という言い方をしているが[1]、ともかくも、このような事実指摘によって、はじめて「話法」の問題が日本語の意味・統語論的な研究の対象として市民権を得るようになったといっていいだろう。また、奥津は、以下で「間接化」として、引用句「〜ト」内の表現をいかに「間接引用」に書き改めるかという点を、生成変形文法の立場から広く記述している。このような先駆的な研究によって、日本語の「話法」の問題として論じられる事柄としては、右のような引用句「〜ト」内の引用されたコトバがもっぱら注目され、その意味解釈などが問題になるということが、明確に印象づけられたのである。

2—2　こうした方向は、その後の主だった日本語の「話法」の研究においても引き継がれていく。奥津に続くまとまった引用研究の論考としては、第二節でふれた仁田（一九七八）があげられよう（以下、ここでは仁田（一九八〇）再録の本文に拠る）。仁田は、同論文において、「話法」を「人（話し手自身を含めて）の発言内容を話し手が聞き手に伝達する際の述べ方」（一七六頁）として広く論じていくが、実際の議論の対象としては、やはり引用句「～ト」内の引用されたコトバの意味解釈などの問題が取り上げられ、ひき合いに出されることがもっぱらで、例えば次のような例をとり上げて、

（2）　先生ハ　オ前ガ悪イノダト　言ッタ。

「⑩［注・＝（2）］」は、境遇性を有する人称詞を引用文中に含んでいることによって、既に述べた如く、それが〈直接話法〉であるか〈間接話法〉であるかの違いによって、文の意味解釈に影響を与えることになる」（一七九頁）として記述を進めるあたりは、奥津と同様の問題意識・方向性をもって研究が進められていることがうかがわれる。そしてまた、日本語の「話法」の研究においては、引用句「～ト」内の引用されたコトバの問題こそが主要な対象になるという認識も、一層はっきりしてきたと思われる。

一九八〇年代に入ると、「話法」の意味・統語的研究にも進展が見られ、新たな着想をもった論考が出されるようになるが、「話法」の問題としては、もっぱら引用句「～ト」内に注目するという方向が、更に顕著になってくる。例えば、一九八〇年代前半の代表的な論考としては、既に見た遠藤裕子（一九八二）や鎌田修（一九八三）があげられるが、前者は、分析の実際としては、引用句「～ト」が典型的な述語「言ウ」と結びつく「～ト言ウ」のような構造を対象として、引用句「～ト」内の引用されたコトバがどのように変換・修正されたものか（あるいは、されていないのか）を論じるものであるし[2]、後者は、引用句「～ト」にひかれた文の述語とそれがどのような人称の主語をとるかといったことから、「話法」の区別だてを考えようとしたものであって、それぞれの所説の当否は別にして、「話法」の問題として論じられる事柄は、実際として、引用句「～ト」内の引用されたコトバの問題に焦点がしぼられてきているということができる。

引用表現とは、（何者かの）所与のコトバを所与のものとしてとり込む表現であり、日本語の文においては、引

用句「〜ト」がそのための形式である。そして、「話法」とは、ごく一般的には、他者のコトバをどうとり込み伝えるかといったことだと考えられるなら、「〜ト」の部分がどのようであるかが「話法」の問題としてもっぱら考えられるようになってきたことは、それなりに自然なことであったわけである。

2—3　もっとも、「話法」を「〜ト」の問題に限らないで考えようとする考え方もなかったわけではない。砂川有里子（一九八九）がそれで、砂川は、同論文において、「話法」を「発話内容や思考内容を伝達する際」に「それを元の発話や思考が行なわれたままに伝えるか伝達者の立場から表現し直して伝えるか、という表現方式上の区別」（三五八頁）と規定して、次のような形式も「話法」の問題として扱うという考え方を示している（こうした考え方は、後の鎌田（二〇〇〇a）や二〇〇〇年代の松木正恵の一連の〝所論〟にも見られるようになる）。

（3）—a　故郷を恋しく思う。

（3）—b　明日までに連絡するように頼んだ。

（3）—c　失敗したことがわかった／に気づいた／を知った。

（3）—d　行くかどうかわからない。

砂川（一九八九）は、この時期の引用研究の一つの成果というべき論考であるが、右のような考え方については、筆者は賛成できない。この点については後の**3—4**でも簡単にふれるが、こうした諸形式を一括して「話法」の問題として体系的に論じるという方向での研究は、実際これ以降もほとんど成果をあげていない。砂川は、後の砂川（二〇〇四）でも、このような方向にこだわって「話法」を論じているが、こうしたとらえ方をすることについての実質的な論の深化・進展は見られない。このことについては第6章第二節で検討したいが、このような考え方の方向が二十年余の間に具体的に深化されるところがなかったということが、事柄の帰趨を物語っているように思われる。

3　筆者の話法論の要点

3―1　さて、筆者自身も、一九八〇年代から、藤田（一九八五）（一九八八）などに筆者なりの「話法」についての考え方を示し、そうした所説は、一九九〇年代に入って、藤田（一九九五ｂ）（一九九八ｂ）、そして藤田（二〇〇〇ａ）において一応整備した形でまとめられた。筆者の所説は、**2―1・2**に見たような方向をいわば一歩推し進めたものといえるが、ここでは、その立場が明確になるよう、今一度要点を見通しよく整理して述べたい。

筆者の「話法」論の前提としてあるのは、まず「話法」をあくまで「文法」の問題として扱いたいという立場である。一見何ということのない当たり前の考え方と見えるかもしれないが、この前提から帰結してくるのは、しばしば見られるように、もとの発話がどうであってそれがどのように変えられたかといった事実関係を詮索するようなことは、「話法」の問題ではないということである。

考えて見れば当然のことながら、事実がどうであるのか――実際にどんなことがなされたのかなされなかったのか――といったことは、直接には文法の問題ではない。例えば、次の（4）でいうような事柄は、事実として実際にはあり得ない。その意味ではナンセンスかもしれない。しかし、だからといって、（4）のような文は非文法的な、つまり、コトバの組み立ての規則性を踏みはずした受け容れ難い文だということにはならない。（4）は、意味するところはともかく、文法的に（コトバの組み立ての点において）は十分自然な日本語文と感じられよう。

（4）　謙介は、辺の四つある三角形をかいた。

事実が実際にはどうなのかということと、文法（コトバの組み立ての規則性）の問題は、いったん区別されなければならない。となると、「話法」も文法の問題として考える以上は、「直接話法」と「間接話法」といった区別と、本当にもとのままか言い換えられているのかといった事実の問題とは、いったん事柄を区別して考える必要がある。

文法としての「話法」とは、表現（コトバの組み立てのあり方）のタイプの別なのであり、割りきって言ってしまえば、「直接話法」の表現とは、もとのままと見られる形の表現、「間接話法」の表現とは、引用者の立場にひきつけて変えたと見られる形の表現なのである。事実として、本当にもとのままかどうかということとは、第一義的には無関係なのである。

そしてまた、「話法」が文法の問題である以上、この用語は、規則的なものとして記述可能な言語事実に適用すべきだということにもなる。

事実としての、「引用」に際しての言い換え・言い直しは、さまざまな形で生じてくる。例えば、次のような場合、確かにもとの発話の「電気」が引用されて「ライト」に言い換えられてはいるが、このような言い換えがあった事実そのものは、右に述べたように、文法の問題ではないし、そもそも「電気」→「ライト」の言い換えを規則性として記述することなど不可能であろう。

（５）　米谷「おい、近本、電気消してくれ」

——右を近本にとりついで

鷲原「米谷が『ライト消してくれ』と言ってるぞ」

こうした問題は、文法としての「話法」の問題を超えるものであり、敢えて論ずるなら、別の次元で考えていくべきものなのである。

3—2　以上のような前提に立って、筆者は、「話法」を次のように規定する。

「話法」とは、引用構文（「〜ト」と述語の相関構造をもつ文）の引用句「〜ト」にあらわれる引用されたコトバのヴァリアントの選択の問題である。

すなわち、例えば次の（６）—ａの引用句の引用されたコトバは、もともとの話し手「彼」が発した形と見なすことができる、いわば「直接話法形」であるのに対し、bはaと同じ意味とすれば、引用者「藤田」の立場に即して改編された「間接話法形」ということになる。

（6）―a　藤田「彼は、『藤田が正しい！』と言ってたよ」

（6）―b　藤田「彼は、オレ（＝藤田）が正しいと言ってたよ」

このように同様の内容を引用句に示すのに、引用されたコトバには、基本的にこうした二つのタイプのヴァリアントが考えられ、(3)「話法」とは、そのどちらを選ぶかというパラディグマティクな選択の問題ということになるのである。

以上のような見方は、「話法」の問題を引用句「〜ト」の引用されたコトバに焦点をしぼって論じるこれまでの日本語の「話法」研究の方向を承けて、より明示的に述べたものと位置づけることができようが、このように規定することで、何を「話法」と考えるかは、ずっとはっきりしたものになってくるだろう。実際、既に見てきた「他者の発言内容を話し手が聞き手に伝達する際の述べ方」といった規定では、例えば、次のような「伝聞」の表現なども、「話法」の問題なのかということになってくると思われる。(4)

（7）　菜穂子によると、弘実は近々結婚するそうだ。

筆者のように具体的に規定することで、こうしたものとの紛れは生じなくなる。

また、「話法」を引用されたコトバのヴァリアントのパラディグマティクな選択の問題とすることで、次のようなものとの区別もはっきりさせることができる。

（6）―c　藤田「オレが正しいのさ。彼もそうと言ってたよ」

極めて素朴に、言い換えた形が間接話法だといった見方をとれば、cの引用句の「そう」も明らかに、〝言い換えた形〟であり、これも「間接話法」なのかということになってくる。しかし、これは、引用されたコトバのヴァリアント（所与のコトバを再現する形で示すものと見なされるコトバ、及び、その改編形）とはいえず、むしろ先行文脈を承けた、広い意味でのシンタグマティクな関係に基づく代用形と考えられる。筆者のような見方をとることで、はじめて（６）―ｃのような表現を「話法」から区別して適切に位置づけることが可能になる。

3―3　右のような「話法の別」は終助詞などに託される表出的なムードの有無と連動する。このことは本書でも何度も論じてきたが、例えば、次のように、その種の表出的ムードを担う終助詞などが引用句内にはっきりあらわれれば、カッコに示すような間接話法の読みでは、基本的に不可になってしまう。

（６）―ｄ　*藤田「彼は、オレ（＝藤田）が正しいぞと言ってたよ」

（６）―ｄを自然に読めば、「オレ」＝「彼」の「直接話法」にしか読みにくい。

こうしたことからもわかるように、本質的には、引用されたコトバのヴァリアントのうち、「直接話法形」は、伝達のムードを帯びた文的なコトバであり、「間接話法形」は、その種の表出的なムードをもたない語列と考えることができる。

すなわち、「話法」とは、終助詞などに託される表出的ムードの有無という文法的な事柄との関係で規則的に記述できる一つの文法的事実ということになるのである。

3―4　こうした立場で整理していくことは、極めて見通しのよいことと思われる。その点、「～ト」以外の形式も広く「話法」の問題として論じようとする、**2―3**で見たような考え方は、広いように見えて、かえって収拾がつかないところがある。

（８）―ａの「～ト」が直接話法の形だとすると、（８）―ｂは間接話法の形である。「～ト」について考えておけば、体系的に整理はできる。

（８）―ａ　藤田「村田君、君は弘実に『私（＝村田）が行く』と告げたってね」

（8）－b　藤田「村田君、君は弘実に、君（＝村田）が行くと告げたってね」

しかし、例えば（8）－cのような「～コト」節の形は、これらとの関係でどう位置づけていくべきなのだろうか。

（8）－c　藤田「村田君、君は弘実に、君（＝村田）が行くことを告げたってね」

（8）－cも、指示関係のあり方からすれば、bと同様間接話法的だが、これをbとともにaの間接話法だと整理するのは随分いびつである。

そもそも、「～コト」節には、間接話法と同様の指示関係しか考えられず、直接話法的な読みは成り立たない。例えば、（8）－dは、カッコ内のような読みでは不可である。

（8）－d　*藤田「村田君、君は弘実に、私（＝村田）が行くことを告げたってね」

対立のないところに文法的な範疇を考えることはできない。「話法」も、一つの文法的な区別の部類（範疇）だと考えれば、日本語では、むしろ「～ト」について「話法」の別を考え、「～コト」等は、そうした「話法」の範疇からはずしておいた方が適切だと筆者は考えている[5]。

4　中園の話法論とその問題点

4―1　以上見てきたとおり、筆者は、日本語の「話法」を、つきつめれば、引用構文における引用句「～ト」の引用されたコトバの問題として整理してきた。つまり、引用されたコトバ・内容を「～ト」としてとる文において、その「～ト」の問題として見てきたのである。そして、そうした焦点のしぼり方は、これまでの日本語の「話法」の研究でも一般的な方向といえた。けれども、このような「話法」のとらえ方は、実は、英文法などの一般的な「話法」観とは必ずしも一致しないようである。また、一九九〇年代に入って、英文法的な「話法」のとらえ方を、日本語にそのままあてはめて論じようとした所説もあらわれた。最初に言及した中園篤典（一九九四）がそれである。

以下この節では、中園説を批判的に検討することを通して、英文法の「話法」のとらえ方と一見ズレを有する私見が、日本語の「話法」のとらえ方としては、十分必然性のあるものであって、英文法の見方と相違はあっても本質において矛盾するものではないことを述べる。

4―2　以下の検討の出発点として、まず、中園（一九九四）に見られる「話法」の考え方の骨子をおさえておくことにしたい。中園の考え方は、次のような記述において端的である。

日本語の間接引用は、「遂行動詞」［藤田注・ここでは広義に引用的な補文節をとる主節動詞をいうようである］「補文標識」「ダイクシス」等いくつかのプロセスに分解でき、これらのプロセスが多く関わっているほど間接化の度合いが高まると考えることができる。

（九〇頁・原文横書き、以下同じ）

「間接化」を支える要件を記したものだが、そこから、「直接話法」と「間接話法」の違いをどう見るかということもおのずとうかがわれる。右は、具体的には、次のようなことを述べたものである。

（9）―a　太郎は、すぐにやれと言った。
（9）―b　太郎は、すぐにやれと命令した。
（10）―a　太郎は、すぐにやれと言った。
（10）―b　太郎は、すぐにやるように言った。
（11）―a　太郎は、君（＝全文の話し手）は風邪だと言った。
（11）―b　太郎は、私（＝全文の話し手）は風邪だと言った。

中園によれば（9）（10）（11）においては、いずれもaよりbの方が間接化されたものということになる。すなわち、(9)の場合なら「言う」のような中立的な意味の動詞ではなく「命令する」のようなものを用いた方が、(10)の場合なら、「と」ではなくより全文の話し手の解釈であることを表に出した「ように」のような補文標識を用いた方が、また、(11)の場合なら、引用句の中を全文の話し手の立場(ダイクシス)にひきつけて調整した方が、間接化されたものになるというわけである。同論文の九〇頁注に「別のいい方をすれば、間接化の度合いが強いほど、報告者による元の発話の解釈が強いともいえるだろう」とあることでも明らかなように、右でaよりbの形を選択する方が、「報告者」(全文の話し手)の解釈がより加わっている故、間接度が高くなるという考え方である。そして、こうした要件が「多く関わっているほど間接化の度合いが高まる」と考えるわけであるから、〝直接〟↓〝間接〟という「話法」の関係を、こうした個々の要件の足し算として考えようとするものである。中園のこうした「話法」のとらえ方は、いわば「加算的な話法観」と呼ぶことができよう。

このような見方には、事実認識そのものの妥当性についても、実は問題があるように思われる。例えば、(9)の例で、aのように中立的な意味の「言う」よりbの「命令する」のような動詞を選ぶ方が全文の話し手の解釈がより加わっているといった見方をしているが、次のように、話し手の積極的な解釈の所産として「言う」が選ばれたと見られる事例も考えられよう。

(9)―c　私は、すぐにやれと命令したのではないよ。すぐにやれと言っただけだ。

〝中立的な意味の動詞を選ぶ方が解釈はより加わっていない〟といった単純な見方で片づくのか、大いに疑問である。更に、もし仮に右のような要件がいずれも「報告者」(全文の話し手)の解釈が加わっているかどうかの尺度となるものだとしても、これらが同次元で足し算的に考えられるようなものかどうかも問題だといえよう。更に詳しく検討していくとさまざまな問題が出てきそうだが、こうした点については、以上の問題指摘にとどめて、ここではいったん措くことにする。(6)

むしろ、注目したいのは、中園の所説の全体としての方向・構想である。中園の見方では、主節動詞の選択にまでふれていて、「話法」の問題を引用句「〜ト」の問題に限定していない。この点、中園自身が同論文の冒頭に次のように明記していることからも、まさに中園の一つの積極的な立場であることが知られる。

話し手が第三者の発話を伝えることを引用といい、そのために用いられる形式を引用文という。引用文には、元の発話者の言葉をそのまま伝達する直接話法（direct speech）と、それを報告者の言葉にいいかえる間接話法（indirect speech）がある。（八八頁）

中園の用語では、「引用文」とは「彼は…と言った」のような引用構文全文を指す。となると、中園においては、「直接話法」と「間接話法」の区別とは、引用句「〜ト」の引用されたコトバについてのタイプの別ではなく、「彼は…と言った」のような引用表現のセンテンスそのものについてのタイプの別だということになる。

こうした立場を明確にしている点は、これまで「話法」という事柄を「〜ト」の問題に限って考える方向をとってきた日本語の「話法」研究の流れの中では、特異な考え方だといっていいだろう。

4—3

だが、よくよく考えてみると、こうした中園のような見方こそが、「話法」のとらえ方として、実はある意味でオーソドックスなものということになるらしい。

そもそも「話法」という概念は、英文法（などの西欧語の文法）の方からもたらされたものである。では、英文法では、「話法」の概念で論じられるのは、どのような事柄か。手許の事典類を繙くと、「英語の話法」について、「直接話法から間接話法への転換は、次のような手段によって行われる」として、以下のような項目が手際よく整理されている。(7)

① 伝達動詞［藤田注・引用的な補文節をとる主節動詞］を伝達される内容に応じて適当に変化させる（say→ask, say→order のように）。

② 境遇性（場によって左右される性質）を有する語詞、例えば、人称詞とか指示代名詞を、話し手の発話の場から見たものに変える。

③ 時制の一致をはかる。

④ 伝達される文の叙述形式、例えばムードや、疑問・命令の形式を変化させる。［藤田注・補文節の形式を変えるということ］

①のように、主節動詞の方に変更を加えることまでもが「話法」の問題なのだから、「話法」の区別は、少なくとも英文法では、文全体にかかわってくる問題だということになる。

そして、面白いのは、既に見たとおり、中園は「話法」の区別をいくつかの要件の足し算として考えようとする見方をとるが、中園のあげた要件は、右とピッタリ対応している点である。もちろん、日本語の場合、時制の一致といったことは認められないから、③ははずされるが、これを除くと、中園のあげる「遂行動詞」の選択という要件は①に、「補文標識」の選択は④に、「ダイクシス」の調整は②に、きれいに対応している。つまり、中園の話法論の骨子は、英文法における話法転換（間接化）の要件を横に置いて、それをほぼそっくり日本語にあてはめてみたといった趣のものなのである。その結果、英文法での「話法」のとらえ方をも素直に踏襲する形となっている。その意味では、もともとの用語法に忠実な考え方ということもできよう。

しかし、大切なのは、本家本元の言い方に忠実かどうかということではなく、中園のような見方をとることが、日本語の「話法」を考えるうえで本当に適切なのかということである。

先回りして言うなら、英語についての「話法」のとらえ方を踏襲しているかに見える中園の所論は、本質的なところで大きな問題をはらんでいるように見える。その点、以下更に掘り下げていきたい。

4―4　次のような事実に注意し、比較してほしい。

日本語では、引用されたコトバの「ダイクシス」の調整は、基本的に引用句「～ト」の中で可能である。(12)—aのような直接話法の引用句「～ト」の引用されたコトバの中の境遇性のある語句を変更することで、bのような間接話法の形が作れる。

(12)—a　彼は私に、君が行きたいのかと言った。

(12)—b　彼は私に、私が行きたいのかと言った。

しかし、英語の場合、時制の一致のようなことを別にしても、事はそう簡単にはいかない。例えば、(13)—aのような直接話法の文で、補文節の代名詞を手直ししても、そのまま間接話法の文になるわけではない。もちろんbは不適格である。

(13)—a　He said to me, "Do you want to go?"

(13)—b　*He said to me, "Do I want to go?"

代名詞を手直ししたければ、補文形式を手直ししなければならなくなる。

(13)—c　*He said to me if I want to go.

しかし、cは不適格である"say"が"if"節をとることができないからである。そこで、主節の動詞も手直ししなければならなくなる（また、もちろん時制も一致させなければならない）。

(13)—d　He asked me if I wanted to go.

つまり、英語の間接化において、先の①②④は、別々のことではないのである。①の「主節の伝達動詞の変更」、④の「補文形式の変更」は、②の「境遇性のある語句の変更（ダイクシス調整）」に連動して起こってくる。言い換えれば、②を可能にするためには、①④を行なわざるをえないといった関係の、一連の事柄なのである。(8)これらは、決して一つ一つ別々につけ加えられる加算的な関係というものではない。

中園は、日本語の「話法」を、①②④に対応する、「遂行動詞」の選択、「ダイクシス」の調整、「補文標識」の選択といった要件の複合という形で考えようとする。この発想は、明らかに英文法における話法転換（間接化）に際しての①②④のような手続きに倣ったものと見られる（でなければ、〝遂行動詞（主節動詞）の選択〟のようなことまで「話法」の問題とする理由がわからない）。だとすれば、「話法」をそうした要件の足し算として考える中園は、①②④の手続きが相互にどんな関係にあるかという点を見誤ったものと見られる。その点を見誤ったまま、日本語について皮相的な類比を求めたということである。となると、中園のような「加算的な話法観」は、そもそもの発想の出発点において、既に必然性のないものであったといわざるをえない。

4—5　他者の所与のコトバをとり込む（形をとる）のが引用表現であるなら、引用固有の問題である「話法」とは、基本的には、他者のコトバをそのまま とり込んで表現するかどうかの区別といっていいだろう。そして、他者のコトバを他者のコトバとして導入するかどうかは、結局他者の秩序づけをとり込むかどうかということに本質があろう。とすると、「話法」の表現機構とは、引用されたコトバをもとの発話者の立場で秩序づけるか引用者の立場にひきつけて秩序づけるかという所謂「ダイクシス」（②）の問題だといえる。それが、ふつうはそれのみでは考えられない英語では、④の「補文形式」や①の「伝達動詞」の選択も「話法」の問題となってきて、「話法」を当該センテンス全体について考えなければならなくなる。しかし、「ダイクシス」の調整が、基本的に、引用句「～ト」において独立的になされる日本語では、主節の伝達動詞や補文の形式の選択の問題は、「話法」の概念を本質に即して考えるうえで、かえって不必要なことである。その意味でも、中園のような「話法」のとらえ方には従い難い。むしろ、これまでの日本語の「話法」の研究が、「～ト」の問題に焦点をしぼる方向をとってきたことも、相応に必然性のあることであったといえるだろう。

5　結び

5　以上、この稿では、中園篤典（一九九四）の所論[9]を検討することを通して、日本語における「話法」研究の大きな流れの中にあるものとして筆者の所説を位置づけ、また、拙論に至る日本語の「話法」研究の方向の妥当性を確認した。

注

（1）ということは、おそらく後でみる英文法の「話法」の用語法を念頭において、そうした用語の使い方といささかずれることになる事柄について、用語の明確な使い分けを意図したものと見られる。
ちなみに、中園（一九九四）では、「直接話法」「間接話法」という用語も、「直接引用」「間接引用」と同義的に用いられていて、そうした区別の意図によるものとは見られない。

（2）ただし、遠藤の所説には、間接化にかかわって引用動詞その他「〜ト」の外の要素の手直しにふれる部分も若干ある。本章第三節の第4項を参照されたい。

（3）この点、しばしば問題にされるのは、次の（ア）のように境遇性のある語句が引用されたコトバの部分に出てこない場合、この「雨が降っている」は、直接話法の形か間接話法の形かわからないといったことである。

（ア）　藤田「彼は『雨が降っている』と言った」

しかし、直接話法の形か間接話法の形かは、**3—3**で述べるように、終助詞などに託されるような表出的ムードを帯びているかどうかの違いと見られる。従って、（ア）でも、「雨が降っている」をその種の表出的ムードを帯びたものと読めば直接話法形、帯びていないと読めば間接話法形ということになる。その種の表出的ムードは、一般にどのような文にもあると考えられるべきもので、もちろん終助詞等はっきりした形をとっても現われるが、具体的な形式に託されずに零の形で現われることもある。それ故、「雨が降っている」の部分が零形式の表出的ムードをもっていると考えられれば直接話法の形、文中にとり込まれていることでその種のムードが削られた語列になっていると考えられるなら間接話法の形なのである。表出的ムードという文法的概念を用いて体系的に整理すれば、以上のようなことになる。

確かに、その種のムードが終助詞等はっきりした形をとって現われない（ア）のような場合、「〜ト」内の引用されたコトバは、多くは直接話法形・間接話法形が同形ということになる。しかし、同形だということが、区別がないということでは決してない（理念的に区別されるから、形としては「同じ」と記述されるのである）。表出的ムードという文法的概念でもって、事柄をある程度抽象化し体系化していくという立場で記述するなら、こうしたとらえ方で必要なことは十分おさえられているのである（一回一回について直接話法か間接話法かの具体的な読みの決まり方に、例えばイントネーション等が関与してくるといった議論は、以上とは次元の違うことである）。

（4）　ちなみに、「伝聞」表現の文には、次の（イ）のようなものもあるが、

（イ）　菜穂子によると、弘実は近々結婚するという。

このような場合、「という」は、助動詞的辞形式に転化したもので、もちろん引用構文を形成する引用句「〜ト」（の「ト」）と述語動詞の結びつきというべきものではない。

（5）　ちなみに、仁田（一九七八）では、こうした「〜コト」節の問題をとり上げて、「〈話法〉の転換以前の現象」としている。すなわち、次のような例を掲げ、

（ウ）—a　彼ハ私ニアナタガマチガッテルト手紙デ伝エテキタ。

（ウ）—b　彼ハ私ニアナタガマチガッテイルコトヲ手紙デ伝エテキタ。

「㉛［注・＝a］が〈直接話法〉でありうるのに対して、㉛′［注・＝b］は、文の引用ではなく、したがって、言葉そのものの引用にはなりえないから、当然〈直接話法〉としては解釈しえない」（一八五頁）として、「〜コト」節などを「話法」の転換のような事柄の埒外に置く見方を示しているが、こうした点は、筆者の見方と軌を一にするものといえる。

（6）　このあたりのことについては、藤田（二〇〇九）で中園が後に出した著書（中園（二〇〇六））の同趣の内容にふれて詳述したので、参照されたい。

（7）　北原保雄・他（編）『日本文法事典』（有精堂）の「話法」の項（仁田義雄執筆・一一八頁）に拠る。このあたり、英語

学の専書に拠るべきかもしれないが、日本語で書かれたこのような手際のよい整理がなかなか見当たらず（英語学の専門研究者なら英語原書に拠るとのこと）、これに拠ることでこの節の議論には十分だと考えたものである。

（8）もちろん、英語でも「不完全間接話法」といったことがあって、②と①や④の連動関係が乱れてくることもあろうが、そうした事例は、あくまで臨時的で「不完全」な破格の形であり、本来の文法的な現象ではないと考えるべきものである。

（9）なお、中園は同論文において、更に、引用句「〜ト」にひかれる引用されたコトバのダイクシス調整の可否の問題を論じているが、用例の適格性の判定という点で、受け容れ難い部分が多く、そのような事実認識から発した論の進め方には、到底賛成はできない。念のため、以下少し長くなるが、中園のダイクシス調整にかかわる所論の要点とその問題点を見ておくことにする。

中園は、引用されたコトバは常にダイクシス調整（間接話法的に書き直すこと）が可能とは限らないとして、その可否を説明するために、まず、引用された文の通達的なタイプの違いでそれが決まるのではないかと考える。例えば、次のような場合、

（エ）―a　おい、君。
（エ）―b　*太郎は、おい、私と言った。
（オ）―a　君は風邪だ。
（オ）―b　太郎は、私は風邪だと言った。

（エ）ではダイクシス調整は不可だが、（オ）ではそれが可である。こうしたダイクシス調整の可否は、「〜ト」に引用される文が、（エ）では〝呼びかけ文〟で、（オ）では〝平叙文〟であるといったタイプの違いによって決まるものではないかと、いったんは考えるのである。しかし、更に中園は、こうした見方では十分でないとして、次のような例をとり上げる。

（カ）―a　太郎は、私（＝全文の話し手）はスパイだと罵った。
（カ）―b　太郎は、私（＝全文の話し手）はスパイだと言った。

ともに引用句の中が間接話法的に調整された形だが、中園の判断では、bは不適格だというのである。そして、引用さ

れた文が同じく平叙文であっても、（オ）―b・（カ）―aでは間接化した形が可で、（カ）―bの場合に不可だとなると、ダイクシス調整の可否を文の通達的なタイプと対応づけて説明するのでは不十分だとして、今度は、引用された文の発話行為としてのタイプの違いから説明しようという考え方を出してくる。すなわち、発話行為には、約束・命令・報告等のようにその「発話の力」が持続的なものと、皮肉・罵り・挨拶のように一時的なものがあり、引用される文が後者のタイプの発話行為である場合、「言う」のような中立的な意味の動詞を述語とする「〜ト言ウ」のような引用構文の引用句の中では、間接化ができなくなるというのである。

　しかし、（カ）―bの用例を不適格とする判断は、全く受け容れられないものである（この点、筆者自身にとどまらず、筆者がこの点を確認した人たち――専門の言語研究者数人及び岐阜大学教育学部で平成十年度の筆者の「国語学各論」を受講した学生二十余名――の判断は一致しており、不適格とする判定は全く出なかった）。となれば、以上の中園の論旨に対しては、（カ）―bがそのまま反例となり、中園の右のような議論は徒労に終わっていると言わざるをえない。また、論理としても、引用された文の「発話の力」が一時的か持続的かということと、「〜ト言ウ」の引用句の中でその文のダイクシス調整ができるかできないかということが何故関係してくるのかという点も十分説明できておらず、厳密に読めば説明の体《てい》をなしていない（中園は、「発話の力」が一時的だと、引用された時にそれが消えているから、その「発話の力」がどういうものかを主節動詞で「罵った」等と補って示してやる必要があり、中立的な「言う」ではその点で不十分なのだというようなことを言いたいようである。その事実認識も実は妙だが、仮にそうだとしても、そのことと「〜ト言ウ」の引用句におけるダイクシス調整の問題がどうして関連するのかについては、結局何も言えていない。説明の仕方としてずれているのである）。

　趣旨展開のポイントとなる用例の判定において誤りをもっているような所説は、到底受け容れ難い。道具立ての目新しさよりも、まずは言語事実を広く的確におさえることが必要だろう。

　なお、（エ）においてダイクシス調整が不可であることは、呼びかけであり、しかも感動詞「おい」のような要素も顕在していて、表出的ムードが存在することが明らかであるということから説明可能であって、結局筆者のような考え方をとることで必要なことは十分説明できると考えている。

第八節　中園篤典『発話行為的引用論の試み』について

1　はじめに――問題のありか――

1―1　第七節に示した中園説への批判を公にしたのは、一九九九年のことであった。けれども、中園はその批判に応えることも、また引用・話法に関する新たな論考を発表することもなかった。そして、二〇〇六年になって、右に掲げたような題名の著書が刊行された。しかし、その所論に実質的な深化は見られず、むしろこれは非常に問題の多いものであるといわざるを得ない。

この節では、中園の著書（以下「この書物」という。この拙著を「本書」と呼ぶことと区別してのことである）について論評したいが、まず一番の問題点がどこにあるのかを明らかにして論じ、更に一二言及しておくべき点にふれるという形で述べることにしたい。なお、この書物における中園の所論は、基本的に中園（一九九四）と同趣旨であるが、その基本的なアイデアについては、前節で批判したとおりである。また、この書物の内容についての立ち入った批判的検討は、藤田（二〇〇九）に記したので、併せて参照していただければ幸いである。

1―2　さて、この書物の所論に関する問題のポイントは、次のような用例についての判断である。

（1）太郎は、私はスパイだと言った。

（2）太郎は、私は風邪だと言った。

この（1）（2）において、いずれも

・「私」＝［太郎］（直接引用）

・「私」＝全文の話し手（間接引用）

という両様の読みが可能であることは、無理のない内省だといえよう。実際、かつて筆者は、この例について、かなりの人々の判断を確認したこともある。[1] しかるに、中園はこの書物においても、（２）に間接引用の読みはできても、（１）にはできないと主張する。

（60）a　太郎「君$_i$は風邪だ。」

　　　b　太郎$_t$は　私$_i$は風邪だと言った。（ＩＱ）

（61）a　太郎「君$_i$はスパイだ。」

　　　b　?太郎$_t$は　私$_t$はスパイだと言った。（ＤＱ）

（60）aを引用した（60）b［注・この節の（２）］では引用句の「私$_i$」が、依然として元の発話の「君$_i$」を指示可能であった。したがって、（60）bは間接引用として読むことができ、引用が成立している。ところが、（61）aを引用した（61）b［注・＝（１）］では引用句の「私$_t$」が元の発話「君$_i$」を指示することができない。したがって、（61）bは間接引用として読むことができず、引用が成立していない［注・その意味で、?を付している］。

（二一六頁・原文横書き、以下同じ）

中園は、対象とする引用構文を、〝発話〟以上の意味を含まない最も単純な「言った」を述語とするものに限定する。そして、このように同じく「『私は〜だ』と言った」のような文でも、右のような例を対比すると、一方は「ダイクシス移動」の読みが可能で間接引用と読めるが、一方はそうは読めないと主張しているのである。この書物の所論は、実のところ、すべてこの事実認定に立脚するものと言ってよい。

そして、その点において、この書物の所論は、根本的な問題をはらんでいるものと筆者は考える。

1―3　右のような用例判定をもとに、間接引用としての読みの可否が分かれる理由について、中園は「発話行為の効果を持続的なもの（SAC）と一時的なもの（SAT）に区別することによって、この問題を説明することが可能であると主張する。」（二八頁）すなわち、引用された元の発語の（「…風邪だ」なら「診断」、「…スパイだ」なら「罵り」といった）発話行為としての効力に違いがあり、「診断」のような発話行為は効力が持続的なもの（SAC）で、引用されたときにも効果が続いているのに対し、「罵り」は効力が一時的なタイプ（SAT）であり、引用されたときには効果が消えている、そのことが引用句内のダイクシス調整の可否を決めているというのである（二六頁・他）。

この書物は、6章から構成されているが、第1章では、対象の規定や先行研究への言及も含めた導入とともに、引用された元の発話の発話行為としての効力が一時的か持続的かがダイクシス調整（間接化）の可否を決定するという、右のような結論的主張が早くも提示される。第2〜6章でも、基本的にはこのような主張が繰り返されている。すなわち、第2・3・5章では、半ば以上の紙数をさいて、語用論・発話行為論・発話行為の分類といった事柄についての概説的解説が示され、それとのかかわりで右の判定・主張が繰り返される。また、第4章では、右の主張をやや具体的に展開しながら、自説を補強して、後で見るような〝判断の仕方〟が強調される。第6章では、従来の研究で明らかにされてきた直接引用・間接引用の読みが所謂「伝達のムード」〔注・＝終助詞などに託される表出的なムード〕で決まるという事実と、自らの主張とを、「労力の配分」といった考え方で折り合いをつけようとしている。

以上のとおり、この書物の内容は、要するに**1―2**の（1）（2）のような用例（これを含めて実際にあげられているのは同趣の若干の例にすぎず、これで代表させてさしつかえなかろう）についての中園の先のような判定を拠り所として、右のような主張がなされているということに尽きる。従って、問題はその判断の当否ということになる。

2　根本的な難点

2―1　もちろん、中園の主張するような用例判定――（1）に間接引用の読みが成り立たないとすることは、容認し難い。「太郎は、私はスパイだと言った」のような文表現を、そのように言われた者が（例えば憤懣を訴えるような気持ちで）用いることは十分にあり、その場合、「私」＝全文の話し手という間接引用として解することは、不自然でも何でもないと思える。しかるに、中園はどういう考えで、これを不可とするのか。この点については、この書物の第4章の次のあたりの記述に、その考え方が端的に示されている。

> また、藤田（一九九五c）に、（66）b［注・＝この節の（1）］の判断について、次のようにすれば間接引用の読みが可能になるとの指摘があった。
>
> （70）　太郎$_t$は私$_i$はスパイだと言ったが、とんでもないことだ。（IQ）
>
> 確かに指摘の通りである。しかし、（70）は（66）b［注・＝（1）］に文脈を与えることで「間接化」が進んだ結果、語用論的な推論から間接引用としての解釈を受けると思われる。また、「これまで引用論が対象としてきたモダリティにはまったく無関心である」との指摘もあるが、これも引用句からできる限り夾雑物を取り除くという観点からのものである。
>
> 本書が試みる「発話行為的引用論」は、科学における「理想化」を前提としているため、引用の構文からモダリティ、文脈などの夾雑物を取り除いた次の構文［注・＝「太郎は私に［XはY］と言った」］を分析の対象とする。その上で、ダイクシスの調整を考察する点を、ここで再び確認しておきたい。（一四五頁）

藤田（一九九五c）[2]とは、今は筆者の手許にもない昔の発表レジュメのようだが、それはともかくとして、中園は、（1）のような文表現に間接引用の読みがあることは、事実として認めている。しかし、そのような読みは、さまざまな文脈を読み込んだ結果であって、自分は「夾雑物」を除いた「理想化」された条件下で判断しており、そうした判断では、（1）の文に間接引用の読みは不可なのだというのである。ここでいう「理想化」とは、この場合、述語動詞も「言った」という中立的なものに限定し、引用句に引かれる発話も「XはY」のような形に限って、条件を一定に揃えて考えるということのようである（一四〇頁）。この点、別に「比喩的に言えば、本書は引用の構文という実験設備を使って過去のコミュニケーションを計測しようという試みだから、引用の構文を理想化することは、実験室の温度や気圧を一定にする作業と思えばよい」（注26・一六三頁）というような自然科学へのアナロジーが述べられている。

しかし、このような主張には、ひとりよがりの飛躍があると、筆者には思える。確かに、自然科学の実験においては、偶然的な要因を除いて条件を一定化すれば、あとの計測・判定は機器等により、それが正常に機能している限りは、本来的な結果が自ずと得られ得るであろう。しかし、人文科学の場合、何より問題なのは論者の解釈である。ここで問題にしているような用例判定にしても、いくら条件を「理想化」したといったところで、それで夾雑物を排した本来的な結果が得られるなどという保証は全くない。判定するのは、論者なのである。論者の読みが夾雑物のないものであるということが保証されなければ、それが本来的なものであるというような主張はできないはずである（更に中園のアナロジーに引きつけて言えば、引用構文の用例は、自ずと正確な計測結果を出してくれる実験設備や機器などではなく、判定されるべき対象（検体）なのである）。

中園は、（1）文の間接引用の読みを、文脈等の夾雑物に影響された非本来的なものとし、「理想化」された条件下で判断している自分の読みこそ本来的なものと主張したいようである。しかし、自身のその読み自体が文脈や場面等を無意識にとり込んだものでないということが保証されなければ、いくら対象を「理想化」したところで、そのような主張は成り立たない。そして、対象を「理想化」していることで、自らの判断も本来的であるというような飛躍に基づいて立論がなされていることにおいて、この書物の論理構築は、根本的な欠陥をはらむものであり、その点で既に容認し難いものと思われる。

2—2　更に言えば、中園の右のような判断自体が、どうも無意識に夾雑物を含み込んだもののように、筆者には思える。すなわち、「私はスパイだ」のように素性《すじょう》を述べる言い方は、何より自分のことを知っている一人称者の告白等の場面の表現として自然に想起できるだろう。一方、他人の素性を「君はスパイだ」と他者が言うことは、いささか特別のことではある。もちろん、そう決めつけていうような場合もあり得るから、(1)の「太郎は、私はスパイだと言った」の引用されたコトバの部分を、一般の内省では、「君はスパイだ」の間接引用とも解せると判断する。しかるに、中園は、想起しやすい(よくありそうな)場合にのみ無意識にとらわれて、それを引用されたコトバの部分に読み込み、直接引用しか不可だとする狭い判定から離れられない――事実はその程度のことかと思われる。要するに、中園の判定自体も、よくありそうな場面(広義文脈)を読み込んだものと見ることが十分可能である。「理想化」された条件下で判断しているなどといったところで、それが、その判断が夾雑物に左右されない本来的なものであることの保証には、全くなっていないのである[3]。

2—3　従って、この書物の立論の根本にある中園の用例判定は、もともと容認し難いものであるし、「理想化」された条件下云々といった理屈を持ち出したところで、論理的にも維持できないものである。少なくとも、こうした論の根幹にかかわる部分が疑いのない形で定立できないのであれば、そこから先の議論はもはや無意味である。筆者は、この書物をそのように評価せざるを得ない。

2—4　なおこの書物全般にわたって、中園の用例判定は、首をかしげざるを得ないような不自然なものが、あちこちに見られる。著しいものでは、例えば次のような例を、「私」＝この文の話し手の意の表現として十分成り立つものとするが(一四〇頁)、この文が自然な表現だなどとは到底認め難い。

(52) b　太郎は　なんて私を強いのか　と言った。(IQ)

こうした判定にもうかがわれるように、事実についての判断という基本の段階で、既にこの書物はかなり危いものだと感じられる。

3　筆者の所説とのかかわりで

3―1　以上、この書物の所論について筆者が決定的に問題と感じる点について述べた。細かに批判すべき点はなおいくらもあるが、それらは藤田（二〇〇九）に譲り、以下では、筆者自身の所説についてのこの書物での中園の記述に関し、いささか述べておきたい。

中園は、筆者の「話法」に関する所説について、「引用されたコトバが感動詞や終助詞など『伝達のムード』を持っているか否かによって、それを峻別する立場である」（一七〜一八頁）とし、次のように拙論を説明する。

ここでは、次のような発話を引用する場合を例に考えてみる。

(42)　太郎「その鞄がいいな。」

引用を静的データと捉える藤田（二〇〇〇d［注・本書では（二〇〇〇a）］：一四七〜一五四）は、文法範疇として直接話法と間接話法を次のように二分法で区別する。

(43)　太郎は　その鞄がいいな　と言った。〈直接話法〉

(44)　太郎は　この鞄がいい　と言った。〈間接話法〉

なお、ここでは引用の構文における直接話法要素（話し手1の視点）を網掛け、間接話法要素（伝達者の視点）を下線［注・縦書きに改めたので、ここでは傍線］でしめす。（一八頁）

しかし、このような説明は、端的に言って、誤りである。筆者は、元の発話がどうであって、それがどう変えられているかいないかといった事実関係に拠って「話法」を考えているわけではない。元の（42）の「その」が（44）では「この」と変えられ、「な」が削られているといった点で、（44）を〈間接話法〉と筆者が判断しているというような説明は、筆者の所説を誤って伝えるものである。

筆者は、「話法」を統語論的な問題と位置づけている。すなわち、「話法」を、元の発話がどうだったか（そもそもそういう発話が実際なされたのか）といった問題とは切り離して、引用構文に組み込まれた引用されたコトバの部分がどのようなものと解されるかの問題と考える。引用されたコトバの部分について、それが（事実そうであるかどうかは措いて）先行する元の発話の場で発話されたと見なせる形か、引用構文全文の発話の場に引きつけて改編されたと見なせる形かの区別を、直接話法と間接話法の別と考えるのである。一方、元の発話が引用されるにあたってどのように変容したのかしなかったのかといった事実関係の問題は、語用論の問題として考えることと位置づけ、そのために「話し手投写」という概念を用意している。統語論の問題としての「話法」とははっきり別の次元で扱うのである。詳しくは、藤田（二〇〇〇ａ）を参照されたいが、右のとおり、中園は、そのような筆者の所説の根幹の部分でさえ、きちんと理解できていないらしい。

3—2　しかし、それ以上に問題なのは、「伝達のムード」と「話法」のかかわりについての中園の理解である。筆者は、「伝達のムード」のような表出的意味は、[4]終助詞のような顕在的な形をとらなくても、零形式でもあらわれ得るものと考えている（それは、中園の引く右の拙著（二〇〇〇ａ）の一四七〜一五四頁にも明記してあることである）。だから、（44）についても、（42）との事実関係などは統語論の埒外として、この文に即して考えると、引用句内に零の形ででもその種の表出的意味が加わっていると見るなら直接話法だし、それが削られていると見るなら間接話法だと考える。形の上では、この場合、両様に見る余地があるのであって、決して（44）を一義的に間接話法だとは考えないのである。しかるに、中園は、その点を理解できず、終助詞のような顕在的な形式のあるなしの問題のように思い込んでいるようである。だからこそ、「伝達のムード」などの「モダリティ」を「夾雑物」だと片づけることになるのだろう（2―1に引いた記述参照）。しかし、筆者は、その種の表出的意味は、零の形ででもあらわれ得るもので、文が文として一つの場面で機能する時にはついて回る本質的なものであり、引用されたコトバの話法の別を決定づけるものと見ている。このことは、再三述べてきたところである。

実際、中園が間接引用の読みは不可としてあげる例も、もっぱら議論の根拠として示され論じられる（1）などは、その判定自体に既に問題があるものであったが、そうしたもの以外のいくつか、一応その判定は認められそうなものについても、その種の表出的意味が加わっていると読めるとの理解で十分説明がつく。元の発話の効力云々などという議論は、いずれにせよ無用のことである。

例えば、次例は直接引用としてしか読めないとされるが（一三頁・傍線は筆者）、

（38）b　太郎、なんて私は強いんだと言った。

これは、引用されたコトバが感嘆の表現であり、その発話の場面での表出的な気持ちをはっきり想起させ、しかもそうした気持ちでの言い切りと呼応する形で副詞「なんて」が文中にあって、そういった表出的意味が零形式で加わっていると感じざるを得ないものになっていることで、直接引用としか読めないと解せられるのである（あるいは、「なんて」自体がその種の表出的意味を担うものと考えてよいかもしれない）。

用例の判定を的確に行ない、こうした考え方を適用することで、中園の問題にするようなことはより整合的に説明可能である。せめて「話法」に関する拙論の基本的な考え方ぐらいは正しく理解したうえで、自らの立論にあたっても十分勘案してもらいたいと思う。それが〝先行研究をふまえる〟ということではあるまいか。

3―3　最後に、今一点述べておきたいのは、次のような発言に関してである。中園は、筆者の所論と、筆者とは異なる所説を展開した鎌田修（ここで同氏の所説を云々する意図はないから、以下「対立する論者」という）の所

論とを、それぞれ「構造論」「機能論」とし、「言語観の異なる二人の論争は、どちらも正しいから着地点がない」（二一一頁）と評する。

しかし、筆者は別段言語観や立場が違うから、それをとやかく批判しているわけではない（ついでに言えば、「論争」しているつもりでもない）。それは、この節での中園の著書への批判においても同様であって、そこに述べられている所論の論理の組み立てが妥当なものか、事実に十分適合するかといった点で問題があるということを、事実に即して論証しているのである。右の対立する論者への批判においても全くこのとおりのことで、問題は言語観云々でなく、あくまで論理・事実に則って判断されることである。そもそも言語観や立場が異なる所説であろうと、それが論理として、また事実とのかかわりで整合的であるのなら、決して筆者は否定するものではない。

しかるに、中園は、筆者及び対立する論者の所論に「構造論」及び「機能論」といったレッテルを貼りつけ、図式的に〝言語観の違い〟と単純化する。しかし、事柄は安易に図式化して片づけられるようなものではない。大切なことは、それぞれの所論が論理的に、また事実とのかかわりで、十分整合的なものかどうかという点である（少なくとも、筆者は対立する論者への批判をその次元で具体的に示してきた。本章第五節にも見るとおりである）。その点の検証もなしに、あたかも高みから裁定するがごとき評言を安易に下されることは、誠に迷惑である。

4　結　び

4　以上、この書物の所論は、根拠となる用例判定に決定的な難があり、それを維持しようとする論理にも無理があって、認め難い。先行研究についての理解という点でも誤りが見られ、十分にこれまでの引用研究の成果を受けとめ、発展させたものと言うことはできない。そのような意味で、筆者は、この書物に積極的に評価できる意義を全く見いだせない。

なお、この書物に対する私見の要点は以上に示したが、引用研究を考えるうえで、細かにはなお批判を述べておくのがよいと思われる点もいくつかある。しかし、ここで中園の所論ばかりに深入りも出来ないので、最初にも述べたとおり、そうした点についての検討は藤田（二〇〇九）に譲ることにする。

注

（1）藤田（一九九九a）の注（10）参照（これは、本章第七節の注（9）にあたる）。なお、この節で述べたことの要点は、既にこの注に述べてある。結局、この書物はそうした批判に耳を傾けようとせず、「理想化」された条件云々といった理屈を持ち込んで、自説を維持しようとしたものだといえる。

（2）この〝藤田（一九九五c）〟は、中園のこの書物のあげる参考文献だが、研究会の発表レジュメで、現在ではもはや一般に参看できるものではないので、本書の参考文献としては掲げない。本書の参考文献［1］に掲げる藤田（一九九五c）は、これとは別の文献であるので、注意されたい。

（3）補足すれば、中園が問題とした「太郎は『私は…だ』と言った」のような表現は、文脈等を捨象すれば、直接引用とも間接引用とも読み得る、その意味では両義的であいまいな表現で、読みは具体的な状況等を想起して決まるものと考えるべきであろう。

（4）筆者は、以前は「伝達のムード」という用語をもっぱら用いたが、この用語の指し表わす内容に揺れがあるので、近年は極力この用語は避けるようにしている。

第5章　藤田保幸の引用研究
——自説の形成——

1　はじめに

1　文法論としての引用・話法の研究史の記述を集成するにあたって、ある時、その全体の構成を示して知友に意見を請うたところ、研究史の中での藤田自身の研究の位置づけ・評価をきちんと書くべきだとの意見をいただいた。

　これまでさまざまな論者の引用・話法研究をとり上げて検討してきた。それは、先行研究から筆者が何を継承したか、また、先行するあるいは時代を同じくする諸説と何故異なる見方をとるのかを明らかにして、筆者の引用論の拠って立つ立場を明確にするためのものであり、その意味で、筆者の引用研究史の記述は、自説の妥当性を角度を変えて論証するもの、あるいは、自説の存在証明の意味をもつものといえた。そして、そうした研究史の記述において、自説は記述の前提であって、並べてとり上げるべきものと考えたことはなかった。

　しかし、客観的に見て、筆者自身の所説が、現代の引用研究の展開において、その中心となるような重要な流れを形作ってきたことは否定できないと思う。従って、それについての言及を欠くような研究史の記述が不十分であるとの指摘も誠にもっともなことと思える。そこで、本章ではそのあたりの補いの意味で、藤田自身の引用研究の研究史的位置づけについて書いてみたい。いわば、これは「自己評価」といったことになろうか。

　記述にあたっては、藤田の所説の内容自体に詳しく踏み込んで再論するのではなく、その時々の他者からの評価をも引きつつ、所説の形成を跡づけ、その考え方の意義づけを試みるという形をとることにする。所説の内容自体については、既に何度もくり返して述べてきたことでもあるので、詳しくは藤田（二〇〇〇ａ）などを参照されたい。

また、本章でとり扱う範囲は、筆者の所説を集成して公刊した藤田（二〇〇〇ａ）とその評価にかかわるあたりまでとする。藤田（二〇〇〇ａ）は、筆者の引用研究においても一つの区切りであり、そこまでを一つの評価の対象として、今客観的に見ることができようと思うからである。

ところで、右の藤田（二〇〇〇ａ）については、大島資生が大島（二〇〇二）として書評を記している。これは、学会誌『国語学』に掲載されたものであり、拙著・拙論についての公的性格の強いまとまった論評ということになる。そこでの評言は概ね穏当なものかと思うが、問題を感じる部分がなくもない。そこで、本章ではおしまいに大島書評について特に問題と感じられる記述をとりあげ、それをめぐって私見を記しておきたい。大島のそうした記述の一端には、また、筆者の引用論に対する今日の一つの典型的な受けとめ方が垣間見られるように思えるからでもある。

なお、言及した研究に関しては、大きな流れをたどるのに必要と思えるものは、その文献情報を明示するが、その時期の一コマ一コマというべきさまざまな論文については、煩瑣になるので、そうしたものがあったことにふれるにとどめ、いちいち文献情報を示さないこともある。確認の必要がある場合は、藤田（二〇〇〇ａ）の参考文献一覧に拠られたい。

2　初期の取り組み（一九八六まで）

2―1　筆者が引用表現の文法論的研究に初めて取り組んだのは、卒業論文を書いた時（一九八〇～一九八一）であるから、もう三十五年ほども昔のことであるが、当初からこのような厄介な問題を自分でテーマに選んだわけではない。最初にテーマにしようと考えたのは、「美しく思う」のような表現で、形容詞連用形が、連用修飾とはいえ一般に言われるような述語用言の意味を限定し詳しく説明するといった関係ではなく、述語「思う」の内容を補充するような関係で述語に係ると解される点に興味をひかれた。一九七一年に渡辺実の『国語構文論』が出され、その所論をめぐって、とりわけ副詞的成分（連用成分）の研究の必要性が叫ばれていた当時の学界の動きも、何かしら念頭にあったような気がする。

このような表現をテーマにしたいと指導教官に申し出た時、そのような表現をとり上げるなら、「美しいと思う」のような引用表現も問題にしなければならないと言われた。もとより、何もわからない学生であったから、指導のとおり、「準引用」と名づけた「美しく思う」のような表現とともに、「美しいと思う」「さよならと言う」のような、引用句「〜ト」が述部（述語）と結びつく「引用」の表現——この構造の文は、その後「引用構文」と呼ぶことになる——をもとり上げて、拙い卒業論文を書いた。

けれども、今の時点でふり返って率直に言えば、この頃「引用」の問題は筆者にとって本当の意味での研究テーマと言えるものには、まだなっていなかった。言い換えるなら、「引用」の問題にどう取り組むべきなのか、何もわかっていなかったように思う。卒業論文でまとめたことの中から、「準引用」の問題は藤田（一九八二）として、また、「それが正しいように思う」のような「〜ヨウニ」節の問題は、ずっと後になって藤田（一九九五c）として、それぞれ公にすることができた。しかし、「引用」の問題に関しては、どうしていいかわからないままの試行錯誤を書きとめたにとどまっている。

2—2　大学院生になっても、「引用」というテーマについてどう取り組むのかの目途が立っていたわけではない。しかし、お前は「引用」をやるのだということになっていたから、わからないままにこのテーマにしがみついていたというのが本当だろう。

当時次第に盛んになってきていたのは、語彙論的統語論であったので、時折受ける指導でも、述語動詞の意味から述語と結びつく「～ト」との関係を考えるようにといった示唆を受けた。つまり、発話・思考を表わす動詞が要求する「必須の格成分」の一つとして「～ト」を考える方向である。しかし、引用構文の用例をいろいろ集めて見ていると、引用句「～ト」と述部（述語）との関係は、述語動詞の意味を考えることだけで説明がつくとは到底考えられないほど複雑なものがあるように見えた。「～ト」が述語の意味から要求されてとられる成分とはおよそ考えられない次のような構造（後に筆者が第Ⅱ類と呼んだタイプの構造）などは、その最たるものである。

（１）―ａ　誠は、おはようと入ってきた。

なお、こうした例については、次のような文をもとに、「言って」のような述語句が省略されたものとの説明がなされそうだが、

（１）―ｂ　誠は、おはようと言って入ってきた。

日本語の文表現の要である述語が省略されるようなことは、容易には起こらない。例えば次例の場合、「言って」を省略しては明らかにおかしい。

（２）―ａ　恵美子は、冗談を言って、出て行った。

（２）―ｂ　*恵美子は、冗談を、出て行った。

述語省略のようなことは、特別な文脈条件下――例えば、次例のように同じ（もしくはほぼ等しい）意味の述語が反復されるような場合――に、はじめて可能になることである。

（３）―ａ　私は、美しい山を描き、清い流れを描こう。

（３）―ｂ　私は、美しい山を、清い流れを描こう。

しかるに、（1）―aのような構造の表現は、極めて生産性が高く、さまざまなものが作られる。何も、〝特別な文脈条件下〟のことではないのである。だとしたら、省略というような考え方で述語中心の文法記述の枠に引き戻そうとするのは、いかにも無理がある。

それ故、このような構造の文も含め、引用構文の問題を全体として考えるには、語彙論的統語論のような考え方を否定するのではないにせよ、いったん相対化して考える必要がある。そこまで明確に意識して考えていたわけではないが、そうした方向性の必要ははっきり感じていた。今一つ言うなら、例えば次のような例では、確かに引用句「そうすると」は、述語「約束した」から要求される（省くと文が充足しない）必須の格成分と思える。

（4）―a　友子は、そうすると約束した。

しかし、（4）―bのようになると、「そうすると」は「約束した」に係るとしても省略可能で、むしろ任意成分というべきであるが、

（4）―b　友子は、そうすると実行を約束した。

それでは、引用句「〜ト」はこの「約束する」という述語にとって、結局どういう成分なのか。こうした事例を見るにつけ、引用構文の問題に関しては、一般に行なわれる述語の意味を根拠とする文構造把握では簡単に割り切れないものがあることを強く実感していた。もっとも、そうした語彙論的統語論的なもののとらえ方に安易に拠らないとして、それに代わる方法論があったわけではないから、相変わらず何をやっているのかわからないという有り様《さま》であった。

2―3　しかし、「引用」の問題を考究する何らかの方途・切り口がないかということは、考えないわけにはいかなかった。その結果思い至ったのが、言語記号にも〝質の違い〟といったことがあるのではないか、そういったことを掘り下げていけないかということであった。実は、引用されたコトバは表わす対象（コトバ）との間に有契性

があるといった観察を、たまたま卒業論文の段階で書いていた。そして、この観察はやがて、パースの記号類型の考え方を援用して引用されたコトバの通常の言語記号との質の違いを論じる筆者の引用論の一つの核となる考え方につながっていくのだが、この段階では未だ全くの力不足で、発想の正当な方向への深化など望むべくもなかった。この時にやろうとしたのは、引用されたコトバ、擬声・擬態語、ウナギ文の述部名詞等々、通常の言語記号とは表意のあり方の異なるような記号をいろいろ集めて、言語記号の表意の仕方の多様性の理論を組み立てようということであった。そして、そのような一般理論が作られれば、そこから引用表現の特質のような個々の問題も説明できるはずだという目論見である。誠に、今こうして書いていても気はずかしくなるような考え方で、そもそもそんなことが一朝一夕にできるはずはないが、そのようなことを大まじめで修士論文に書こうとした。しかし、そんな構想倒れのようなことがそのまま通るはずもなく、結局「言語記号の臨時的用法」というような題で、ウナギ文やそれに類すると思える表現に光をあてるような形にして、辛うじて修士論文としてまとめて提出したが、もちろん不出来な代物で、また、どのように扱っていいのか方向がよく見えない「引用」というテーマにほとんど辟易していたことを覚えている。

2―4　大学院も博士課程に進ませていただいたものの、方向が見えず八方塞がりの有り様《さま》であったから、無為に日々を送った。誠に情ない大学院生であった（ただ、大学の外で随分〝無頼〟な日々を体験したが、そのようなことを書く場ではないから省筆する）。

博士課程の三年目に入って、「話法」の問題について一本の論文を書く機会があった。

それまで、次のａのように引用句「～ト」内に終助詞[1]のような要素があらわれる場合は、直接話法（「私」＝「千恵」）の読みに決まってくることは知られていた（直接話法・間接話法（「私」＝ｂ文全文の話し手）の両様の読みが可能なｂと比較されたい）。

（5）―a　千恵は、その点では私が正しいなと思った。

（5）―b　千恵は、その点では私が正しいと思った。

ところで当時、思考・認識といった意味の述語と結びつき、いわゆる心内語を引くと見られる引用句「〜ト」について、どういう述語動詞と結びつく「〜ト」にはどのようなムード的要素がとり込めるかといったことを改めて考えていたのだが、「〜ト知る」「〜ト見る」の「〜ト」には、終助詞類がとり込めない。それでふと気づいて確認してみると、次のように「〜ト知る／見る」の引用句では、間接話法読み（「私」＝c文全文の話し手）しか成り立たない。

（5）―c　千恵は、その点では私が正しいと知った／見た。

つまり、従来言われてきたことの、いわば裏、すなわち、終助詞のような要素があらわれ得ない環境では、間接話法の読みになるという事実が確認できたわけで、このことから、日本語の直接話法・間接話法の別は、引用されたコトバに終助詞的な意味が加わっているかどうかによって決まるという一般化・規則化が可能になる（bのような場合、終助詞に託されるようなムード的意味は零形式でもあらわれ得るから、引用されたコトバにその種の意味が零形式で加わっていると無意識に読めば直接話法、全くその種の意味は加わっていないとして読めば間接話法、というように読めるのである）。こうした事実のとらえ方を含む考察をまとめたのが、藤田（一九八五）である。

この論文は、確かに不必要な夾雑物を含む未熟な部分もあり、また、あまり問題にされることもなかったが、引用句における終助詞類の生起と話法の読みの決まり方という従来からの問題を一歩掘り下げ、一つの文法的規則性としてとり出すことを可能にしたものといえる。実際、以上のような見方は、現在でも筆者の「話法」の考え方の基本である。このような整理に思い至った時、パズルが解けたような気がして嬉しかったことを記憶している。しかし、このようなことを話したり報告としてまとめたりしてみても、しばらくは誰にも相手にされることはなかった。

2―5　筆者が大学院博士課程に在った三年目は、指導教官であった宮地裕教授の退官を一年後に控えた年であり、退官記念の意味を込めた論文集が企画されていた。筆者も、分不相応なことではあったが、その論文集への論文執筆を許された。

もっとも、別段研究が進んでいたわけでも視野が広がっていたわけでもなかったし、心中期するものなどもとよりあるわけもなかった。ただ、次のようなことは、漠然と考えてはいた。修士論文の段階で考えた、記号の質差についての一般理論をまず用意して、そこから個々の言語事実を説明するというような方向が、やろうとしてもおよそうまくいくものでないことは、十二分に思い知らされた。つまり、トップ・ダウン式のやり方がうまくいくようなことではないのである。ならば、逆にボトム・アップの方向で、徹底して個々の言語事実を眺め整理するところから始めるしかない（というより、もはやそうでもするよりないというのが本当の思いであっただろう）。そのように考えた時、まず何よりこの引用構文という研究対象が、実際にはどれぐらいの広がり、ヴァリエーションをもつのか、その点をまずおさえる必要を感じた。研究すべき対象の全体像を把握し、考察を進めるための見取り図を用意しなければ、研究は始まるまい。そのような考えで、とにかく用例を集めては整理するという作業を、博士課程の二年目の半ばから細々と続けていた。こんなことをして何になるんですかと、同学からあからさまに言われたこともあったが、別にそれ以外何をやろうというあてもなかったから続けていた。論文集に書けることといっても、それぐらいしかなかったので、なんとかそれをまとめることにした。それが藤田（一九八六）である。

引用句「～ト」が述部（述語）と結びつく引用構文には、引用句「～ト」が表わすものと述部（述語）が表わすものの関係から、大きく二つのタイプが区別できる。

（6）　誠が、「こんばんは」と言った。

（7）恵美子は、困ったなと思った。
（8）誠が、「こんばんは」と入ってきた。
（9）恵美子は、困ったなと頬づえをついた。

すなわち、一つは（6）（7）のように引用句に引かれる発話・心内発話が、述語の表わす発話・思考に事実レベルで等しいという等価一対の関係で引用句と述語が結びつくものである（引用句に引かれる「こんばんは」という発話こそ、「言った」という行為を具体的に引きうつすものであり、「困ったな」という心内発話こそ、「思った」という心の中で行なわれた行為を引きうつすものといえる）。このような関係の引用構文を筆者は、第Ⅰ類（当時はβ類）と呼んだ。一方、今一つは（8）（9）のように、引用句に引かれる発話・心内発話と述部（述語）のそれとは別の行為やあり様《よう》とが、同一場面共存の関係で結びつくもので、これを筆者は第Ⅱ類（当時はα類）と呼んでいる。このような構造が「言って」等の述語句省略でないことは、既にふれた。

以上のように大別したうえで、同論文では、第Ⅱ類（α類）については、同一場面に共存する引用句の発話・心内発話と述部（述語）の示す行為の結びつきが、Ⅰ．必然的か、Ⅱ．（慣習等によって）蓋然的か、Ⅲ．偶然的か、といった整理を示した。この種の構造については、寺村秀夫や柴谷方良に既に言及があるが、細かな整理を試みたのは、これが初めてである。また、第Ⅰ類（β類）については、述部に着目して、述部が、

1．発話を外的に特徴づけるもの
2．心の状態を特徴づけるもの
3．発語内行為の観点からの特徴づけ
4．発語媒介行為の観点からの特徴づけ

というような観点から分類し、それぞれに更に細分も行なった。こうした引用構文の全体的な整理の試みは、その

後も見られない。とりわけ第Ⅰ類については、整理の枠組みをどうするかで苦労したが、発話行為論の枠組みを援用したのは、この論文における一つの工夫である。

　引用構文の分類は、右のようなやり方が一つの見通しよいものではあっても唯一の方法ではないかもしれない。しかし、この後に引用構文や引用動詞の分類にふれた研究――砂川（一九八九）や鎌田（二〇〇〇ａ）では、特に発話行為論の枠組みを利用する考え方が、あたかも当然の如く採られている。その意味でも、この論文が後の研究に与えた影響は小さくなかったと思われる。また、この論文で示したような多様な引用構文の例をとり上げての分類整理は、その後も例がなく、その点で、引用構文の多様な実態を俯瞰する基本の記述としての意義をなお失っていないものと思う。本質的には、事実を徹底して整理した素朴な作業をまとめたものであるが、これをまとめたことは、筆者自身にとっても大きな意味があった。

2―6　以上、大学院を終えるまでの筆者の引用研究をたどってみた。思えば誠に不出来な大学院生であったと、改めて感じる。しかし、いろいろな方のご厚情に支えられ、ともかくも今日につながる話法論の基本的な見方を藤田（一九八五）としてまとめることができたこと、そして、言語事実の整理を徹底させた藤田（一九八六）で、考察すべき対象である引用構文の全体像をとらえる見取り図をまとめることができたことは、この時期の成果として評価されてよいかと思う。

3　引用の理論の形成と記述の深化（一九八六～一九九二頃）

3―1　一九八六年の四月に、思いがけず愛知教育大学に職を得て助手として赴任した。自分のような者が大学に職を得ることなど、思いもよらないことであった。なにしろ、一応院生時代の終り方《がた》に二三論文は書いたものの――それらにしても、藤田（一九八六）などは完成が遅れ、原稿の提出は、赴任の辞令を受けとった後のことであった――ほぼ博士課程の三年間はまともに勉強しなかったという自覚があった。聞くところによると、理科系のある種の分野では、最先端の研究から二年も離れていれば、もう何もわからなくなるというくらいであるから、自分など先端の文法研究など何もわからなくなってしまっているだろうし、自分がどうにもできなかった「引用」の問題にしても、もうどこかで研究が進んで解決がついているのではないかと思った。けれども、授業の必要などもあって、過去二三年の論文を見直してみても、引用研究はほとんど進んでいないといった有り様《さま》で、少なくとも筆者が問題を感じていたような事柄に対する解決は何も示されていないように思えた。その時初めて、せめて「引用」の問題だけでも何とかして自分の力で解明したいと切実に思った。いわば、藤村《とうそん》の言葉を借りるなら、「自分のようなものでも何とかして生きたい」と思ったわけである。

3―2　まず手をつけていったのは、引用構文の各論的記述であった。「〜と疑う」「〜と約束する」「〜と名づける／いう・呼ぶ」「〜と名のる」「〜と宣言する」などの諸表現、あるいは「意図引用」と名づけた「仇を討とうと旅に出る」などの表現について順次記述を進め、個別的な問題を考えることを通して、引用構文・引用表現をどのような道具立てで考究するかの方途を模索した。この時期は、個別記述中心の時代であり、いわば個に沈潜することを通して一般的な説明理論の形成を模索した時代ということができる。

　右に見るとおり、「約束する」「名づける」「宣言する」など発話内行為を表わす動詞を述語とする引用構文がいろいろとり上げられているが、これは藤田（一九八六）において引用構文を発話行為論の枠組みを援用して整理したことを承け、その整理を手掛りに順次記述を進めたことによる。

　この時期のこうした各論は、藤田（二〇〇〇ａ）の第3章に収録したが、これまであまり読まれたものではないだろう。しかし、これらは、さまざまな引用構文をとり上げて、それぞれをどのような角度・方法で分析すればどのようなことが見えてくるか、さまざまなやり方を試みたものであり、引用構文を手掛りにこのようなことができるということを示してみせようとしたものであって、筆者としては、今少しその分析手法の工夫という面について、その当否も含めた議論があってもよいのではないかと思っている。

例えば、「約束する」に関する所論は、「～と約束する」という引用構文をト格・ニ格とも絡めて考察し、英語の"promise"と異なり日本語の「約束する」行為には、一方向的なものばかりでなく相互的なものもあることを論じたもの、「宣言する」についての所論は、「～と宣言する」の用例を細かに検討し、「宣言」行為を構成する条件が個々の文脈でおさえられたり変容したりすることによって、それぞれの文における「宣言する」ことの意味が微妙に変容することを見たもの、「聞く」についての所論は、「～と聞く」のような引用構文においても、「～ト」に引かれるのは、あくまで「聞く」主体の把握した（その意味で「聞く」主体が作り出したと言える）内容であることを論じ、ヲ格と引用句「～ト」のとり方によって「聞く」を述語とする引用構文にもさまざまなものがあることを、連語論的手法で考究したものである。このように、対象によってそのつど分析の方法を工夫してみた。引用構文を手掛りとして、どのような意味・文法的な考察ができるか、いろいろな可能性を試していたわけである。

こうした考察の最初に取り組んだ「～と疑う」の論（藤田（一九八七ｂ））は、このような試みの初めであり、また、これは自分にとってどうしても解明しておきたい問題でもあった。

大学院生であった時、引用句の性格・内容を述語動詞の意味から考えるよう示唆されて見ていた折のことである。例えば、「～と命令する」なら引用句に命令文が来ると予想される。ならば、「～と疑う」なら引用句に疑問文が来るだろうと考えた。ところが、用例を見ていくと、「自分の子ではないだろうと疑った」のような例が出てきて、頭をかかえた。引用構文などというものは、実に無秩序で整理のしようのないものだという気がして、研究を続けるのがいやになったのを覚えている。だから、何も書けなくなった。今思えば情ない話である。

大学に就職して研究を再開した時、まずこの問題を何とかしよう、でなければ前に進めないと思った。そして、用例を見ていって気づいたのだが、「疑う」ということは、決して「疑問をもつ」というようなこととイコールではなく、「コレコレではないか」「コレコレだろう」といった見込みをもつことに一つの本質があるということである。その点を、「〜と疑う」の分析・記述を通して論じ得た時、「引用」の問題は決して無秩序なものなどではなく、深く掘り下げて見ていけば、それまで見えていなかったさまざまなものが見えてくることを学んだような気がした。そして、この論文をまとめた頃から、「引用」の問題はようやく本当の意味で自分の研究テーマとなっていったように思う。

このような各論的記述は、まだまだ必要であるし、可能でもある。既にこの時期の筆者の研究にも言及した奥津（一九九三）で、次のように述べられていることは、正鵠を射た発言であろう。

> 引用構造の研究の今後の課題は何であろうか。
> 一つは藤田保幸のように、引用動詞の一つ一つについて、その意味と統語関係をさらに詳しく記述することである。（七八頁）

個別的な事実の記述の深化は、引用研究にとって今後とも重要な方向だと思っている。

3―3　こうした個別記述の過程で、自《おのずか》ら目を向けさせられた事柄もあった。「おはようと言った」「困ったなと思った」のような引用されたコトバは、事実レベルでなされたと見なされる発話（あるいは心内発話）という行為の姿を再現する形で示すものといえる。このように、引用句にひかれる引用されたコトバは、一般に「行為としてのコトバ」である。しかし、次のような場合、引用句「〜ト」に引かれるのは、行為の姿を再現する形で示したものとはいえない。

（10）　ニシンの卵をカズノコという。

（11）　表札に「佐藤明浩　ますみ」とあった。

（10）の「カズノコ」は、行為というより、発話のような行為の素材であるレキシコン中の単語を引いたものであるし、（11）の「佐藤明浩　ますみ」は、やはり行為というより、いわば「書く」行為の痕跡として残されたコトバを引くものといえる。つまり、いずれも行為としてのコトバでなく、素材・痕跡といった「モノとしてのコトバ」が引かれているのである。このように、引用句に示される引用されたコトバには、行為としてのコトバの他に、モノとしてのコトバの場合もあるということは、この時期「AヲBト言ウ／名ヅケル」や「…ニ～トアル」のような引用表現を考察することによって見えてきたことであり、行為（あるいは出来事）としてのコトバの引用とモノとしてのコトバの引用の区別は、この後筆者の所論の一つの基本となる考え方となった。

3―4　以上のような各論的記述を積み重ねる一方で、「引用」の問題を説明する道具立ての整備・理論の構築も少しずつ進んでいった。

藤田（一九八七ａ）では、引用されたコトバと擬声・擬態語の文法的性格の並行性を確認し、引用されたコトバも擬声・擬態語も現実の行為・出来事の「音声的イミテーション」であり、「既にある現実を直接持ち込んできたもの」であるという記号としての特性からその並行性を根拠づけた。つまり、次の（12）（13）の「オイ、コラ」「ピョン」は、

（12）　ヒゲの男が、「オイ、コラ」。

（13）　兎がピョン。

現実になされた（と見なされる）発言行為や跳躍を音声的に写してそのまま直接持ち込んだものであり、それ自体が行為を直接に示す表現性をもつものであるから、述語用言なしにそれ自体が述語の位置に立って、動作・行為を表わす表現にもなれるのだということである。このような見方をとることで、問題の「誠は、おはようと入ってき

た」といった第Ⅱ類構造が成り立つことについての説明の方途が得られることになる。この論は、以前から念頭にあった引用されたコトバの通常の言語記号とは違う記号としての異質性・特性という点を、擬声・擬態語とも絡めて初めて具体的に掘り下げたもので、まだまだ未成熟なところや記述の回りくどさも目立つが、その後の筆者の引用論の基本となる考え方の多くがここで示されており、その意味では重要な論文であった。

更に、藤田（一九八九）では、以上の見方を一歩進めて、引用されたコトバを、表現する対象を記号の所記概念と同定し、その記号形式（能記）に置き換え抽象化して示す通常の言語記号とは異なり、「表現される対象と同一もしくは同種の事物を具体的に差し出して」それを示す「実物表示」という表現の仕方によったものと性格づけた。こうした論の積み重ねにより、「引用」の研究の基礎となる引用されたコトバの記号としての特質がかなり掘り下げられたように思う。なお、この論文の冒頭には「この稿は、これと前後して公にすることになる筆者の引用論の基礎的考察に対して、いわば補注ともいうべき意味をもつものである」とあるが、これは、この論文の後半で「…ニ～トアル」構文に焦点をあて、モノとしてのコトバを引く引用の問題を論じることになるので、「～と言う／思う」などの行為・出来事としてのコトバを引く一般的な引用について、引用されたコトバの表意の特性の面から、別に総括して論じようという考えを持っていた故のことである。しかし、この論文において、この段階で書くべきことは十分に書いてしまったので、前後して別稿を起こすことはなかった。

また、藤田（一九八七ａ）と（一九八九）の間に、雑誌『日本語学』の「引用」の特集号のために、藤田（一九八八）を書いた。これは、概ね藤田（一九八五）（一九八六）あたりの成果に拠りながら、引用研究の問題点がどこにあるかを論じた紹介的な論文で、一般の目にとまりやすい商業誌に書いたこともあって、比較的よく読まれたもののようである。

こうした筆者の所論は、幸いに一応の評価を得た。学会誌『国語学』一六一集は、「昭和63年・平成元年における国語学会の展望」を特集するが、この展望号において「文法（理論・現代）」を担当した野村剛史は、筆者の所論について次のように述べている。

藤田は早くから、引用句と動詞句の同一場面共存型と一致型の区別を指摘し、近時引用を言葉の「実物表示」とみなす立場から、さらに実物表示としての言葉の行為・出来事的側面とモノ的側面の区別を論ずるに至った。一つの言語現象への徹底した関心が考察の深さをもたらした好例と言えよう。しかしながら実物表示論には議論の余地も残ろう。間接話法は引用句の実物性に変容をもたらしているのではないかと思われるからである。

（三〇頁）

右の最後の指摘については、実物表示における「同種の事物」の一環として間接話法の表現も処理できるものと考えていた。しかし、その点も含め、きちんとした説明の整備はなお後の段階のことである。

以上のように引用されたコトバの記号としての特質の問題を掘り下げていくとともに、また藤田（一九九一ｃ）では、引用句「〜ト」について、これを引用されたコトバの表現であるという側面と「〜ト」副詞句の表現であるという側面とに解体し、それぞれの方向でどのような表現と連続するかを概観した。この論については、『国語学』一六九集の「学界展望」で「文法（理論・現代）」を担当した大鹿薫久が次のように言及している。

藤田保幸「引用の解体」（『愛知教育大学研究報告』40、91・2）は「引用されたコトバ」と「『〜ト』副詞句」との関連を探り、引用ということに副詞的視点から光を当てる。

（三二頁）

確かに、副詞句「〜ト」の多様性の中に引用句「〜ト」を位置づけるといった論調の目立つものではあるが、他方で引用されたコトバによる表現の広がりにも広く観察の目を向けている。そうした点で、この論文は、引用研究のいわば周縁的な部分に光をあてたものとなっている。

3―5　この時期には、各論的研究として、引用構文そのものの記述ばかりでなく、連体修飾句を形成したり連体修飾句と被修飾名詞の間に挿入される「～トイウ」と「～トイッタ」や、接続助詞的に働く「～トイッテ／トイッテモ」「～トイウト／トイエバ」、あるいは引用構文「～と来た」にも連続する「～ト来タラ」など、引用形式と関わる複合辞の記述にも力を注いだ。これらについては、それまで意外に踏み込んだ研究がなく、この時期の筆者の研究は、これらの複合辞についての基本的な記述となっている。

複合辞の問題は、この後筆者にとって「引用」の問題と並ぶ重要な研究テーマとなっていく。

3―6　以上、この時期は、最初の言い方をくり返すことになるが、個別記述に沈潜しつつ引用の理論の形成を模索して進めた時代ということになる。そして、

① 引用されたコトバの記号としての特質を、「実物表示」といったような概念によって解明していったこと。

② 引用句「～ト」をさまざまな副詞句や引用されたコトバの表現との関連で位置づけ、引用表現の周縁の問題に光をあてたこと。

③ さまざまな引用構文の個別記述を進め、種々の手法を工夫して引用構文研究の可能性を追求したこと。

④ 引用形式と関わる複合辞についても考察を広げて、基本的な記述を行なったこと。

というような点は、この時期の筆者の引用研究の成果として、客観的に一定の評価を与えることができるだろうと思う。

ただ、引用研究のような分野は、一般にさほど注目される領域ではなかった。こうした研究の積み重ねに関心が払われ問題にされたのも、まだごく限られた範囲でのことだったように思う。

4　引用研究のいったんの結実（一九九四～二〇〇〇）

4―1　一九九五年の春に、九年間勤めた愛知教育大学を離れ、滋賀大学教育学部に移った。その二三年前から、

改組をめぐる学内の対立・抗争に巻き込まれ、研究などおぼつかない日々が続いた。事実、一九九三年には、「引用」に関する研究論文は一本も書いていない。その当時の状況・経緯を書く場ではないので、立ち入ったことは差し控えるが、まだ若かったので、学内・所属コース内の問題についても、自分なりに正しいと思うことを実現すべく力を尽くしたと思う。しかし、いざという場面で、当時の所属部局の事務方のトップなどから、何が正しいのかなどということは問題ではないと言われたことは、今でもはっきり覚えている。一度立ち止まって自分のやっていることをふり返らざるをえなかった。そして、自分はやはり研究者として生きようと改めて思った。

転出がほぼ決まりつつあった一九九四年の夏に、久しぶりに家にこもって記号学に関する書物を何冊も読み、改めて自説を見直しつつ、藤田（一九九四）を書いた。研究の再開であり、再出発でもあった。

4―2　藤田（一九九四）では、Ch. S. パースの表意性に基づく記号の三類型の考え方に拠って、引用されたコトバを、対象との類似性に基づいて対象を表意するイコン記号であると位置づけ、心的連合（心の中での所記と能記の結びつき）を媒介として対象を表意するシンボル記号である通常の言語記号とは表意のあり方において異質なものであることを論じた。そして、そのような見方に基づくことではじめて通常の言語記号とは異質の引用されたコトバの独自の統語的振る舞い――一定でない多様な品詞性を示すことなど――が説明できることを示した。卒業論文で見ていた引用されたコトバは表意すべき対象（コトバ）と有契性があるという観察、研究の当初より念頭にあった引用されたコトバの記号としての質の差といった考え方は、この段階で事柄の説明としてあるべき一つの形に到達したといえる。既に、引用されたコトバを「実物表示」によるものとしていたが、「実物表示」とはパース流に言えば、対象との類似性に基づいて対象を表意することに他ならない(2)。こうしたパースの考え方をもふまえることで、引用されたコトバと通常の言語記号の相違の説明がより見通しのよいものになったのである。

この論文は、筆者の引用論の根幹にかかわる重要なものであったが、これについては、『国語学』第一八五集の平成6・7年の学界展望で「文法（理論・現代）」の項を担当した森山卓郎が、次のように言及している。

> 引用をめぐる議論も盛んであった。（中略）さらに、引用節の品詞性をめぐって、通常の言語記号と異質なものとして、環境に応じた品詞性をもつといった見方を提案する藤田保幸「引用されたコトバの記号論的位置づけと文法的性格」（大阪大『詞林』16、平6・10）があった。言語記号の在り方からの検討に注目したい。
>
> （二九頁）

次いで、藤田（一九九六b）では、文法論の研究対象とすべき引用表現を次のように規定し、事実の問題としての「引用」との区別を明確にした。

> 所与とみなされるコトバを再現して示そうという意図・姿勢で用いられる「引用されたコトバ」の表現であり、「引用されたコトバ」が、引用（＝再現）されたものという表現性に基づく意味・文法的性格に拠って、文の構成に参与しているもの、それを含む構造。
>
> （五九頁）

単にどこかにあったコトバを再利用し、自らの表現にとり込んで使っているという事実を「引用」というのなら、畢竟人間の言語表現は、ほとんどが既存の言語材・言語表現の組み合わせであり、ほとんどが「引用」ということになってしまう（そうした見方は、既にJ．クリスティヴァらの言語哲学が強調したところでもある）。そのような事実としての再利用のようなことが、そのまま文法の問題になるわけでも、もちろんない。この論文では、事実としてのコトバの再利用と、文法論の問題とすべき引用表現との相違を明確にした。このような事柄についての踏み込んだ論及は、これまでになかった。その意味で、文法論としての引用研究の基礎を確定した重要な論文であったと評価できるように思うが、これが書けたのも、藤田（一九九四）に至る引用本質論があってのことであった。

この頃には、筆者の引用論は、独自の学説と呼ぶに足る内容を明確に備えるものとなってきていたと思う。また、自分でも、「引用」の問題について、事柄の一応の帰趨が見えてきたように思えた。右の論文も、いつものようにギリギリまで時間がかかり、出張先の東京・目黒の宿で清書して送ったのだが、清書していることが、もちろん大変であると同時に、何かしら楽しかったと記憶している。

4―3　更に、藤田（一九九七）では、必須成分・任意成分といったとらえ方との関係で「～ト」はどのように位置づけられるべきかを論じた。「おはようと入ってくる」のような第Ⅱ類（α類）の構造は措いて、筆者が第Ⅰ類（β類）、すなわち「～ト」で示される発話・心内発話が述語の指し表わす行為と事実レベルで等しいものと見なされる関係の引用構文では、引用動詞などといわれる発話や思考を表わす動詞が述語にくることも多く、そうした例については述語と「～ト」の統語的な関係がいくらか論じられることがあった。つまり、「～ト」は引用動詞のとる必須の補充成分であるといった見方がしばしばなされたのである。しかし既にふれたように、**2―2**の例を再掲すれば、例えばaの例では、引用句「～ト」を削除すると文は表現として不十分・不安定なものとなってしまうから、この「～ト」を必須成分と見ることは妥当のように思える。しかし、同じく「約束する」を述語としても、bの場合、「～ト」を削除しても表現としては十分充足するものであり、「～ト」はプラス・アルファとして付加された任意成分というべきである。

（4）―a　友子は、そうすると約束した。

（4）―b　友子は、そうすると実行を約束した。

こうして見ると、「～ト」の文法的位置づけは、成分の必須・任意といった観点――ということは、述語がその意味によってどういう格成分を必須補語としてとるかといった文構造把握の考え方――では、簡単に片づくものではない。それ故、筆者は、引用研究においてはそうした述語中心的な構造把握をいったん相対化する必要を感じ、引用句「～ト」と述語との関係を、そうした考え方に拠らず、引用句と述語とがそれぞれ表わすものの関係から第Ⅰ類・第Ⅱ類というように分けることで考察を進めてきた（これは、成分の必須・任意というような考え方で見ることを動かし難い定石のように刷り込まれた目には、大変わかりにくいことだったらしく、筆者の第Ⅰ類（β類）は引用動詞が「～ト」を必須成分としてとるような構造をいうのだというような誤解がくり返しなされた。例えば、本書第4章第二節の3―6参照）。

しかし、この論文では、あえてこの必須成分・任意成分といったとらえ方で見た場合、「～ト」はどのように考えるべきかについて論じてみた。いわばこれも、大学院生時代からの懸案にここで答えを出してみようとしたものであった。なお、「～ト」は、「彼は、すぐ行くと言った」→「彼は、そう言った」のように、指示副詞「そう」で代用されること一つを見ても、品詞性としては副詞的な成分であるが、副詞はふつうは任意成分となるものであるとされてきた。このようなことと（4）―aのような事実をどう矛盾なく論じるかも、一つの問題だった。

結論として、この論文で提示し論証した筆者の見解は、次のようなものであった。

> 「～ト」は成分それ自体の品詞性からすれば副詞的なものであり、その意味では任意の付加成分になるはずのものである。しかし、副詞的な成分であっても（「彼の意見を正しく思った」のように）必須成分となることはあり得る。「～ト」は、述語の意味から選択的に要求され、もしくは「～コト（ヲ）」などの必須成分を欠く場合、格体制にとり込まれて必須成分として働く。
> （二二三頁以下摘要）

こうした見方は、引用句「～ト」の位置づけにとどまらず、述語動詞がとる必須の成分と任意の成分という文の構成要素のとらえ方をも一段深めるところがあったのではないかと考えている。

以上のような研究の積み重ねをふまえ、藤田（一九九九b）で、引用構文に関する筆者の考え方を概括して示した。これは、学会誌『国語学』に掲載されたもので、刊行は一九九九年だが、右の藤田（一九九七）に続き一九九七年に執筆していたものである。『国語学』五一―二（通巻二〇二号）の一九九八・一九九九年の学界展望で「文法（理論・現代）」の項を担当した井島正博は、この論文を次のように紹介している。

また、藤田保幸「引用構文の構造」（『国語学』198, 1999. 9）は、これまで引用文を追究してきた筆者の研究の要約として、引用句はイコン記号であるという主張を軸に、その構造・類型を通観する。

（二八頁・原文横書き）

また、同じ展望号で「語彙（理論・現代）」を担当した山田進は、あえて担当外の拙論に言及して、次のように評している。

なお、語彙に直接関係はしないが、藤田保幸「引用構文の構造」（『国語学』198, 1999. 9）は、引用構文の引用部の意味的性質が「イコン」であると想定することによって、引用構文の諸特徴に、明快で説得力の在る説明をあたえている。

（四一頁・原文横書き）

藤田（一九九九b）は、今日に至るまで筆者の代表的な論文として言及されている。このような積み重ねを経て、ほぼこの頃までに、筆者の引用論における引用構文・引用表現の統語的な解明の部分は、一応の完成の段階に至っていたといえる。

4―4　一方、「話法」に関わる問題に関しても、藤田（一九九五b）で「話し手投写[3]」という概念を提示して、新たな研究レベルへと歩を進めた。この論文は、文法的な規則性として記述できない（語用論においてとり扱うべき）コトバの実際の引用に際しての変容―非変容の問題を「話し手投写」（要するに話し手の解釈の関与）という概念で位置づけ、藤田（一九八六）以来論じてきた文法論の問題としての「話法」とは区別して扱うべきことを明確にし、グライスの「会話の公理」を手掛りに、「話し手投写」による変容―非変容の実際にいささかの整理の筋道をつけたものである。

この論文でやろうとしたことは、従来直接話法・間接話法という用語で混然ととり扱われてきたことにも文法論の問題となることと語用論の領域で扱うべきことがあることを明確にし、整理するという試みで、文法論として

「話法」を論ずるためには一度はきちんと論じておく必要を感じていた事柄であったし、実際、話法論においてその後避けて通れない基本の議論となっていると言っていいように思われる。この論をまとめることができた時に、大きな山を一つ越えたような気がしたし、いずれ自分の引用論を完成させて世に問うことができるだろうとの実感を初めて得たことを覚えている。

次いで、藤田（一九九八b）は、あまり言及されることのなかった論文であるが、引用論における引用構文の構成要素の統語関係・統語的特質の研究と「話法」の研究の関係を整理したものであり、それと関連して、「話法」の問題とも一見関係のありそうな一つの事実の位置づけを明確にしたものである。

すなわち、この論文では、

引用句「〜ト」の統語的振る舞いや引用されたコトバの文の構成要素としての特質を論ずるのが、シンタグマティクな方向での引用研究（タテの引用論）なのに対し、話法の論は、引用句にひかれるイコン記号としての引用されたコトバが直接話法形をとるか間接話法形をとるかというパラディグマティクな選択の関係・規則性を論ずるもの（ヨコの引用論）である。　（四五〜四六頁摘要）

といった見方で、引用構文の構成要素の統語関係等の〝シンタクス〟の問題と「話法」の問題の関係を整理し、また、それらを引用論の〝二つの領域〟と位置づけることで、一つの学説体系の中に統合した。

そして、これに関連して、次のような例の位置づけについても論じている。

(14)　丹羽方の軍勢は山の背後から接近したが、それと気づいた服部一族は先制して打って出た。

右の「それと気づいた」の「それ」は、もちろん心内のコトバを再現する形で示すものではなく、全文の話し手によって改められた形と考えられる。元のコトバを言い換え、書き換えたものは何でも間接話法だと言うのなら、これも間接話法かということになるが、もちろんこのような書き換えは、文法的な規則性の問題として記述されるような「話法」とは大きく異なるものである。筆者は、このような「それと気づく」「そうと知る」といった代用形への書き換えは、先行の文意をうける形での書き換えであり、その意味では広くシンタグマティクな方向での改編といえるから、パラディグマティクな形の選択の問題である「話法」とは異なるものと位置づけた。そして、「それと」「そうと」のような書き替えを「統合的関係［注・＝シンタグマティクな関係］に基づく代用化」と呼んだ。言及や位置づけは、それまでもそれ以降も皆無であるが、間接話法ということを考究していけば、こうした事例も視野に入れないわけにはいかないはずである。

さて、引用されたコトバはイコン記号であるとして論じてきた。ところで、引用されたコトバでも、間接話法の形はもちろん元のままを忠実に再現する形とはいえないが、これをイコン記号と言っていいのかについては、気にする向きがあることも無理のないことであった。この点について、この論文において次のように述べて、筆者の見解を初めて明確にした。

……間接話法の形は、もともとの秩序に即して対象としてのコトバを素直に写しとろうとする直接話法の形に対して、いわば写像の軸がずれたヴァリアントだと見ることができる。しかし、秩序の基軸はずれながらも、再現したい対象としてのコトバを、その布置をなぞる形で、布置との類似性に基づいて表示している点では、やはりイコン記号だといってさしつかえあるまい。（四六頁）

更に右に続けて述べたことだが、三次元の建築物を二次元に投写したその設計図も、その建築物を表わすイコン記号であるということは、パースの記号論でも論じられていることである。〝投写〟によって、いわば座標軸が変更された形のイコン記号が生まれることはあるのであり、そうした認識に立てば、間接話法の形もイコン記号と考えて何らさしつかえはない。

以上の筆者の見解は、**3—4**で引いた、拙論に対する野村剛史のコメントへの、いわば回答でもある。

このようにして、「話法」に関する問題についても自説を深化させ、また整備し、更に引用構文のシンタクスの問題とも統合した学説の構築を進めた。

4―5　また、この時期には、引用構文やそれと関連する表現の問題についても更に記述を進め、一方、不十分なものは書き改めていった。「嘘をつくとはけしからん」のような「トハ構文」や「それが正しいように思った」のような「〜ヨウニ」節についての記述は、この時期まとめたものであり、「うまくいくかどうかわからない」のような従属句「〜カ（ドウカ）」や「信号は、青、黄、赤と変わる」のような項目列記の「〜ト」表現などについては、改めて論文をまとめ、不備を補った。

更に、自らの立場を明確にし、またその妥当性を論証するという意図で、相容れない考え方の妥当でない点について批判を加えることにした。「引用」の本質をメタ言語とする考え方の当たらないことの論証や、折衷的な論調をもっぱらにする鎌田修への批判、また、論の進め方に大きな問題をはらむ三上章の所説についての批判論文を公にしたのは、この時期である。

もともとは、自らの学説を集成するにあたり、学説史の記述を添えようと考えたこともあったのだが、一二書いてみて、当面は断念した。一人の研究者の所説、一編の論文についても、それをきちんと読み解き、きちんと論拠を提出しつつ批判することは容易ではないのである。安易な批判は水掛け論となるばかりである。学説史を書くのなら、相応の覚悟で時間をかけて取り組むべきだと思った。爾来十数年余りそのような作業を続けてきたが、本書はそれらの集成である。

4―6　さて、一九九八（平成一〇）年の秋に、これまでの引用研究を博士学位請求論文「国語引用構文の研究」としてまとめ、大阪大学の前田富祺先生のもとに提出した。拙い営みの積み重ねであったが、ようやく自らの学説を集成して一つの形を与えることができた。審査は年が改まってから進めていただき、六月末に口頭試問を終えて、七月の終りには博士（文学）の学位をいただいた。前田先生には更にお口添え賜り、この論文は、若干加筆・修正のうえ、科研の出版助成をうけて大阪の和泉書院から刊行されることになった。

この段階で大きく修正したこととしては、従来α類β類としていた引用構文のタイプ分けの呼び方を、口頭試問での示唆を承けて、β類を第Ⅰ類、α類を第Ⅱ類と改めたことがある。

初めての著書の刊行であり、六六〇頁余という大部のものとなったこともあって、校正に苦労はしたが、『国語引用構文の研究』は、奥付の刊記を「二〇〇〇年一二月二五日初版」として刊行された。文字どおり、二〇世紀に刊行された日本語文法の研究書として最後のものになっただろうと思う。

翌二〇〇一年の秋に、この著書は、図らずも第二九回金田一京助博士記念賞を与えられた。次は、その選考経緯を伝える事務局の記述である。

> 二〇〇一年六月三〇日に応募を締め切られた第二九回金田一京助博士記念賞には、多数の優れた業績がよせられた《マヽ》。最終選考会は十月中旬に行われ、金田一賞選考委員会（委員長梅田博之先生）の厳正慎重なる審査の結果、
>
> 滋賀大学教授　藤田保幸氏『国語引用構文の研究』（和泉書院刊）に対して贈られました。
>
> 藤田氏は、一九八二年以来一貫して日本語引用構文を研究対象とし、本書はその約二十年におよぶ研究が集大成されたものです。従来レトリックとしてしか注目されなかった引用表現を、日本語の統語論の中に位置付けた開拓者的な位置を占めるとともに、もっとも包括的で体系的な研究として現時点で最高水準のものであるとして、金田一賞受賞が決定いたしました。
>
> （『三省堂　ぶっくれっと』№一五三　八七頁）

過分なことであったが、拙著がこのような明確な形で公に評価されたことは、筆者の研究の意義が世に認められた客観的な事実として、ここに書きとめておいてよかろうと思う。

また、拙著について、『国語学』五三―一（通巻二一一号）の二〇〇〇年・二〇〇一年の学界展望を担当した工藤真由美は、次のように述べている。

　引用論では、藤田保幸『国語引用構文の研究』（和泉書院、2000.12）が出版されて、著者の研究の全体像が明らかになった。鎌田修『日本語の引用』（ひつじ書房、2000.1）も出版された。引用研究は、文法論、文体論、運用論（プラグマティクス）などが絡み合う複合的な領域ではあるが、藤田氏のように、まずは構文論の問題として精密な記述をめざす方向が着実であって、最初から様々なレベルの問題を渾然と提示しないほうがよいように思われる。（二八頁・原文横書き）

いささか補足すると、鎌田（二〇〇〇a）で、鎌田は「『文法論』『語用論』『文体論』とはっきり境目のない分野で研究を行わなければならない引用・話法研究に対して藤田は何を目指しているのか定かでないと感じるのは筆者だけなのであろうか」（一五三〜一五四頁）と筆者を名指しで批判しているが、既述のとおり筆者は、文法論として扱うべきことは文法論で扱い、語用論で論ずべきことは語用論の問題と位置づけて論ずべきであると主張して、物事の位置づけを明確にして事柄をあるべき領域において論じることを大切にするというごく当然のことに努めているだけであり、そうした当然の見地から、物事の位置づけを明確にしないでさまざまな異質の問題をひとまとめに折衷して扱う鎌田の論調には同じ難いという立場をとっていただけである。そして、工藤の右の評言は、まさに筆者の研究の方向・考え方を是とした発言であると読んでよかろうと思う。工藤のような見識ある研究者から、こうした支持といえる発言のあったことも、拙著に対しての刊行から遠からぬ時期の客観的な評価として記しておきたい。

なお、鎌田（二〇〇〇a）の折衷的な引用・話法研究が研究として大きな欠陥をはらんでいる点については、藤田（二〇〇一a）（二〇〇二）において論証し、批判した（本書第4章第五節参照）。これに対し、今に至るまで鎌田からの反論はない。認めざるをえないということであろう。

4—7　以上、一九九四年から二〇〇〇年頃までに、筆者の引用研究は、とりわけ理論の構築・整備の面で進展を示して、引用構文のシンタクスの問題と話法の問題を統合したトータルな学説体系を構築し、これを一書として世に問うことができた。日本語の「引用」の問題全般にわたってこうしたトータルな学説体系を樹立した例は他になく、(4)実際拙著が今日でも日本語の引用研究の基本図書となっていることを考えるなら、客観的に言って、筆者の研究は、一九八〇年代から二〇〇〇年（二十世紀末）にかけて、日本語の引用研究において一貫した流れを形成しつつこの時期を代表する意義のある成果を残したということが許されようかと思う。

5　藤田（二〇〇〇ａ）に対する大島資生の書評をめぐって

5—1　以上のとおり、筆者の学説は藤田（二〇〇〇ａ）に一応の結実を見たが、拙著に対しては『語文』七七に森山卓郎の紹介があり、『国語学』五三―三（通巻二一〇号）に大島資生の書評がある。前者は、同門の好意ある紹介文であり、短なものだが、随所に見られる的確な解説・批評は、〝我が意を得たり〟と感じさせるものがあって、誠に有り難かった。一方、後者は、拙著に対するまとまった「書評」としては唯一のものである。最後にこれに関して述べてみたい。

大島は、拙著を概ねていねいに読んで誠実に評してくれていると思える。その点については、まず深い感謝の意を表しておきたい。ただ、一言述べておきたいことがなくはない。個々の用例をめぐっての判定に関する異見などは、特に問題ではない（筆者は、別に大島の言うようには思わない）。また、いくつか示されている批判的見解も、必ずしも筋の通ったものとも思わないが、(5)特にここでとり上げて検討する必要も感じない。ただ一点、きちんと論じておく必要があると思える記述が見られるので、以下ではその点にしぼって論じたい。

5―2　大島は、この書評のまとめにあたる5節で次のように述べている。

著者は研究の最初期から「引用」という概念・術語を原点に据えて論考を進めてこられた。そして、「引用」ということ、すなわち、「所与とみなされるコトバ」を再現する営みというところから出発するがゆえに「実物提示《（ママ）》」、さらにはイコン性、話し手投射《（ママ）》といった概念についての精緻な議論を展開されてきた。だが、見方を完全に変えることも可能であろう。すなわち、著者のとってきた、あくまでも言語事実から出発するという姿勢を徹底的に推し進め、「引用」なる概念を出発点としない議論を展開するという可能性である。評者には具体的な成案があるわけではない。しかし、今後、著者自身から、あるいは著者の論考に触発されたものの中から、そういった議論が登場するとき、「〜ト」を含む諸構文に関する研究はさらに新たな発展を遂げるのだろうと想像する。（七六頁）

筆者が何より問題を感じたのは、この記述である。

まず、大島の事実認識は、不正確でかなりミスリーディングである。既にこの稿で述べてきたように、筆者は、当初から「引用」について一定の説明概念や見方をもって研究していたわけではない。次第次第に考え進める中で見えてきたことを段々にことばにしていったのである。もちろん、研究の体系化にあたっては、基本的な概念から積み上げ展開する形にまとめているが、もともと「原点に据えて」などというような出発点が定まっていたわけではない。右のように書かれると、何か当初から説明の方向が定まっていて、そこからトップ・ダウン式に物事を見ていったかのように見えるが、**2―3**でもふれたとおり、そのような方向がうまくいかないと思い知って、徹底して言語事実に即して積み上げるボトム・アップ的な方向を探るに至った。そして、いろいろ考え進めていくうちに、このような形で考えるしかないと思い、このような所論を構築していったのである。

が、そのことはいったん措くとして、「だが、見方を完全に変えることも可能であろう。すなわち、著者のとってきた、あくまでも言語事実から出発するという姿勢を徹底的に推し進め、『引用』なる概念を出発点としない議論を展開する可能性である」という発言は、いろいろな意味で非常に問題である。

そもそも、「引用」とはどういうことかを問うことなしに、「引用」の研究ができるのだろうか。それは、いわば「アスペクト」とはどういうことか、「モダリティ」とは何かを問うことなしに、「アスペクト」や「モダリティ」を研究するようなもので、到底まっとうな成果が得られることではないと思う。確かに、言語事実を徹底して見ていくことは重要である。しかし、そこで得られた観察を一つの認識へと深めていくにあたっては、それを説明する基本となる（その意味では「出発点」となる）概念といったものがなくてはならないはずである。筆者の研究も、もちろん「概念」から始まったわけではなく、言語事実を徹底して見るうちに、それを説明する基本の概念に行き着いたというのが本当のところである。けれども、そういった「概念」を基本におくことで、はじめて事柄を十分に説明できる所論が構築できたのである。

このような、ごく当たり前のことを考えてみても、大島の言い条はいかにも無理な注文という気がするし、そもそもどうやったらそのようなことが可能なのかと思うが、その点については「評者には成案があるわけでない」というのだから、何とも無責任な話である。しかも、「成案」もないのに「今後、著者自身から、あるいは著者の論考に触発されたものの中から、そういった議論が登場するとき、『～ト』を含む諸構文に関する研究はさらに新たな発展を遂げるのだろう」と、どうしてこのようなことが言えるのか、筆者には理解し難い。

くり返しになるが、筆者は、言語事実を徹底して見ることから出発し、試行錯誤の末、ようやく文法論の問題としての「引用」とはどういうことかという一つの見方、一つの説明概念にたどりついて、やっと一つの研究をまとめた。事実を徹底して見ていくなら、このような方向しかなかったと思っている。もしこうでない方向があり得るなら是非具体的に教示願いたいし、「成案」もなしにそのようなことを語ることは公の書評としていかがかと思う。

5―3　それにしても、もはやざっくばらんに言えば、右の大島の発言は、考えようによっては誠に不穏当なものである。筆者の今までの引用研究は一応結構だとしながらも、今後は「見方を完全に変え」て、全く異なる方向で研究が進められた時に「新たな発展」があるのだろうというのだから、筆者のとってきた方向での研究の今後については、全否定というわけである。もとより大島にそのような意図があっての発言でもなかろう。しかし、こういった発言が――仮に無意識にでも――出てくるところに、筆者の引用論がどのように受けとられているかが、はしなくもうかがわれるように思える。

既に右のとおりのことであるから、こちらも失礼を承知でいうが、大島をはじめ、少なからぬ今日の日本語文法研究者は、筆者の引用論をある意味で〝もてあましている〟ところがあるのではないかと思う。すなわち、筆者の所論は、「言語記号の質差」といった考え方・概念を基本において一貫して構築されている。しかし、こうしたパラダイムは、従来の日本語文法研究の中には用意されていなかった。それ故、それを踏襲する今日の多くの研究において は、筆者の所論を自分たちのパラダイム・説明概念に容易に翻訳してとり込むことができないのだと思われる。だから、右の発言で、自覚しているかいないかは別として、大島の言いたかった本音は、拙論のようなパラダイムで書かれた引用研究ではなく、自分たちにもわかる（＝利用できる）パラダイムで書かれた引用研究（及びその他の構文の研究を含む）が出てくることが望まれる、といったことではなかったか。このような「推察」を書くのは問題があることかもしれないが、このように考えるなら、そうした引用研究が出てくる時、研究は「さらに新たな発展を遂げるのだろう」と一方的に断ずる論じ様《よう》も、その根ざすところは理解できるように、筆者には思えるのである。

確かに、拙論は従来のパラダイムに翻訳できない書かれ方がされている部分がある点では、どうにも厄介な代物ということになるのだろう。けれども、そうだとしても、考えるべきは、拙論の〝厄介さ〟の部分を敬遠するようなことではなく、ここに提示された「言語記号の質差」のような考え方を日本語文法研究の流れの中にとり込み、消化して今後に生かすということではないのか。筆者は、拙論をそのような問題提起の試みであったとも受けとめてほしいし、むしろそのようになっていった時こそ、日本語文法の「研究はさらに新たな発展を遂げるのだろう」と考えている。

6　結　び

本章では、引用研究史の記述のいわば補遺として、二〇〇〇年までの筆者自身の研究の自己評価を試みてみた。自分の研究、自分の学説の意義を書くなどということは、おおけない気がして誠に書きにくいことではあるのだが、避けて通れない必要なことであったから、あえて筆を執った次第である。なお、私事にわたることには極力立ち入らないようにしたが、叙述の都合上、また、つい筆がそれて昔語りになってしまったところのあることは、お許し願いたい。

注

（1）ただし、いわゆる〝疑問〟等を表わす「カ」は、これに含まない。

（2）なお、その後は引用されたコトバの性格をイコン記号として説明していくことになるが、「実物表示」という言い方も、表意の仕方をいう用語として時に用いている。

（3）ちなみに、「話し手投写」という用語を用いているが、これは数学における「写像」というようなことをイメージした故に、このような字を用いたものである。しかるに、多くの論者が平気で「話し手投射」と誤った字を用いて拙論に言及することは、誠に杜撰なことであり、不当なことと感じている。

（4）鎌田（二〇〇〇ａ）も含め、引用に関する近年の諸家の所論は、「話法」の問題についてはいくらか論じるところもあるが、引用構文の〝シンタクス〟の問題については考察らしい考察もほとんど見られない。

（5）この点、大島書評に見られる批判的記述のうち、目立ったものを三つとり上げて、筆者の見解を書き添えておく。

①「それが正しいと思う」のような、リアルタイムに自己の思い（「それが正しい」）を表明しつつ、同時にそう「思う」ことにも言及する表現について、「〜ト」に示されるコトバが、所与のもの（＝「〜と思う」という表現がなされるのに先行してあるもの）と見なされなくなるため、所与のものを写すイコン的性格が認めにくくなるとした拙論に対し、大島は、「引用表現の『本質』とした特性について、場合によっては引用句をもつ構造でありながら『認めにくい』とするのは、議論としていささか苦しいのではないだろうか」（七一〜七二頁）という。

しかし、「〜ト」のような形を用いることは、「引用」の本質（＝イコン性）と不可分のものでも何でもないのだから、そこにイコン性が認めにくくなるとすることは、何ら問題のない議論である。

②また、「ト」の機能を「等価構造を作る」としながら、「おはようと入ってくる」のような第Ⅱ類の引用構文ではその性格が後退するとする拙論を「いささかアドホーク（注・＝場あたり的）な説明」（七二頁）と批判するが、「ト」が「等価構造を作る」ということを筆者は動かし難い説明概念としているわけではないから、大島の批判は的確ではない。拙著の問題とされている記述に先立つ部分で、筆者は、さまざまな「ト」の用法・用例から帰納して、「ト」の働きを「等価構造を作る」といったんおさえ、そうした働きの際立つ「ト」の用法の中心的な部分に対し、第Ⅱ類は周縁的なものと位置づけている。このような整理はよくあることで、論の趣旨をご理解いただきたいところである。

③更に大島は、第Ⅱ類引用構文の構造も、第Ⅰ類と同じく、筆者の言う「より具体的な実質の表現を結びつける」という「ト」の機能から説明できるとして、次のようにいう。

　素朴な言語直観としては、第Ⅱ類の引用構文でも、第Ⅰ類と同様に「より具体的な実質の表現を結びつける」機能があるように感じられる。

　（4）彼は「やあ、ようこそ」と扉をあけた。

この文では「やあ、ようこそ」という発話をしつつ「扉をあけ（ママ）」た、のように読むことができる。つまり、引用句は「扉をあける」動作に伴う発話に対してその「実質」を表わしていると読むことができるのである。

（七三頁・傍線筆者）

しかし、筆者が「ト」が「より具体的な実質の表現を結びつける」機能があるとして説明しているのは、「〜ト」と実際にそこに形としてある述語との関係である。大島のような、そこに形としてないものを勝手に補うようなこととは、かかわりのないことである。大島の右のような主張は、構造の説明として何の根拠があるわけでもなく、結局そこに「発話しつつ」のような意味が補えそうだから、それを補うと考えればいいのだというだけのことにすぎない。このような〝そう読めそうだからそう考えるのだ〟というようなことを言ったところで、それが、筆者の第Ⅱ類についての構造説明を否定するものにも、また、それに代わるものにもならないことは、もちろんである。率直に言って、大島には、どうして引用句「〜ト」のような形式に限って、「言って」のような述語句なしに、〝発話ガナサレタ〟というような意味が読みとれる第Ⅱ類のような構造が形成できるのかというような根本的な問いが欠けていると思う。

第6章　引用研究の世紀末

第一節　松木正恵の所説について

1　はじめに

1　第6章では、引用研究が一応の節目を迎えた二〇世紀末年から十年程のうちに出された研究の中から、主要なものをいくつか見てみることにしたい。第1章でもふれたように、世紀が改まってから十年程をも〝世紀末〟として扱うとすれば、これらは、いわば引用研究の〝世紀末〟の状況をうかがわせるものと思える。

まず第一節では、松木正恵の言説をとり上げる。松木は、二〇〇〇年代に入ってから、引用・話法について複数の「論文」を公にしている。その言説は、次のⅠ～Ⅳに見ることができる（この他、松木（二〇〇五ｂ）（二〇〇七）も引用とかかわるものであるが、それぞれ「～トイウノダ」「～ミタイナ」といった形式の用例を整理して並べたといった体《てい》のもので、ここでは特に問題にしない）。

Ⅰ．松木正恵（二〇〇二ａ）「何を引用ととらえるか―日本語学の立場から―」
Ⅱ．同　（二〇〇二ｂ）「引用と話法に関する覚書」
Ⅲ．同　（二〇〇二ｃ）「新たな『話法』観を求めて」
Ⅳ．同　（二〇〇五ａ）「引用と話法」

2　松木の所説とその問題点

2―1　率直に言って、右のⅠ～Ⅳに見る松木の言説については、批判や検討に窮する。論証とか分析といったことなしに、先行研究を羅列して所感的コメントを加えたうえで、話法を、引用とのかかわりに限定せず、広くいろいろなものを含めて考えていくのがよいといった思いつきが語られるだけである。実際にそのような処理をした場合、どのような形で整合的に記述できるのかといった具体的な問題には立ち入らないのであるから、論理的に批判・検討できる部分がないのである。

この点、念のため松木の論じ様《よう》を見ておこう。例えば、Ⅰでは、筆者の所説と砂川有里子・鎌田修の所説を延々と引いて示したうえで――「諸説を検討した結果」とあるが、Ⅰの論文ではただ引用して紹介しているだけである――次のように言う。

さて、日本語学の立場から引用と話法を論じるためには、どのようなとらえ方をするのが、最も有効であろうか。諸説を検討した結果、筆者は現在次のように考えている。

まず、「引用」を日本語学的にとらえる場合、一般的・常識的引用との差異を明確にするために、その表現が事実の有無にかかわらず、まず「イコン記号」であることが条件となる。これは、統語論的に引用をとらえる藤田氏の見方を引き継いだものである。一方、「話法」については、文法的カテゴリーとして直接話法・間接話法の規則的対立を規定するより、前掲例⑮～⑳や⑪等までをも視野に置いた、かなり広範囲の領域を記述対象とした方が意義深いと考えている。つまり、話法はイコン記号はもちろん、そうでないもの（シンボル記号）をも対象とし、事実との対応関係を手がかりに伝達者の表現意図を重視しながら、伝達の際の述べ方を広く記述する概念となる。この立場では〝「話法」が「引用」を包摂する〟と見なすわけだが、これにより、例

⑭は引用・話法の問題、例⑮は話法の問題として扱えることになり、類似の意味を表しながら言語記号としては質の異なるこれらの表現群を、連続的に記述し位置づけることが可能となる。（松木（二〇〇二ａ）五七頁）

しかし、このように言うだけで、その後――もちろん、この前でも――それ以上何一つ具体的な分析・記述は示されない。

ちなみに、前掲例⑮〜⑳とか例⑭として言及されているのは、次のような表現である（なお、例⑪は、後述の（２）―ａｂのような実際の変容の例である）。

⑭　花子は私の方が生徒会長に　ふさわしいわよ／ふさわしい　と主張した。
⑮　花子は私の方が生徒会長にふさわしいことを主張した。
⑯　母に本当のことを言っていいかどうか迷っている。
⑰　来週までに提出する書類を整えておくように命じた。
⑱　友人の心遣いがとてもありがたく感じられた。
⑲　友人の心遣いに感謝を感じた。
⑳　先生が直接先方のご両親に会って下さったそうだ。

（松木（二〇〇二ａ）五六頁）

また、Ⅱでも、従来の引用・話法に関する諸説に言及しつつ、主として筆者の所説と鎌田の所説を引用して示し、更に砂川の所説をもあわせて要約・対比したうえで次のように言う。

藤田は引用に比べて話法をかなり狭く限定したものととらえるのに対し、逆に砂川は引用を一形式に限定し、そのかわり話法を広い領域にかかわる問題と見なす。鎌田は、引用と話法を「取り込む行為」とその「言語的方法」と規定することから、双方の領域はほぼ重なると思われるが、もともとの射程距離がかなり広い点が特徴である。

これらの先行研究を参考にしながら筆者の考え方を述べるとすれば、引用のとらえ方は藤田に倣うが、話法ととらえる範囲は鎌田のものに近い。

（松木（二〇〇二b）七一頁・原文横書き）

しかし、これもこのように言うだけで、それ以上具体的に言語事実をどう処理するかといったことは、全く語られないのである。

こうして見るとわかるように、松木のやっていることは、先行研究を読んで、〝引用については、藤田の説がよさそうだからそちらにする、話法については、鎌田の方向がよさそうだからそちらにする〟と、先行研究をつまみ喰い的に拾って、自分の立場だとしているに過ぎない。このように決めつけるのはあまりだと感じられる方もいるかもしれないが、それなら原文に就いて是非確認されたい。引用・話法に関するオリジナルな考察は何もない。引用については、拙論に依拠するだけだし、話法について、そうした広いとらえ方をすることで、例⑭〜⑳のような「類似の意味を表しながら言語記号としては質の異なるこれらの表現群を、連続的に記述し位置づけることが可能となる」と言うが、具体的にどのように「連続的に記述し位置づける」のか、その点は何も述べられていない。「可能となる」などということは、何も証明されていないのである。論証や分析がなく思いつきだけが語られていると言ったのは、こういうことである。しかも、このような書きぶりは、三年近く時間をおいたⅣでも変わらないままである。

論文とは、事実の報告のようなものを別とすれば、自らの主張・見解を、その妥当性を論証して示すものであることは言うまでもない。である以上、その妥当性の証明も、それにつながる分析もなしに、ただ〝思いつき〟が語られているような文章が、「論文」としていくつも公にされていることに、筆者は唖然とせざるをえない。

2―2　引用・話法についての松木の言説の実態は、以上のようなもので、「論」とか「研究」といったレベルで批判・検討に値するものではない。

ところで、以上に引いたところからも知られるように、話法に関して、松木は筆者と異なるとらえ方をしたいと言う。それ故、そうした方向が妥当であることを具体的に示してみせることはしないにもかかわらず、特にⅢにおいて筆者の所説を云々して、ミスリーディングな解説や否定的なコメントを加えている。以下ではそのあたりをいささか詳しく見てみて、正すべきは正しておきたい。

Ⅲでは、三上章・奥津敬一郎ら七名の研究者の所説を順次引きつつ所感を述べるといった論じ様《よう》になっているが、最後に拙論を引いた挙句、次のようにコメントする。

> このように、藤田は話法を狭く限定し、伝達のムードの有無に基づく直接・間接の対立として文法カテゴリーの一つと見る。そのため、現実に現れる多様な表現群を処理するために、文法論的な話法とは異なる、語用論的な「話し手投写」という概念を導入し、話し手の解釈付加による形の変容の度合い、「忠実再現」「意味的変容」を両極とする物差しでとらえようとしている。この見方は、先に遠藤・鎌田・中園らが、話法そのものを、直接話法・間接話法を両極とする連続的・段階的な表現群ととらえていたことと類似しているとも言える。
>
> （松木（二〇〇二c）三七〜三八頁・原文横書き、以下同じ）

松木は、筆者の所説のある部分を、「この見方は、先に遠藤・鎌田・中園らが、話法そのものを、直接話法・間接話法を両極とする連続的・段階的な表現群ととらえていたことと類似しているとも言える」とする。しかし、このようなコメントをしていることは、既に筆者の所説のポイントが全然理解できていないことを物語るものである。

また、松木は続けて次のようにも述べるが、全く的はずれな理解と言わざるをえない。

> 以上のように七つの先行研究を見てきたが、研究者によって様々な話法観が展開されていた。ただ、大きく分けると、話法を連続的・段階的な表現群ととらえる見方と、直接・間接の二対立としてとらえる見方とがあると言える。前者についても、形式変化重視から表現意図重視まで、細部は微妙に異なる。後者の代表は藤田

であるが、前述したように、話法を超えたところにあると藤田が言う「話し手投写」の概念では、「忠実再現」「意味的変容」を両極とする物差しを想定している点で、連続的・段階的な見方を容認していることがわかる。つまり、「話法」をどのように定義するかが前者・後者で大きく異なるため、全く立場が対立しているように見えるが、問題意識としては共通したところがあるのである。

（松木（二〇〇二c）三八頁）

筆者の所説のポイントは、文法論の領域で扱うべき「話法」の問題と、語用論の領域で扱うべき「話し手投写」の問題を、まずきちんと区別し、事柄の位置づけをはっきりさせて論じるべきだということである。

しかるに、松木は、語用論の問題として扱うべきことと文法論の問題として扱うべきこととの区別ということが、どうもよくわかっていないらしい。松木の頭にあるのは、〝連続的・段階的な見方をするかどうか〟ということだけのようである。だから、拙論の一部分のそれらしいところに目を向けて、「連続的・段階的な見方を容認していることがわかる」などという。しかし、容認するもしないも、まず問題の位置づけ・区別をはっきりさせたうえのことであって、その点こそがまず拙論で重要なことなのである。それをなおざりにしたまま、表面的に似て見えるところを拾って、右のように断定しているようでは、全くわかっていないということである。

まして、「問題意識としては共通したところがある」などと言われては、何をか言わんやである。筆者が事柄の位置づけをはっきりさせて論じようという問題意識で立論するのに対し、遠藤・鎌田・中園ら――更に松木も含めて――は、そうした問題意識を持たず、性格の異なるさまざまな事柄を折衷的に扱っているのであって、問題意識は全く異なる。そういった論旨のポイントを読めないで拙論を云々しても、無意味である。

2―3　ここで、以上の拙論の考え方について確認しておきたい。既に何度も述べてきたことであるが、念のためその要点を今一度くり返すことにする。

筆者は、話法を、引用されたコトバの「伝達のムード」――この用語はやや問題があり、近年は極力使用を避けているが、ここでは松木の言説に合わせて、これを用いる――の有無と読みの決まり方の連動の問題として考える。

（1）―a　友子は、私が正しいなと思った。

（1）―b　＊友子は、それが正しいなと知った。

（1）―c　友子は、私が正しいと知った。

（1）―aのように、引用されたコトバに終助詞「な」のような伝達のムードを担う形式が付加されていて、引用されたコトバが伝達のムードを伴っていることが形の上で明らかな場合は、引用されたコトバの部分の「私」の読みは「友子」を指すものと決まり、引用されたコトバはもともとの（心内）発話者の立場に即した秩序づけ（直接話法）になっているものと読まれる。一方、（1）―bに見るように、「知る」と結びつく引用句「～ト」には共起制限がかかって、伝達のムードが現われることができないが、そのような伝達のムードが現われ得ない引用句「～ト」においては、例えば（1）―cのような例だと、「私」はこの（1）―c全文の話し手を指すものとしか読めない。つまり、引用されたコトバが伝達のムードを伴い得ない環境では、引用されたコトバは引用者の立場に即した秩序づけ（間接話法）になっていると読まれるのである。

このように、伝達のムードの有無と引用されたコトバがもともとの発話者中心の秩序として読めるか引用者中心の秩序として読めるかは連動する。また、次のdのような場合、直接話法読みも間接話法読みも可だが、伝達のムードは零形式でもあらわれ得ると考えられるので、零形式で伝達のムードがあるとして読んでいれば直接話法読み、伝達のムードがないとして読んでいれば間接話法読みになるものと解せられる。

（1）―d　友子は、私が正しいと思った。

引用されたコトバの読みと伝達のムードの有無は連動し、一つの規則性としてとり出せる事柄である。そして、記号列の構成（伝達のムードが加わった記号列かどうか）にかかわる一つの規則性であるから統語論（文法論）で扱うべき事柄である。筆者は、「話法」を、これまでの研究・用語法に即して文法の問題として考えるが、文法論の領域で扱うべき「話法」としては、奥津以来の研究でも論じられてきた右のような事柄を考えるのが妥当だと思っている。

これに対し、これも再三論じてきたが、次の（2）―aをbのように変えて伝えるかcのようにそのまま伝えるかは、右のような記号列の構成の規則性の問題ではもちろんなく、事実関係の問題である。

（2）―a　橋本「オイ、米谷、電気を消してくれ」

（2）―b　――米谷にaを伝えて

鷲原「橋本が『ライト消せ』と言ってたぞ」

（2）―c　――同右

鷲原「橋本が『電気を消してくれ』と言ってたぞ」

他者のコトバが伝えられるにあたっては、そのコトバは、それを伝える話し手の解釈を介して伝達される。そうした表現の機構を、再々言及したように「話し手投写」と呼び、話し手の解釈を介することで、コトバは忠実に再現されることもあれば、意味の理解をふまえて変容されることもあるということを論じた。この「話し手投写」は、実際にコトバをどう伝えるかという、コトバと人間のかかわりの問題であるから、語用論で扱うべき事柄といえる。

2―4　筆者の言う「話し手投写」と「話法」とは、次元の違うことである。（3）―aのように、形式として伝達のムードがはっきり存在して直接話法と解すべき表現も、（3）―bのようなものを伝えたとすれば、「話し手投写」によって変容されたものということになる。

（3）―a　青木先生は、私が勝ったよと言っていた。

（3）―b　青木「これで、チェック・メイト、おしまいだ」

もともとの発話を忠実に伝えたかどうかといったことと、もとの発話者の立場に即した秩序による形の記号列を、引用されたコトバとして用いることとは、次元の異なることである。そうした物事の位置づけをはっきりさせなければ、事柄の理解はおぼつかないと、筆者は考えるのである。

しかるに、松木は、そうした問題意識が全く理解できないらしい。先の「以上のように…」以下の引用部分に続けて、筆者が（2）―abcのような事例をあげて「話し手投写」を論じた箇所を引き、「しかしこれは、鎌田の『引用句創造説』、坂井の『生成』で説明されてきたことである」（三八頁）という。しかし、鎌田らは、事柄の位置づけを明確にせず折衷的に扱って言及したに過ぎず、筆者は、こうした問題をはじめて語用論で扱うべきものとして位置づけた。そして、そのような位置づけをふまえ、語用論的公理を用いて、その種の変容現象を広く整理して示した。これは、もちろん従来の研究には見られなかったことで、結局事柄の位置づけが決まって、はじめてその処理の方途が見えるということである。

なお、こうした研究は、松木の引く藤田（二〇〇〇a）にも収めてあるが、言及が全くないのは、やはり理解が及ばないのであろうか。

2―5　理解が及ばないという点では、次のような発言も、明らかに理解不足といわざるをえない。すなわち、松木は、「遠藤・鎌田・中園ら」が「直接話法・間接話法を両極とする連続的・段階的な表現群ととらえていた」もの——論旨からすれば、具体的には、松木の挙げる例⑮～⑳のようなさまざまな表現などは、その代表例ということになろう——を、筆者が「話法を超えるもの」と位置づけているとし、それが不十分なことのように言う。

> ただ、藤田のように厳密な対立関係として話法をとらえる立場からすれば、これら多様な表現群は、「話法を超えるもの」と位置づけるしかないのである。　（松木（二〇〇二c）三八頁）

しかし、筆者が「話法を超えるもの」と言ったのは、先の（2）―aに対するbもしくはcといった、現実の伝達における変容・非変容の現象（もしくは関係）のことである。そうした事実関係の問題は、文法、すなわち記号列の構成の規則性の問題としてはもちろん扱えないから、文法の問題である「話法」を超えるものとして、語用論の問題と位置づけ、記述の方向を示したものである。例⑮〜⑳のような表現群などを「話法を超えるもの」と位置づけてはいない。松木は、自分が連続的に扱いたい表現群の「位置づけ」を拙論の中に無理やり求めて、誤読しているのである。

2―6　従ってまた、松木が後のⅣで、「語用論的な『話し手投写』の二つの方向性である『忠実再現』『意味的変容』と文法的な引用の領域に含まれるものとの相互の位置づけが明確でなく」（六七頁）と述べていることも、ただ松木の無理解の表明に過ぎない。「話し手投写」は語用論の問題であり、「話法」は文法論の問題なのである。異なる研究分野の用語の「相互の位置づけ」を云々するほうがおかしい。例えて言えば、生物学と化学とは異なる研究分野であるが、生物学で言う「オス」「メス」の概念と、化学でいう「プラスイオン」「マイナスイオン」といった概念について――いくらお互い引き合う点が似ているなどと考えたところで――「相互の位置づけ」を云々するのはナンセンスである。同様のことで、a_1をa_2にどのように変えるか（もしくは変えないか）という、$a_1 \rightarrow a_2$の関係を扱う「話し手投写」の問題と、〝$A_1 + A_2 + \cdots$〟といった、記号列の組み立てと意味にかかわる構成の規則性を扱う「話法」の問題は、扱っている事柄の性格が根本的に違う。だから、別の領域の問題であり、そもそも並べて「相互の位置づけ」など考えようのないことである。従って、筆者は、「話法」と「話し手投写」は次元の違うこととしてきた。位置づけとしては、それに尽きるのである。しかるに、松木は、「話し手役写」の問題を、例⑮〜⑳のような表現などの問題と思い込んでいるらしい。それ故、例⑭の場合のような直接話法・間接話法との関係づけを云々したがるのだろうが、それは、松木が⑭や⑮〜⑳を連続的に扱おうとする予見のもとに、自分の思いつきに引きつけてしか先行研究を読めなかっただけのことである。

2―7　更に、Ⅳで松木が、筆者は「引用の周辺に存在する諸形式を『準引用』と位置づけている」（六七頁）などと言うのも誤りで、後に掲げられた例からすると、松木は先の例⑮～⑳あたりの諸表現を筆者が「準引用」と一括して呼んでいるように思っているらしいが、筆者が「準引用」と呼んでいるのは、「美しく思う」のような関係構造の表現のみである。そのようなことは、拙著の当該頁を開けばわかることで、このような杜撰さでは、誤読を重ねることも当然であろう。

ところで、既にくり返し見てきたとおり、松木は、引用構文の表現のみならず、例⑮～⑳のような表現もひとまとめにして、連続的・段階的なものととらえたがっている。松木は、次のように言う。

藤田（二〇〇〇ａ）のように話法を文法的なカテゴリーととらえる場合には、その対立関係が問題となるため、表現の段階性という見方とは相容れないが、前節で述べたような立場で話法を広くとらえるのであれば、当然ながら話法の表現にも段階性が存在することを認めなければならない。　（松木（二〇〇五ａ）六八頁）

発話・思考・感情を描くのに用いられるさまざまな表現を広くとり上げれば、当然それらには段階性があるのだという主張だが、何が〝当然〟なのか、筆者には、おそろしく粗雑な断定だと思われる。

ある用途に供し得るものがいろいろあったとしても、だからといってそこに常に段階性が内在するなどという論理は成り立つまい。例えば、〝水を汲む〟のに用いるものとして、ヒシャクやバケツやコップがあるとして、それらを一元的な尺度で段階的に位置づけるなどということはナンセンスである。それらは、いわば別々の角度から（つまり、異なる性格のものとして）同様の用途に供し得るものだからである。

発話・思考・感情を描く諸表現についても、同じことが言えると筆者は思う。

（４）―ａ　悲しいと感じる。

（４）―ｂ　悲しく感じる。

（4）―c　悲しさを感じる。

例えば、右の（4）―abcが類似の事柄を描いているにせよ、それらは物事を描く角度がさまざまなのであって、必ずしも一元的な段階差で並べられるものではないと見るべきだと筆者は考えている。そうした場合、結局なすべきは、個々の表現の性格の究明であるから、筆者は、引用と一見近いところのある諸表現について、個別に基本的記述を行なってきた（藤田（二〇〇〇a）第4章の四参照）。だが、もちろん、そうした諸表現を殊更一括して関係づけるような書き方をしてはいない。していないことこそ、筆者の目下のとらえ方を示すものである。

ともあれ、発話・思惟行為を描くさまざまな表現を視野に入れたとしても、それで直ちにそれらが段階的なものとして記述されるということにはならない。段階的に記述可能であるということがまず論証されるべきなのだが、そのあたりの道理も松木は全然わかっていないようである。

2―8　さて、今一つ論じておかなければならないのは、次のような発言であろう。

また、元の発話がどのように変容したかというこれらの見方について、藤田は、事実との対応関係抜きに言葉を分析すべき文法論の立場を逸脱しているとして、話法に関しても、引用されたと見なされる表現のみで自律的に扱える範囲に焦点を絞ろうとしている。それが、伝達のムードの有無に基づく直接・間接の対立であるが、形式として顕在していないものまで認めたため、前節で挙げた例aの場合なら、直接・間接の判定は、ムードがあると考えて読むか否かにかかっていることになる。とすれば、ムードの有無をどう読みとるかは、やはり、事実（元の発話）がどうであったのか、その発話がどのような文脈・場面で生起したのか、という事実との対応関係抜きには決まらないことにはならないだろうか。このように考えてくると、話法を文法的カテゴリーの枠内にのみ閉じこめて限定的にとらえる見方には無理があると言わざるを得ない。

（松木（二〇〇二c）三八〜三九頁）

例aとは「明浩は智子に私が正しいと言った」という例であるが、ともあれ、ここでも松木は、文法的な規則性の記述とはどういうことかおよそ理解できていないような発言をしている。

煩をいとわずくり返すが、既に先の（1）―abcの例でも見たとおり、引用句に伝達のムードを担う形式が生起すれば、読みは直接話法に決まり、伝達のムードの生起できない引用句では、読みは間接話法となる。このように、直接話法か間接話法かということと伝達のムードの有無は連動する。そして、例aのような場合は、「私が正しい（と）」の部分は両義的だが、これを直接話法と読めばそこに零形式の伝達のムードを読み込んでいるのであり、間接話法と読めば伝達のムードがないものとして読んでいるということなのだと解釈される。例aのような文の両義性も含めて、直接話法か間接話法かの読みが伝達のムードの有無として統一的に説明されるのであり、そのような規則性として記述できる事柄を、筆者は、文法論の問題としての「話法」と言うのである。

だから、筆者がやっていることは、例aの両義性なども含めて統一的に説明できるコトバの規則性を示しているのである。例aは、コンテクスト・フリーには両義的であろうが、その両義性も含めて矛盾なく説明できる規則性を記述しているのである。その両義的なものが、具体的な場面・文脈においてどのように一義的に読みが限定されるかは運用の問題であって、レベルの違う事柄である。そして、具体的な場面・文脈（事実）とかかわってでないと、文の意味が一義的に決まらない部分があるからといって、それで文法的な記述が「無理がある」などということにはならない。

端的な事例で、右のような松木の論じ様《よう》の当たらないことを実感していただこう。例えば、（5）はよく知られた両義的な文である。

（5）　小田刑事は、血まみれになって逃げる犯人を追いかけた。

「血まみれになっ」たのが「犯人」なのか「小田刑事」なのか両方の解釈が可能だが、ふつうに説明すれば、「血まみれになって」を、「逃げる」に係る連用修飾句ととれば、「血まみれになっ」たのは「犯人」であり、「逃げる」には係らず、「追いかけた」と並列の述語句だととれば、「血まみれ」なのは「小田刑事」だということになる。このように、素朴な文法的説明によって、（5）の両義性は十分説明できている。しかるに、松木の論法でいけば、連用修飾句ととるか述語句ととるかは、現実に誰が「血まみれになっ」たのかを知らなければ判定できないことであり、このような文法的説明によって考えていては「無理がある」ということになろうが、そのような議論がおかしなものであることは言うまでもなかろう。

文法とは、抽象的な次元でコトバの組み立てと意味関係の規則性を説明するものであったはずである。その意味で、筆者のやっていることは、特段「無理」なことではない。むしろ、そこにレベルの違う事柄を持ち込んで混同しているのは松木の方で、その自覚もなく、Ⅳでも同様の言辞をくり返し、「話法の別というのは、むしろ文法論の領域ではなく語用論的に扱うべきものなのではないだろうか」（六八頁）と主張するが、文法論として記述することがどういうことなのか、きちんと理解できていれば、このような理屈にもならないことは言わないはずである。

2—9　啓蒙的説明を書き続けなければならないことにも辟易してきたので、あとは極力要点をまとめて記すようにしたい。

筆者の所説に対する以上見たような批判的言辞を重ねたあと、松木は次のように言う。

藤田以外のこれまでの研究者の多くにも、あくまでも引用の具体的表現として話法がある（「引用⊇話法」、もしくは「引用∪話法」）とする暗然の了解があるように思われる。そこには、日本語学で扱うべき引用を、日常的もしくは文学的な領域に属する引用と区別せずに、広くとらえてきたという背景があるからである。しかし藤田のように、日本語学で扱うべき引用をイコン記号に限定する立場に立つなら、むしろ話法は一般のシンボル記号をも含めた広い領域に適用できる概念ととらえた方が有効であると思われる。つまり、「引用∩話

法」である。（松木（二〇〇二c）三九頁）

右に対し、まず一点言っておくべきは、「話法」と「引用」のかかわりの理解についてである。日本語の「話法」という語は、いずれ考証は示したいが、英語など西欧語の文法用語の訳語として一般に用いられるようになったものと考えられる。そして、英語などの直接話法―間接話法の別の見られる文表現について、これに対応するようなものを日本語について求めれば、「〜ト言ウ」のような引用形式の表現がとり上げられるようになる。だから、「〜ト言ウ」などの引用表現に見られる区別として「話法」ということが論じられるようになったものと考えるのが妥当である。松木が言う「日本語学で扱うべき引用を、日常的もしくは文学的な領域に属する引用と区別せずに広くとらえてきたという背景がある」などということが、「引用」と「話法」のかかわりが今日のように了解されていることの理由にどうしてなるのか、筆者には理解し難い。

しかし、更によくわからないのは、「むしろ話法は一般のシンボル記号をも含めた広い領域に適用できる概念ととらえた方が有効であると思われる」と、「話法」という用語を殊更云々する点である。もちろん、「有効である」などと言っても、松木自身が何らの考察も分析も行なっていないことは、再三述べたとおりである。しかし、今そのことは措いて、松木が引用とのかかわりに限定せず広くいろいろなものを一括したいというのは勝手だが、何故従来の用語法の慣例を無視して、それをあえて「話法」と呼ばなければならないのか。

「話法」とは出自からしても文法用語であった。「話法」が引用とのかかわりで説かれてきたことも事実であろう。だから、筆者は、「話法」という語を引用の問題とかかわる文法用語として日本語についてどのように適用すべきかを考究してきた。これは、用語法の伝統を正統に継承するもので、その意味で相応に理由のあることであり、一つの一貫した立場でもある（また、こうした筆者の所説に対する松木の批判的発言も全く的はずれであることは、先に示したとおりである）。

これに対し、松木が新たな立場をとろうというなら、そこで「話法」という用語が用いられなければならない必然性はない。新たなことをするなら、新たな用語を用意して、その上で、そうしたとらえ方の〝有効〟性を示して見せればよいことで、肝腎のことを何もせず、用語法だけを云々するようなことは混乱のもととなるばかりであろう。

要するに、事柄の本質は、何を「話法」と呼ぶかというような言葉づかいの問題ではなくて、どのような分析・記述を示して見せるかという点にある。しかるに、松木は――その自覚さえないのかもしれないが――事柄を用語法の問題のようにすりかえて、内実のない発言を新見の如く装っている。そのように評されても致し方ないというのが本当のところだと、筆者は思う。

さて、松木は、更に次のように述べてⅢを結んでいる。

話法をこのように考えれば、鎌田の言う「間接化がもっとも進んだ引用」と地の文との連続性の問題も解決できる。そこまで広い範囲を引用と考えるから引用と非引用（地の文）との差異が問題となるのであって、引用を狭く限定する反面、引用・伝達にかかわる言語表現を広く話法としておけば、引用的に表現するか地の文的に表現するかのレベル差の問題に解消する。話法表現は、伝達者の表現意図に応じて、同一の意味内容も様々な表現レベルで言語化できる、連続的・段階的なものと考えたい。そこでは、いわゆる直接話法・間接話法が両極ではなく、遠藤や砂川の挙げる諸表現はもちろん、間接化の極には鎌田の挙げる対格補語・伝聞表現等も配した大きな表現体系を想定している。さらに、中園が言及する引用動詞（遂行動詞）の種類と間接化の関係も取り込み、「創造」「生成」という観点から、伝達者の表現意図と動詞選択の関係性等を探る試みも必要となろう。

話法は、伝達者の表現意図を重視しながら、文法的な要素を手がかりに、文法論・語用論・文体論・談話分析等広い領域で扱うべき問題と筆者は考えている。

（松木（二〇〇二c）三九頁）

「解決できる」「解消する」「大きな表現体系を想定している」などというが、何らの具体的な分析・考察もなく、「解決」「大きな表現体系」等々がどういうことなのか、実質的なことが何一つ示されていないことについての批判は、もはやくり返さない。ただ、このように、実証などなしに延々と〝こうすればきっとうまくいくのだ〟というユートピア的な夢を語り続けているあり様《よう》は、筆者にはもはや一種のブラック・ジョークのようにさえ見える。

が、それはともかくとして、今一つ問題なことがある。鎌田や遠藤、中園の所説に対しては、既に筆者による批判論文が出されている（それらは、いずれも本書第4章に収めてある）。そして、そこでは、これらの論者の所説が事実にあてはめてうまくいかないこと、論理的に問題があることを論じているが、彼らの方向に倣うなら、そうした問題点への批判——まさに、本書の第4章で示した批判の数々がクリアできることを示さなければならないはずである。しかるに、そういった批判があることにさえ言及せず、こうした論者の方向を手放しでよしとする論調は、筆者の所説の積み重ねを故意に無視するものである。

最後に率直に言うなら、松木のような実質の伴わない言辞をまき散らすのではなく、筆者は、常に論拠・論証を示しつつ、自説を積み上げてきた。真剣に引用・話法の問題に取り組んできた者として、このような無責任な言説がくり返されることに対しては、以上のごとく、強くその問題性を問わないわけにはいかないのである。

3　結び

3　この節では、二十一世紀に入ってからの引用・話法の研究の一例として、松木正恵の言説をとり上げて、その問題性を論じた。松木については、結局具体的な論証や分析もなく、先行研究を読んでの思いつきを言っているだけであるから、まともに論じることは大人気ないことだったかもしれない。が、このような言辞がまかり通っていることが、二十一世紀に入っての引用研究の貧困なある一面――本当の意味での新たな研究が未だ十分に育ってきていないという〝世紀末の状況〟を物語っているようにも思える。その意味で、ここであえてとり上げて見ることも、意義なしとしないと考えたものである。

付記　本書の校正を行なっている二〇一四年三月の時点で、この節で問題にした松木の一連の「論文」が出されてから十年程の月日が経過したが、その間に松木がこうした「論文」で述べた引用・話法観を具体化するような実質的な内容のある所論を公にすることは結局なかった。

第二節　砂川有里子の話法論

1　はじめに

1―1　この節では、砂川有里子の近年の話法に関する所説をとり上げ、その問題点を論じる。一九八〇年代後半に、引用に関する論文を四篇ほど公にしていた砂川は、その後しばらく引用・話法の問題を論ずることがなかったが、二〇〇〇年代に入って、次の①②を著し、自らの「考え方」をまとめて示した。

①砂川有里子（二〇〇〇）「引用」

②　同　　（二〇〇四）「話法における主観表現」

こうした近年の研究において、砂川が特に力を注いだのは、自らの「話法」についての「考え方」を述べて、砂川なりの「話法の体系」を示すことであったろうと思われる。すなわち、二十世紀末年の二〇〇〇年には、筆者や鎌田修が、それぞれ藤田（二〇〇〇ａ）や鎌田（二〇〇〇ａ）といった形で、それまでの引用・話法の研究を集成した。これは、日本語の引用・話法の研究の一つの節目となったものといえようが、これらに対し、砂川は、①の砂川（二〇〇〇）で「話法の捉え方に関して、筆者は藤田（一九九八）［注・藤田（二〇〇〇ａ）のもとになった学位論文］とも鎌田（二〇〇〇ａ）［注・本書の鎌田（二〇〇〇ａ）に同じ］とも違う考え方を持っている」（一五八頁）と自己主張する。そして、その「考え方」を示したのが、②の砂川（二〇〇四）であると見られる。

そこで、この節でも②について立ち入って検討してみたいが、砂川の「考え方」の問題点を理解するうえで、まず①の所説を吟味しておくことが有意義であろうと思う。以下では、最初に①の砂川（二〇〇〇）について見てみることとし、次いで②の砂川（二〇〇四）の所説を検討する。なお、砂川の一九八〇年代の研究のうち、特に砂川（一九八九）の内容は①②でくり返されている部分も多いが、ここでは、そうした旧聞に属する記述は措いて、新たに提示された「考え方」に焦点をあてて論じることにしたい。

1―2　予め述べておくなら、砂川の所説は、新たな事実の分析に支えられて従来の体系を見直したというようなものではなく、従来の記述にもっぱら依拠しつつそれを組み替え、組み合わせたといった体《てい》のもので、話法の問題について新たに認識を深めさせるところは乏しいと言わざるをえない。しかし、それは措くとしても、そのもののとらえ方の基本において事柄の位置づけを見誤っている部分があり、また、「話法の体系」を描くにあたっても重要な事実を見落としているところがあるように、筆者には思える。その他、拙論を引き合いに出して論じている部分にも一方的な理解が見られる等、細かな点で正しておくべき点も目につく。

そこで、本節では、そういった問題点を一度きちんと論じておきたいと思う。

2　砂川（二〇〇〇）について

2―1　右に述べたとおり、まず①の砂川（二〇〇〇）の所論から見ていきたい。砂川の考え方の基本的な部分とその問題点が、端的な形で出ていると思えるからである。

冒頭まず、砂川は、「引用」及び「引用研究」を次のように規定する。

> 「引用」とは、…、ある発話の場（ないしは思考の場）で成立した発話（や思考）の内容を、それとは別の発話の場において再現することである。したがって、引用表現には引用する主体の発話の場と、引用される主体の発話の場（ないしは思考の場）という二つの場が関与する。この二つの場がどのように記号化されているのかを探るのが、言語学での引用研究における中心的な課題となる。
>
> （一五六頁）

こうした考え方は、砂川の引用研究の基本的な立場であるようで、既に砂川（一九八九）にも見られるし、後に見るとおり用語の規定としては若干変更されているが、同趣の見方が砂川（二〇〇四）でもくり返されている。

さて、砂川は節を改め、「『引用』の文法論」として、まず筆者の所説に言及して、次のように述べる。

さて、先に、引用を「ある発話や思考の内容を別の発話の場において再現すること」と規定した。これは「所与と見なされるコトバを再現しようとする形で示すもの（藤田1998：p. 9）」のように言い換えてもほとんど変わりはないと思われる。（同）

しかし、このように粗雑に一括りにされてしまうことは、筆者にとっては全く心外なことである。「再現すること」と「再現しようとする形で示す」のとは、大きな違いである。端的に言えば、「再現しようとする形」とは、〝再現する（／した）ように見える〟形であるに過ぎない。そのように見える記号（イコン記号）を用いるということであって、「ある発話の場で成立した発話の内容」を前提に、それを「再現」するなどといった見方はとらないのである。[1] 引用表現の本質にかかわる見方について、このような読み方をされたのでは、筆者としてはたまらないが、砂川は更に続けて、「再現」という見方を批判する鎌田修の所論に言及して、次のように述べる。

一方、鎌田は、引用について、「再現」ではなく新たな表現の「創造」であると主張する（鎌田2000a：p. 48）。その理由は、引用する者の意図によって新たな表現が作り出されるのであって、言葉がもとのままに引かれるわけではないという点に求められる。鎌田はここで、現実にどのような発話がなされ、それがどのような形で引用されたかという運用の問題を論じているようである。確かに現実には、とくに会話においては一字一句違わず再現することなどむしろまれであるし、もとの発話を大幅に脚色して、さも真実らしく伝えることもあるだろう。（中略）このような意味では引用は確かに「創造」である。しかし文法論として引用を論じるからには、文法論の枠組みの中での引用の規定がなされなければならない。その場合、個々の運用はどうであるかということはいったん切り離して、表現の意味論的・構文論的な特徴を手掛りとした引用の本質というものが問われなければならないのである。創造説に立脚した鎌田の再現説批判は文法論を文体論にすり替えてしまったところに問題があると言えるだろう。

このような発言を目にして、筆者としては、しかし、誠に奇異な感を抱かざるをえない。「しかし文法論として引用を論じるからには、文法論の枠組みの中での引用の規定がなされなければならない」と断ずることからすれば、砂川は、自らの所説を文法論と考えるようだが、先のように「引用」を規定し、「ある場（の事柄）」が「別の場」でどう「再現」されるかといったことを論ずるのは、語用論の問題なのである。

2―2　端的な事例で述べる。砂川の所論は、以下例えば次のような形で展開される。

次の例は、aがもとの発話、bがそれを間接的に引用する文である。bはこの文の話し手の家で行われた発話だと考えていただきたい。

（6）a　君のうちに行きたい。
　　 b　僕のうちに来たいと言うから、連れて来てやったんじゃないか。

aでの「行きたい」がbでは「来たい」という表現に変えられている。もとの発話の場での表現が伝達の場を機軸とした表現に言い換えられているわけである。

それに対して、行為指示の発話を引用する場合はこの種の調整が行われない。次のbは、「君」の家と違う場所で発せられたものと考えていただきたい。

（7）a　僕のうちに来いよ。
　　 b　君のうちに来いと言うから、あんな遠くまで行ったんじゃないか。

同じ状況で「君のうちに行けと言うから」と言うのはむずかしいだろう。　（一五八〜一五九頁）

主張・事実認定の当否はいったん措いて、注目すべきは、砂川の論じ方である。右の例では、いずれもaという表現すべき発話を前提に、それを当該の状況下で「再現」（という仕方で表現）すれば、bが適切だといったことが論じられている。けれども、（6）bに対して「僕のうちに行きたいと言うから、連れて来てやったんじゃないか」、（7）bに対して「君のうちに行けと言うから、あんな遠くまで行ったんじゃないか」といった文を考えてもこれらがそれ自体文法的に成り立たない非文であるというわけではない。これらは、文法的には、立派に成り立つ文である。ただ、それぞれaに対しての「再現」の表現としては、適切でないとされるに過ぎない。[2]非文か否かということが文法論において論じられるのに対し、適切かどうかはもっぱら語用論の問題である。砂川は、文法論を標榜しつつも、論じていることの実質は、語用論的な問題なのである。

2―3　角度を変えて補足しておこう。本書でも何度も確認してきたことだが、文法論では、基本的に、表現される対象の如何が問題にならない。

（1）雨が降っている。

（2）辺の四つある三角形を描いた。

例えば、（1）のような表現は、実際に雨が降っているということがあろうがなかろうが、文法的に適格であるし、（2）も、そのようなことが出来ようが出来まいが、文法的には十分成り立つ文なのである。

これに対し、表現すべき対象を前提として、それを――「再現」という仕方であれ――どう表現するかは、人間がどういう表現を利用するかという、人間と言葉の関係の問題、すなわち、語用論の問題である。そして、そこでは、表現すべき対象（事実）がどうであるのか、どういう状況下でなされる表現であるのかといった点で、その適切性が問われることになる。砂川が論じているのは、まさにそのような事柄なのである。

2―4　さて、語用論的な問題として、話し手がどこかでなされた発話を伝える場合には、必ずしももとの形を忠実に伝えるばかりとは限らない。話し手の解釈（場合によっては、誤解や恣意）も加わることで、多様な再現のあり方があり得よう。こうした点で、鎌田の主張する引用の「創造」的な面が際立ってくるともいえる（このような問題を論ずるのに、筆者は「話し手投写」という概念を用意した。そして、これを語用論の問題と位置づけ、文法的な問題としての「話法」とは次元の異なるものとして、明確に区別した(3)）。

ところで、砂川のように、もとの場の発話が別の場で「再現」されるというとらえ方で「引用」を扱っていくなら、右に見たとおり、これは語用論的な伝達の仕方の問題であり、「再現」の多様性という面に目が向けられてしかるべきである。しかるに、砂川は、もとの発話が、そのもとの形に即して忠実に伝達されるような場合にもっぱら限定して論じている。その結果、もとの場の発話が別の場でどう伝えられるか――二つの場がどう記号化されているかといった砂川の見方を突きつめれば当然論じてしかるべきことが、抜け落ちることにもなる。その意味で、鎌田の批判は、少なくとも砂川の所説に対しては――それは、もちろん砂川（一九八九）等に向けられたものであるけれども、砂川（二〇〇〇）に対しても――さほど的はずれなものではないと筆者は思う。

しかしまた、砂川は、右のように限定して考えることで、そこに語用論的な適切さの問題ながら、表現の当否を論じることのできる事柄を見いだした。そして、それを文法論の問題と誤認した。してみると、砂川こそ、語用論の問題を文法論の問題にすり替えてしまっていたわけである。

以上のとおり、砂川は、「引用」をもとの場の発話を別の場で「再現」するという〝伝達の仕方〟の問題、つまり、語用論で論じるべき問題として規定しておきながら、それを文法論の問題と見誤った。そして、このような混同をはらんだまま、こうした「引用」――そして「話法」のとらえ方は、砂川（二〇〇四）でも更に拡張された形で示されることになるが、そこでも、このような混同が論の方向性に大きな歪みを生み出しているように、筆者には思える。

3　砂川（二〇〇四）について

3―1　砂川（二〇〇四）は、端的に言えば、「引用」「話法」といった事柄を、もとの発話・思考の場とそれとは別の伝達の場との関係から規定し、さまざまな事柄を関連づけて「話法」の体系として論じようとするアイディアを語ったものといえる。しかし、先に述べたとおり、記述自体はもっぱら先行研究に依拠し、そこで述べられた範囲を越えていない。従って、問題となり得るのは、そうしたアイディアの当否ということになる。砂川（二〇〇〇）と用語の規定がずれるところもあるので、その点にも注意しつつ要点を見ていくことにしたい。

まず、砂川は次のようなことを述べる。

　人の発話や思考の内容を伝達するには、その発話や思考が行われたままの表現として伝えるか、伝達者の立場から表現し直したものとして伝えるか、という表現上の区別が認められる。（中略）もうひとつ、発話や思考を伝える異なる方法について触れておきたい。発話や思考の伝達では、以上に述べた二つの方法の他に、発話や思考の場とそれを伝達する場という二つの場が保たれた形で伝達する方法と、伝達の場か発話や思考の場のどちらか一方に一元化した形で伝達する方法がある。

（一二八〜一二九頁・原文横書き、以下同じ）

右のうち、二つの場が保たれた形の表現とは、次の（3）（4）（5）―aのようなものであり、一方に一元化されたものとしては、（3）（4）（5）―bなどは、伝達の場に一元化されたものということになる。また、（6）は、いわゆる「自由間接話法」などとされるが、発話・思考の場に一元化されたものだとされる。

（3）―a　インターネットで調べられると教えてくれた。
（3）―b　インターネットで調べられることを教えてくれた。
（4）―a　太郎は花子とつきあわなかったと否定した。

（4）―b　太郎は花子とつきあったことを否定した。
（5）―a　彼女は中毒症だと医者に告げられた。
（5）―b　彼女は中毒症であることを医者に告げられた。
（6）女の子の顔は真っ赤になった。僕は胸の中があつくなる。……だいじょうぶだよ心配しなくても、だいじょうぶだったら。僕はせいいっぱい愛想のいい微笑をととのえながら、女の子の方へにじりよる。
（安岡章太郎「祭」）

このような例を掲げ[4]つつ、砂川は更に次のように述べる。

本章では、表現方法がこのように異なる発話や思考の伝達様式のうち、文法論がカバーする領域を「話法」ととらえておくことにしたい。話法研究の重要な課題は、発話や思考の行われる場と、それらの伝達が行われる場という二つの場の相関のあり方がどのような文法的振る舞いを見せるのかを記述することである。
（一三一～一三二頁）

つまり、砂川における「話法」とは、発話や思考を伝達するのに用いられるさまざまな表現方法を扱うもので、文法論の問題となるものということになる。従って、（3）（4）（5）―aのような「～ト」による文（引用構文）も、（3）（4）（5）―bのような「～コト」などによる文（砂川（二〇〇四）では「名詞句構文」と呼ぶ）も、「話法」の表現ということになるし、（6）のような「自由間接話法」なども、やはり「話法」として広く一括りにされることになる。ただし、「自由間接話法」等の問題は、日本語においてどう位置づけるべきか難しい部分があり、砂川の記述も先行研究に拠りつつ事例を紹介する程度なので、さしあたり以下の検討では立ち入らず、後で補足としていくらかふれるにとどめたい。この節では、（3）（4）（5）―aのような「～ト」による引用構文も、（3）（4）（5）―bのような名詞句構文も、一括して砂川は「話法」の問題としている点にまず注目しておきたい。また、砂川（二〇〇〇）で見られた基本的な見方が、ここでは「引用」ではなく「話法」についてのものとしてくり返されていることも、見てのとおりである。

これに対して、「引用」は次のように規定される。


さて、上で、話法には二つの場が保たれた形で伝達する方法と、一つの場に一元化された形で伝達する方法があると述べた。本章ではそれらのうち二つの場が保たれた形での伝達法をとくに「引用」と呼ぶことにする。

（一三二頁）


具体的には、「〜ト」による文（引用構文）が、二つの場を保つ形での伝達方式であり、「引用」と考えられているようである（一三〇頁参照）。

立ち入った説明はないが、砂川の趣旨をくんで言えば、更に次のようなことになるだろう。
（3）―c　中畠氏は、あなたでもインターネットで調べられるよと私に教えてくれた。
cは、「引用」であるが、「もとの発話をそのままの表現として再現」（一三六頁）したと見られる「直接引用」とされる。一方、cと同じようなことがdのような形で言われるなら、これも「引用」であるが、伝達者の立場から表現し直したものと見られるから、「間接引用」とされる。
（3）―d　中畠氏は、私でもインターネットで調べられると（私に）教えてくれた。
ところで、伝達者の立場から表現し直したものという点では、名詞句構文なども同様である。
（3）―e　中畠氏は、私でもインターネットで調べられることを（私に）教えてくれた。
そこで、砂川は、こうした名詞句構文などと「間接引用」の引用構文を一括して「間接話法」とし、「直接引用」＝「直接話法」と対立させる（図3参照）。これが、砂川（二〇〇四）で示された「話法の体系」の一つのポイントということになろう。

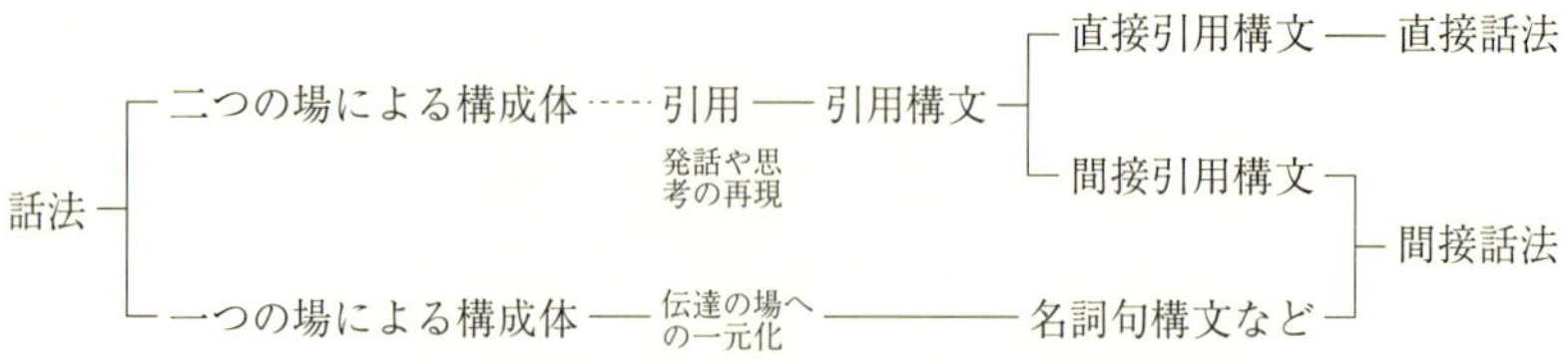

図3　砂川（2004）図7.2「話法の体系」抄出[5]

すなわち、「二つの場による」表現か「一つの場による」表現かという点と、「そのままの表現として再現した」と見られるか「伝達者の立場から表現し直した」と見られるかという点を組み合わせて整理することで、引用構文についての「直接引用」と「間接引用」とは別次元で「直接話法」と「間接話法」の区別をたて、「間接話法」としてさまざまな表現をとり上げるようにしていることが、一つの工夫のようである。[6]

3—2　しかし、このような「話法」の対立を考えることが十分言語事実に合ったものであるかどうかという点は、後に回すにしても、このような整理の基礎となっている概念規定が十分尽くされているかどうかという点で、既にこうしたとらえ方は、かなり問題があるように思われる。

何より、二つの「場」か一つの「場」かという時の「場」とはどういうことなのか、明確な規定がないし、「一元化」しているかどうかもどのように判定できるのか、はっきりしたことは述べられていない。そこで、例えば「間接引用構文」の場合、「引用」なのだから「二つの場」より成るはずだが、「〜ト」の部分は、「伝達者の立場から表現し直されている」のだとすれば、これは伝達の場に一元化されたものとはいえないのか。つまり、「間接引用構文」が、「場」が一元化されておらず、二つの「場」から成るということは、何によって保証されるのかが問題なのだが、「場」の内実がきちんと規定されていないために、そのあたりが説明できないのである。

この点、砂川は、先の（4）—abのような例（a「つきあわなかったと否定した」とb「つきあったことを否定した」）をとり上げて、次のように言っている。

「と」でくくられた句は太郎の発話や思考の内容を表すと言えるのに対して、「こと」でくくられた句のほうは、太郎の心的作用が向けられる対象を表すのである。（一三〇頁）

そして、このように述べたことを直後で承けて、「以上のことから明らかなように、『と』は伝達の場とは別の場で成立した思考や発話を伝達の場に引用するものである。この意味で『と』を用いた上記の表現には二つの場の存在を考えることができる。つまり『と』を用いた文は、もとの発話や思考の場と伝達の場という二つの場によって構成されているわけである」（同）というが、要するに「二つの場で構成されている」という根拠としては、「～ト」は「発話や思考の内容を表す」といった程度のことしか述べられていない。「～ト」は「発話・思考の内容」を表わしているから、引用構文では「場」は二つなのだといった論じ様《よう》である。けれども、（4）―abのようなものを比較すれば、内容か対象かといったことが大きな違いのように思えるが、左に再掲する（3）―abなどの場合、そのようなことを言ったところで、それで説明になるとは思えない。

（3）―a　インターネットで調べられると教えてくれた。

（3）―b　インターネットで調べられることを教えてくれた。

砂川は、「この場合も教えることの内容を表すか、教えることの対象を表すかの違いがある」（同）と述べるが、ともに「内容」を表わすものだと言っても十分納得できるところであろう。実際、砂川自身も一方で「コト」でくくられた句について、「もとの発話や思考の内容を報告する伝達の場が存在するだけで」（同・傍点藤田）と述べており、「～ト」の方が「内容」を表わすといった説明が実はあまり意味のない言い方であることがわかる。とすれば、「～ト」が「内容」を表わすから引用構文は二つの場で構成されており、伝達の場に一元化されている名詞句構文とは違うのだといった程度の砂川の説明は、説明にならないものである。確かに、「直接引用構文」については、直観的にも他との違いを感じるが、伝達者の立場から表現し直された「間接引用構文」と伝達の場に一元化された「名詞句構文」との違いは、砂川のような説明では、十分区別できないのである。

また、砂川は別に「間接引用とは、もとの発話の内容を伝達の場を機軸に調整を行った上で再現することである」（一三六頁）と述べている。この「調整を行った上で再現する」ということが一つのポイントであろうが、更にこのすぐ後で「間接引用では、意味を再現するだけで表現形式の再現は行わない」（同）とも述べられているから、結局「間接引用」における「再現」とは、もとの発話がどんな姿であったかなどといった形については示さず、もっぱら「意味を再現」つまり伝えるだけだということになる。しかし、伝達の場に合わせた形でもとの発話の意味内容を伝えるだけなら、名詞句構文もそうだということになるだろう。右のような説明を見ても、間接引用構文が名詞句構文と違って二つの「場」から構成されていると考える根拠は、やはり見いだされない。[7]

こうした大切な点がちゃんと説明できないのである。ということは、「引用」を「話法」と別立てし、「直接話法」と「間接話法」の区別と別次元で「直接引用」と「間接引用」の区別を考える見方が成り立つということも、何ら論証できていないということである。

誤解のないようにはっきり述べておきたいが、筆者は名詞句構文などと間接引用構文との位置づけ上の区別をとり払うべきだなどという主張をしているわけではない。筆者の立場は全く逆で、直接引用・間接引用ともに引用構文を名詞句構文などと異なるものとして性格づける見方に一貫して立ってきた。ただ、筆者の場合、引用構文の引用されたコトバをイコン記号とする本質論的な見方を用意しているため、間接引用構文と名詞句構文の違いはきちんと説明できる論理構築となっている（間接引用の「〜ト」における引用されたコトバは、伝達者中心に秩序軸がずらされた形ながら、やはりもとの発話のコトバの布置を示し、形を伝えると見なされるイコン記号の表現であり、その意味で、全く伝達者によって構成された「〜コト」節などとは、はっきり区別される）。そうした重要な部分が十分突きつめられていないため、砂川の「体系」は、事実を十分〝体系的〟に説明できるものになっていない。ここでは、まずこの点を確認しておきたい。

3―3　以上に、砂川の所論の論理構築の不備を論じたが、更にこのような見方を事実にあてはめていった場合も、いろいろ問題が生じる。

まず、（3）―abを三たび掲げて述べることにしたい。

（3）―a　インターネットで調べられると教えてくれた。

（3）―b　インターネットで調べられることを教えてくれた。

2―3で述べたとおり、文法論は表現されるべき対象の如何とは切り離して考えられるべきものである。従って、この表現に即して、こうした構造（記号列）がどう解釈されるかが文法として論ずべきことだといえる。そこで、（3）―abの表現に即して考えると、aは一応発話を伝達するものと見なされるが、bの方は必ずしもそうとばかりは限らない（黙ってやってみせたなどということでも、bのように表現されるだろう）。つまり、aは形式からこれが発話等を伝達する表現であることが一応保証されているのだが、(8) bが発話等を伝達する表現であることは、それ自体から必ずしも保証されていない。少なくとも「インターネットで調べられるよ」といった発話があったといった事実を前提にしなければ、bは発話等を伝達するものとは必ずしも解せられないのである。この点は、先の（4）―aと（4）―bについても同様に言える。そして、発話・思考の伝達の表現を話法とし、文法論の問題として論じようとするなら、こうした区別は重視されるべきであろう。文法論が、事実と切り離して考えられるものである以上、発話・思考の伝達の表現であるとそれ自体の形式から一応了解できるものを文法論の問題としての「話法」として論ずべきであろうし、少なくともそうしたものとそうでないものの区別にまず光をあてるべきであろうと思われる。しかし、「話法」を文法論の問題としながら、こうした点について砂川に特段の問題意識が見られないのは、結局砂川が、問題の表現を、いずれもどこかで発話・思考されたコトバがまずあって、それを伝達して用いられているものとして、常に事実関係のプロセスを読み込んで考えているからであろう。しかし、既述のとおり、それは文法の問題の中に語用論的な前提を自覚なしに刷り込んでしまったものであり、物事の次元の混同というべきである。

3―4　もちろん、（5）―abのように、述語が紛れもなく発話等の意味を表わすものであれば、aだけでなくbのような名詞句構文の場合も、表現それ自体が発話・思考を伝達していると解せられるものであるということは、一応いえる。

（5）―a　彼女は中毒症だと医者に告げられた。

（5）―b　彼女は中毒症であることを医者に告げられた。

だが、（3）―abなどに端的に出てくる「～ト」と「～コト」の表現性の違いは基本的に重視すべきであり、（5）―abのような場合でも、その点はやはり大きなものがある。すなわち、aのような場合、この形式から「中毒症だ」といった発話がなされたことが主張されているが、bは必ずしもそうではない。

（5）―c　*彼女は中毒症だと医者に告げられたが、医者は彼女に中毒症だと言ったわけではない。

（5）―d　彼女は中毒症であることを医者に告げられたが、医者は彼女に中毒症だと言ったわけではない。

「～と告げられた」の場合、そのような形での発言があったことがこの表現によって主張されるので、cのようにすると矛盾した不適格なものになる。しかし、「～ことを告げられた」の場合、どういう形の発話があったかは読みとれない。例えば「ヒ素が検出されましたよ」などと告げたとも考えられるのである。それ故、dのようにして、「中毒症だ」という発話はしていないという文脈にしても、不自然にはならない。

つまり、引用構文の場合は、もとのコトバの形を伝える姿勢の表現であるのに対し、名詞句構文はそもそもそうしたことに関心の乏しい言い方と言ってよい。そのような異質なものを「話法」として一括する扱いが、筆者には適切とも思えないが、その点は考え方の違いだとして措くとしても、名詞句構文のようなものを間接話法としていくなら、更に次のようなことにもなるだろう。

右のとおり、名詞句構文では、もとの発話の形がどのようなものかは示されず、どういった（命題）内容のことが言われたかが説明的・概略的に伝えられるだけである。砂川のように、そういった程度の内容伝達の表現も間接話法だとするのなら、更に次のような例も、間接話法ということになるのではないか。

（7）　彼は彼女を罵った。

（8）　山椒魚は悲しんだ。

（9）　善行は、彼女に嫌味を言った。

（7）（8）（9）とも、具体的にどんな発話や心内発話がなされたかはわからないが、ともかくある方向性（命題内容）を持つ発話・思考を、それを伝達する一つの場に一元化して伝えるものといえる。この点、砂川がやはり間接話法とする先の（4）―bなどと比べると、その間に大きな違いがないことが実感されるだろう。

更にまた、間接話法では伝えられる発話の内容は伝達者の立場から表現し直されたものとされるはずだが、この「表現し直」すということがどういうことか、砂川（二〇〇四）では特に突きつめた議論はない。とすると、次のようなものも、伝達者がもとの発話を伝達者なりに表現し直したものと言っていけない理由はない。

（10）　善行は、くだらないことを言った。

（11）　善行は、何か大声で言った。

（11）など、伝達される発話の命題内容が何かも、もちろんわからないが、伝達者もわからなかった（もしくは、関心がなかった）から、わからないものとして伝えていると、言えば言える。

要するに、発話・思考の伝達の表現としてさまざまなものを「間接話法」にとり込み始めると、結局発話や思考を描く文表現はすべて「話法」だということになって、歯止めがきかないことになりかねないということである。考えてみれば、当然のことだろう。そして、そのような混沌とした全体を「話法」と一括して文法論で扱うなどという処理は有益なものとは到底思えないし、また砂川の所論の中に、何らかその際限の無さに歯止めをかけるような考え方が示されているわけではない。そもそも、そうした「体系」を書きながら、「間接話法」について立ち入った検討は全くない。もっぱら論じているのは、引用構文における「直接引用」と「間接引用」の問題——従来の研究において焦点があてられている部分ばかりである。

このような整理をすると、どういうことが生じ得るかの瀬踏みがないという点で、砂川の「体系」と称するものは未だ事実の裏付けの乏しい思いつきにとどまるもののように、筆者は感じざるをえない。

3—5　しかも、もっと問題な事実が見落とされているように思われる。「〜コト」節と「〜ト」とは排他的でないから共起し得る。そこで、次のような表現が可能であるが、これは直接話法なのか間接話法なのか。

（5）—e　医者は、彼女に「ヒ素が検出されましたよ」と、中毒症であることを告げた。

引用句「〜ト」は、終助詞が生起していて、明らかに直接話法であるが、「〜コト」節は名詞句構文を形成するもので、名詞句構文は間接話法のはずである。では、（5）—eは、直接話法・間接話法のどちらなのか。素直に考えれば、直接話法と間接話法の合体したような表現ということになろうが、砂川は、直接話法と間接話法を文法論の問題として、対立し区別されるものと位置づける体系を書いているのだから（先の図3参照）、砂川の「体系」においては、このようなキメラ状のものはあり得ないはずである。しかるに、現実に（5）—eのような表現は特別なものでもなく、ふつうに用いられるものである以上、砂川の「体系」は言語事実を正しくとらえられていないということになる。

こうなるのも、「〜ト」と「〜コト」節等は性格・次元の異なる統語的成分なのに、その点を顧慮せず、間接引用の「〜ト」の文と「〜コト」等の文を一括し、結果として間接引用の「〜ト」と「〜コト」等を同次元に扱うからである。直接引用の「〜ト」と間接引用の「〜ト」は文法的に同じ次元に並ぶものであるから、その間に対立の関係を見てしかるべきだろう。しかし、直接引用の「〜ト」に対して、間接引用の「〜ト」と「〜コト」節などを一括して、直接話法と間接話法の対立を考えることは、異質なものの混同である。だから、対立として見て割り切れないものが生じるのである。

換言すれば、砂川のような区別――直接引用の「〜ト」の引用構文を直接話法とするのに対し、間接引用の「〜ト」の引用構文を名詞句構文などと一括して間接話法とするような表現の区別は、文法的な仕組みとして日本語には実際は組み込まれていないものだということである。例えば、英語において、直接引用句とthat節は対立的であり、共起するものではない。

(12)―a　The doctor said to her, "Arsenic is detected."

(12)―b　The doctor told her that she was suffering from arsenic poisoning.

(12)―c ＊The doctor told her (/said to her) that she was suffering from arsenic poisoning, "Arsenic is detected."

直接引用句の文とthat節の文は、文法的に対立し、はっきり区別される関係にある（直接引用句かthat節かの対立に、しばしば述語動詞が連動することも、周知のとおりである）。従って、前者を直接話法、後者を間接話法として、文法的に区別されるものとすることは、英語の文法的な仕組みをとらえた適切な処理といえよう。

しかし、砂川のように、直接引用の引用構文を直接話法とし、これに対して間接引用の引用構文はともかくも、名詞句構文などまで一括して間接話法とし、文法の問題として対立するように記述することは、実は日本語に組み込まれている文法的な仕組み・区別を正しくとらえていないということになろう。従って、「話法」を文法論の問題と位置づける以上、砂川の示す「話法の体系」は、日本語の文法的な仕組みを適切にとらえていない謬見であって、一言で言えば〝アイディア倒れ〟と言わざるを得ないもののように、筆者は思う。

4　補説として

4—1　以上、砂川（二〇〇四）の話法に関する所説について、その最も核となると思われる部分について検討・批判を加えた。項を改め、砂川（二〇〇四）の所説に関して更に付け加えるべきと思われることを記しておきたい。

まず、「自由間接話法」（及び「自由直接話法」）の位置づけである。砂川は、これらを、発話・思考の伝達であり、もとの場に一元化された表現だとして、先に見てきた「直接話法」「間接話法」の表現と一括して「話法」の問題と位置づけ、文法論で扱われるべきこととする。

しかし、こうした「自由間接話法」等を引用構文に見いだされる直接話法・間接話法の表現と一括するような処理は、日本語において必ずしも文法的に根拠があるものとは思われない。およそ「自由間接話法」などと呼ばれる表現は、もともと英語やドイツ語などでまず問題にされるようになったものであるが、英語等では、形の上からかなりおさえがきくものである。すなわち、動詞の形・境遇性のある語句（指示的語句）の選択において、自由間接話法の表現は、直接話法と間接話法の中間的な様相を示し、形の上からそれと判定できる徴証を見てとることができる。従って、そうした形の上での連続性に基づいて、これを直接話法・間接話法と併せて「話法」として扱うことに、相応の文法的根拠はある。しかし、日本語の場合は、必ずしもそうではない。

「自由間接話法」とは、表現の性格から言えば、「登場人物の発話、思考が何らかの形で語り手の介入を伴って表現された」もの（渡辺（二〇〇七）一二八頁）といったことになるだろうが、そうした性格の表現が日本語でも見られることはもちろんである。しかし、そうした表現であることを明示的に示す形式があるわけではない[9]。そのような性格のものと解せられる表現が、いろいろな文法的表現手段を組み合わせて構成されるにせよ、そうした表現であることが明示的に示される形の上の徴証が確立しているとはいえないのである（だから、日本語において何を「自由間接話法」とするかという点で、論者の見解もさまざまに分かれるといったことになるし、具休的な事例について、それを「自由間接話法」と見るべきかどうか判定が難しいといったことにもなる）。換言すれば、英語・ドイツ語等では、「自由間接話法」の表現形式が、直接話法・間接話法の表現とも関連する形で文法的な区別・仕組みとして組み込まれているという面が大きいのに対し、日本語では必ずしもそうではないのである。

従って、日本語において「自由間接話法」のような性格の表現がどのような文法的手段によって構成されるのかということを考えることは、それなりに興味深いことであるが、それと引用構文に見られる直接話法・間接話法の問題などとは、考えるべき方向の異なることであると思われる。そうした異なる方向性の問題をひとまとめに「話法」と扱うことに文法的な必然性は見いだせないし、そうやって「自由間接話法」等を「直接話法」「間接話法」とかかわらせたところで、それらを一貫する文法的な共通性のようなものが浮かび上がってくるわけでもない。だから、筆者は、日本語における「自由間接話法」等の問題は、テキストレベルの文法の問題として、引用構文に見られる直接話法・間接話法のような文・文法の問題とは区別して論じていくほうがいいと考えている。

砂川のようなまとめ方は、これまで「話法」の名で呼ばれてきたいろいろな事柄をともかくも関係づけておこうとしたもののように見えるが、少なくとも文法論の観点からの日本語の「話法の体系」というには根拠の乏しい整理というべきものであろう。

4―2　今一つふれておきたいのは、砂川の「テキスト引用」という扱い方である。砂川は、次のような例をあげ[10]、これらを「テキストの中に、それと明確に区別した形で別のテキストを引いてくるものである」（一三四頁）として、「テキスト引用」と呼ぶ。そして、こうした「ひとつのテキストに別のテキストを導入する方法」には、「とくに決まった語彙的・文法的手段があるわけではない」から「文法論の領域からはみ出すタイプの引用である」とする。

（13）カントは次のように論ずる。「けだし世界が時間にかんして始めを持たないと仮定せよ。…」

（中村秀吉『時間のパラドックス』）

（14）ある夜、そろそろ眠ろうかという時刻、そとから戸がたたかれ、声がした。

「夜おそく、すみません…」

「なんでしょうか…」

画家は戸を開けた。一人の青年がそこに立っていた。

（星新一『地球から来た男』）

（15）俊一のほうにもためらいがある。

—俺はこんな清純な女を恋人にする資格があるだろうか—

心の中に疼くものがあった。

（阿刀田高『街の観覧車』）

しかし、導入したことを明示する形式が特に決まっていなくても、異質のコトバ（記号）が組み込まれていることは了解され、その了解に基づいて文章として読まれるわけであり、そうした了解（構造のとらえ方）と理解（意味解釈）の関係は、文法の問題としてきちんと記述されて然るべきである。

更に言うなら、（13）（14）の類例として、例えば（16）（17）のようなものが考えられるが、これらで、傍線を付した「私」の指示対象は、組み込まれたテキストとそれを含み込む（地の？）テキストとで、当然異なってくる。

（16）彼が私に手渡した紙片には、確かに次のように書かれていた。

私は、生きることに疲れてしまった。私の身に何かあっても、決して驚かないでほしい。

果たしてその三日後、石川県警から電話がかかってきた。

（17）その男は、行く手に立ち塞がって、私を見据えていた。

「私の言ったことが分からないらしいな。どうしても行くつもりか」

「もちろんだ。邪魔はさせない」

「ならば仕方がない」

男は、右足を後ろに送って、おもむろに身構えた。

ひとつづきの文章の中で、同種の指示語の指示内容が異なり、指示語の秩序づけが違ってくることは、文法的な問題とすべきことであるが、それはもちろん異質のコトバが組み込まれていることに由来する。とすれば、こうした異質のコトバがテキストの中に組み込まれているというテキスト構造の問題も、当然文法の問題となってくることである。

しかも、（14）（17）のような例について言えば、これらはテキスト中に単に別のテキストが置かれたといったことでは片づかない。例えば（14）なら、「夜おそく、すみません…」「なんでしょうか…」は、それぞれ、そのような発言がなされ言葉が交わされたという事実を表わす表現になっている。そのように読まれて、このひとつづきの文章で述べられている事柄の進展を叙述する、その一端を担っているものなのである。そうした引用されたコトバの表現性――引用されたコトバであることがどのような意味を表わすかの問題も、文法論の一環として論じるべきことであろう。

引用されたコトバは、通常の言語記号とは表意のあり方において異なるイコン記号である。引用表現の本質は、そうした異質な記号の表現である点にあるということは、筆者の基本的な見方であり、これまでにくり返し論じてきたことでもある。そして、そうした異質な記号が組み込まれた構造であることや、異質な記号の表現性は、もちろん文法の問題として論じられなければならない。従って、(13)～(17)のような表現も、文法論の領域で扱われて然るべきことである。引用表現に関するそうした本質論的視点を欠く砂川が、このような例を表面的にしか論じられないのはやむをえないことかもしれないが、それは文法論の問題として引用表現を考究するためには、決して妥当なこととはいえない。

5　結　び

5　「引用」とは、どこかにあったコトバを持ってきて伝えることだといったとらえ方は、常識的なものであり、引用表現を文法論的に研究するにあたっても、そうした事柄関係を考察の出発点に含み込みつつ立論がなされることは、理解できないことではない。筆者の場合も、初期の所論においていくらかそういったところがあったことは認めなければならない。

しかし、どこかにあったコトバを引いてきて伝えるといった事柄関係と、統語（文法）的な関係・構造としての引用表現の問題とはいったん区別すべきことであり、筆者は、そうした区別を明確にすることで、文法論としての引用・話法研究を進めてきた。

一方、右のような常識的な見方を払拭することなく、むしろそれを核としてまとめられているのが、砂川（二〇〇四）だといえる。その点で、砂川の所説と筆者の考え方は、本質的に異なるものである。そして、統語（文法）的な関係とは別次元の、どこかにあったコトバを「再現」して伝えるといった事柄関係の問題を文法論的考察に刷り込んでいるから、そうした伝達に利用できる形式なら広く「話法」として一括りに扱うといった発想が出てくるのであろうが、文法論の問題と謳いながら、「話法」という括りが表現そのものの仕組み・文法的性格の連続性・共通性に即してではなく、実は文法の問題とは別の次元の事柄関係の面からなされている点に、根本的な無理・矛盾があるように思われる。

また、こうした所説の基礎となる概念の規定にもあいまいなものがあり、また事実の観察にも不足なところがあって、砂川が提示する「話法の体系」が、言語事実の体系を描き得たものになってはいないことも、以上に述べたとおりである。

ここで述べておくべきことはほぼ述べたが、文法論としての引用・話法の研究にとって大切なことは、先行研究とは異なる〝自説〟を述べ立てることではなく、言語事実に即した新たな認識の着実な積み重ねであると、改めて痛感するものである。

注

（1）なお、砂川（二〇〇四）では、砂川は、未来の話や架空の話など、「再現」すべき発話や思考が現実には存在しないことがあるということにもふれている。しかし、そうした場合でも、あくまで未来や架空の世界にある発話・思考を前提として、それを「再現」するという事柄関係を考えて説明しているのである。砂川（二〇〇四）一三二〜一三三頁参照。

（2）もっとも、（6）の場合、aの「君のうちに行きたい」を引いて「僕のうちに行きたいと言うから、連れて来てやったんじゃないか」とすることは十分可だと、筆者には思える。

（3）藤田（二〇〇〇a）一五四頁以下参照。

なお、これに対して、砂川の所論では語用論的な問題と文法論的な問題の区別の認識がやはり乏しく、こうした語用論的な変容の問題をも間接引用もしくは直接引用の問題に含み込ませる形で論じている。砂川（二〇〇四）一三八頁以下参照。

（4）（3）〜（6）は、砂川（二〇〇四）の例文を利用した。（3）—abは、砂川（二〇〇四）の（6）ab、（4）—abは、同じく（9）ab、（5）—aが（3）、（5）—bが（5）、（6）が（10）の例文である。

（5）「一つの場による構成体」の方の下位項目としては、今一つ「発話の場への一元化」という分肢があり、そこに「自由間接話法」等が位置づけられるが、さしあたり立ち入らないことにしたので省いてある。

（6）実は、砂川（二〇〇四）では、間接引用構文と名詞句構文などを一括して間接話法と扱うのはどういう観点・基準によるのかという点について、説明が見当たらない。しかし、間接引用構文が「伝達者の立場から表現し直したもの」とされ、名詞句構文などもそれと一括される処理から考えると、「伝達者の立場から表現し直したもの」という点でこれらに共通性を見て、間接話法とし、「そのままの表現として再現した」直接引用構文の直接話法と対立させているというのが砂川の考え方だと思われる。

（7）結局、「再現」という用語が重要とされながらも、十分突きつめられていないということである。一方で「再現」は、「もとのままの表現として伝える」ことをいうように用いられ、形の同一性によって表現することをいうようにもとれる（この点は、筆者の「イコン記号」の考え方に拠っているようにも見える）。しかし、「意味の再現」などというと、意味は形ではないから、「もとのままの表現として伝える」ということにはならず、結局ただ内容を伝える程度の意味にしかならない。「再現」の意味内容が、このように多義的であいまいであっては、筋の通った論理にならないわけである。

（8）つまり、基本的に引用句「〜ト」は、所与のコトバをその形に即して再現して示すものと解せられる形式なのである。なお、厳密に言うなら、コトバに拠らないような伝達をコトバに拠るものであるかのように変容して、引用構文を利用して描くといったこともなくはないが（藤田（二〇〇〇ａ）一五四〜一五八頁参照）、基本は右のとおりである。

（9）最も端的には、ドイツ語では、自由間接話法（描出話法）であることは、動詞が接続法の形をとることで明示されることと比較されたい。もちろん、英語・ドイツ語でも、判定に迷う例がないことはないが、相対的に明示的な形式をはっきり備えているということは許されよう。

（10）（13）（14）（15）は、砂川（二〇〇四）の（12）（13）（14）の例文である。

第三節　山口治彦の所説について

1　はじめに

1　本節では、先年刊行された山口治彦『明晰な引用、しなやかな引用』（以下、山口（二〇〇九））の所説について、筆者の見解を述べることにしたい。

山口（二〇〇九）は、日英語対照の形で書かれたものである。もとより英語の引用・話法についての論の当否はここで能く扱うところではないが、その第3章は「日本語の話法」と題し、日本語の引用を論じている[1]。また、第4章では大阪方言の事例に言及し、第5章では筆者らの先行学説を自説とひき比べて云々している。このあたりは、日本語の引用の研究に携る筆者ともかかわる部分であるが、このうち、日本語の引用に関する山口の所論の中心となる考え方が出てくるのは第3章であるので、この節では、まずそこに見られる所論の主なポイント――引用助詞「って」と「と」の使い分けについての解釈、引用表現の基本文型についての考え方、日本語の引用は多様な連接パタンを有し「しなやかな引用」が可能だという主張など、独自色を打ち出している見解について検討してみる。

予め言うなら、このような見解は、論証になっていないものや事実認識に難のあるものなどあって、妥当とはとても思えないと、筆者は考えている。その点の一端は、既に藤田（二〇一〇）でも論じたが、そこでは十分に意を尽くせなかったこともあり、また、改めて見直してみると思いの外に困った書きぶりが目立つが、論者自身にはその自覚がないように見受けられる。そこで、この節において、そのあたりを改めてきちんと踏み込んで論じておくことも、意味のあることかと思う。

また、筆者自身とのかかわりで言うなら、山口はとりわけ第5章で筆者の所論をしきりに引き合いに出して云々するが、正直なところ、自らの述べていることとひき比べやすいように矮小化されて引き合いに出されても迷惑であるし、明らかな理解の誤りもある。それに、そもそもそのような比較・対照に意味があるのかも疑問だと筆者は思う。そうした点も併せて、筆者の考えを明らかにしておきたい（ケース・スタディ的な第4章についてはとり上げない）。

2　「って」と「と」の使い分けの解釈

2―1　山口（二〇〇九）の第3章以下で、山口が特に力を入れて主張しているのは、引用助詞「って」と「と」の使い分けに関する次のような解釈である。

(151) a.「って」は、他人のことばを他人のことばとして、自分のことばと対立的に引用する。
b.「と」は、「って」に見られるような対立的視点を導入しない。したがって、引用されることばに引用者が関与する度合いが強い場合は、「と」を用いる。（一八四頁（一八〇頁も同じ）・原文横書き、以下同じ）

このような使い分けが、話しことばにおける「って」と「と」の使用から確認できると、山口は主張する。例えば、次のような例があげられている（この例は、この後も続きがあり、野坂昭如によって自身のことばと中島らものことばが更に各一回引かれることになるが、長くなるので、はじめのところだけを引いておく）。

(153) 野坂：いや、そうじゃないでしょ。(a) 僕が山本周五郎賞のときに、「今のうちに中島らもに賞をやっておかないと、どこへ行っちゃうかわかんない」といったんで、(b) あなたが「どこへ行こうと勝手だろう!!」って怒ったんじゃないですか？　[中略・以下の引用の続きはここでは略]（中島らも『逢う』）　（一八四頁）

このような例を引いて、山口は次のように述べる。

> 都合4度の引用において野坂は一貫して自分の主張は「と」で引き、中島の主張は「って」で引用する。自分の意見とは異なる相手の言い分は、対立的に距離をおいて「って」で引用し、過去に発した発話ではあるが、相手との論争において譲る気のない自分の主張は「と」で引かれている。この場合、「と」と「って」がもたらす距離感の違いは1人称と2人称（非1人称）という人称上の対立とも一致している。（一八四～一八五頁）

そして、こうした観察をもとに、次のように主張するのである。

> この「って」と「と」の対立的使用は、これまで触れられることのなかった日本語独自の話法の区分を表しているのである。（一八六頁）

2―2　けれども、既に藤田（二〇一〇）でも指摘したとおり、このような見方に対しては、極めて容易に反例があがる。まず、先の拙稿であげた例を再掲しよう。

（1）―a　僕がかんべんしてくれって言ったのに、君はだめだと言ったじゃないか。

（1）―b　僕がかんべんしてくれと言ったのに、君はだめだって言ったじゃないか。

（1）―c　僕がかんべんしてくれと言ったのに、君はだめだと言ったじゃないか。

（1）―d　僕がかんべんしてくれって言ったのに、君はだめだって言ったじゃないか。

（1）―a～dは、いずれも異和感なく認められる例である。[2] そして、話し手（僕）の言ったことと、相手（君）の言ったことが対立的に問題にされる文脈であるから、山口の主張のようなことがあるなら、当然「僕」のことばは「と」で、他人である対者「君」のことばは「って」で引かれなければならないはずだが、実際には、どちらのことばを「って」で引き、もしくは「と」で引いても、何ら不自然なことにはならない。事実を虚心に見れば、山口の主張するような使い分けなどないと言うべきであろう。

今少し、実際の用例を見てみよう。

（2）　芳子は、成美の顔を見て同意を求めるように笑った。「いつか尋ねたことが、あるのよ。あんた、初めてのときは、いつだったんだって。わからない、って答えたわよ。小さい頃、姉妹の中では一番、不器量で、どういう事情か、親類にあずけられていたそうよ。そこの伯父さんの膝の上で、皺だらけの指でまさぐられたとき、ちゃんと、感じたそうよ。まだ学校に上がる前だっていうから、恐ろしい話よね。それから男と家を飛び出すまで、飼われたんだそうよ。伯父さんに、いろいろなコトを教えられながら。伯父さんを憎んでいるか、と聞いたら、ぜんぜん、と言ってたっけ。ようするに、根っから好きなのね。その伯父さんも華族の家柄で、代議士やってたっていうんだから、上流の人たちのやることって、わかんないわ」

（篠田節子「贋作師」）

（3）「あの女の口から、ありがとうの一言も聞いたことがないわ。ボーとしているのよ。何をしてやっても。一度、慧に、ばかなことはやめてこんな女を追い出して、前みたいにちゃんと絵を描けって言ってやったことがあるのよ。あの女の前でね。それでも雅代はボーと立ってるだけなの」

（同右）

（2）（3）は、ともにこの作品に登場する雅代という淫奔な女性について語っている会話である。このような例で恐縮ながら、まず（2）では、話し手の芳子が「いつか尋ねたことが、あるのよ。あんた、初めてのときは、いつだったんだって。わからない、って答えたわよ」と、「尋ねた」自分のことばも、それに答えた雅代のことばも、ともに「って」で引いている。「って」が山口の言うように、「他人のことばを他人のことばとして、自分のことばと対立的に引用する」ものであるなら、このように自分のことばを「って」で引くことなど、なされないはずである。また、もし自分のことばに対する「って」の使用を、自分のことばを他人のことばのように扱い、距離を置いてとり上げるような用法なのだと言ってみたところで、右の例の説明としては全く的はずれであろう。この例の場合、芳子はプライベートな秘事にかかわる事柄をわざわざ立ち入って聞いてやったということを生々しく告白しているわけで、その告白のことばが他人事のように示されているとは全然感じられない。また、（3）も同じく「って」で話し手のことばが引かれているが、この場合も「ばかなことはやめてこんな女を追い出して、前みたいにちゃんと絵を描け」という話し手のことばは、（「そんな女」等でなく）「こんな女」などという言い方にも十分臨場感があって、他人のことばのように扱っているなどという印象はもちろん感じられない。山口のような理解が、事実と合っていないものであることは、このような例でも納得できよう。

　また、山口は「引用されることばに引用者が関与する度合いが強い場合は、『と』を用いる」（一八五頁）とも主張している。ここでいう「関与」とは、引用する話し手がもとのことばを自分なりに理解・整理して示すようなことを言うようである[3]。しかし、だとすると（2）の「伯父さんを憎んでいるか、と聞いたら、ぜんぜん、と言ってたっけ」の部分で、相手の雅代のことば「ぜんぜん」を「と」で引くのは、いかにも不審である。この「ぜんぜん」ということばは、この形からも明らかなように、雅代の生のことばと見られるものであって、話し手の「関与」の所産とはとても見られない。実際にこのような場合にも「と」は十分用いられるのであるから、山口の右のような主張は当たらない。なお、山口は「『って』と『と』は、A対non-Aのかたちで対立的に使い分けられる。『って』が対話者〔藤田注・先に「他人」とある〕のことばを対話者のことばとして自分のことばとは対立的にとらえるのに対し、『と』はそうでない場合に用いられる」（一七九頁）とも述べており、「関与する度合い」云々はさほど重要なのでなく、つきつめれば、「って」と「と」は対立的かそうでないかの使い分けで考えるのだという趣旨かもしれない。しかし、だとしても、この「ぜんぜん、と言ってたっけ」は、「伯父さんを憎んでいるか」と思って尋ねた話し手にとっては、予想外の応答、いわば呆れた言い草なのであるから、とてもついていけないと突き放して対立的にとり上げるはずのことばである。なのに、これを「と」で引くということは、山口のいうような使い分けがあるなら、全くつじつまの合わないことである。逆に、「その伯父さんも華族の家柄で、代議士やってたっていうんだから」の部分の、「その伯父さんも……代議士やってた」は、引用者が「関与」していろいろ聞いたことをとりまとめたような整理された言い方であるのに、「と」でなく「他人のことばを他人のことばとして」引くはずの「って」が用いられているのも、やはり山口の説明と合わない。

更に例を追加しよう。次の（4）（5）は、講義の場面という設定での講義のことばであるが、多勢を相手に語りかけるもので、一種の会話体のことばであり、「って」と「と」がともに用いられているが、このような例での「って」と「と」の使われ方も、やはり山口の説明と齟齬するものである。

（4）……慢性的に、もう誰でもが使って使い古された、効果としてはたいへん鈍い、つまりフォルマリストならこれを『自動化された』と言うんだけれど、そんな日常言語を、ちょっとした、あるいは徹底した文学的な技巧でもって、異常なものに変えてしまうこと、これを『異化』っていうんです。

（筒井康隆「文学部唯野教授」）

（5）……ハイデガーはこれに対して『先生の言うように、あらゆる対象を純粋な意識に還元しようったって、できないものもあるでしょう。いろんなものが純粋意識だとか、先験的主観の中で構成されるっていうけど、その構成を行うのは人間じゃないですか。先生は存在するものだけを対象にせよとおっしゃるが、それを対象にして世界を構成する人間だって、やっぱり存在しているのですから、存在というのを、あたえられた対象だけに限るのは、やっぱ、ちょい、まずいんじゃないですかねえ』と言うの。たとえば『不安』という体験があるけど、これなんかフッサールのやりかたじゃ対象として扱えないわけ。だから、ハイデガーに言わせれば、不安なんてものがある以上は、世界を構成する方の人間があきらかに、事実上、存在している証拠じゃないかっていうの。

（同右）

（4）では、フォルマリストらの用語を順次同じように解説していくのだが、どうして『自動化された』は「と」で、『異化』は「って」なのか。少なくとも、「異化」の方だけ対立的にとり上げているなどというのは全くナンセンスであろう。（5）の方では、まず「ハイデガーはこれに対して『先生の言うように……まずいんじゃないですかねえ』と言うの」と「と」を使うのに対し、後の方では「だから、ハイデガーに言わせれば、不安なんてものがある以上は、……証拠じゃないかっていうの」と、こちらは「って」を使うのはなぜか。もちろん、ハイデガーのことばを引くといっても、それが日本語なのだから、どのみち話はフィクショナルなのだが、少なくとも『　』が付されていることを考えれば、前者の引用されたコトバはハイデガーのことばをそれとして提示するような書き方なのに対し、後者の引用されたコトバは要約的な内容であって、ハイデガーの言った趣旨をとりまとめたように解せる。なのに、山口によれば「他人のことばを他人のことばとして」引く「って」が後者に付けられ、同じく「引用者が関与する度合が強い場合」に用いられる「と」が前者に付されているのだから、全く話はつじつまが合わない。結局、山口のような解釈は、事実を正しくとらえていないのである。

2―3　念のため、もう少しこの問題を見ておきたい。山口は、「って」や「と」で切れる助詞止めの形を、引用表現の基本文型とすべきだと主張する。この主張については、次の第3項で検討するが、ともかくもまず引用助詞止めの文についての観察から、先のような使い分けを主張している。例えば、問い返し疑問文などの場合、「今日、十日戎だな」「えっ十日戎って」のように、相手のことばをそのままに受けて問い返す表現では「って」が用いられることなどが、先のような使い分けがあると考えるヒントになっているようである。そこで、そうした助詞止めの例を山口が本当に十分的確に分析できているのかどうか、一例をとり出して検討しておきたい。

例えば、山口は次のような例について、以下のように述べている（なお、（145）の下線部が本当に助詞止めの一文なのかどうか――むしろ、倒置された形で、直前の「ずいぶんいらいらしました」と一文をなすと見るべきと思うが、ここでは山口の考えにいったん従って下線部を一文として見ていく）。

(145)　しかしどれだけ待っても相変わらず救急車は来ません。ずいぶんいらいらしました。何でこんなに来ないのだろうと。今考えれば、救急車はみんな築地の方に行ってしまっていたのですね。遠くの方で救急車のサイレンが聞こえたりするのですが、こっちには来てくれません。間違えてほかのところに行っちゃったんじゃないかと、私ははらはらしました。

（村上春樹『アンダーグラウンド』）

「何でこんなに来ないのだろうって」と「って」止めにしてしまうと、今の語り手のことばと対置されるため、事件が起こった時に想起した思考であるという印象が強まる。つまり、オリジナルが持っている深刻さとひっ迫感が失われ、いくぶん他人事のような思考の提示になってしまう。他方、「と」によって当時の思考を引くことで、語りを行っている現時点でも考え込んでいるような、内省的な印象が生まれる。（中略）語り手は、悲惨な事件を過去の出来事として切り離すことができない。今も自分に深くかかわる心情を、「と」による引用によって、提示しているのだ。

（一八二頁）

山口は、あくまで「って」を他人のことばを対立的にとり上げるものとする解釈に固執し、(145)のような例でも、もし語り手の下線部のことばの「と」を「って」に代えたなら、「今の語り手のことばと対置される」という。つまり、自分のことばを今の自分とは違う者（いわば他人）のことば扱いすることになると主張する。それで、「オリジナルが持っている深刻さとひっ迫感が失われ、いくぶん他人事のような思考の提示になってしまう」と説明する。

しかし、筆者には、このような説明は全く当たらないもので、自然な語感に反するように思えた。だが、筆者の印象をそのまま述べても水かけ論になろうから、一般の人の語感を確認してみた。筆者の出講する大学での講義(4)の際に、「ご意見を下さい」と題して、(145)を（A）とし、「と」を「って」に代えた(145′)を（B）として提示して、受講生（20才くらいの女子大学生13人）に読んでもらった。

（145′）しかしどれだけ待っても相変わらず救急車は来ません。ずいぶんいらいらしました。何でこんなに来ないのだろうって。今考えれば、救急車はみんな築地の方に行ってしまっていたのですね。遠くの方で救急車のサイレンが聞こえたりするのですが、こっちには来てくれません。間違えてほかのところに行っちゃったんじゃないかと、私ははらはらしました。

そして、「《問》（A）（B）の二つの文は、一か所だけ違いがあります（「と」と「って」のところ）。このように違うと、どのように意味・ニュアンス（表現する人の気持ち・意識）が違って感じられますか。感じたことを書いて下さい」として、各人の印象などを書いてもらった。回答時間は10分程度である。

結果としてもっぱら出てきたのは、（B）（つまり（145′））の方がリアルで語りかけているような印象があるといったコメントである。二、三掲げておく。

「（B）は（A）に比べて読者に語りかけているような感じがします。（B）の方が引き込まれます」

「（A）は若干冷静なイメージ。（B）の方が『いらいら』がリアルに伝わる」

「（B）の方が（A）より『いらいら』の感じが伝わる気がします。表現する人の気持ちの勢いも（B）の方があるような気がします」

この程度の確認でもよくわかるが、（145′）のように「って」を用いても「他人事のよう」にも感じられないし、「ひっ迫感が失われ」るなどということもない。むしろリアルだという声が多いのである。ちなみに、回答を回収後、実はこのような説明をする人がいると、上記の山口の説明を読み上げたところ、一様に不審そうな表情になり、「逆や！」という声をもらす学生もいた。ごく普通の人の読みからしても、山口のような見方はおかしいのである。要するに、自分の主張する使い分けの解釈にとらわれて、事実を正しく見ようとしていないということであろう。

しかも、助詞止め文についてリアルタイムに自分のことばを「って」でとり上げる（従って、もはや過去の自分のこととして説明できない）用法があることにも、山口自身は既に気づいている。例えば、次の（6）（7）のように「躊躇する相手にある内容を請け合うことで励ます発話」（一八〇頁）は、自分のことばをリアルタイムに「って」でとり上げるものである。

（6）大丈夫だって。

（7）何とかなるって。

こうした例を指摘されて、山口は、これは「聞き手に一定の命題（この場合、『大丈夫だ』『何とかなる』）を植えつけたい」（同）ものであるから、他人（従って、聞き手）のことばのようにとり上げる「って」を使うのだと論じる。自身の解釈に固執すれば、このようなことでも言うしかあるまいが、こうした励ましは、相手に納得させるべく相手の気持ちをも十分慮りつつなされるもので、「自分の考えを植えつけ」るものではあるまい。

更に、山口は次のような例があることにも言及はしている（これは、山口（二〇〇九）の第1章であげられた例の一部である。（8）として抄出する）

（8）……

B1：ハイハイ。持っていく。持っていく。

A2：そんなこと言って、この前もずぶ濡れになったでしょ。

B2：だから、持っていくって。（以下略）

こうした例の存在については、「さらに、1章の冒頭に挙げた例（『だから、持っていくって』）も、自分のことばを『って』止めで繰り返す。『と』止めでは不自然である。たしかに言った、言い放った、という印象が『って』止めに込められるのかもしれない」（同）と述べるだけで、なぜ「他人のことばを他人のことばとして対立的に」

とり上げると山口が主張する「って」がこのような形で自分のことばに使われているのか、何らの説明もなされていない（「言い放」つのは自分なのだから、もちろん「対立的」などということとは無関係である）。さすがに強引な説明さえできなかったのだろうか、このように山口の「って」の使い方には、説明のできない反例が残るのであり、それを自身も知っているわけである。にもかかわらず、自らの固執する解釈を「これまで触れられることのなかった日本語独自の話法の区分」だなどと振りかざすことは、いかがかと思う。

言わずもがなのことかもしれないが、山口は山口（二〇〇九）の1章で「予断があれば、見たいものを見てしまう。……ややもすれば、見たいものしか目に映らなくなる」（一〇頁）というような教訓を述べている。誠にもっともなことである。しかし、この教訓をまず十分に嚙みしめるべきは、実は論者自身だったのではないか。

2―4　この問題についての批判としては、以上で十分かとは思うが、併せてこの「って」と「と」の相違についての筆者の見方を記しておく。筆者の見方などというより、ある程度常識的な範囲での解釈・説明ということになろうが、実際これでいろいろなことは説明できると思う。

まず、「って」の用法は広いが、わかり易い例を示す。

（9）―a　あなたの研究している中世歌謡は、研究の難しい分野だ。

（9）―b　?あなたの研究している中世歌謡って、研究の難しい分野だ。

（9）―c　あなたの研究している中世歌謡って、研究の難しい分野だね。

「って」は、提題的にも用いられるが、aのような一般的な記述の「は」を「って」に代えてbのようにすると、不自然である。しかし、文末に「ね」のような終助詞を加えて、全文を他者への語りかけ（働きかけ）の気持ち――対他的な表出的ムードが顕在化した形にすると異和感はなくなる。これは、次のような事実と並行的な事柄だろうと思われる。

（9）―d ?あなたの研究している中世歌謡はさ、研究の難しい分野だ。
（9）―e　あなたの研究している中世歌謡はさ、研究の難しい分野だね。

dのように文中に唐突に対他的ムードを担う形式があらわれると、必ずしも対他的な働きかけの性格を際だたせない一般的な記述の文においては異和感が生じるが、eのように文末にもそうした終助詞があらわれ、全文が対他的な表出性を顕わにした場合は、文中の対他的ムードの形式も異和感なく一文の中に収まるのである。（9）―bと（9）―cの相違は、この（9）―dと（9）―eの相違と同様のことかと思われる。すなわち、「って」は単に関係構成の（もしくは、構造を形作る）助詞として働くばかりでなく、対他的な表出的ムード、平たく言えば、対者への働きかけの気持ち（注意喚起・念押しといった類いの気持ち）をも担う形式なのだと考えることができる。一方、それとの対比でいえば、「と」はそのような「気持ち」という点でいえば、いわば無色透明とでもいうべきものなのであろう。

このように見れば、引用助詞「って」と「と」の使い分けとは、ことばを引くとともに、相手に対して働きかける気持ちを顕在的に加えるか、その点を無色透明にするかといったことだといえる。この程度のことで、実際いろいろなことは矛盾なく説明可能である。問い返し疑問でもっぱら「って」が文末に付されるのは、相手に確認したり念押ししたり反駁する気持ちが「って」に託されるからである。一方、自分（もしくは他人）のことばを独白に近くくり返す際に「と」が出てくるのも、「と」は「って」のような対他性という点で無色透明なのだから当然だろう。また、先の（6）の「大丈夫だって」などの励しも、相手に働きかけるのだから「って」なのであり、（8）の「だから、持っていくって」も、〝チャントワカッテイル、先ニソウ言ッテイルジャナイカ〟といった気持ちで、先行の発話をくり返し、それについて相手に注意喚起するような言い方なので「って」である。更に、例えば**2―2**で見た（4）で、フォルマリストらの用語の説明の際、まず「『自動化された』と言うんだけども」と「と」が使われ、後の方で「『異化』って言うんです」と「って」が使われた事例も、後の方では対比して注意喚起する気持ちが加わったと見れば理解できる。また、山口自身があげている最初の野坂昭如の発言についても、相手のことばを一貫して「って」で引き、自分のことばは「と」で引くといったことになるのは、話が以前にあったことをめぐっての言い争い的なやりとりなので、相手のことばを〝オマエハコウ言ッタジャナイカ〟との思いで注意喚起しつつとり上げるから「って」が用いられるのだと考えて十分である。

以上のように、「って」が対他的な表出性をもつと見ることで、事柄は十二分に説明できる。また、これは(145)の例文をめぐって「って」と「と」についての一般の語感を確認した際の「読者に語りかけている」というような印象があるとのコメントとも符合するものであり、一般の素直な語感とも十分合致したとらえ方といえる。

更にまた、「って」が書きことばではふつう用いられないということも、以上のような見方で十分説明できる。すなわち不特定多数の読み手に向けて一般的に記述される書きことばでは、特定の対者に向けての働きかけの気持ちなどは出てくるべきものでないため、「って」は用いられず、その点で無色透明な「と」がもっぱら用いられるということである。山口は、「文語で『と』と『って』の対立が失われることは、今後の重要な課題になるだろうと思う」(二八六頁)と記しているが、「って」の表現性をきちんとおさえれば、そのようなことは自ずと説明可能である。

以上、山口(二〇〇九)で日本語の話法の重要な区別だとして主張される「と」と「って」の使い分けについての解釈は事実に合わないものであり、より整合的で自然な説明が可能であることを示した。「って」と「と」の区別についてのそうした山口の主張は、日本語の引用についてのこの書物の所説の核となる考え方である以上、筆者は、日本語の引用・話法の研究としてこの書物を全く評価できない。

3　引用表現の基本文型についての考え方

3―1　山口（二〇〇九）では、引用表現の「基本文型」について、「〜と言う／思う」のような引用句「〜と（／って）」が述語と結びつく構造の引用構文ではなく、「〜って。」「〜と。」というような助詞止め文を基本として考えるべきだと主張されている。

この点、筆者にはおよそ理解し難いようなおかしな所論が展開されていると言わざるを得ないが、この節では、そのあたりについて検討したい。

山口が「〜って。」「〜と。」のような引用助詞止めの「文」を引用表現の研究の基本に据えるべきだと主張する前提には、「〜って。」や「〜と。」のような助詞止めの単純な形式の方がまず先にあった、そして今まで使われてきている基本的なものであり、「〜と（／って）言う／思う」などのようなより複雑な構造のものは、より単純な助詞止め形式をもとに後から発達したものであるというような臆断がある。例えば、山口は次のように述べている。

……特段の理由がない限り、単純な構造をした形式が基本構造であり、複雑な形式はコンテクストの要請や機能上の必要に応じて、あとから発達したものと考えられる。単純な構造が自然にふるまうコンテクストが今も失われていないのなら、そして、基本的な伝達状況である対話のコンテクストにおいて単純な構造が普通に用いられているのなら、その構造を典型としたほうがよいと私は考える。（一四四〜一四五頁）

また、より詳しくは次のようにも述べている。

「って」止め、および主語先行型（SQPV）や引用句先行型（QSPV）と並べてみると、引用句と述語の統合度が（106ａ）から（106ｄ）へと次第に強まることが見て取れる。

（106）　ａ　やっぱり、つまらないものは捨てなさいって。だから、もったいないな、とは思ったんだけどね…。

b　母が言うんだよ。つまらないものは捨てなさいって。
c　つまらないものは捨てなさいって母が言うんだよ。
d　母がね、つまらないものは捨てなさいって言うんだよ。

引用句で引かれていることばは、基本的に他人のことばである。（106ａ）の「って」止めの発言は、自分のことばとその他人のことばを統語的に結びづ《(ママ)》けるわけではない。「って」によって他人のことばを自分のディスコースに取り込むのみである。一方、（106ｂ）には、他人のことばと述語の統語的関連がわずかながらも見られる。（106ｂ）の述語（「言うんだよ」）と「って」で引かれた引用句とのつながりは、次の（107）において質問と答えからなる隣接ペア（adjacency pair）が形式上は前後という単純な隣接関係によって結びつけられるのとよく似ている。

（107）　A：お母さんなんて言ったの？
　　　　B：つまらないものは捨てなさいって。

そして、（106ｃ）（106ｄ）では、「って」で引かれた他人のことばと述語との結合度は高まり、ひとつの文として統語的に組み込まれる。節の結びつきの強度から推し量るなら、（106ｄ）のような「典型的引用構文」は、（106ａ）から（106ｃ）のような順序を経て、構文化されたのではないかと思う。　（一四八〜一四九頁）

上に引いたように、山口は（106）ａからｄへと引用句と述語との統合度が強まると述べているが、（106）ａはそもそも述語が見当たらないのだから論外だし、（106）ｂは一般には「倒置」と扱われるパタンで、（一文を見るにせよ二文とするにせよ）述語と引用句の結びつきをわざわざいったん切る形で作られたものと解せられる。つまり、むしろ（106）ｃｄあたりからの派生と見ることができ、（106）ｃｄより前の段階とすることにそもそも問題があろう。また（106）cとdを並べて前者より後者の方が統合度が高いなどというのも、「ネズミをネコがとる」に比べて「ネコがネズミをとる」の方が「ネズミを」が「とる」と強く結びついていると主張するようなもので、表層レベルで係り成分の語順がかなり自由な日本語について、その構造を表層レベルの語順の違いで論じても当たらないように思える。(5) つまり、山口のような段階を考えることがそもそも妥当ではないと思えるのだが、ともかくも山口は（106）a〜dのような段階が考えられるとし、そして、「〜と（／って）言う／思う」のような「典型的引用構文」は、そのような順序で発達し成立したものだと論ずる。正直なところこれには驚くが、山口は更にこの主張を断定的にくり返す。

……構造がもっとも複雑な形式を日本語話法の典型とするよりも、より単純な「って」や「と」で終わる助詞止め型の形式を基本に据えるほうが、日本語話法の広がりを俯瞰するのに都合がよい。主語先行型や引用句先行型は、「と」止め「って」止めの形式に述語が結びついたものであるし、また、提題型も「って」止めや「と」止め（＋「は」）の形式にコメントが付されたものである。（一五三頁）

そして、注意すべきは、そのような臆断が引用助詞止めの形式を引用表現の基本とすべきだとする主張を直接支えるということになっている点である。

3―2　しかし、筆者が到底理解できないのは、引用助詞止めの形式がまず先にあって、今まで用いられてきたものでもあり、「〜と言う／思う」などのより複雑なパタンはそれをもとに後で発達したなどということを、何の根拠があって言うのかということである。そのような構造発達の筋道を主張するのなら、それが日本語史的にはたして裏づけられることなのか。その点を確認せずにこのようなことを主張しても、それは単なる〝当て推量〟にすぎないのであるが、そのあたりの検証は全くなされていないようである。そして、簡単に見てみただけでも、日本語史的な事実はこのような〝当て推量〟を否とする方向を指し示す。

試みに『万葉集総索引』に拠って見てみると、「万葉集」では引用助詞「と」といえるものは七六六例見出せるが、その使われ方を見ると、句末に「と」が来て切れる例は、わずかに四例が目につくだけである。しかも、そのうち、

(10)　天の川川の瀬ごとに幣奉《ぬさまつ》るこころは君を幸く来ませと　(二〇六九)

(11)　……たはごとや人の言ひつるわが心筑紫の山のもみぢ葉の散り過ぎにきと君が正香《まさか》を　(三三三三)

(12)　漁《あさり》する海人の児どもと人はいへど見るに知らえぬ良人の子と　(八五三)

(10)は「……こころは～と(ナリ)」という「なり」の省略形であり、「～と」の部分は、〃AハBナリ〃の構造の文の一部に入るものであって、独立した「と」止めの「文」などではない。また、(11)(12)も一般に「倒置」とされるパタンであり、「と」止めの確例にはならない[6]。結局倒置等でない単なる「と」止めといえそうなのは、次の「……葦蟹を大君召すと」(葦蟹ヲミカドガゴ用ダト(オッシャル))という句一句だけだが、これも、むしろ歌謡としての五七調のリズムから「いふ」等の述語がはしょられたと解するのが穏当であろう。

(13)　おし照るや難波の小江に廬《いほ》作り隠《なま》りて居る葦蟹を大君召すと何せむに吾を召すらめや　(三八八六)

以上のとおり、「と」で切れる形と見られる若干の例も、いずれもそうでないパタンからの派生として構造的・修辞的に説明できる。

更に中古になると「～とや」「～とぞ」「～となん」のような助詞止めの形式に近いものも目につくようになるが、

(14)　二条のきさきに、しのびてまゐりけるを、世のきこえありければ、せうとたちのまもらせたまひけるとぞ。

(「伊勢物語」第五段)

こうした形式も、どこかにあったコトバを引いた引用の言い方というより、むしろ、このように語り手がいう情報源が他にあるということを示す文末形式のように解せられる。少なくとも、このようなパタンをもとに引用構文が

生まれるなどということは考えられない。

簡単に歴史的事実を確認しただけでも、山口の考えるような〝発達〟があった可能性は乏しいものと言わざるをえない。何にせよ、何ら確認もなしに臆測で断定したところで、それは研究とはいえない。

更に言えば、山口は言語形式の変容をより単純なものがより複雑なものとなっていく一方向ばかりで考えているようであるが、逆により複雑な形式が解体してより単純な形式を生じることもごくふつうにあり得ることである。例えば、

(15)　そうかもね。

の「かも」のような文末の言い方は、今日口頭でごくふつうに用いられるが、これはもちろん「かもしれない」から派生した形式である。「かもしれない」より「かも」が単純であるから「かもしれない」は「かも」から発達したのだなどということは、むろんナンセンスだが、山口が助詞止め形式を引用表現の基本に据えるべきだと主張することは、実はこのような論法と同じことだと思える。

3—3　今一つ、これも当たり前のことだが、引用助詞「と」は指示副詞「と」から生まれたとするのが定説である。指示副詞「と」は、文献が残され用例を見ることができるようになった段階で、既にかなり衰えており、同じく指示副詞である「かく」と並べて用いられるのがふつうになっていたが、もともと〝ソウ、コウ〟といった意で、これが、引用されるコトバを提示し、それを指して承け直して以下の述語につなぐというパタンで用いられる中で、「〜と言う／思う」のような引用構文が形成されたと見るのが一般的な考え方である。辞典レベルの記述でも、例えば『時代別国語大辞典　上代編』の指示副詞「と」の項には、次のような【考】が記されている。

【考】もともとは遠称または中称の指示語の文脈指示に固定化したものと思われ、引用の助詞のトはこれから成立したものであろう。　（『時代別国語大辞典　上代編』四八七頁）

引用助詞の成立は、このように考えるより適切な考え方はなかろうと思うが、「ト」がもともと指示副詞に由来するのなら、副詞とは用言に係る語であるから、これがまず最初に助詞止めのような形式をいきなり形成するなどということは考えられない。また、それが「～と言う／思う」のような引用構文にやがて発達していくというような筋道もおよそ考え難い。むしろ、「～と言う／思う」のような引用構文のパタンが生じ、次いでそれが解体することで助詞止めのパタンが生まれると考えるのが、理にかなっている。

以上、引用助詞止めの形式がまず成立し、今日まで使われてきたものだというような山口の臆断は、目下知られる当たり前のことを総合しただけでも、およそ成り立たないものであるということを論じた。そして、助詞止めが成り立ちからしても基本だといった見方を背景に、助詞止め形式を引用表現の基本文型とするなどという考え方は、およそ根拠のないことであると筆者は考える。

筆者はもとより引用構文を中心に置いて日本語の引用表現を考えるので、助詞止め形式は、基本の引用構文から派生したものであり、それはそれで各論的に論じればよかろうが、日本語の引用表現の研究として原理的に中心に据えるべき事柄とは考えていない。山口が、彼の言う「エコー発話」（問い返し疑問等）などをクローズアップして独自色を出したい気持ちはよくわかるが、それはそれできちんと分析すればよいことであっても、それをこそ中心に持ち出そうなどという扱いは、言語事実の位置づけとしては的はずれだと思う。百歩譲って、山口の言う「談話分析」が目の前の形にあくまで即してそれを整理するということであり、そのためによく出てくる助詞止めパタンをもっぱら中心に見るというのなら、それは分析の一つの便宜であろう。しかし、それはあくまで便宜の問題であって、表面的な事実をこえた本質をとらえたものの見方ということにはなるまい。

４　日本語の引用が〝しなやか〟なのか

４―１　山口（二〇〇九）の題名にもあるが、山口は日本語の引用表現を「しなやかな引用」と性格づける。すなわち、言わんとするところは、

①　日本語の引用表現の場合、引用されたコトバを表現の中にとり込むとり込み方のパタン（連接パタン）がさまざまある。

②　また、引用助詞や引用助詞を補助する表現（＋αの方法）、引用助詞によらない引用形式（etc. の方法）も多様である。

従って、日本語は引用されたコトバをさまざまな細やかなニュアンスを添えるなどして柔軟（＝しなやか）にとり込める言語であるというわけである。

けれども、拠り所となっている事実認識を確認してみると、筆者には、このような主張は概して事柄の位置づけを見誤ったものとしか思われない。この項では、この点について論じたい。

４―２　まず、日本語では引用されたコトバをとり込む連接パタンが多様であるとの主張であるが、どのように多様と考えているのかは、山口（二〇〇九）一五三頁に［表７：日英口語における引用句との連接パタン比較表］として、日英語それぞれのパタンが列記されているので、確認できる。しかし、首をかしげざるをえないのは、日本語の項で「～と言う／思う」のような引用句と述語が相関するタイプを「述語型」とするが、これについて「述語先行型」だの「引用句先行型」だの「主語先行型」だのといったパタンを区別することで、つまり、「誠が言ったよ、おはようと」のようなパタンと「おはようと誠が言った」のようなパタンと「誠がおはようと言った」のようなパタンがそれぞれ別のものとしてあり（前二者については、（表層的な）「主語あり」「主語なし」といった場合

まで別パタンとして下位区分する)、このようないろいろな連接パタンを持っているから日本語の引用は柔軟なのだというのである。しかし、このような係り成分の語順の多様性——係り成分がいわゆる「倒置」になったり、前や後にくるといったことは、別に引用句の連接パタンだけの問題ではない。例えばヲ格目的語を例にすると、「ネコがどったよ、ネズミを」「ネズミをネコがとった」「ネコがネズミをとった」のように、そのような語順の多様性は、さまざまな係り成分に広く認められることである。表層的に多様なものがあることを〝しなやか〟だというなら、〝しなやか〟なのは、引用に限ったことではなく、係り成分となる文構成要素は概して〝しなやか〟だといえよう。例えば、「ネズミをネコが……」の例から同様に言えば、日本語では目的語の措定は極めて〝しなやか〟だということになってしまう。そのようなことをバラバラに言っても事柄の本質が見えなくなるだけだから、そうした事実を〝しなやか〟と言いたいのなら、それは日本語の係り成分一般について言うべきことであり、それをあたかも日本語の引用の特徴のように限定的に言うのは、事柄の位置づけを誤っていると思える。

4—3　更に、引用助詞を補助する表現（＋αの方法）が多様だという主張も的確ではない。確かに引用助詞に副助詞等を結合させ、さまざまなニュアンスを添えることは可能である。

(16)—a　友子は、「そうします」とさえ／すら／まで言った。

しかし、これも別段引用助詞による引用句だけの話ではない。他の格成分などにも副助詞類は添えられ、多様なニュアンスを加える。

(16)—b　友子は、ＴＤＬにさえ／すら／まで行った。

何も引用に限った特質ではなく、格成分などの係り成分に広くあてはまることである。これを以て日本語の引用を〝しなやか〟だというのなら、同様に日本語の行き先表示も〝しなやか〟だということになるが、そんなことをいちいち言ってもナンセンスであって、事柄は端的に言うなら、日本語では係り成分に添えてさまざまなニュアンスを表示できる副助詞という表現手段があるといったことで、それを引用についてだけ殊更強調していうような論じ様《よう》は当を得たものとはいえない。

また、引用助詞によらない引用表現（etc. の方法）もいろいろ可能だとして、例えば「『ねえ』を添えて問い返す」次のような言い方などが指摘される（(17) は、同書（120）の抄出）。

(17)「散りぎわがきれいだとは思わない？」
「散りぎわねえ。なんだかいやだなあ、私は」

しかし、これは「問い返」しているわけではなく、その場面で話題になる事柄について話し手が必ずしも受け入れられない点をとり上げて注意喚起するといった「ねえ」の用法である。「散りぎわがきれい。なんだかいやだなあ……」でも不自然ではないが、話し手の〝受け入れられない〟気持ちを示すべく更に「ねえ」が添えられたのである。そして、こうした用法は、必ずしも引用（ことばの繰り返し）ばかりについて見られるわけではない。

(18)「春先からは、どうしても学生の欠席が増えてしまうよ」
「ううん、就活ねえ。困ったもんだな、授業にならない」

要するに事柄は、日本語には「ねえ」のようなさまざまなニュアンスを添える終助詞のような形式が豊かであり、それが引用（ことばのくり返し用法）にも添えられることがあるということである。引用に限定してそのための「方法」のように言うことは、的確なとらえ方ではなかろう。

概してこのようなことであり、筆者には山口のいうような性格づけが当を得たものとは思えない。

5　結　び

5―1　述べておくべきことはおおよそ述べたので、山口（二〇〇九）についての所見にそろそろいったんのまとめをつけたい。

山口は、同章第5章でしきりに拙論を引き合いに出して云々する。最もはっきりした形では、同書二四九頁で鎌田修の所説も加えて、［表10：ＦＫＹ3者対照表］なる表が掲げられるが、山口の取り扱い方がよくうかがわれるので、この表について見てみる（鎌田説に関してはふれない）。

この表の最も大きなスペースを占める「分類の視点」の欄を見ると、「藤田」の項では、「ヨコの引用論／・直接話法、間接話法／・話し手投写／タテの引用論／・引用のシンタクス／・『格』の論」というような項目名が列記される一方、「山口」の項には「受容の側面／・対立的視点の有無（「と」と「って」の対立）／・＋αの方法／・直接的話法、間接的話法／連接の側面／・「と」「って」を軸とする豊富な連接パタン／・etc. の方法」などという項目が列記されている。

確かに山口が同書で問題にしたことは、せいぜいこういった項目や助詞止め文を基本文型とするといったことであろうが、看過できないのは、筆者の項では筆者の重視するいくつもの項目――例えば、イコン・インデクス・シンボルという記号の類型、モノとしてのコトバの引用と行為・出来事としてのコトバの引用の区別等々の重要な考え方が削られている点である。これは要するに、山口の側に対照できるような内容が何もないからであろう。また、「ヨコの引用論」という項の下位項目として「話し手投写」という項目名があげられているが、「タテの引用論／ヨコの引用論」とは統語論にかかわる区別であり、「話し手投写」は語用論の問題であるから、こうした書き方は明らかな理解の誤りである。それに、このことでも明らかなように、筆者の所論には相応の内容の語用論的分析がちゃんとある。にもかかわらず、同書の「研究分野」の欄には、山口は自らを「語用論・談話分析」とするのに対し、筆者は「統語論・意味論」とだけして、あたかも語用論的分析など何もやっていないように記している。このように、自分の扱った程度のこととひき比べやすいように拙論を矮小化し、歪めて示されたのでは、たまったものではない。[7][8]

しかも、このような項目名ばかりの対照にはたして意味があるのか、疑問である。大切なのは、「名」より「実」であろう。そのような目で見ていけば、山口の言う「対立的視点の有無」などということは事実に合わない的はずれな解釈であったし、助詞止め形式を基本文型にするという主張も根拠のないことであった。また、「豊富な連接パタン」「＋αの方法」等ということも、事柄の位置づけが不的確で、概してより一般的なことを限定的に問題にしただけである。その他、「直接的話法、間接的話法」のような事柄についても、従来の方向性を踏襲した程度のことである。要するに、意味のある考察・分析は語られていないのである。それに対し、恐縮ながら筆者は、表の筆者の項にあげられた項目に限っても一つ一つ掘り下げた考察を示してきたつもりだし、事実それは相応に評価もされてきた。そのような実質の方をよく見ることもなしに、安易に項目名のみを突き合わせるような対照をしたところで意味のあることではなかろうし、かえってそれぞれの本当の姿を見えないものにしてしまうだろうと思うのである。

5—2　以上、近年出された山口（二〇〇九）について私見を記した。[9]

引用研究の深化のためにも、新たな研究の展開の方向を探ることは大切である。けれども、そうした研究が、種々の批判も受けつつ深まり成熟していく時間がやはり必要であろうと感じる。現今の引用研究を見るに、そうした時を待つことなくそれらが性急に書物として刊行されるという一部の出版事情、また日本語研究者の中にもそうした風潮を後押しする人々の見られることは、残念に思える。

注

（1）　山口と筆者では「話法」等の用語の意味するところが異なる部分も大きい（山口のいう「話法」は形式面のことをいう

度合いが大きい）が、この節では、そうした違いはいちいち断らず、山口（二〇〇九）を引いた部分以外は、もっぱら筆者の用語法で記す。

（2）この（1）―a～dの例の適格性については、以前にも藤田（二〇一〇）で確認したが、今回も筆者の出講した大阪教育大学での二〇一〇年度後期の「日本の言語B」の講義の際（出席者19名）に改めて確認した。すなわち、（1）―a～dを板書して、どれでも何か不自然さを感じたら挙手するよう求め、一つ一つ確認したが、不自然とする声はなかった。

（3）山口（二〇〇九）一七八頁参照。

（4）二〇一〇年度後期の同志社女子大学における「日本語学テーマ研究F」の講義。

（5）なお、これと関連して山口が山口（二〇〇九）一四三～一四四頁で拙論を引いて云々していることは誤読であり、同書⑽⑹cdのような文とそれとは構造の異なる文とを混同した議論である。

（6）⑾の「わが心～散り過ぎにきと」は、直前の「たはごとや人の言ひつる」（バカナコトヲ人ガイッテイルノカ）に係って言っている内容を示す引用句が倒置した形と見られる。「わが心筑紫の山のもみぢ葉の散り過ぎにき」は、愛する人が死んだということを言う比喩で、「君が正香を」（他ナラヌアナタ自身ノコトニツイテ）という語句が、重ねて（やはり倒置で）添えられていることからもうかがわれるように、とても受け入れがたいという強い思いを示すべく倒置の形がとられていると考えられる。また⑿は、人は〝身分ノ低イ子〟というが、一見して〝良家ノ子〟とわかると対比強調していうためにこのような形がとられていると見るべきものである。引用の「と」の例は数多くあるのに、このような形はごく少数で、しかも特に表現効果を考えての表現だとすれば、引用句と述部が結びつく大多数の形が基本で、そこから特にこうした形が派生されたものと見るのが自然だろう。

（7）山口（二〇〇九）の記述について、次の点についても付言しておく。山口は、先にも言及した「FKY3者対照表」の「研究対象」の欄で、自らの項には「話しことば／書きことば」と記しているのに対して、筆者の項には「書きことば」としているが、これも不当である。筆者は、その論著において、確かに小説や新聞などからの用例を多く利用しているが、別段書きことばを研究しているわけではない。そうしたものを手掛かりに、書きことばにも話しことばにも限定されない一般的な日本語の文法――書きことばにも話しことばにも通底する日本語一般の文法を考察しているのである。

従来、日本語文法の研究は、そのような方向を志向してきた。例えば、寺村秀夫は、当人が「私は用例主義ですから」（直話）と明言していたとおり、もっぱら小説等からの数多くの用例をその論文に掲げているが、寺村の文法研究を書きことばの研究と位置づけるような評価は聞いたことがない。もちろん、寺村も書かれた日本語を手掛かりとして一般的な日本語の文法を記述しようとしていたということである。

近年、談話資料を活用し、「話しことば」に特に焦点をあてる研究も増えてきた。山口（二〇〇九）も、そうした方向性を強調したものであるが、だからといって、資料として「話しことば」に注目する自らの研究と比較しやすいように、主たる資料のみで筆者の研究を「書きことば」の研究だと決めつけられても、迷惑である。今少し、先行研究の志向するところをきちんと読んでいただきたいものである。

（8）今一つ苦言を呈しておきたい。話法に関して、山口は、次のように拙論をひいて批判する。

> 「山崎氏は、私が正しいと言った」のような例で二つの読みの可能性があったということは、とりもなおさず直接話法読みと間接話法読みの二つの読みができるということであった。二つの相違［藤田注・山口が「相異」を書き誤ったもの］なる読み方として区別できるのだから、日本語には直接話法と間接話法の別にあたる言語事実はまさしく存在するわけである。（藤田2000［注・本書の藤田（二〇〇〇ａ）］：148）
>
> たしかに「山崎氏は、私が正しいと言った」には、ふたつの読みが存在する。ここでの読みの違いは、煎じ詰めれば「私」が引用者を指すのか被引用者を指すのかの違いである。しかし、直示表現のこのようなあいまいさは、ふたつの発話の場がかかわる引用にとって必然である。とすれば、すべての言語でふたつの読みが存在するだろうから、すべての言語で直接話法と間接話法の区別があるということになってしまう。はたしてそれでよいのだろうか。
>
> （一八九〜一九〇頁）

だが、このような論じ様は、誠に不快なものと言わざるをえない。これでは、筆者が、「山崎氏は、……」のような文に二つの読みがあることだけで話法の区別の存在を主張するかのようである。しかし、筆者の主張のポイントは、こうした二様の〝読み〟が、表出的なムードの有無と連動するものであり、そうした文法的な規則性として記述できるものとして、話法の別を考えるということである。実際、拙著では、右の引用箇所にすぐ続いて「しかも、こうした別は、単に区別の可能性としていつも両様にある（つまり、あいまい性・任意のものとしてある）わけではない」として、右に記したような趣旨が論じられている。読み落とすようなところではない。しかるに、山口は、拙論のポイントとなる趣旨の方は引くことなく、不十分な形で拙論の一部を提示する。そして、〝直示表現のあいまいさ〟ということだけで筆者が話法の別を主張しているかの如く批判する。これは、拙論を不当に歪めるもので、到底容認しがたい。この点は、ここではっきり記しておきたい。

（9）山口（二〇〇九）に対しては『日本語の研究』第七巻二号に、鎌田修の書評がある（以下、鎌田（二〇一一））ので、それについてもいささかふれておく。

書評とはいえ、日本語の問題に関わる第3章についての鎌田（二〇一一）の記述は、ほとんど内容事項の要約にとどまり、山口の主要な主張についても、それを順次あげていくだけで、特段の検証や論評もない（なお、第4・5章については「残念ながら与えられた紙数では言及できない」（六〇頁）として、ふれていない）。

だが、既に藤田（二〇一〇）において、「って」が対立的視点での引用の際に用いられるという主張については、はっきり否定する分析が示されているのに、そういった先行研究に全くふれないのは不審である。いつものことながら、どうやら見ていないらしい（でなければ、山口説の根幹に関わる点での批判を看過して同書の書評など書けないはずである）が、当該の研究についての現状をおさえないでは当該研究を正しく評価することなどおぼつかないであろう。

さて、鎌田（二〇一一）の「総評」で、鎌田は、山口（二〇〇九）について「対話と語りの会話データを正面からじっくりと眺め、そこから分析を始めた点」（六〇頁）を「最大の成果」と評し、次のように述べる。

引用がコミュニケーションの大事な手段の一つであることを考えれば当然のことだが、とかく「文法規則」「構文」云々と言いはじめると書き言葉、あるいは内省的データの分析が優先され、本来の目的が忘れられてしまう。その意味で本書が引用研究を本来あるべき姿に戻したことは大きな貢献である。（六〇頁）

しかし、会話データの分析からはじめたところで、その分析結果が言語事実を正しくとらえるものでなければ、言語の研究として評価することは出来ない。その点を検証した上で、筆者は右の通り山口（二〇〇九）を否定的に評したのであるが、そのあたりの検証も欠き、更に先行の指摘があることさえ見ずに、〝会話データを扱ったから立派だ〟というような安易な評言を記しているのでは、率直に言って書評として無内容というべきであろう。

　更に、鎌田は「本来の目的が忘れられてしまう」「本来あるべき姿」などとくり返す。以下の文脈からすると、どうも引用研究の目的は「談話分析的手法」でそれを考察するところにあり、「談話分析的手法」に拠るのが引用研究の「本来あるべき姿」だとでも言いたいようであるが、誠に偏った考え方であり、引用研究は統語論の問題でもあるし、事実本書で見てきたとおり、日本語における引用研究はもっぱら統語論としての研究を中心に展開してきた。「談話分析的手法」を重視したいという自らの価値判断を振り回すのは勝手だが、研究の歴史を無視するような断定は慎むべきであろう。そして、「文法規則」「構文」云々か談話分析かといった二者択一的な発想はおかしなことで、両者が補い合って言語研究・引用研究は進展するものだと筆者は考える（ただ、問題となっている事柄がどの領域で扱われるべきことかという位置づけをきちんとすることが肝要である）。

　以上のとおり、鎌田（二〇一一）は山口（二〇〇九）に対する評としては、残念なレベルのものであり、評者自身の価値判断を振り回すような言辞より、まず先行文献をきちんとおさえ、山口の主張の主要な論点にきちんと向き合って検証することが必要であったように思われる。

第四節　引用研究の「今」をめぐって

1　はじめに

1　筆者が自らの引用研究を集成して公にしたのは、二〇世紀の末年のことである（藤田（二〇〇〇ａ））。幸いに筆者の所説は、日本語の統語論的引用研究の一時代を画する成果としての意義を持ち得たように思えるが、それから既に一〇余年の年月が経過した。その間、引用研究においても、何人かの研究者によって、新たな見解・新たな主張というべきものが公にされてきた。まとまったものでは、砂川有里子の所説や松木正恵の一連の言説、また山口治彦（二〇〇九）があるが、松木の言説については本章第一節で、砂川の所説については同第二節で、そして、山口（二〇〇九）ついては同第三節で論じた。ここでは、それら以外で論じておく必要があると考えられる研究について見てみることにする。

以下本節第2項では、渡辺伸治（二〇〇三）（二〇〇五）について考える。

渡辺伸治（二〇〇三）「引用節に現われる視点要素とスタイル要素の考察」

同　　　（二〇〇五）「原点転移と引用節」

渡辺は、視点論を研究テーマとしてきたドイツ語学者であるが、以前から日本語の引用・話法についての研究を公にしており、日本語文法学会の学会誌に掲載された上記の二篇は、その方面での近年の主要な業績といえる。これについて、筆者なりの見解を示しておきたい。

第3項は引用の統語論的研究としては補説にあたるものであるが、思考・発話の内容を示す「〜ヨウニ」節の問題を論ずる前田直子（二〇〇六）の所論について述べる。

前田直子（二〇〇六）『「ように」の意味・用法』

この種の「〜ヨウニ」節は引用表現とすべきものではないが、引用に関係づけてしばしば問題にされるものであり、また、前田がこれを論じた拙論を否として論じているので、ここでも補説としてその所論をとり上げ、筆者の考え方を明確にしておく。

2　渡辺伸治（二〇〇三）（二〇〇五）について

2―1　最初に、渡辺伸治の二〇〇〇年代に入ってからの引用研究の論考をとり上げてみたい。まず、渡辺（二〇〇三）であるが、この論文の趣旨は、同論文の次の記述に明らかである。

本稿の第1の目的は、「視点要素」というカテゴリーを設定し、それを四つのタイプに分類すること、ならびに、視点要素は原話者視点の強さというスカラーの上に階層をなしていることを主張することである。

（一八三頁・原文横書き、以下同じ）

すなわち、渡辺は、野田尚史の「現場依存の視点」［注・当該発話がなされる場を基準とする視点］と「文脈依存の視点」［注・文脈によって設定された場を基準とする視点］という概念に言及し、それを「引用節」の場合に適用して、次のように述べる。

ムード表現が引用節で現れる場合には、原話者が当該のムード表現を発話すると想定される時間における原話者の心的態度を表し、引用者の心的態度を表すことはない。例えば、（1）の下線部は原話者である田中の心的態度（推量、断定、命令）を表す。

（1）a.　田中は、もしかしたら山田が犯人かもしれないと言った。

b.　田中は、山田が犯人だと言った。
c.　田中は山田に、自首しろと言った。

ムード表現は引用節では文脈依存の視点のみとるということである。（中略）また、引用節では、ダイクシス表現、感動詞などにも視点が関与してくる。例えば、（2）である。

（2）　田中は、私のせいだと言った。

（2）の「私」は、文脈依存の視点（以下、引用の問題に特化した形で「原話者視点」とする）を取ることも、現場依存の視点（以下、「引用者視点」）を取ることもできる。前者では「私」の指示対象は原話者の田中であり、後者では引用者である全文の話し手である。引用節では、様々な要素に視点が関与し、様々な振る舞いを見せるのである。　（一八二頁）

そして、視点が関与するこうした「様々な要素」を「視点要素」と一括し、それを一つのスカラー（尺度）の上に並ぶものとして、「原話者視点性」の強弱によって位置づけようというのが渡辺の考え方である。[1]「視点要素」としては、A・B・C型の三つをまず区別する（A型は、更に「ダイクシス表現」がA1型、「ボイス表現」がA2型と二つに区別されるので、結局、四つのタイプが分けられることになるが、この節の議論の限りでは必要がないので、A1・A2の細分にはふれない）。

A：ダイクシス表現（例「私」）
　ボイス表現（例「（ら）れる」）
B：テンス表現
　ムード表現（例「たい」「もしかしたら／かもしれない」）
C：感動詞／終助詞（例「あっ／ね」）

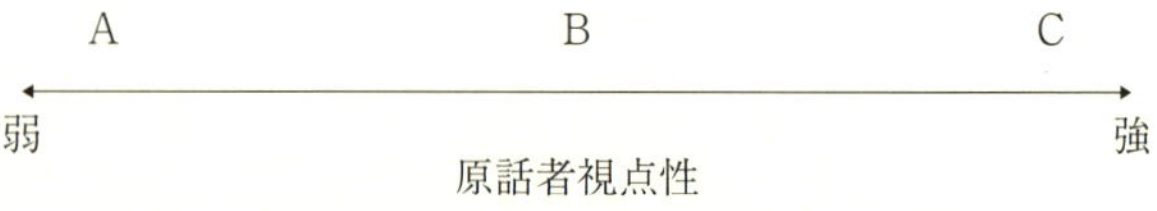

図4　視点要素の階層（渡辺（2003）184頁摘要）

表4　A、B、C型の分類基準

		A型	B型	C型
基準1	原話者視点のみ取るか	NO	YES	YES
基準2	A型を必ず原話者視点にするか		NO	YES

（渡辺（2003）185頁）

こうした各タイプの視点要素が、図4のように「原話者視点性」というスカラー（尺度）の上に「階層」として位置づけられるとする。

そして、このように位置づけることは、A・B・Cを表4のようにして分類することによって根拠づけられているということになるのである。

2―2　以上が、渡辺（二〇〇三）の中心となる主張である。しかし、筆者には、このような主張は、事柄のとらえ方として必ずしも妥当ではないように思える。何より、A・B・Cと分類される諸要素が「原話者視点性」というような一つのスカラー（尺度）の上に、その強弱の違いで位置づけられるものとは思えないのである（以下、渡辺はBとしてはムード表現を論じ、Aとしてももっぱらダイクシス表現をとり上げているので、この稿でもA・Bをそのようにしぼって考えていく）。

ここでまず考えておくべきは、渡辺はA・B・Cを、一つのスカラー（尺度）の上での性質の強弱としてとらえようとするわけであるから、その違いを程度差として見ているわけである。ところで、程度とは、量的な概念（程度量）であるから、程度の差とは結局、質としては同じ性質のものの量の差ということになる。例えば、白から灰色を経て黒へという推移は、色の濃淡の程度差ととらえられるが、これは、〝黒い色合い〟が均質的に量を次第に増しているということだといえる。

このように、「程度差」ととらえるということは、均質なもの（性質）の量の大小ととらえることに他ならない。

しかし、渡辺のいう「原話者視点性」の強弱とは、そのような〝均質な性質の量の大小〟ととらえられることなのだろうか。

そもそも、「原話者視点性」（更には、そこで言う「視点」）の内実がどういうことなのかが、必ずしもきちんとつめられているようには思えない。具体的に考えようとすれば、渡辺のあげる表4の基準1・2が、それを構成する要件のように思えるが、まず、基準1の「原話者視点のみ取るか」ということで問題にしていることが、一貫したものとも思えない。

Bのムード表現やCの「感動詞／終助詞」が「原話者視点のみ取る」と言っていることは、要するに、それらが原話者の心態の表現だということである（実際、先の引用箇所でも、ムード表現は、引用節では原話者の心的態度を表わすから「文脈依存の視点（＝原話者視点）のみ取る」とされている）。

一方、Aの「私」などが、「原話者視点」をとるということは、

（1）　祥平は、私（＝祥平）のせいだと言った。

引用節の引用されたコトバが、原話者中心の秩序づけで構成されていると読まれるということである。いわば、引用されたコトバのプロポジショナルな内容をどう秩序づけて表現構成するかの問題である。だから、個別の要素の問題で終らない。例えば（2）のように、「私」が原話者と読まれるなら、「君」は連動して元の聞き手（この場合は、（2）文全文の話し手）を指すことになる。

（2）　祥平は、私（＝祥平）のせいで、君（＝全文の話し手）に迷惑をかけたと私に言った。

つまり、Aの「私」などが「原話者視点」をとるということは、事柄としては、引用されたコトバの部分全体の表現の秩序づけ・構成の仕方の問題なのである。それに対して、B・Cが「原話者視点」をとるというのは、事柄としては、その部分が原話者の〝気持ち〟の表現だということ、要するに、当該の個別の表現の意味理解の問題だといえる。事柄としての実質をつきつめてみると、随分異質なことと言わざるをえない。しかるに、渡辺は、これ

らを程度差として位置づけると主張しているのである。もし、あえてA・B・Cの要素の違いを〝強弱〟（程度差）という形で論じたいというのなら、どのような均質的な性質の量の差なのかということが問われなければならない。それが「原話者視点性」だというのかもしれないが、それは実際としては、上記のような事柄をとりまとめて、あたかも一つの性質のように言っているに過ぎないのだから、実は異質なものを並べたに過ぎないとする以上のような批判に対しては、渡辺の所論は十分答えられるものになっていないと、筆者は思う。

既に気づかれるように、渡辺のやろうとしていることは、ダイクシス表現の問題とムード表現の問題――感動詞・終助詞も本来ムードの問題として論じられてきたことである――を一括りにして、〝程度差〟と位置づけようとするものだと言えよう。そして、それらを「視点」という「共通性」でまず一括りにしようとしているわけだが、ダイクシス表現が「視点」にかかわるものであるという場合と、ムード表現が「視点」にかかわるものだと考える場合とで、「視点」としてとらえていた事柄が、はたして同等のものであるのかは、問題なのである。周知のように、「視点」という用語は実際多義的であるが、渡辺はその多義性の陥穽に陥って、異質な事柄を一括りにしてしまっているように、筆者には思える。

2―3　今少し、批判的な検討を加えておきたい。渡辺は、表4で基準2として「A型を必ず原話者視点にするか」という観点を示す。すなわち、

（3）―a　千恵は、私の作品を見たいと言った。
（3）―b　千恵は、もしかしたら私のせいかもしれないと言った。
（4）―a　千恵は、私のせいだねと言った。
（4）―b　千恵は、あっ、私の作品だと言った。

（3）のように、B型とされるムード要素が引用節に生起しても、「私」は必ずしも原話者「千恵」を指すことに

なるわけではない。つまり、B型の生起がA型の要素を原話者視点とするわけではない。しかし、（4）のようにC型とされる要素が引用節に現われると、「私」は原話者「千恵」を指すものに決まってくる。つまり、C型の生起は、A型の要素を原話者視点に決定づけるというわけである。

　もちろん、こうした観察は、従来からくり返し示されてきたもので、別段新しいものではない。ただ、渡辺は、この事実をふまえてC型の要素はB型の要素より「原話者視点性」が強いと主張する。新しい見方といえるのかもしれないが、筆者は、この点も妥当とは思えない。

　そもそも、B型の要素であれC型の要素であれ、それが原話者視点ととられるのは、要するに、それが原話者の心態を表わすものととられるからであった（実際、渡辺は、「広義のムード表現」として、BとCを一括しており（一八四頁）、「心的態度」（心態）を表わすものであることも、他で明記している（渡辺（二〇〇五）一三八頁など）。しかし、それに加えて、引用節においてC型の要素の生起がA型の要素の読みを決定づけるからといって、それ故C型の方がB型よりも「原話者視点」ととられる程度が大きい――つまり、より原話者の心態を表わすものである度合が大きい、などという議論は、いかにもおかしかろう。

　むしろ、性質の〝強弱〟（程度差）として位置づけようというような思わくに頭からとらわれず、事柄を虚心に見てみるなら、問題になっているのは、引用節内でA類の境遇性のある語句の読みの決まり方（秩序づけ）はC型の要素の生起とは連動するが、B型の要素の生起とは連動しないということである。つまり、A型の要素との関係において、B型とC型は振る舞いが異なるということである。とすれば、B型とC型については、その意味で（質として連続するのではなく）むしろはっきり異質だとするのが、妥当な位置づけであろう。

　このことについては、藤田（二〇〇〇b）に既に論じたが、その趣旨をくり返すなら、終助詞・感動詞などの（ここでC型とされる）形式は、その場に向かってことばが発せられていることを体現するものであり、それ故その発話の場から切り離せないものであるが、「たい」「かもしれない」といった（B型とされる）ムード形式は、そのような〝現場的性質〟を持たない。故に、C型の要素が出てくると、引用されたコトバは、もとの発話の場から切り離せなくなり、A型の境遇性のある語句も、もとの発話の場の秩序に従ったものと読まざるをえなくなるが、B型の要素が出てきただけでは、そのようなことにはならないのである。そして注意すべきは、上記のような〝現場的性質〟は、原話者の心態の表現であるといったような「原話者視点性」云々とは、別のことと考えられるということである。というのも、別段終助詞等でなくても、引用節の発話をもとの発話の場から切り離せなくするものは存在する。例えば、

（5）―a　電話口で、私が犯人だと声がした。

（5）―b　電話口で、私が、（……ドッカーン……）、犯人だと声がした。

aのような場合、「私」は原話者の誰かでなく、全文の話し手ととる解釈も十分可能だが、bのように、例えば背後で何かの爆発という出来事があった物音まで入ってくると、「私」はそのように言った誰か（原話者）としか解せなくなる。つまり、引用節の境遇性のある語句の読みをもとの発話の場から切り離せなくするのは、引用されたコトバの部分に元の発話の場で起こっている出来事であるという意味合いが、明確に加わるということである。そして、感動詞等の表現の出来事的性格は、近年しばしば論じられるところでもある。感動詞等の生起が、引用されたコトバの境遇性のある語句の解釈を元の発話の場から切り離せなくするのは、まさにそれらの出来事的性格なのだといえる。更に、そうした出来事的な意味合いは、渡辺のいうような「原話者の心態」の表現であるといった意味での「視点」の問題とは、決して直接にイコールではない。(2) だから、こうした問題を、視点的性質の強弱といったとらえ方で処理しようとするアイディアは、筆者には、基本的に妥当ではないように思えるのである。

2―4　以上、渡辺（二〇〇三）の所論の要点を検討してみた。なお、同論文では、後半でスタイル的要素［注・

文体的な意味合いをもつ形式」についても光をあて、視点要素とのかかわりを論じている。例えば、（6）のような場合、「私」は原話者（千恵）とも全文の話し手ともとれるが、（7）のような場合、同じ一人称詞でも「俺」は、原話者（「うちの主人」）しか指さない、といった観察が見られる。

（6）千恵は、私のせいだと言った。

（7）うちの主人、俺のせいだって言うのよ。

もっとも、断片的な事実指摘にとどまって、十分展開されていないのは残念である。確かに、こうした事柄も、引用研究において論ずべきものと思うが、私見では、こうしたことはいささか次元を違えて考えるべきものと思う。すなわち、引用節における境遇性のある語句の読みの決まり方として、まず文法的な一般的規則性をおさえたうえで、こうした事柄は、その次の段階のこととして、一般的な規則性と個々の語の個別のスタイル的性格とがどのように干渉するかという形で記述すべきことと考えるのである。

2—5　さて、次に渡辺（二〇〇五）の所論について見てみることにしたい。

この論文は、一言で言えば、日本語の文における視点的な秩序づけのあり方をタイプ分けし、問題となる表現を位置づけ・整理しようとしたものといえる。すなわち、この論文では、境遇性のある語句の読みが決まる基準となるものやムード的要素が帰属するところ——要するに、渡辺（二〇〇三）の「視点要素」の理解の中心となるところ——を「原点」とし、原点は一般に発話者によって発話者自身に置かれるが、そうでない場合（原点転移）もあるとして、原点が誰にどのように置かれるかを整理する枠組（原点転移システム）が示される。そして、その枠組を適用して、問題となる諸表現が整理されることになるが、とりわけ境遇性のある語句等の読みが複雑になる引用節にかかわって多くの紙数が費されていて、引用節の研究といった色合いが強い。そこで、ここでも引用研究の一つとしてとり上げることにする。

表5　原点の置き方のパターン

原点転移タイプ		A型	B型	AB型
原点転移	−	＋	＋	＋
原点付与（者）	無標	無標	有標	有標
原点保持（者）	無標	有標	無標	有標
例	⑦b，⑧	⑦a	⑨a	⑨b

（注）例の番号は（ ）付きを○付きに改めてある

（渡辺（2005）133頁）

以上のとおり、渡辺の所論の中核となるのは、原点が誰にどのように置かれるかを整理する枠組であるので、その〝整理〟の仕方から見ていく。まず、渡辺は〝整理〟のポイントとなる二つの点を、次のように規定する。

　原点付与（者）：誰がどのように原点を置くか。
　無標的には、発話者がある項に直接的に置く。（原点付与者は発話者）
　有標的には、発話者が、発話者以外の人が原点付与をしていると見なした形で、間接的に置く。（原点付与者は発話者以外の人）
　原点保持（者）：誰に原点が置かれるか。
　無標的には原点付与者に、有標的にはその他の人に置かれる。
（一三三頁・原文横書き、以下同じ）

そして、これに即して、原点の置かれ方には四つの型があるとする整理（原点転移システム）を示す。

以上の説明と表だけでは、何のことかおよそ理解し難いだろうから、渡辺のあげる例を見てみたい（表の「例」の項との対応を考え、例文番号はもとのものを丸付き数字で付して掲げる）。

⑦—a　僕、いくつ。
⑦—b　僕、4才。
⑧　山田は、僕（＝全文の話し手）のせいだと言った。
⑨—a　山田は、「僕（＝山田）のせいだ」と言った。
⑨—b　妻は山田の息子に「僕、いくつ」って聞いた。

まず、⑦—aの場合は、幼い子を相手に年齢を聞く場面の発話で、この「僕」は、幼児を指す。原点を決めているの（＝原点付与者）は発話者だが、「僕」は、幼児を中心として指示関係が決まることになるので、原点があるの（＝原点保持者）は、幼児（つまり、発話者以外）となる。従って、原点付与者は無標、原点保持者は有標だから、これはA型原点転移だという具合である。また、⑦—aに対して答えた⑦—bや「間接話法である⑧は、発話者が原点を直接、無標的に発話者自身に置いている場合で原点転移が生じていない例である」（一三四頁）という。更に、⑨—aは直接話法の例で、引用された発話についての原点を決めているの（＝原点付与者）は、原話者であり、原点付与者である原話者が原点のある者（＝原点保持者）である。つまり、原点付与者は、発話者以外で有標、原点保持者は、原点付与者と同じで無標だから、これはB型原点転移ということになる。そして、⑨—bは、いわばこのB型にA型が複合したもので、ＡＢ型となるわけである。

2—6　以上のような見方・枠組で分類して、引用節をはじめとする諸表現を位置づけ、整理しようというのが、渡辺のこの論文での目論見である。

率直に言って、かなりややこしい〝整理〟の仕方であることは、上記のような説明を追ってみても実感できるだろう。もちろん、こうした複雑な道具立てで物事を整理することも、それが新たな意味のある知見をもたらすものなら、なされて然るべきであろう。が、問題は、これによって新たな意味のあることが見えてくるかどうかである。けれども、少なくとも引用の問題に関しては、残念ながら特段何も見えてこないように思える。(3)この点、同論文の末章で渡辺が記している次のような記述が、かえって事柄の実質を物語っているように思われる。

第3章では原点転移のシステムを構築したが、それは引用節とは発話を発話に組み込んだ節であるという直感的には明白な事実の定式化にすぎないと言えるかもしれない。しかし、直感的には明白な事実であっても、綿密な定式化は必要であり、また、その直感のままでは意識化されなかった問題が、定式化する過程で浮き彫りになることもあろう。

そして、そのような「意識されなかった問題」の解明の試みが第4・5章の記述だというのだか、4・5章で言われていることは、要するに引用節の引用されたコトバにあらわれるムード的要素の表わす心態等は、原話者に帰属すると解されるということを、先のような書き方で複雑に言い換えたものにすぎず、それは、発話が発話に組み込まれているということから、その含意として自明のことだと思われる。結局、明白な事実の複雑な言い換えにとどまるものだと言わざるをえないのである。

今一言言うなら、〝発話に発話が組み込まれている〟ということは、直感的に明白な事実であるにとどまらず、既にそれは、筆者をはじめ何人もの研究者がそれぞれの必要に応じ、定式化を試みている。新たな定式化を試みるなら、それらを越えた新たな知見をもたらすものであるべきだろうが、その点で上記のような見方・整理に見るべきものがあるとも思えない。

むしろ、第4章で次のようなことが述べられていることなどは、かえって問題ではないか。渡辺は、次のような文の「こと」節がどの型の「原点転移」かということを問題にする。つまり、渡辺の所論では、この「たい」なども原点にかかわる要素（視点要素）とするので、これが、話し手の「山田」に原点をおいての表現と解すべきか（A型）、「山田」の自身に原点をおいての表現と解すべきか（B型）が云々されるのである。

（8）―a　山田は、僕に会いたいことを言ってしまった。

そして、次のように論じている。

この問題は、引用節と「こと」節の違いが何かと関連するが、藤田（2000：97）は、「こと」節、引用節が「後悔する」に前接した（22）などを挙げ、命題内容が逆になることを指摘している。

（22）a．田野村氏は、その仕事をひきうけたことを後悔した。

（一四二頁）

（22）b．田野村氏は、その仕事をひきうけるんじゃなかったと後悔した。

この現象に基づくと、「こと」節の原点転移はB型原点転移ではなく、A型原点転移であると規定されよう。

（二四一頁）

しかし、（22）のａｂで命題内容が逆になるからといって、それで（8）—ａのような場合の「こと」節がどうしてA型原点転移ということになるのか、筆者にはその論理が理解できない。そもそも「こと」節と述語動詞との関係は一様ではない。だから、例えば（8）—ａに対して引用節の対応する文を考えると、次のようになろうが、こうした場合、「こと」節と引用節とでは、命題内容が逆にはならない。

（8）—ｂ　山田は、僕（＝全文の話し手）に会いたいと言ってしまった。

このような事実に目を向けず、（22）のような例を引き合いに出すだけで、どうして（8）—ａのような例が説明できることになるのか。

そして、B型原点転移とされる引用節に対し、仮に「こと」節をA型原点転移だとしてみても、それは、「〜と」は引用で、「〜こと」はそれと違うということを言い換えたにすぎない（「〜と」をB型原点転移、つまり、原点付与者が発話者でなく原話者だと解するのも、「〜と」に組み込まれているのが原話者の発話だとする直感に依っているのだから、このような書き方は、直感されることをなぞっているにすぎない）。むしろ、引用節と「こと」節の表現性の違いはどういうところにあり、その違いはどういうことに由来するかといった問題こそがまず究明されるべきことであろうが、渡辺のこのような「定式化」は、それを説明するようなものではないのである。

しかも、（8）—ａのような「こと」節をA型原点転移ということは、これと先の「僕、いくつ？」のような表現を同趣のものと位置づけることになるが、それで何かが新たにわかるわけではなく、かえって——「僕、いくつ？」のようなある意味で大変特殊なことばづかいと（8）—ａのようなごくあたり前の文表現を同様のものとしてしまうことが――いかにもおかしく感じられるし、その直感は決して誤りではなかろうと思う。すなわち、ここでも、誰を中心に表現の秩序が構成されるのかというダイクシスの問題と、誰の心の中の心態なのかというムードの問題という異質の事柄を区別せずに一括りに扱う不適切さ・不自然さが露呈しているものと思えるのである。

2―7　「オッカムの剃刀」の戒めを引き合いに出すまでもなく、不必要に複雑に記述することは、綿密なのではなく、事柄をわかりにくくするもの、場合によっては、混乱させるものである。残念ながら、渡辺（二〇〇五）は、そのような弊に陥っていると、筆者には思える。

渡辺は、視点論の立場から引用研究について独自の考察を重ねてきた。その一貫した研究姿勢には敬意を表するものであるが、現時点で、その拠って立つものの見方の基本の部分で整理し直す余地のあるところもあるのではないか――誠に僭越な言い条ながら、筆者にはそう思えるのである。

3　補説――前田直子（二〇〇六）について

3―1　今度は、思考（もしくは発話）の内容を示す「～ヨウニ」節に関する前田直子の最近の所論をとり上げてみたい。こうした「～ヨウニ」節については、筆者も、藤田（一九九五ｃ）（二〇〇〇ａ）で論じてきた。もっとも、「～ヨウニ」節は引用表現の一形式とすべきものではないのだが、一般にはこうした形式の表現が引用表現と関係づけられて論じられることも少なくない。そこで、本節でも、関連して前田の所論に、補説として言及する。

なお、前田の所論は、筆者の所論を批判し、それを否とする形で述べられているので、以下まず拙論の要点を述べ、次いで前田の批判、そして前田自身の見方をとり上げて検討するという順で論じることにする。

3―2　思考・発話の内容を表わす表現として、「それが正しいように思った」のような「～ヨウニ」節の表現が用いられる。この「～ように思う」は、しばしば「～ようだと思う」（ex.「それが正しいようだと思った」）のよう

な引用の表現と同義的に書き替え可能で、「思う」主体の推定内容を示すようなものとして読まれることが多い。しかし、例えば、

（9）―a　心ある人は、差別と貧困のない社会が理想であるように思っている。

のような場合、これはbのような「心ある人」の推定判断を表わしているものとは考えにくい。

（9）―b　心ある人は、差別と貧困のない社会が理想であるようだと思っている。

むしろ、aでは「心ある人」は、そういう社会が「理想だと思っている」に近いことが言われていると解するのが自然であろう。してみると、こうした例では「ヨウニ」は、「思う」主体の推定等ではなく、引用標識「ト」に近いものになっている。そこで、こうした「～ヨウニ」節の表現には、典型的に、

（i）［～（デアル）ヨウニ］思う。

（ii）［～（デアル）］ヨウニ思う。

のような二つの構造タイプを考える必要がある。（i）のようなタイプは、筆者が準引用と呼んだ「美しく思う」のような形容詞連用形などによる内容補充の表現につながるものであり、（ii）のような場合は、「ヨウニ」が引用標識的なものに分化しつつある表現といえる（もっとも、「～ト」による引用表現のようにイコン記号を承ける引用標識とまではなっておらず、どちらのタイプのものであれ、「～ヨウニ」節の表現は引用表現とは言い難い）。「ヨウニ」が引用標識へと分化する方向にあるにせよ、分化が十分進んでいないこともあり、（i）と（ii）のどちらなのかは文脈・状況を考慮しなければ判断し難いことも少なくないが、典型的には、「～ヨウニ」節の表現にこの二つのタイプのものを認めることが、事柄のとらえ方として妥当であろうと思う。

3―3　さて、前田直子は、こうした見方を最初に公にした藤田（一九九五c）に対しては、対立的・否定的な立場を表明した。ただ、前田の「～ヨウニ」節に関する考え方は、その都度大きく変わったし、そうした主張がそも

そも論理的に拙論を否定するものとなるのか筆者には理解しがたいものであったことは、既に藤田（二〇〇〇ａ）で指摘もした。しかし、近年前田は、前田（二〇〇六）として、思考・発話の内容を示すものに限らず、さまざまな「〜ヨウニ」節に関する自らの研究をまとめて公刊したが、そこでもまた拙論をとり上げて、「〜ように思う」のような表現に二タイプあるとする筆者の考え方を引きつつ、次のように述べている。

ただし、両者の違いは「文脈・状況等を考慮しなければ判別し難い。とすれば、厳密には「二つのタイプ」というより、「〜ヨウニ」という形式が、意味・用法の二つの方向に未分化のまま広がっていると見るのがよいと思う」と記している（同［注・＝藤田（二〇〇〇ａ）］）。このように2種を立てることは興味深いのだが、「判別しがたい」となると果たして有効であるか、更に検討が必要であるように思われる。

（五〇頁・原文横書き、以下同じ）

このように、改めて否定的な立場を表明し、こうした二つの区別を不必要とする主張を以下で示しているのである。けれども、そうした所論には、やはり問題があるように思える。

まず一点ふれておくなら、前田の以上のような拙論の引き方はミスリーディングなものであって、これでは、筆者が常にこの「二つのタイプ」は判別し難いと言っているように聞こえるが、原文は「もし(29)［注・＝『彼は、彼女の判断が正しいように思った』］のような文が与えられた場合、『ヨウニ』が準引用成分の一部なのか『つなぎ』［注・＝引用標識］的なのかは、文脈・状況等を考慮しなければ判断し難い」となっているのであって、「判断し難い」場合も確かにあると言っているのである。けれども、この記述では「未分化」という点を強調した書き方になっているにせよ、典型的にはこの二つを認める方向で論じているわけである。そうした論調を見えなくするような原文の引き方は不当だといわざるをえない。そして、原文の論旨に即して言えば、たとえ「二つのタイプ」のどちらなのかが判断し難い場合があったとしても、それでそうした構造把握が無効だということにはならない。他でも引き合いに出したわかりやすい例でいうと、「小田刑事は血まみれになって逃げる賊を追いかけた」などといったよく知られ例文の場合でも、「血まみれになって」を、「小田刑事は」に対する述語動詞と見れば、「血まみれになっ」たのは小田刑事だが、「逃げる」にかかる連用修飾句と見れば、「血まみれになっ」たのは賊の方である。このように、この文には二つの構造把握の可能性があるのだが、実際のところどちらなのかは、文脈・状況がわからなければ、これだけで決めようがない。しかし、だからといって構造把握自体が無効だなどということにはならない。同様のことで、前田の論じ様《よう》は、原文を不十分な形で引いたうえ、文脈・状況を参照しないと一義的に構造把握し難い場合があることを以て、構造把握自体が無効ではないかと言うような強引なものである。

しかも、「検討が必要である」とした前田の以下の考察と主張が、いかにも奇妙なものである。前田は、多くの「〜ように思う」の類が、「ヨウニ」に（「思う」主体の）推定の意味が含まれ、「〜ようだと思う」と同様の意味を表わすものであることを確認する一方、「但し、意味的な面については、『ように』の場合、『ように』が『ようだ＋と』に置き換えられず、推定の意味が感じられない場合が確かにある」（五三頁）と認める。つまり、「二つのタイプ」にあたる事実の存在を事実として認めているのである。そして、後者の例まで掲げておいて、次のように述べる。

> これらの「ように」は「ようだ＋と」には確かに置き換えにくいが、しかし思考・知覚を断定的・確言的に述べているのではなく、非断定的・概言的に述べている点は「ようだ」と共通する性質をもつ。最も近い言い換えは「ような気がする」であろうが、ここにも「ようだ」の連体形である「ような」が含まれ、この「ような」にも推定の意味は必ずしも含まれないのと類似している。このように考えれば、藤田（2000）のように「ように」を2つに分けるという必要はなくなる。
> （五三頁）

だが、まず一見何を言いたいのかわからないこの記述は、筆者には、本末を転倒させた誠に粗雑な論理だと思える。前田の主張は、「〜ように思う」のような「〜ヨウニ」節が「〜ヨウダ＋ト」の形に書き換えられる場合も、そのような書き換えが難しい場合も、要するに「ヨウニ」には非断定的・概言的な意味は読みとれるから、二つを区別する必要はないということだろう。しかし、重要なことは、その非断定的・概言的なとらえ方が誰に帰属するか――「思う」主体に帰属するか、その文全文の話し手に帰属するかという点であるはずである。なぜなら、「〜ように思う」のような「〜ヨウニ」節は、思考（または発話）の内容を伝える表現であるのだから、非断定・概言的な意味が「思う」主体の「思う」内容に含まれるか、それともそれをとり上げる全文の話し手の側のものなのかは、重要な問題である。その区別が「〜ヨウニ」節について読みとられる例が典型的に見いだされ、その区別が異なる構造把握としてなされるようになっていることは、「〜ヨウニ」節の文法的記述としておさえておくべきことであろう。だからこそ、筆者は一歩踏み込んで、この種の「〜ヨウニ」節に二つのタイプを認めるという記述を行なったのである。

物事は、大ざっぱな共通性で一括りにすることも、細かい違いに注目して細分することもできるものである。だから、大切なことは、個々の場合について、共通性と差異のどちらが重要かという判断である。筆者は、「〜ヨウニ」節は思考等の内容節であるのだから、「ヨウニ」の表わす非断定・概言の意味合いが伝えられる思考内容の側に入るのかそうでないのかが、構造把握と対応して異なってくるという点は、おさえるべき事柄であると判断してそこまでの区別を示した。一方、前田は、そのあたりを自覚的に吟味することさえなく、共通の意味合いが読みとられるのだから区別する必要はないと、いとも簡単に断じているが、このような主張は、分析を粗笨なレベルに引き戻すものでしかない。

3―4　更に付言すれば、藤田（二〇〇〇ａ）では、「〜ヨウニ」節が引用標識的なものに分化しつつあることの一つの証拠として、実際次のような例が見いだされることも指摘しておいた。

（10）そして、居眠りという現象は、こうした時間を前提にしなければ一般化しないであろうように思われるのである。（野村雅一「しぐさの世界」）

「～であろうようだ」というような言い方は考えられないから、このような「ヨウニ」はもはや助動詞「ヨウダ」の連用形として考えることはできない。前田は、すべての「～ヨウニ」を「副詞的な様態修飾」、つまりは、「ヨウダ」の連用形によるものとして説明したいようだが（五一頁参照）、既に拙論でこのようなうまく説明できない例が掲げられていることに全くふれていない。

今一つ言うなら、「ヨウダ」と類義の助動詞「ミタイダ」の連用形は、引用標識化して、例えば次のように使われる。

（11）千恵が功に、アタシはいやよ、みたいに言ったもんだから、功が怒っちゃって……

このような事実とのかかわりからも、「ヨウニ」に引用標識への分化の方向を見てとる拙論の見方は、ごく自然なものといえるだろう。少なくとも、前田のような論理にならない主張によって「2つに分ける必要はなくなる」というようなものではないのである。

それと、おしまいに言わずもがなの苦言かもしれないが、今日引用研究が相応に深化している現状であるにもかかわらず、前田（二〇〇六）では、「引用」という用語をきちんと規定せず、一般用語のように用いて、しかも大切な事柄の説明に使用している。ミスリーディングで困ったことであり、今少し研究の蓄積の継承といったことに意を用いていただきたいものである。

3―5　上記のような主張を示した後も、前田（二〇〇六）では、この種の「～ヨウニ」節についての細かな記述が重ねられていく。誤解のないように書き添えておくが、筆者は、そうした記述をそれなりに広がりがあり評価すべきところのあるものと考えている。また、そうした記述と、筆者の示す「～ヨウニ」節の区別の見方とが必ずしも相容れないものではないようにも思う。ただ、この問題について殊更異説を事とするような右の論じ様《よう》は、いただけない。

近年一部の学会では、発表応募にあたって〝自説が先行研究とどのような点で違うのか〟を書くことを求めるようであるが、上記のような論じ様《よう》を見るにつけ、そのような思潮の悪い面が影を落としているような気がする。引用研究に限らず、言語の研究において、「違い」ではなく「継承」という観点が、今むしろ思い起こされる必要があるのではないかと感じている。

注

（1）引用句（引用節）が「原話者視点」で読まれるということは、直接話法として読まれるということになるから、「原話者視点性」の強弱ということによって様々な「視点要素」を位置づけようとすることには、それによって、引用句（引用節）が直接話法に読まれることに諸要素が寄与する度合いの違いを示そうというような目論見が渡辺にはあるものかと思われる。しかし、そうした程度差・度合いとして記述しようという考え方が必ずしも妥当とは考えられないことは、この項の以下に述べるとおりである。

（2）感動詞や終助詞に託される心態は、確かに発話の現場で生じるもの（出来事）であろうが、ムードの助動詞類の表わす心態（断定・推量・希望等）は発話の現場で生じたものとは必ずしも言えない（先に生じていたものが単に表明（表現）されただけということもあるのである）。

（3）それどころか、渡辺（二〇〇五）は、その記述自体に明らかな矛盾・混乱が生じているように思われる。すなわち、同論文の終わり近くで「引用節が引用節として成立する条件は、最低限一つの要素に関して有標的な原点付与が生じること」（一四二頁）とするが、**2—5**でも見たように⑧のような間接話法の例文が、表にも明記されているとおり、原点付与に関しては無標とされている。何らかの錯誤があるのだろうが、このような複雑な道具立てで記述しようとして、そこに混乱が生じていることは、困ったことと言うよりない。

結　　語

本書では、上代から説き起こし、二〇〇九年までを一応の目途として、文法論としての（及び意味の問題にも関わる）日本語の引用表現の研究をたどり、主要な研究について論じた。全般に率直な批判を加えるといった論調が目立つ記述となったが、これは「序」にも述べとおりの趣旨によることであり、いたずらに批判を事としたものではない。また、当該の研究に携わる者として、批判すべきことは批判し、正すべきことは正すことが、一つの責任だと思う故でもある。

最後に、本書の記述の結びとして、引用研究のこれからについて、筆者が今思うところをいささか述べておきたい。

少し前のことになるが、野田尚史は、「これからの文法論の焦点」と題した解説記事（『日本語学』二四―四、二〇〇五年）において、

> やや周辺的な文法カテゴリーの中にも、すでに研究が進んでいて、新しい展開が難しいものがある。たとえば、「〜と」で表される引用の研究や、「てくれる」「てもらう」などが使われる受益表現の研究である。（一九頁）

と述べ、引用研究の「代表的な著作」としては、拙著（二〇〇〇ａ）をあげた。評価としては過分なことかもしれないが、「新しい展開が難しい」などという見解には、筆者は同じ難い。何より、引用表現に関する個別の問題についての記述・考察が、実はまだ十分ではないと思われる。実際また、野田の言う「文法論の焦点となった中心的な」（同）問題に取り組んだ多くの有力な研究者の中で、引用の問題についても然るべき仕事を残した者は、ごく少数である。引用研究が更にどのような形で展開可能か、まだ十分に考えられてもいないし、そもそも引用研究自体についてその先が見通せるほどよく理解されてもいないと思えるのである。

そういう見方に立って、筆者としては、文法論としての引用研究のさらなる進展を図っても行きたいし、また、期待もしたいが、その方途としては、結局第1章にも述べたように、具体的な個別の言語事実の各論的記述からはじめて、引用の問題や引用から見えてくる問題についての新たな知見を積み上げていくことが大切だと考える。たとえば、一つの例だが、「〜と言う」と「〜と話す」という二つの引用形式を取り上げてみても、引用句「〜ト」における引用されたコトバの出方は随分異なると思われる。まだこのようなことも十分に記述されてはいないが、そのあたりをていねいに記述することを通して、「話す」とはどういうこと（だと我々が了解しているの）かといったことが明らかになってくるだろう。これは一つの事例だが、まずは言語事実をよく観察し、引用に関わる具体的な言語事実についての知見を積み重ねる中でこそ、研究の新たな展開の可能性が模索できようかと思う。

併せて、これまでの引用研究の成果をまずはきちんと咀嚼し継承するということが、言うまでもないことだが、大切である。このことは、当たり前のことに見えて、実は思いの外に難しいようであるが、(1)一部に性急に先行研究との違いを言うことに汲汲とする風潮のある今日だからこそ、引用研究のみならず日本語の文法研究全般において〝継承〟ということの意義が再認識されて然るべきだろう。

さて、そういう意味では、本書の対象とする二〇〇九年までという範囲より後になるので言及しないできたが、最近刊行された加藤陽子（二〇一〇）は、右のようなあるべき研究の方向性を示しているように思う[2]。また、加藤や第6章でとり上げた研究者以外で、近年この分野でいくつもの論考を公にしてきたのは、小野正樹、阿部二郎、岩男考哲らであるが、このうち、小野の研究は文末形式に近づいた「〜と思う」のような形式をもっぱら考察したもので、小野（二〇〇三）にまとめられた（同書については、『日本語の研究』に阿部二郎の書評がある（阿部（二〇〇六）））。こうした筆者より若い世代の研究者が、どのように引用研究を進めていくのか、筆者も――もちろん、是々非々の立場で――大いに注目していきたいし、また筆者自身、今一度原点に立ち返って、引用に関わる個別の言語事実を掘り下げる方向を追求したいと考えている。

ところで、文法論としての引用研究とも関わって、第二言語としての日本語習得の研究の一環として、引用表現の習得の研究が進められるようになってきた。杉浦まそみ子（二〇〇七）は近年まとめられたその成果であるが、杉浦が同書でこの問題に関して「日本語の引用表現の使用実態はまだ明らかになっていない現在の状況で、まず行うべきことは詳細な記述と考える」（二頁）と述べていることは、共感される。先行する研究を十分ふまえた同書の実証的な考察が、文法論としての引用研究に裨益するところも少なくないと思う。

また、看過できないのは近年のコーパス言語学の盛行であるが、引用研究に関してもコーパス的手法で分析した研究例がなくはない（田野村忠温（二〇〇九）など）。このような大規模な用例調査が可能になってきたことは、有り難いことであり、隔世の感があるが、こうした手法によって、いったい引用の問題の何を調べるべきか、その点が今考えられなければなるまい。

その他、方言文法の研究も盛んであるが、引用に関連しては、現在は引用形式由来の複合辞の記述的研究が進展を見せており、その代表的な成果としては、小西いずみ（二〇〇五）がある。方言文法の研究が、これまでの引用研究・引用に関連する文法研究の所論を確認し再考させる知見を示してくれることが期待される。

以上のように、引用研究は目下いろいろな方向にその研究の裾野を広げていく趨勢にある。これらの研究も含め、今後の引用研究の一層の深化を期待したい。

そして、引用研究のこれからのために、本書で述べたことや、このところ積み重ねてきた研究史的記述が、いくらかでも参考となることを願うものである。

注

（1）拙著（二〇〇〇a）などについても、それを誤読し、その誤った記述がそのまま公刊されていることさえある（たとえば、第6章第三節の注（5）参照）。

また、「おはようと入ってくる」等の筆者が第Ⅱ類と呼ぶ構造の引用構文についても、相変わらずこれを「おはようと言ッテ入ってくる」の「言ッテ」のような述語の省略だと主張する大島（二〇一〇）（二〇一二）のような〝論文〟が出されているが、その論旨はおよそ論拠といえるようなものがない。これについては、藤田（二〇一二）（二〇一三）で、その問題点を明らかにして否定した。同様の見方を「省略」ではなく「潜在」と用語を代えて主張する金（二〇一三）のような〝論文〟もあったが、これも拙論を正しく読めないまま、一人相撲のような批判をもっぱらにするもので、採るべきところはない。これについては、藤田（二〇一四）で詳しく検討し、その妥当でないことを論じた。安易に〝異説〟を唱える前に、まず先行研究をきちんと読み、きちんと考えていただきたい。

（2）加藤（二〇一〇）については、文法研究の動向についての展望を求められて記した藤田（二〇一一）にふれたので、そちらを参照されたい。

初出一覧

序（書き下ろし）

第1章　引用研究史展望

（「引用研究史展望」の二、『龍谷大学論集』四七三号（二〇〇九）、龍谷学会）

第2章　近世以前の引用研究

第一節　引用研究前史（「引用研究前史」、『日本古典文学史の課題と方法―漢詩 和歌 物語から説話 唱導へ―』（二〇〇四）、和泉書院）

第二節　富士谷成章『あゆひ抄』の「と家」をめぐって（「『あゆひ抄』の『と家』をめぐって」、『滋賀大国文』第四四号（二〇〇六）、滋賀大国文会）

第3章　引用研究の黎明

第一節　山田孝雄・松下大三郎の引用学説（「黎明期の引用研究―山田文法・松下文法の所説再読―」、『滋賀大学教育学部研究紀要』第五一号（二〇〇二）、滋賀大学教育学部）

第二節　三上章の引用研究（「三上章の引用研究について」、『滋賀大国文』第三八号（二〇〇〇）、滋賀大国文会）

第三節　三上章の引用研究・再論――『構文の研究』の所説をめぐって――（「『引用』をめぐって」、『国文学解釈と鑑賞』第六九巻第一号（二〇〇四）、至文堂）

第4章　現代の引用研究の展開

第一節　奥津敬一郎の引用研究（「『話法』の発見―奥津敬一郎の引用研究について―」、『滋賀大国文』第三九号（二〇〇一）、滋賀大国文会）

第二節　「語彙論的統語論」と引用研究（「『語彙論的統語論』と引用研究―仁田義雄・阿部忍の所論について―」、『龍谷大学国際センター研究年報』第一五号（二〇〇六）、龍谷大学国際センター）

第三節　遠藤裕子の話法論（「話法論における連続観の問題―遠藤裕子の所説について―」、『滋賀大国文』第四〇号（二〇〇二）、滋賀大国文会）

第四節　砂川有里子の「引用文の3つの類型」（「引用形式の複合辞化―ムード助動詞的形式への転化の場合―」の二～四、『日本近代語研究』第3集（二〇〇二）、ひつじ書房）

第五節　鎌田修の引用研究（「文法論としての日本語引用表現の研究のために―再び鎌田修の所論について―」、『滋賀大学教育学部研究紀要』第五〇号（二〇〇一）、滋賀大学教育学部）

第六節　引用研究と「メタ言語」の概念（「引用研究と『メタ言語』の概念」、『日本語学』第一五巻第一一号（一九九六）、明治書院）

第七節　日本語の「話法」研究と中園篤典の話法論（「『話法』のとらえ方に関する覚書」、『滋賀大国文』第三七号（一九九七）、滋賀大国文会）

第八節　中園篤典の『発話行為的引用論の試み』について（「〈書評〉中園篤典著『発話行為的引用論の試み―引

用されたダイクシスの考察―』」、『日本語の研究』第四巻三号（二〇〇八）、日本語学会）

第5章　藤田保幸の引用研究――自説の形成――
（「引用研究史補遺―『自己評価』として―」、『國文學論叢』第五五輯（二〇一〇）、龍谷大學國文學会）

第6章　引用研究の世紀末
第一節　松木正恵の所説について（「引用研究史展望」の三・四、『龍谷大学論集』四七三号（二〇〇九）、龍谷学会）
第二節　砂川有里子の話法論（「砂川有里子の話法論について」、『國文學論叢』第五四輯（二〇〇九）、龍谷大學國文學会）
第三節　山口治彦の所説について（「現今の引用研究に関する所見一斑―山口治彦説のこと―」、『龍谷大学国際センター研究年報』第二〇号（二〇一一）、龍谷大学国際センター）
第四節　引用研究の「今」をめぐって（「引用研究の『今』をめぐって」の一・二・四、『龍谷大学国際センター研究年報』第一九号（二〇一〇）、龍谷大学国際センター）

結語（書き下ろし）

参考文献

〔1〕本書で言及したもの

山田　孝雄（一九〇八）『日本文法論』宝文館出版
同　（一九二二）『日本文法講義』宝文館出版
同　（一九三六）『日本文法学概論』宝文館出版
安田喜代門（一九二八）『国語法概説』中興館
松下大三郎（一九二八）『改撰標準日本文法』中文館書店〔復刊（一九七八）勉誠社［勉誠出版］〕
同　（一九三〇）『標準日本口語法』中文館書店〔復刊（一九七七）勉誠社［勉誠出版］〕
松尾捨治郎（一九三六）『国語法論攷』文学社〔復刊（一九七〇）白帝社、本書での引用は復刊による〕
時枝　誠記（一九五〇）『日本文法　口語篇』岩波書店
三上　章（一九五三）『現代語法序説』刀江書院〔復刊（一九七二）くろしお出版、本書での引用は復刊による〕
同　（一九五五）『現代語法新説』刀江書院〔復刊（一九七二）くろしお出版、本書ではこの復刊による〕
同　（一九五六〜五八）「句読法私案」（『IZUMI』一八〜二七号、本書では『三上章論文集』（一九七五・くろしお出版）所収のものに拠る）
同　（一九六三）『日本語の構文』くろしお出版
同　（二〇〇二）『構文の研究』くろしお出版（一九五九年に東洋大学に提出された学位論文）

川端　善明（一九五八）「引用―上代語の場合―」（『万葉』二八）
奥津敬一郎（一九七〇）「引用構造と間接化転形」（『言語研究』五六、のち『拾遺日本文法論』（一九九六刊・ひつじ書房）に再録。なお、同書所収の本文により、誤植を訂正した。）
同（一九七四）『生成日本文法論』大修館書店
同（一九九三）「引用」（『国文学　解釈と教材の研究』三八―一二）
竹岡　正夫（一九七一）『富士谷成章の学説についての研究』風間書房
柴谷　方良（一九七八）『日本語の分析』大修館書店
仁田　義雄（一九七八）「引用をめぐる二三の考察」（日本語と中国語の対照研究会編『中国語と日本語の対照研究』第三号、のちに仁田（一九八〇）『語彙論的統語論』（明治書院）に改題・加筆して再録）
同（一九八〇）「引用文をめぐる二三の考察」（『語彙論的統語論』（明治書院）第3章の1）
同（一九八一）「話法」（北原保雄他編『日本語文法事典』（有精堂））
同（一九八二）「格の表現様式―日本語」（森岡健二他編『講座日本語学』一〇（明治書院））
水谷　静夫（一九八〇）「引用　（二）意味論」（『国語学大辞典』東京堂出版）
寺村　秀夫（一九八一）『日本語の文法（下）』大蔵（財務）省印刷局発行
遠藤　裕子（一九八二）「日本語の話法」（『言語』一一―三）
鎌田　修（一九八三）「日本語の間接話法」（『言語』一二―九）
同（一九八八）「日本語の伝達表現」（『日本語学』七―九）
同（一九九四）「伝達と創造と模倣　引用におけるソーシャルダイクシスの現われ」（『京都外国語大学研究論叢』四三）

同　（一九九八）「引用におけるモダリティーと主格選択」（『京都外国語大学研究論叢』五〇）
同　（一九九九）「日本語の引用研究：序論」（『無差』六）
同　（二〇〇〇ａ）『日本語の引用』ひつじ書房
同　（二〇〇〇ｂ）「日本語の引用」（『日本語学』一九―五）
同　（二〇一一）「〔書評〕山口治彦著『明晰な引用、しなやかな引用』」（『日本語の研究』七―二）
山本　英一（一九八七）「認識の様態と補文標識」（『言語学の視界』大学書林）
砂川有里子（一九八七）「引用文の構造と機能―引用文の3つの類型について―」（『文藝言語研究　言語編』一三）
同　（一九八八ａ）「引用文の構造と機能（その2）―引用句と名詞句をめぐって―」（『文藝言語研究　言語篇』一四）
同　（一九八八ｂ）「引用文における場の二重性について」（『日本語学』七―九）
同　（一九八九）「引用と話法」（北原保雄編『講座日本語と日本語教育』4（明治書院））
同　（二〇〇〇）「引用」（中村明編『別冊国文学No.53　現代日本語必携』学燈社）
同　（二〇〇四）「話法における主観表現」（北原保雄編『朝倉日本語講座5　文法Ｉ』朝倉書店）
宮本千鶴子（一九八九）「何が引用表現でないか」（『東京女子大学日本文学』七二）
田野村忠温（一九九〇）「文における判断をめぐって」（『アジアの諸言語と一般言語学』三省堂）
同　（二〇〇九）「文法の中核と周辺―コーパスが観察可能にする文法の一面―」（『特定領域研究「日本語コーパス」平成二〇年度研究成果報告書　コーパスを用いた日本語研究の精密化と新しい研究領域・手法の開発Ⅲ』文部科学省科学研究費補助金特定領域研究「日本語コーパス」日本語班）
江口　正（一九九二）「日本語の引用節の分布上の特性について」（『九大言語学研究室報告』一三）

坂井　厚子（一九九三）「『生成』という観点からの話法の再検討の試み」（『信州大学教養部紀要』二七）
南　不二男（一九九三）『現代日本語文法の輪郭』大修館書店
丹羽　哲也（一九九三）「引用を表す連体複合辞『トイウ』」（『人文研究』四五（第一分冊））
同　（一九九四）「主題提示の『って』と引用」（『人文研究』四六（第二分冊））
山崎　誠（一九九六）「引用・伝聞の『って』の用法」（『国立国語研究所研究報告集』一七）
中園　篤典（一九九四）「引用文のダイクシス　発話行為論からの分析」（『言語研究』一〇五）
同　（二〇〇六）『発話行為的引用論の試み―引用されたダイクシスの考察―』ひつじ書房
三枝　令子（一九九五）「『って』の構文的位置づけ―『と』による引用と『って』による引用」（『日本語と日本語教育　阪田雪子先生古稀記念論文集』三省堂）
松木　正恵（一九九六）「引用の形式をとる複合辞について」（『早稲田大字教育学部学術研究―国語・国文学編―』四四）
同　（二〇〇二ａ）「何を引用ととらえるか―日本語学の立場から―」（『国文学研究』一三六）
同　（二〇〇二ｂ）「引用と話法に関する覚書」（『早稲田大学大学院文学研究科紀要』四七―三）
同　（二〇〇二ｃ）「新たな『話法』観を求めて」（『国語学　研究と資料』二五）
同　（二〇〇五ａ）「引用と話法」（『日本語学』二四―一）
同　（二〇〇五ｂ）「視点と文体―引用構文を用いた文体の特徴―」（中村明他編『表現と文体』明治書院）
同　（二〇〇七）「引用構造を用いた会話表現　『みたいな』を中心に」（『日本語論叢』特別号（日本語論叢の会））
池田　幸恵（一九九七）「宣命の助詞表示」（『語文』（大阪大学）六八）

阿部　忍（一九九九）「引用節のタイプ分けにかかわる文法現象」（『山手国文論攷』二〇）
吉井　健（一九九九）「『と思ふ』を句頭にもつ歌」（『大阪市立大学文学部創立五十周年記念国語国文学論集』和泉書院）
森山　卓郎（二〇〇一）「紹介・藤田保幸著『国語引用構文の研究』」（『語文』七七）
大島　資生（二〇〇二）「〔書評〕藤田保幸著『国語引用構文の研究』」（『国語学』五三―三）
小野　正樹（二〇〇三）『日本語態度動詞文の情報構造』ひつじ書房
渡辺　伸治（二〇〇三）「引用節に現れる視点要素とスタイル要素の考察」（『日本語文法』三―二）
同（二〇〇五）「原点転移と引用節」（『日本語文法』五―二）
同（二〇〇七）「日本語フィクションにおける自由間接話法」（『言語文化研究』三三）
小西いずみ（二〇〇五）「方言文法―引用表現に由来する主題提示の形式を題材に」（『国文学　解釈と教材の研究』五〇―五）
阿部　二郎（二〇〇六）「〔書評〕小野正樹著『日本語態度動詞文の情報構造』」（『日本語の研究』二―三）
前田　直子（二〇〇六）『「ように」の意味・用法』笠間書院
杉浦まそみ子（二〇〇七）『引用表現の習得研究』ひつじ書房
山口　治彦（二〇〇九）『明晰な引用、しなやかな引用』くろしお出版
加藤　陽子（二〇一〇）『話し言葉における引用表現』くろしお出版
大島デイヴィッド義和（二〇一〇）「日本語引用構文における引用述語の省略現象」（『茨城大学留学生センター紀要』八）
同（二〇一二）「引用述語の現れない発話・思考報告文―『省略』か『構文』か」（『茨城大学留学生セン

ター紀要』一一）
金　賢娥（二〇一三）「引用構文における発話動詞の潜在」（『日本語文法』一三―一）
藤田　保幸（一九八二）「準引用」（『待兼山論叢』（文学篇）一五）
同（一九八三）「従属句『～カ（ドウカ）』の述部に対する関係構成」（『日本語学』二―二）
同（一九八五）「『内的引用』における話法の転換について―話法転換の a線―」（『語文』四六）
同（一九八六）「文中引用句『～ト』による『引用』を整理する―引用論の前提として―」（宮地裕編『論集　日本語研究（一）現代編』明治書院）
同（一九八七a）「引用されたことばと擬声・擬態語と―『引用』の位置づけのために―」（『詞林』（大阪大学古代中世文学研究会）二）
同（一九八七b）「『疑う』ということ―『引用』の視点から―」（『日本語学』六―一一）
同（一九八八）「『引用』論の視界」（『日本語学』七―九）
同（一九八九）「『実物表示』をめぐって―引用論のために―」（『国語国文学報』四七）
同（一九九一a）「引用と連体修飾」（『表現研究』五四）
同（一九九一b）「『聞く』を述語とする引用表現について」（『国語国文学報』四九）
同（一九九一c）「引用の解体―『引用されたコトバ』の表現と『～ト』副詞句の表現、その諸相―」（『愛知教育大学研究報告』（人文科学）四〇）
同（一九九四）「引用されたコトバの記号論的位置づけと文法的性格」（『詞林』一六）
同（一九九五a）「『～トハ』構文小考―『嘘をつくとはけしからん』などの表現について―」（『滋賀大国文』三三）

同（一九九五b）「引用論における『話し手投写』の概念」（『宮地裕・敦子先生古稀記念論集　日本語の研究』明治書院）
同（一九九五c）「思考・発話の内容節として働く『〜ヨウニ』について」（『詞林』一七）
同（一九九六a）「引用論における所謂『準間接引用句』の解消」（『語文』六五）
同（一九九六b）「文法論の対象としての『引用』とは何か？—統語論的引用論の前提として—」（『詞林』二〇）
同（一九九七）「引用構文と『格』の論」（『滋賀大国文』三五）
同（一九九八a）「従属句『〜カ（ドウカ）』再考」（『滋賀大学教育学部研究紀要』（人文科学・社会科学）四七）
同（一九九八b）「引用論の二つの領域」（『語文』七一）
同（一九九九a）「『話法』のとらえ方に関する覚書」（『滋賀大国文』三七）
同（一九九九b）「引用構文の構造」（『国語学』一九八）
同（二〇〇〇a）『国語引用構文の研究』和泉書院
同（二〇〇〇b）「日本語の引用研究・余論—鎌田修への啓蒙的批判—」（『滋賀大学教育学部研究紀要』（人文科学・社会科学）四九）
同（二〇〇一a）「文法論としての日本語引用表現の研究のために—再び鎌田修の所論について—」（『滋賀大学教育学部研究紀要』（人文科学・社会科学）五〇）
同（二〇〇一b）「引用論から見た『伝達のムード』の位置づけ」（『前田富祺先生退官記念論集　日本語日本文学の研究』同刊行会）

同　（二〇〇二）「〔書評〕鎌田修著『日本語の引用』」（『国語学』五三―三）

同　（二〇〇三）「武藤元信『引用語の形式』のこと」（『滋賀大学教育学部研究紀要』（人文科学・社会科学）五二）

同　（二〇〇八）「〔書評〕中園篤典著『発話行為的引用論の試み―引用されたダイクシスの考察―』」（『日本語の研究』四―三）

同　（二〇〇九）「『発話行為的引用論』について―中園篤典への批判の補足として―」（『龍谷大学国際センター研究年報』一八）

同　（二〇一〇）「引用研究の『今』をめぐって」（『龍谷大学国際センター研究年報』第一九号）

同　（二〇一一）「表現学関連分野の研究動向　文法学」（『表現研究』第九三号）

同　（二〇一二）「引用述語省略説の残映」（『國文學論叢』五七（龍谷大学国文学会））

同　（二〇一三）「引用述語省略説の残映、その後」（『日本言語文化研究』一八（日本言語文化研究会））

同　（二〇一四）「『発話動詞の潜在』ということ」（『國文學論叢』五九（龍谷大学国文学会））

（注）文献の年次表示は、実際に刊行された年を記している。なお、『滋賀大学教育学部研究紀要』については、本冊子には刊行された年度が記されているが、実際の刊行は年を越して三月なので、右の文献表ではそのように記している（つまり、例えば本冊子には二〇〇二年度とあるが、右では（二〇〇三）として記している、といったことになる）。この点、文献検索の際に混乱のないようご注意願いたい。

〔2〕引用関係研究文献目録・補遺

①『国語引用構文の研究』の「参考文献Ⅱ・引用関係研究文献目録」の補遺として、主として二〇〇〇年代に入ってからの現代語を対象とした文法関係の文献で、文法論としての引用研究にかかわる論文をとり上げた（二〇〇〇年代に入る前のものでも、先の目録に入っていないものについては、加えてある）。ただし、〔1〕及び初出一覧で示したものについては、重複して取り上げてはいない。従って、初出一覧及び〔1〕もあわせて参照していただきたい。
②古典語に関する文献や欧文の文献は一切取り上げていない。
③引用形式由来の複合辞について論じたものは、引用の問題とも直接かかわりが深いといえる論文を挙げるにとどめた。
④方言文法関係の文献や習得研究にかかわる文献も、現代語の引用研究にかかわりが深いと見られる論はとり上げた。

多門　靖容（一九九四）「複文を形成する『〜と思うと』の用法について」（『愛知学院大学文学部紀要』二四）

中畠　孝幸（一九九七）「引用節内の述語の形について」（『甲南大学紀要　文学編』一〇三）

横田　淳子（一九九八）「『〜と思う』およびその引用節内の動詞の主体について」（『東京外国語大学留学生日本語教育センター論集』二四）

加藤　陽子（一九九八）「話し言葉における『トイウコトダ』の諸相」（『日本語と日本文学』二八（筑波大学））

同　（二〇〇五）「話し言葉における発話末の『みたいな』について」（『日本語教育』一二四）

同　（二〇〇七）「話し言葉における引用標識の発話末用法の機能」（『アメリカ・カナダ大学連合日本研究

同　　（二〇〇八）「話し言葉の談話における引用の特徴的な型―その種類、機能と成立背景」（『アメリカ・カナダ大学連合日本研究センター紀要』三一）
阿部二郎（一九九九）「いわゆる心内発話について―発話動詞としてみた『思う』―」（『筑波応用言語学研究』六）
同　　（二〇〇一）「『AヲBダト思ウ』と『AヲBト思ウ』」（『日本語と日本文学』三三（筑波大学国語国文学会））
同　　（二〇〇二）「認識動詞構文について」（『日本語文法』二―一）
同　　（二〇〇六）「引用句内に現れる『ハ』と『ガ』」（矢澤・橋本（編）『現代日本語文法　現象と理論のインタラクション』ひつじ書房）
同　　（二〇〇七）「複合辞の『トハ』と複合辞でない『トハ』」（『札幌国語研究』四（北海道教育大学国語国文学会・札幌））
同　　（二〇〇八）「『～と思う』と否定　『～ないと思う』と『～とは思わない』」（『北海道教育大学紀要』（人文科学・社会科学編）五九―一）
太田陽子（二〇〇〇）「『トイウ』を用いた連体修飾表現について」（『東京大学留学生センター紀要』一〇）
岡本芳和（二〇〇〇）「話法の伝達動詞と引用部の関係―語用論的アプローチ」（『語用論研究』二）
徐　愛紅（二〇〇〇）「文末思考動詞『思う』の再考」（『広島大学教育学部紀要』（第2部）四八）
鈴木順子（二〇〇〇）「現代日本語の引用表現について」（『青山語文』四〇）
野村真一（二〇〇〇）「『Sッテ文』伝聞用法の分析」（『金沢大学語学・文学』二八）

森山　卓郎（二〇〇〇）「『と言える』をめぐって　テクストにおける客観的妥当性の承認」（『言語研究』一一八）

小野　正樹（二〇〇〇ａ）「『ト思う』述語文の情報構造」（『言語文藝研究　言語篇』三七）

同　（二〇〇〇ｂ）「『ト思う』と『ト思っている』について」（草薙裕（編）『現代日本語の語彙・文法』くろしお出版）

同　（二〇〇一）「『ト思う』述語文のコミュニケーション機能について」（『日本語教育』一〇八）

同　（二〇〇三）「『ト思う』と『のだ』について」（『筑波大学留学生センター日本語教育論集』一八）

砂川　千穂（二〇〇〇）「日本語における『とか』の文法化について　並立助詞から引用マーカーへ」（『日本女子大学大学院文学研究科紀要』六）

同　（二〇〇一）「Nominalizer としての『とか言って』―文法化の観点から―」（『ことばと人間』三（横浜「ことばと人間」研究会））

阿部　忍（二〇〇一）「ことばと主観性―認識動詞構文再考―」（『神戸山手女子短期大学紀要』四四）

辻　加代子（二〇〇一）「東京方言『ッテ』と『ッテバ』の用法について　文末詞的用法を中心に」（『阪大社会言語学研究ノート』三）

鶴田　洋子（二〇〇一）「引用と結びつく『みたいだ』と『ようだ』」（『立教大学日本語研究』八）

新居田純野（二〇〇一）「『という』形式の意味と機能について」（『国文学解釈と鑑賞』六六―一）

宮崎　和人（二〇〇一）「動詞『思う』のモーダルな用法について」（『現代日本語研究』八（大阪大学大学院））

鎌田　修（二〇〇一）「日本語の引用」（『日本語学』一九―五）

同　（二〇〇七）「直接引用句の創造―伝達の場に合った直接話法」（『言語』三六―一）

杉浦まそみ子（二〇〇一）「タガログ語母語話者による引用表現の習得　自然習得の場合」（『言語文化と日本語教

育』一二（お茶の水女子大学日本言語文化学研究会）
同　（二〇〇二a）「自然習得における『直接引用』の習得　フィリピン人学習者の事例研究」（『言語文化と日本語教育』二三（お茶の水女子大学日本言語文化学研究会））
同　（二〇〇二b）「日本語の引用表現研究の概観　習得研究にむけて」（『言語文化と日本語教育』特集号（お茶の水女子大学日本言語文化学研究会））
鈴木美恵子（二〇〇一）「間接引用句の成立条件に関する一考察」（『實踐國文學』六〇）
同　（二〇〇四）「『働きかけ』のモダリティを持つ引用句に関する一考察」（『日本語文法』四―一）
同　（二〇〇七）「日本語の引用句における『働きかけ』のモダリティの形式選択に関する一考察」（『実践国文学』七二）
藤田保幸（二〇〇一）「引用のシンタクス」（『国文学解釈と教材の研究』四六―二）
同　（二〇〇三）「伝聞研究のこれまでとこれから」（『言語』三二―七）
澤西稔子（二〇〇二）「伝聞における証拠性、及びその特性―『そうだ』『らしい』『とのことだ』『ということだ』『と聞く』の談話表現を中心に」（『日本語・日本文化』二八）
竹林一志（二〇〇二）「主題提示『って』の用法と機能」（『日本語教育論集』一八（国立国語研究所日本語教育部門））
山内博之（二〇〇二）「日本語の引用句におけるダイクシスとモダリティの関わりについて」（『実践女子大学文学部紀要』四四）
朝日祥之（二〇〇三）「方言接触が生み出した言語変種に見られる言語的特徴―引用形式『ト』のゼロマーク化を例に」（『阪大日本語研究』一五）

石塚ゆかり（二〇〇三）「日本語の談話における引用表現の機能―中国人日本語学習者と日本語母語話者の比較から」（『青森明の星短期大学研究紀要』二九）
内田万里子（二〇〇三）「『～と思われる』と『～と思う』をめぐって」（『日本語・日本文化研究』九（京都外国語大学））
高橋　圭介（二〇〇三）「引用節を伴う『思う』と『考える』の意味」（『言葉と文化』四（名古屋大学大学院国際言語文化研究科日本言語文化専攻））
南　美英（二〇〇三）「連体修飾構造における『という』と『との』」（『日本語・日本文化研究』一三（大阪外国語大学））
岩男　考哲（二〇〇三）「引用文の性質から見た発話『～ッテ。』」（『日本語文法』三―二）
同（二〇〇六）「〈研究ノート〉引用構文と『トハ文』」（『日本語・日本文化』三三（大阪外国語大学日本語日本文化教育センター））
同（二〇〇七）「『とする』構文についての覚書」（『日本語・日本文化』三三）
同（二〇〇八）「『最近の若者ときたら…』話者の思考と属性叙述」（『言語』三七―一〇）
同（二〇〇九）「『ときたら』文をめぐって―有標の提題文が意味すること」（『日本語文法』九―二）
同（二〇一二）「『と言う』の条件形を用いた文の広がり」（『日本語文法』一二―二）
金　善眞（二〇〇三）「聞き手を情報源とする文末の引用形式について」（『岡山大学大学院文化科学研究科紀要』一六―一）
同（二〇〇四）「日本語の文末引用形式について」（『岡山大学大学院文化科学研究科紀要』一七―一）
同（二〇〇五）「『～ッテ』文の引用的性質と機能」（『日本語文法』五―一）

石出　靖雄（二〇〇四）「発言引用の諸相　漱石作品を例として」（『日本語論叢』五（日本語論叢の会））
伊藤　晃（二〇〇四）「引用表現をめぐって」（『北九州市立大学外国語学部紀要』一一一）
川嶌　信恵（二〇〇五）「認識のモダリティの否定　トハ思ワナイ」（『日本語・日本文化研究』一五（大阪外国語大学））
顧　那（二〇〇五）「引用文の伝達部における視点と話法」（『ことばの科学』一八（名古屋大学言語文化研究会））
柴崎礼士郎（二〇〇五）「証拠表示化する『と』と談話構造　頻度から見た文法化の層状的拡大」（『日本語の研究』一─四）
高橋　志野（二〇〇五）「いわゆる外の関係における『トイウ』の出現条件の一考察」（『人文学論叢』七）
福沢　将樹（二〇〇五）「引用について　全ての言葉は潜在的に引用されている」（『愛知県立大学文学部論集　国文学科編』五三）
マグロイン花岡直美（二〇〇五）「補文標識『と』の意味機能再考」（鎌田・他（編）『言語教育の新展開　牧野成一教授古稀記念論集』ひつじ書房）
メイナード、泉子、K（二〇〇五）「会話導入文　話す声が聞こえる類似引用の表現性」（鎌田・他（編）『言語教育の新展開　牧野成一教授古稀記念論集』ひつじ書房）
山口　治彦（二〇〇六）「話法研究に潜む暗黙の前提」（上田功・野田尚史（編）『言外と言内の交流分野　小泉保博士傘寿記念論文集』大学書林）
陸　心芬（二〇〇六）「推定・伝聞・引用の関係性　『ようだ／らしい／そうだ／という』を中心に」（『名古屋大学言語学論集』二一）

桑山　京子（二〇〇七）「思考動詞『思う』の文末表現について」（『國文學論叢』五二（龍谷大学国文学会））
清水　泰行（二〇〇七）「心理動詞の格と意味役割の対応・ずれ―『引用構文』における名詞句と引用節の意味関係から―」（『日本文芸研究』五八―四（関西学院大学日本文学会））
鈴木　亮子（二〇〇七）「他人の発話を引用する形式―話し言葉の通時的分析―」（『言語』（大修館書店）三六―三）
趙　　剛（二〇〇七）「談話標識『というか』の用法と機能」（『日本言語文化研究』10（日本言語文化研究会））
野田　尚史（二〇〇七）「現代日本語の主張回避形式―『若いから　か／だろう／と、断られた』の『か』『だろう』『と』―」（『日本語文法』七―一）
長谷部陽一郎（二〇〇七）「日英語の話法選択について―認知的接地の観点から」（『表現研究』八六）
嶺岸　玲子（二〇〇七）「引用文からみる文末表現『だ』の意味」（『日本文学会誌』一九（盛岡大学日本文学会））
陸　　丹（二〇〇七）「『思う』認識動詞構文について　補文述語制約の観点からの一考察」（『筑波応用言語学研究』一四）
王　　彩麗（二〇〇八ａ）「連体節接続形式『トイウ』と『トノ』の違い―引用名詞が主名詞となる場合を中心に」（『神戸外大論叢』五九―四）
同　　（二〇〇八ｂ）「連体節の接続形式『トノ』の意味機能―非引用名詞が主名詞となる場合を中心に」（『神戸市外国語大学研究科論集』一一）
白岩　広行（二〇〇八）「福島方言の伝聞表現トとスケ」（『阪大社会言語学研究ノート』8（大阪大学大学院））
星野　祐子（二〇〇八）「コミュニケーションストラテジーとしての引用表現―発話末の『みたいな』の表現効果」（『人間文化創成科学論叢』一一（お茶の水女子大学大学院人間文化創成科学研究科））

金井　勇人（二〇〇九）「引用された談話において自身を指す指示語について」（『国際交流センター紀要』3（埼玉大学国際交流センター））
信太　俊宏（二〇〇九）「新聞の発話引用文に付随する解説的役割」（『指向日本言語文化学・応用日本語学論究』六）
山岡　實（二〇〇九）「日英語『話法』の比較：日本語における『話法』とは」（『言語と文化』八（大阪府立大学総合教育研究機構））
佐藤　雄亮（二〇一〇）「引用節内のモダリティ形式と主節述部・被修飾名詞との関連性―意味分類を基に―」（『思言　東京外国語大学記述言語学論集』六）
清水まさ子（二〇一〇）「先行研究を引用する際の引用文の文末表現―テンス・アスペクト的な観点からの一考察」（『日本語教育』一四七）
高崎みどり（二〇一〇）「自然談話資料における引用表現の実態と分析」（『お茶の水女子大学人文科学研究』六）
田中　寛（二〇一〇a）「『いう』と『おもう』の言語学　複合辞を用いた日本語の主体・主観表現」（『立命館言語文化研究』二二）
同　（二〇一〇b）「モダリティの『隙間』についての一考察―引用的観点を中心に」（『大東文化大学紀要』（人文科学）四八）
山本　真理（二〇一〇）「引用表現『〜と言ってくる』の語用論的考察」（『日本語教育』一四八）
小西いずみ（二〇一〇）「西日本方言における引用標識ゼロ化の定量分析　生起頻度と言語内的要因の方言間異同」（『広島大学大学院教育学研究科紀要』（第二部）五九）
同　（二〇一二）「富山方言における引用表現由来のとりたて・提題助詞『チャ』」（『国語学研究』五一）

池谷　知子（二〇一一）「引用形式をとった話し言葉のモダリティ　コンビニに行こうっとの『ット』は何を表すのか」（『文林』四八）
金　賢娥（二〇一一）「『AヲBトV』構文に関する一考察」（『筑波応用言語学研究』一八）
佐藤　雄一（二〇一一）「引用形式『って』における主題提示用法」（『共立国際研究』二八）
澤田　茂保（二〇一一）「はなし言葉と直接引用―real-time の発話での直接引用形について」（『言語文化論叢』一五（金沢大学外国語教育研究センター））
平塚　雄亮（二〇一一）「福岡市若年層方言のッテ―標準語の『って』と対比して―」（『阪大社会言語学研究ノート』九）
梅野由香里（二〇一二）「『と言っていた』の証拠性表現について―『と言った』との比較から―」（NAGOYA Linguistics（名古屋言語研究）六）
金城　克哉（二〇一二）「コーパスに基づく引用句内のコピュラ（『だ』）の顕在と潜在に関する研究」（『琉球大学留学生センター紀要』九）
陳一吟・松村瑞子（二〇一二）「日本語の引用句におけるジェンダー表現　大学生の自然談話を中心に」（『言語文化論究』二八（九州大学大学院言語文化研究院））
廣江　顕（二〇一二）「直接引用の埋め込みに関する覚書」（『尚絅学園研究紀要』A（人文・社会科学編）六）

あとがき

前著『国語引用構文の研究』が、日本語の統語的引用表現を、もっぱら言語事実そのものに即して考究することに力を注いだものであるのに対し、本書は、これまでの引用研究の諸説に対し筆者の立場を打ち出し対峙させる形で引用の問題を論じたものである。その意味で、同じく統語的引用を論じても、前著がいわば〝晴《は》れ〟の書であるのに対して、本書は筆者自身ということが表に出た〝褻《け》〟の書といった意味合いのものといってよいのかもしれない。

本書の趣旨は序に述べたとおりであるが、今一言付け加えるなら、本書の題名を単に「引用研究史」とせず、「引用研究史論」というややこなれない言い方にしたことも、研究史的事実を単に記述していくのではなく、あくまでそれらについて筆者の立場から論じたものであるということを明示しようとしたからに他ならない。

本書の内容のおおよその部分は、既に二〇〇九年の段階でほぼ完成していたのだが、いろいろな事情で刊行が遅れた。その間、引用研究に関してもいくらか著書・論文が公にされることはあったが、本書に記したことは、今日でもこのまま有効性を持つものと考えている。

ただ、改めて読み直してみると、例えば話法についての筆者の見解の解説等、実際くり返しが多く、通読に際してはくどく感じられるだろうと思えるところもあるが、序に述べたとおりの方針によるものであるので、この点は諒とせられたい。

拙い仕事ではあるが、何とか本書をまとめ得たことは、ひとえに学問・研究の縁につながる数多くの方々のご教導・お力添えによるものである。公刊にあたって、学生時代よりご指導を賜った宮地裕先生・前田富祺先生、内地研究でご指導賜り折にふれて励まして下さる真田信治先生に、心より御礼申し上げる。和泉書院の廣橋研三社長には、このたびも大変にお世話になった。『国語引用構文の研究』以来のご縁で、和泉書院からこのような著書を刊行させていただけることを心より感謝申し上げる次第である。山崎誠氏（国立国語研究所）には、研究の様々な局面で諸事至らぬ筆者をお助けいただいた。いつもご厚情に甘えてばかりで申し訳なく思うが、ここで日頃の感謝の気持ちを申し述べておきたい。田野村忠温氏（大阪大学）、丹羽哲也氏（大阪市立大学）、服部匡氏（同志社女子大学）、早津恵美子氏（東京外国語大学）とは、もう四半世紀を超えるご縁となるが、研究上このようなよき友に恵まれたこと、変わらずさまざま教示をいただけることは、筆者にとって何にも代え難いことと感謝申し上げている。

言うまでもないことながら、研究者の仕事は専門研究の著書・論文を書くことであり、筆者が出来ることも結局それしかない。であるならば、最後まで自分の思索を書き記し続けていきたいと思う。引用研究に関しても、まだ考えてみたい問題や書いておきたい事柄はいくつもある。また、本書や前著に収めていない論考もあるので、そうした研究を集成して、いずれもう一冊引用に関する研究書をまとめることになるであろう。であるから、本書は筆者の引用研究の三部作の二冊目ということになる。本書が今日の日本語研究にとっていくらかでも意義のあるものとなることを祈念しつつ、筆者自身も次の段階へと歩を進めていきたい。

平成二六（二〇一四）年三月

藤田保幸

索引

凡例

1．索引として、事項索引・語句索引・人名索引・書名（文献名）索引を付した。配列は、それぞれ五十音順とする。

2．それぞれ、本文及び注について、主要な事項・語句・人名・書名（文献名）を検索できるようにした。立項した項目でも本文の論旨にかかわらない形で、ただ言葉としてたまたま出て来ているような場合はとっていない。人名・書名（文献名）についても、本文の論旨にかかわりの深いものに限ってとり上げることとし、すべてを網羅するものではない。

3．各節の付記と、初出一覧・参考文献・あとがきの部分は、索引の範囲外とする。また、藤田（一九九八）のような文献の表示は、基本的には人名索引の対象としないが、その人物に言及する意味もある場合はとる。

4．ある項目が三頁以上に続けて出てくる場合は、「17～19」のように示した。また、ある項目が各節の題に含まれている場合は、その節全体にかかわるものとして、当該の節の全頁を示した。

5．原文の平仮名表記・片仮名表記は、そのままの形で見出し語として示した。ただし、「中に隔て〻明かす」のように踊り字が出て来る場合は、見出し語としてそのまま示さず、「中に隔てて明かす」のように仮名に改めて示した。なお、読みを考える場合「～」は読まない。従って「『～』ヨウニ節」とあっても、「ヨウニセツ」と読むものと考える。

6．検索に際して誤解のないよう、「モダリティ的意味／モダリティ的な意味〔表出段階の〕」「トイウ〔伝聞〕」「句読法新案〔三上章〕」のように、〔　〕で注記を付けてどのような項目であるかを明確にするようにした箇所がある。

7．「事項索引」については、同じ（もしくは、ほぼ同義の）項目について、形に多少の違いがあるものがある場合には、分けずにひとまとめにして「助動詞的形式／助動詞的な形式」のような形で立項した。また、ほぼ同様のことを意味する関連項目が、離れたところに出て来る場合は、「──→詞的要素」のように、参照指示を付し、相互に参照できるようにした。

8．「事項索引」では、「引用」「引用されたコトバ」「文法論」といった、全般にわたる項目はとらない。同様に「語句索引」でも、「ト」「～ト」はとらない。「人名索引」でも、「藤田保幸」はとらない。

9．「人名索引」については、当該の人物が姓もしくは名前だけで言及されていることがあるので、そうしたことがある場合は、「三上章／三上」「本居宣長／宣長」のような形で立項した。

10．「書名（文献名）索引」では、書物の名前の他、若干の論文名もとり上げた。同じ書物が略称で言及されていることがあるので、そうしたことがある場合は、「稿本あゆひ抄／稿本」のような形で立項した。

（一）事項索引

ア行

カ 行

サ　行

タ　行

ナ　行

ハ　行

マ 行

ヤ　行

ラ　行

ワ　行

(二) 語句索引

(三) 人名索引

(四) 書名（文献名）索引

■著者紹介

藤田保幸（ふじた やすゆき）
龍谷大学文学部教授 博士（文学）
主要著書・論文：『国語引用構文の研究』（和泉書院、二〇〇〇・一二）、『複合辞研究の現在』（共編・和泉書院、二〇〇六・一一）、『形式語研究論集』（編著・和泉書院、二〇一三・一〇）、「森鷗外初期言文一致体翻訳小説の本文改訂から見えてくるもの」（『国語語彙史の研究』第24集、二〇〇五・三）、「森鷗外訳『ふた夜』の疑問表現について」（『國文学論叢』第56輯、二〇一一・二）など

研究叢書446

引用研究史論
――文法論としての日本語引用表現研究の展開をめぐって――

二〇一四年五月三〇日初版第一刷発行
（検印省略）

著者 藤田保幸
発行者 廣橋研三
印刷所 亜細亜印刷
製本所 渋谷文泉閣
発行所 有限会社 和泉書院

大阪市天王寺区上之宮町七－六
〒五四三－〇〇三七
電話 〇六－六七七一－一四六七
振替 〇〇九七〇－八－一五〇四三

ISBN978-4-7576-0709-5 C3381

研究叢書

（価格は税別）